우 리 시 대
대표적 리더와
사상가 20인의
인 생 을 바 꾼
정치적 각성
의 순 간 들

정치적 각성

우리 시대 대표적 리더와 사상가 20인의 인생을 바꾼 **정치적 각성**의 순간들

정치적 각성

개정판 1쇄 인쇄일 2016년 7월 18일
개정판 1쇄 발행일 2016년 7월 25일

초판 1쇄 인쇄일 2010년 11월 10일
초판 1쇄 발행일 2010년 11월 15일

지은이 해리 크라이슬러
옮긴이 이재원
펴낸이 김채수
편 집 김매이
디자인 이은영
마케팅 백유창

펴낸곳 이마고
주소 63625 제주도 서귀포시 표선면 세성로 141-4
전화 031-941-5913 팩스 031-941-5914
E-mail imagopub@naver.com
출판등록 2001년 8월 31일 제10-2206호
ISBN 978-89-97299-22-5 03300

* 값은 뒤표지에 있습니다.
* 잘못된 책은 바꿔드립니다.

정치적 각성

해리 크라이슬러 지음 | 이재원 옮김

우리 시대
대표적 리더와
사상가 20인의
인생을 바꾼
정치적 각성의
순간들

이마고

CONTENTS

◈ 일 러 두 기

1. 본문에 들어 있는 '[ ]' 안의 내용은 옮긴이가 독자들의 이해를 돕기 위해 덧붙인 것이다. 단, 지은이가 덧붙였을 경우에는 '[ ]' 안의 내용 뒤에 '— 지은이'라고 명기했다.

2. 특별한 표시가 없는 곳을 제외하면 본문의 모든 각주는 독자들의 이해를 돕기 위해 옮긴이가 덧붙인 것이다. 한편 본문에서 언급된 책이나 글 중 해당 국역판이 있는 경우에는 그 제목을 그대로 따랐고, 인용 쪽수 역시 국역판을 기준으로 밝혀놓았다. 단, 인용된 구절은 원문과 뉘앙스의 차이가 있다거나, 번역에 문제가 있다고 판단될 경우 국역판을 그대로 따르기보다는 옮긴이가 부분적으로 수정했다.

3. 인명, 지명, 작품명은 국립국어원이 2002년 발간한 《외래어 표기 용례집》을 따랐다. 단, 이미 관례적으로 쓰이는 표기는 그대로 따랐다.

서문

정치에 대한 개인적 성찰로 세계를 바꾼 20인과의 대담

1982년 캘리포니아대학교 버클리 캠퍼스의 국제관계연구소 상임이사로 있던 나는 비디오로 녹화하는 1시간짜리 대담 프로그램 〈역사와의 대화〉를 시작했다. 원래 취지는 글로벌한 사상의 토론장인 버클리 캠퍼스의 특별함을 더 많은 청중들과 공유하기 위해서 매일 같이 그곳을 오가는 유명 인사들의 성찰을 학생들과 대중들에게 알리는 데 있었다. 애초 이 자료는 버클리 캠퍼스의 비디오도서관에 비치됐다. 그 뒤로 20여 년이 흐르고 새로운 기술이 발전되어갈수록 이 기록보관소는 그 이상의 장소가 되어버렸다. 케이블, 위성텔레비전, 인터넷, 유튜브 그리고 팟캐스팅 등 수많은 전파매체의 자원이 된 것이다(http://globetrotter. berkeley.edu/conversations/).

비디오테이프가 돌아가는 동안 우리의 대화는 계속됐다. 편집예산이 없었던 것이다. 시간이 흐를수록 나는 준비를 더 철저히 하는 식으로 이런 한계 속에서 작업하는 방법을 터득해갔다. 나는 책, 논문, 약력, 신문기사 등 구할 수 있는 관련 자료들을 모조리 읽고 공부했다. 당시 나는 카메라가 비치는 곳에 자리한 채 상대방의 말에 곧장 반응을 보이는 사회자였을 뿐만 아니라 이 독특한 지적 여행에서 사려 깊게 개입하는 안

내원 역할을 하기도 했다. 나는 상대방과의 대화가 예상하지 못한 방향으로 흘러가도 그냥 놔뒀다. 나는 대담에 초대받은 손님이 자신의 개인사에 중요한 생각을 솔직하고 정직하게 말할 수 있도록 대담을 진행했고, 청중들과 공감했으면 하는 지극히 개인적이고 인간적인 반응을 끌어내는 질문을 던지려고 노력했다. 이미 상대방에 대해 많이 알고 있는 안내원으로서 나는 이 세상에 대해 더 많은 것을 배우고 싶어하는 청중들의 흥미와 관심을 대변해야 했다.

1950년대를 수놓은 두 명의 영웅이 내가 이런 접근방식을 취하도록 영향을 끼쳤다. 텍사스 주의 항구도시 갤버스턴에서 자란 나는 에드워드 R. 머로우가 진행하던 〈개인 대 개인〉_01과 월터 크롱카이트가 진행하던 〈당신도 저기에〉_02를 꼭꼭 챙겨봤다. 텔레비전의 초창기에 머로우는 예술과 정치 분야 등의 거물들을 우리의 안방까지 데려와 그들의 개성과 인격을 샅샅이 파헤쳤다. 크롱카이트는 역사 속의 인물을 연기하는 배우들과 인터뷰하는 기자들을 진두지휘하며 우리를 역사 속으로 데려갔다. 머로우나 크롱카이트 모두 관련 사건의 인물이 지닌 인격이 그 사건의 형성에 중요하다는 점을 한결같이 강조했다.

내 목적은 초대 손님들의 말이 조리 있게 전달되도록 만들어 그들이 누구인지, 독특하게 뒤섞인 그들의 개성 · 지식 · 성격이 어떻게 이 세상

_01 Person to Person. 1953년부터 1961년까지 미국 CBS의 앵커 머로우(Edward Roscoe Murrow, 1908~1965)가 유명 인사들을 초대 손님으로 삼아 생중계로 진행한 대담 프로그램. 15분 분량의 대담 두 편으로 구성된 이 프로그램은 각각 정반대의 성격을 지닌 초대 손님(가령 학자와 영화배우)을 부르는 것으로도 유명했는데, 훗날의 텔레비전 대담 프로그램의 전형을 만들었다는 평가를 받았다.

_02 You Are There. 훗날 〈CBS 이브닝 뉴스〉의 전설적인 앵커로 기억된 크롱카이트(Walter Cronkite, 1916~2009)가 1953년부터 1957년까지 진행한 역사교육 프로그램. 역사 속의 사건들을 마치 지금 보도하는 것처럼 구성한 프로그램으로서, '당신도 저기에'라는 프로그램 제목은 당시 사건 속으로 뛰어든 현재의 기자가 외치는 대사였다. 즉, "당신도 우리와 함께 역사 속의 저 시점으로 가고 있다"는 의미였다.

서문

에 영향을 끼친 그들 각자의 생각을 만들어냈는지 청중들이 이해할 수 있게 만드는 것이었다. 나는 부모, 선생님, 그들이 겪은 사건 등이 그들 자신에게 어떤 영향을 끼쳤는지, 그들의 운이 어떤 역할을 했는지, 주변 환경이 어떤 결과를 가져왔는지를 살펴봤다. 이런 이야기가 진행될수록 나는 각각의 초대 손님들이 지금처럼 존재할 수 있게 만들었을 뿐만 아니라 과학, 공공정책, 이론, 예술, 언론, 정치활동, 군사문제 등 다양한 분야에서 그들이 주목할 만한 업적을 이룰 수 있게 만든 갖가지 요소의 기묘한 뒤섞임을 감지하기 시작했다.

유명 인사들이 각자의 과거 경험을 되돌아보는 토론의 장인 〈역사와의 대화〉는 초대 손님이 자신의 과거와 대화하는 프로그램이 됐다. 이렇게 이 프로그램을 수놓은 대화는 일종의 사례연구가 되어 특정한 사상이 어떻게 형성되는지, 그 사상이 어떻게 세상을 뒤바꿔놓았는지를 이해할 수 있게 해줬다.

1982년부터 2009년까지 나는 475회 이상의 대담을 진행했다. 초대된 손님들만 해도 외교관, 정치인, 군인, 경제학자, 정치평론가, 과학자, 역사가, 작가, 해외통신원, 활동가, 예술가 등 다양하기 그지없었다.

우리는 우리가 기록해놓은 수많은 대담 중 20편을 엄선해 이 책에 수록했다. 여기에 실린 일련의 대담은 각자의 지성과 성격이 지닌 힘으로 끊임없이 변하고 있는 이 세상을 예전과 달라지도록 만든 인물들의 다양함을 보여주기 위해 선별됐다. 대담에 초대된 이 인물들은 이 세상을 근본적으로 다르게 봤다. 그리고 이들의 시각은 우리가 살고 있는 이 세상에 중요한 결과를 가져왔다. 이들은 정치를 다른 방식으로 인식할 수 있게 해준 사상과 행동을 받아들였다. 이런 맥락에서 정치란 정당에 가입하는 것 이상을 의미한다. 정치란 권력관계를 이해하는 것과 관련 있다. 이런 통찰은 그저 우연히 생겨나는 것이 아니라 이 세상이 어떻게 돌아가는지를 명확하게 보도록 해주는 삶의 경험 끝에서 나오는 것이다. 요컨대 정치에 눈을 뜨는 바로 그 시점에서 말이다.

나의 초대 손님들은 하나도 예외 없이 과거와 현재의 접점 때문에, 각자의 직업이 주는 한계와 기회 때문에, 또는 상이한 세계의 상호작용 때문에 관습적인 지식의 대안을 상상하게 됐다. 그들의 사유에, 그들의 글 속에, 그들의 활동 속에 새롭게 보는 방식이 모습을 드러냈다. 그들은 용기와 인내심과 결단을 가지고 자신의 생각을 더 많은 청중들에게 들려줬다. 그렇게 하는 와중에 그들의 세계는 그리고 그들이 살고 있는 세계의 정치는 영원히 변해버렸다.

해리 크라이슬러

캘리포니아 주, 버클리에서

2009년 11월

1

항의와 변화

거리로 나선 시민들은 역사의 흐름을 바꿀 수 있다. 책의 첫 부분에 수록된 이 대담들은 노동운동이 그리고 베트남전쟁 당시 광범위하게 확산된 항의가 보여준 이 변화의 힘에 대해 말하고 있다. 이와 같은 역사적 계기는 정치, 정의, 권력의 정당성 등에 관해 우리가 이미 갖고 있던 관념을 뒤바꿔버리면서 사회의 토대를 뒤흔들 수 있었다. 이런 전환점의 한가운데는 더 큰 그림을 그리고 있던 특정 개인들의 깨달음, 사회의 불의에 대한 정확한 인식이 있다. 이 세상을 변화시킬 수 있는 사회운동의 힘은 노암 촘스키와 대니얼 엘스버그가 정치에 눈을 뜨는 데 핵심적인 계기가 됐다.

노암 촘스키(Noam Chomsky, 1928~)는 매사추세츠공과대학 언어학과의 명예 교수이자 인스티튜트 프로페서_01이다. 촘스키가 언어학 분야에서 숱하게 쏟아낸 저서들은 언어의 과학적 연구에 혁명을 가져왔다. 언어학과 관련된 주요 저서로는 《언어이론의 논리적 구조》(1955),《통사론의 제 측면들》(1965),《언어와 정신》(1968) 등이 있다. 이에 덧붙여 촘스키의 광범위한 정치적 관심은 급진적 반대파들에게 중요한 영향을 끼쳤다. 촘스키는 일찍부터 미국의 베트남전쟁 개입을 거침없이 비판 했으며, 갖가지 정치적 쟁점에 관해 수많은 글들을 발표했다. 촘스키의 정치적 저서 로는 《미국의 권력과 새로운 관료들》(1969),《여론조작》(1988/에드워드 허먼과의 공저),《불량국가》(2000),《촘스키, 9 · 11》(2001) 등이 있다.

_01 Institute Professor. 1951년부터 매사추세츠공과대학이 탁월한 학문적 업적으로 학교의 명예를 드높인 교수에게 부여해온 최고 직위. 이 직위의 교수는 연구에만 전념할 수 있으며, 전공과 상관없이 아무런 강의 나 개설할 수 있다.

| 노암 촘스키 | 2002년 3월 22일

"스스로 정당성을 입증하지 못하는
권력은 언제나 부당합니다."

💎 선생님의 세계관이 형성되는 데 부모님이 영향을 끼쳤다고 생각하십니까?

⬡ 이런 질문은 늘 그렇듯이 대답하기가 힘듭니다. 부모님에게는 통상 영향을 받기도 하고 반항하기도 하는데, 그걸 구분하기가 어렵기 때문이죠. 제 부모님은 이민자셨고 우연찮게 펜실베이니아 주의 필라델피아에 보금자리를 잡으셨는데, 결국 유대인 게토 중에서도 히브리어 게토에 속하게 됐죠. 물리적인 게토가 아니라(그런 곳은 도시 곳곳에 흩어져 있었죠) 문화적인 게토 말입니다._02

아버지의 가족은 어떤 이유에선지 미국으로 왔을 때 메릴랜드 주의 볼티모어로 갔습니다. 그리고 '정착의 말뚝'_03의 다른 지역에 살았던 어머니의 가족은 뉴욕 주로 갔고요. 두 가족은 완전히 달랐습니다. 볼티

_02 촘스키의 아버지 윌리엄(William Chomsky, 1896~1977)과 어머니 엘시(Elsie Simonofsky Chomsky, 1903~1904) 는 각각 우크라이나와 벨루루시 태생으로서 1913년과 1904년 미국으로 이주했다. 1927년 결혼한 윌리엄과 엘시가 정착했을 당시의 필라델피아 유대인 게토(거주지역)는 '이디시어 게토'와 '히브리어 게토'로 나뉘어져 있었다. 윌리엄이 펜실베이니아 주 멜로즈파크의 그라츠대학교에서 히브리어를 가르쳤기 때문인지 촘스키의 부모들은 자신들의 모국어인 이디시어의 사용을 아이들에게는 금기시했다고 한다. Noam Chomsky(With Amy Goodman), "The Life and Times of Noam Chomsky," *Democracy Now*, November 26, 2004.

_03 The Pale of Settlement. 1791년부터 러시아가 유대인들의 본토 이주를 차단하기 위해 발트해에서 흑해에 이르는 지역(당시 독일, 오스트리아-헝가리와의 국경지역)에 만든 유대인 정착구역. 우크라이나와 벨로루시가 모두 이 정착구역에 해당한다. 유대인들은 이 정착구역을 벗어나서 살아가는 것은 고사하고 밖으로 여행조차 할 수 없었다.

모어 쪽의 가족은 완전히 정통파였습니다. 실제로 제 아버지는 이렇게 말씀하셨죠. 당신의 고향인 우크라이나의 유대인 촌락에 있을 때보다 미국에 온 뒤로 훨씬 더 정통파가 됐다고 말입니다. 몇몇 이주민 집단 사이에서는 대체로 자신들의 문화적 전통을 강화하는 경향이 있었습니다. 아마도 낯선 환경에 놓인 자신들의 정체성을 재확인하기 위해서였을 것입니다.

또 다른 가족, 그러니까 제 어머니의 가족은 주로 유대인 노동계급이었습니다. 매우 급진적인 노동계급이었죠. 유대인적인 요소는 사라졌습니다. 이때가 1930년대쯤인데, 그래서인지 어머니의 가족은 갖가지 방식으로 전개 중이던 급진적 행동주의의 소요에 가담했습니다. 외가 쪽 사람들 중 제게 실로 막대한 영향을 끼친 사람은 이모부였습니다._04 제가 일곱 살인가 여덟 살인가였을 때 작은 이모와 결혼하셨죠. 이모부는 뉴욕의 빈민가에서 자랐습니다. 실제로 초등학교 4학년도 다 마치지 못했죠. 거리를 배회하다가 전과를 갖게 되는 등 뉴욕의 하층 빈민가 출신이 걷기 마련인 그런 길을 걸었습니다. 이모부는 신체장애가 있었어요. 그래서 1930년대 장애인을 대상으로 운용되던 보상프로그램에 의거해 신문가판대 하나를 얻을 수 있었습니다. 그 신문가판대는 뉴욕의 72번가에 있었습니다. 그리고 그 근처에 이모부 내외의 작은 아파트가 있었죠. 저는 그곳에서 많은 시간을 보내곤 했습니다.

이모부의 신문가판대는 유럽 이민자들의 지식 센터가 됐습니다. 독일인이 많았고, 그밖에도 다른 이민자들이 들르곤 했죠. 공식적으로 보면, 앞서도 말씀드렸지만 4학년도 채 마치지 못하셨으니, 이모부는 교육을

_04 엘시의 작은 언니 소피와 결혼한 밀턴 크라우스를 말한다. Robert Barsky, *Noam Chomsky: A Life of Dissent*, Cambridge: MIT Press, 1997, pp.23~24.

1. 항의와 변화

별로 받지 못한 셈입니다. 그런데도 이모부는 제가 만나본 사람들 중 가장 학식 있는 사람이었습니다. 독학으로 그렇게 되신 거죠. 이모부의 신문가판대는 그야말로 살아 있는 지식 센터였습니다. 이런저런 교수들이 밤새도록 토론하곤 했죠. 신문가판대의 일손을 돕는 것이 굉장히 재미있었습니다. 저는 수년간 『뉴스인미라』라는 신문이 있는 줄 알았습니다. 그도 그럴 것이 사람들이 지하철역에서 나오자마자 마치 경쟁이라도 하듯이 신문가판대까지 뛰어와서는 '뉴스인미라'라고 외쳤기 때문입니다. 나중에 알고 봤더니 『뉴스』와 『미러』라는 타블로이드 신문을 말하는 것이었습니다. 그 다음부터 저는 이 두 신문을 건네줬는데, 그들이 '뉴스인미라'를 받아들자마자 제일 먼저 펼치는 것은 스포츠 면이었습니다. 여덟 살 아이의 눈에 비친 세계는 바로 이런 것이었죠. 그곳에는 신문이 있었지만, 그것이 전부는 아니었습니다. 그곳은 한창 진행되던 토론의 무대이기도 했습니다.

이모부의 영향 그리고 다른 영향 등을 통해서 저는 1930년대 당시 한창 진행 중이던 급진주의에 뛰어들게 됐습니다. 대부분 히브리어 게토에 기반을 둔 시온주의 그리고 팔레스타인, 그러니까 이스라엘 이전의 팔레스타인을 지향하는 생활의 일부였습니다. 저는 아버지처럼 히브리어 교사가 됐습니다. 그리고 젊은 시온주의자들의 지도자 역할을 하면서 시온주의와 급진적 행동주의를 이리저리 결합했죠. 실질적으로 제가 언어학에 투신하게 된 것이 바로 이런 길을 통해서였습니다.

◈ 최초의 에세이를 열 살 때 쓰셨다고 들었습니다. 스페인 내전이 주제였죠?

◈ 예, 말씀하셨다시피, 열 살 때였으니까요. 장담컨대 지금 읽으라면 못할 것 같아요. 어떤 글이었는지는 기억합니다. 당시 제게 충격을 줬던 사건을 기억하고 있으니까요. 그 에세이는 바르셀로나가 함락된 직후 쓴 것입니다. 파시스트 군대가 바르셀로나를 정복했고, 실질적으

로 그것이 스페인 내전의 끝이었습니다. 제가 쓴 에세이는 유럽에 확산되던 파시즘에 관한 것이었습니다. 그래서 뮌헨과 바르셀로나를 언급하는 것을 시작으로, 끔찍이도 두려웠던 나치와 파시스트 권력의 확산에 대해 썼어요.

개인적인 배경을 약간 덧붙이자면, 제 어린 시절의 대부분 동안, 우리 가족은 아일랜드인들과 독일 가톨릭교도들이 바글바글 대는 곳에서 유일한 유대인 가족이었습니다. 우리 이웃들은 중하층 계급으로서 반유대주의를 표방하고 나치에 찬동했죠. 아일랜드인들이 왜 그랬는지는 잘 아시겠죠. 그들은 영국을 증오했습니다. 독일인들이 반유대주의적이라는 것도 놀라운 일은 아니죠. 파리가 함락됐을 때 독일인 이웃들이 맥주 파티를 하던 기억이 납니다. 유럽을 뒤덮고 있던 이 먹구름은 정말이지 무시무시할 만큼 위협적이었습니다. 특히 저는 어머니의 태도를 바라보면서 영향을 받았습니다. 어머니는 무척 두려워하셨죠.

이 먹구름은 저 개인의 삶에도 들어왔습니다. 저는 거리에서 직접 봤기 때문에 잘 알고 있었죠. 재미있는 사실은, 지금까지도 이해할 수 없는 어떤 이유 때문에, 제 동생과 저는 부모님에게 절대 이런 이야기를 하지 않았습니다. 우리 이웃들이 반유대주의자라는 사실을 부모님은 몰랐던 것 같아요. 그러나 아시겠지만 아이들은 으레 거리로 나가 친구들과 공놀이를 하거나 버스를 타러 걸어가거나 하지 않습니까. 그 자체가 늘 위험천만한 일이었죠. 부모님께 이웃들에 대해 말하지 않은 이유 중의 일부는 이런 것 때문이었습니다. 부모님은 돌아가실 때까지 몰랐어요. 그러나 제게 이런 일들이 현실적으로 다가온 것은 나치와 파시즘이라는 먹구름이 전 세계를 뒤덮고 있다는 사실, 특히 어머니가 이에 대해 마음이 편치 않으셨다는 사실(아버지도 마찬가지였지만 감정을 좀체 드러내지 않으셨죠) 그리고 매일 같이 거리에서 그런 먹구름을 만난다는 사실 등이 한데 뒤섞여 제 머릿속을 꽉 채웠기 때문입니다.

아무튼 1930년대 말경 저는 당시 치열하게 투쟁 중이던 스페인의 아나키즘과 스페인 내전에 무척 관심을 갖게 됐습니다. 스페인에서는 제2차 세계대전의 축소판 같은 사건이 벌어지고 있었죠. 당시 저는 혼자 기차를 탈 만큼 컸습니다. 열 살인가 열한 살인가였는데, 뉴욕으로 가서 삼촌 내외와 함께 지냈어요. 그때 유니언스퀘어와 4번가 근처에 있는 아나키즘 전문 서점들을 들락거렸습니다. 망명자들이 꾸리던 작은 서점들이 있었는데, 그 분들은 정말 흥미로웠죠. 제게는 모두 아흔 살처럼 보였는데 실제로는 40대 정도였을 겁니다. 그 분들은 젊은 사람들을 좋아했죠. 젊은 사람들과 어울리고 싶어했고 신경도 많이 써줬습니다. 그런 분들과 나눈 대화야말로 산교육이었죠.

 방금 들려주신 경험들이 선생님을 언어학의 길로 이끌었다고 말씀하셨는데, 그뿐만 아니라 정치와 세계에도 관심을 갖게 해준 셈이군요. 선생님은 자유지상주의적 아나키스트입니다. 이 나라에서 이런 사람들을 보는 시각 자체가 많은 오해를 낳곤 하죠. 자유지상주의적 아나키스트가 뭔지 설명해주시겠습니까?

 미국은 이런 주제를 회피하곤 하는데, 여기서 '자유지상주의적' (libertarian)이라는 용어는 대대로 알려진 것과는 정반대의 의미를 갖고 있습니다. 근대 유럽에서 이 용어는 대대로 사회주의적 아나키스트를 뜻했습니다. 노동자운동과 사회주의운동 세력 중에서도 반(反)국가를 주장하는 사람들이죠. 그런데 이곳 미국에서는 극단적 보수주의자라는 의미로 통합니다. 아인 랜드_05나 카토연구소_06 같은 존재 말입니다. 그러나 이런 용법은 미국에서나 통할 뿐입니다. 미국이 만들어낸 몇몇 특

_05 Ayn Rand(1905~1982). 러시아 태생의 미국 작가. 볼셰비키혁명 직후 미국으로 망명하면서 자연적으로 품게 된 반(反)집단주의·반(反)스탈린주의에 근거해 인간의 이기주의와 자유방임 자본주의를 찬양했다.

수한 것들이 있는데 이것도 그 중 하나죠. 유럽에서는 그리고 무엇보다 제게 이 용어는 사회주의운동 내의 반국가주의적 분파를 뜻합니다. 이들은 고도로 조직화된 사회를 추구합니다. 혼돈과는 전혀 상관없고 만사가 민주주의에 근거해 이뤄지는 사회 말입니다. 요컨대 자발적인 연합체계에 근거해 공동체, 작업장, 연방조직 등을 민주주의적으로 운용하고 이를 국제적으로 전파하는 사회가 그것입니다. 바로 이것이 전통적인 아나키즘이죠. 뭐, 누구나 단어를 자기 좋은 식으로 쓸 수는 있겠죠. 그러나 전통적인 아나키즘의 주류는 바로 이것입니다.

이런 아나키즘의 뿌리는 매우 깊습니다. 미국만 돌아봐도 노동자운동에 매우 든든하게 뿌리내리고 있죠. 옛날로 돌아가 봅시다. 가령 산업혁명이 막 시작되던 1850년대로요. 제가 살고 있는 매사추세츠 동부에는 그 당시 직물공장 등이 있었습니다. 사람들은 그런 공장에서 일했는데, 그 중에는 농가를 떠나 온 젊은 여성들도 있었죠. 사람들은 농장을 뛰쳐나와 직물공장에서 일하는 이 여성들을 '공순이'(factory girls)라고 불렀죠. 이들 중 일부는 아일랜드 출신으로서 보스턴에 이민 온 사람들이었고, 자기들끼리 뭉쳐 다녔습니다. 이들은 매우 다채롭고 흥미로운 문화를 갖고 있었어요. 이들은 제 이모부처럼 초등학교 4학년도 마치지 못했지만 현대 문학을 읽을 만큼 매우 똑똑했습니다. 이들은 유럽의 급진주의에 그다지 신경을 쓰지 않았습니다. 실제로 유럽의 급진주의는 이들에게 별 영향을 못 끼쳤죠. 그러나 이들은 대체로 문예 문화의 일부였습니다. 그리고 이 세계가 어떻게 체계를 갖춰야 하는지 자신들만의 생각을 발전시켰죠.

_06 Cato Institute. 1977년 설립된 미국의 보수적 싱크탱크. 랜드의 사상을 충실히 좇는 단체로서 행정부를 비대화했다는 이유로 조지 W. 부시 대통령을 비판할 만큼 철저히 '작은 정부론'을 주장하고 있다.

이들만의 신문도 있었습니다. 실제로 미국에서 언론이 가장 많은 자유를 누린 시기는 1850년대 경일 겁니다. 1850년대에는 대중지, 그러니까 로웰 등지의 여직공들이 직접 경영하는 대중지의 규모가 상업지의 규모에 필적했고, 어떨 때는 규모가 더 크기도 했습니다. 별다른 배경 없이 자발적으로 생겨난 독립적 성격의 신문이었죠. 여기에 글을 쓰는 사람들은 마르크스니 바쿠닌이니 하는 이름을 생전 들어본 적도 없었지만 이런 사상가들과 똑같은 생각을 했습니다. 이들은 주인에게 자기 몸뚱이를 빌려주는 사람을 '임금노예'라고 불렀는데, 이들이 보기에 임금노예는 자신들이 남북전쟁 당시 그 철폐를 위해 싸웠던 동산노예_07와 그다지 다르지 않았습니다. 따라서 자기 몸뚱이를 빌려준다는 것, 즉 임금을 받고 노동한다는 사고방식을 비하했습니다. 그렇게 하는 것은 개인의 온전함에 대한 공격이라고 생각했던 것이죠. 이들은 당시 발전하고 있던 산업시스템도 경멸했습니다. 자신들의 문화를 파괴하고, 자신들의 독립성과 개성을 파괴하고, 결국에는 자신들을 주인에게 종속시켜 버리는 산업시스템 말입니다.

미국에는 공화주의라고 불리는 전통이 존재합니다. 잘 아시겠지만 우리 모두 자유로운 인간, 그것도 세계 최초의 자유로운 인간이라고 주장하는 전통이죠. 그런데 이 전통이 자유의 근간을 뒤흔들고 파괴했습니다. 이 나라 곳곳에서 전개된 노동운동의 핵심은 바로 이런 자유에 있었고, 이와 더불어 노동운동은 공장에서 일하는 사람들이 공장을 소유해야만 한다는 것을 당연시했어요.

실제로 당시 노동운동의 핵심 구호 중 하나는 "새로운 시대정신 : 부

_07 Chattel slavery. 소유주가 법적으로 절대적 소유권을 주장할 수 있는 노예. 가령 그 소유주가 동산(動産)처럼 사고팔 수 있는 권리를 법적으로 보장받는 노예를 말한다.

의 축적, 자기만 빼고 모든 것을 잊어버리기"를 비난하는 것이었습니다. 이 새로운 정신, 그러니까 부를 축적하는 것에만 관심을 쏟아야 하고, 타인들과의 관계 같은 것은 싹 잊어버리라는 이 정신을 당시의 노동운동은 기본적인 인간 본성에 대한 침해이자 비난받아 마땅한 사고방식이라고 간주한 것입니다.

이 강력하고 풍요로운 미국의 문화는 폭력에 의해 분쇄됐습니다. 미국의 노동운동은 유럽보다 더 잔인한 세월을 살아왔습니다. 오랜 세월에 걸쳐 지독하게 폭력적으로 완전히 일소됐죠. 노동운동이 다시 회복된 것은 1930년대 경인데, 그때 제가 개인적으로 막차를 탄 셈이었습니다. 제2차 세계대전 이후 노동운동이 다시 분쇄됐거든요. 그리고 오늘날에는 완전히 잊혔습니다. 그러나 아직도 존재합니다. 사실 저는 노동운동이 잊혔다고 생각하지는 않습니다. 사람들의 무의식 표면 아래에 감춰져 있을 뿐이죠.

◈ 선생님은 수많은 저서를 통해 우리의 역사와 전통이 얼마나 잊혔는가를 살펴봐오셨습니다. 새로운 입장을 취한다는 것은 흔히 옛날로 되돌아가서 당시의 오래된 전통을 발견한다는 뜻이기도 하죠.

◈ 확실히 그런 것들은 오늘날의 지적 문화에서 잊혔습니다. 그러나 저는 대중문화 속에서, 사람들의 감성과 태도와 지혜 속에서 그런 것들이 여전히 살아 있다고 느끼죠. 가령 제가 오늘 노동자계급 출신의 청중들과 대화하면서 이런 생각을 말한다면, 그들은 무척이나 자연스럽게 받아들일 겁니다. 사실 문제는 이런 얘기를 하는 사람이 아무도 없다는 점입니다. 그러나 사람은 자기 몸뚱이를 누군가에게 빌려줘야만 하고, 누군가의 명령에 따라야만 하고, 노동은 당신이 하고 소유는 그 누군가가 해야만 한다(그러니까 당신이 만든 것을 당신이 소유하지 못한다)는 식의 생각을 화제로 꺼낸다면 무척이나 부자연스러울 겁니다. 복잡한 이론을

1. 항의와 변화

공부하지 않아도 그런 식의 사고방식이 인간의 존엄성을 해친다는 것은 누구나 알 수 있죠.

    💎 이런 전통을 통해서, 이런 전통에 영향 받고 여전히 이런 전통을 믿으면서 선생님은 정당한 권력이란 무엇이라고 생각하게 되셨습니까? 어떤 조건 아래에서 권력은 정당한 겁니까?

    ⬡ 제가 알고 있는 바에 따르면, 스스로 정당성을 입증하지 못한다면 권력은 언제나 부당하다는 것이야말로 아나키즘 전통의 핵심입니다. 따라서 어떤 권위주의적 위계관계가 정당하다고 주장하는 사람이 있다면 그 사람은 그 주장을 입증해야 할 부담을 항상 져야 합니다. 입증할 수 없다면 그걸로 끝이죠.

그런데 그런 주장이 입증될 수 있겠어요? 뭐, 입증하라는 것은 짊어지기에 너무 큰 짐이긴 합니다만, 어쨌든 때로는 감수할 수 있어야죠. 예를 들어보겠습니다. 네 살배기 손녀와 같이 길을 가는데 손녀가 갑자기 달음박질을 한다고 해봅시다. 그러면 저는 손녀의 팔을 붙잡아 당기겠죠. 이것은 힘과 권위의 행사입니다. 그러나 저는 제 행위를 정당화할 수 있고, 그 정당화가 무엇일지도 명확합니다. 당신이 정당화할 수 있는 다른 사례도 있겠죠. 그렇지만 제일 먼저 마음속에서 고민해야 할 질문은 "왜 내가 그런 정당화의 부담을 받아들여야 하는가?"입니다. 어떻게 든 자신의 행동이 정당함을 보여주는 것은 권력을 행사하는 사람의 책임이죠. 여타 사람들이 권력자의 부당함을 보여줄 책임은 없습니다. 누군가를 다른 누군가의 위에 놓는 것이 인간들의 권위관계라면 그런 관계는 조금만 생각해봐도 부당한 것입니다. 그게 옳다는 것을 보여주는 강력한 논거를 제시할 수 없다면 지고 마는 것이죠.

이것은 마치, 그러니까 국제 문제에서 폭력을 이용하는 것과 같은 겁니다. 폭력을 부르짖는 사람이라면 그 누가 됐든지 간에 입증의 부담을 저야 합니다. 아마 정당화될 때도 있을 수 있습니다. 개인적으로 저는 열렬한 평화주의자는 아닙니다. 그래서, 예, 때로는 정당화될 수 있다고 생각합니다. 사실 제가 4학년 때 쓴 글에서도 파시즘을 멈추게 하기 위해서라면 서구가 무력을 써야만 한다고 썼죠. 지금도 그렇게 생각합니다. 그러나 이제 저는 더 많은 것을 알게 됐죠. 실제로 서구는 파시즘을 지지했고, 프랑코를 지지했고, 무솔리니를 지지했다는 것 말입니다. 심지어는 히틀러도요. 당시에는 이런 사실을 전혀 몰랐습니다. 그러나 그때는 그리고 지금도 전염병을 막기 위한 무력행사는 정당하다고 생각하고, 결국 정당화됐죠. 그렇더라도 이런 주장 역시 논거가 제시되어야 합니다.

◈ 언젠가 선생님은 이렇게 말씀하신 적이 있습니다. "당신은 원한다면 프랑스 혁명에 관해 거짓을 말하거나 이야기를 왜곡할 수도 있다. 그래도 아무런 문제가 생기지 않을 것이다. 그러나 화학에서 잘못된 이론을 제시한다면 머지않아 논박될 것이다."_08 이처럼 과학자로서 세계를 바라보는 선생님의 접근법은 정치를 바라보는 선생님의 접근법에 어떤 영향을 끼쳤는지요?

◈ 자연은 억셉니다. 대자연을 희롱할 수는 없죠. 대자연은 강건한 십장 같은 존재라고나 할까요. 그래서 자연과학에서는 정직해질 수밖에 없습니다. 더 부드러운 영역에서는 꼭 정직하지 않아도 됩니다. 물론 거기에도 표준은 있지만 매우 약하죠. 만약 당신이 주장하는 바가 이데올로기적으로 용인된다면, 가령 권력체계를 지지하는 것이라면 대단히 잘 빠져나갈 수 있습니다. 사실 반체제적인 견해가 처한 상황과 주류의 견

_08 Robert F. Barsky, *Noam Chomsky: A Life of Dissent*, Cambridge, MA: The MIT Press, 1997, p.141.

1. 항의와 변화

해가 처한 상황은 근본적으로 다릅니다.

예를 들어보죠. 일전에 저는 테러리즘에 관한 글을 쓴 적이 있습니다. 당시 저는 테러리즘이 권력에 꽤 조응한다는 사실을 힘들이지 않고도 보여줄 수 있다고 생각했습니다. 별로 놀라운 주장도 아니라고 생각했던 거죠. 대체로 강력한 국가일수록 테러리즘에 더 많이 관여합니다. 미국은 막강하죠. 그래서 스스로 테러리즘을 정의내리며 대규모로 테러리즘에 관여합니다. 음, 제가 이렇게 주장하고 싶어한다면 상당히 많은 증거를 제시해야 할 겁니다. 저는 그게 좋다고 생각합니다. 전혀 반대하지 않습니다. 누가 됐든지 간에 그런 주장을 내세우려면 매우 높은 기준을 충족시켜야만 할 겁니다. 그래서 저는 광범위한 문서들을 섭렵했습니다. 내부 기밀자료에서부터 역사적 기록에 이르기까지 말이죠. 만약 당신이 쉼표를 잘못 찍었다면 누구든 그것을 비판할 수 있어야만 합니다. 그런 기준은 괜찮다고 생각합니다.

좋습니다. 자, 이제 주류에서 노는 경우를 상상해보죠. 당신은 권력을 지지하기 때문에 원한다면 뭐든지 얘기할 수 있습니다. 그 누구도 당신이 뭔가를 정당화하기를 기대하지도 않죠. 상상할 수 없을 법한 상황을 하나 예로 들어봅시다. 제가 〈나이트라인〉에 나갔는데 이런 질문을 받는 겁니다. "카다피가 테러리스트라고 생각하시나요?" 저는 이렇게 말할 수 있을 겁니다. "예, 카다피는 테러리스트죠." 제게는 증거가 필요없습니다. 제가 "조지 부시는 테러리스트입니다"라고 말하는 걸 상상해보세요. 그럼 다들 제가 증거를 내놓기를 기대할 겁니다. "왜 그렇게 말씀하시는 거죠?"

사실 뉴스를 생산해내는 시스템 구조상 당신은 증거를 내놓을 수 없습니다. 이런 구조를 지칭하는 이름도 있습니다. 〈나이트라인〉의 프로듀서인 제프 그린필드에게서 들었는데, '간결함'이 그것입니다. 어딘가에서 인터뷰하던 중 제프는 왜 〈나이트라인〉에서 저를 초대하지 않느냐는 질문을 받았다고 합니다. 그래서 일단 이렇게 말했다고 하네요. "촘스키는 터키어로 말하거든요. 아무도 못 알아들을 겁니다." 그러고서는 이런 대답을 덧붙였답니다. "그는 간결하게 말하질 않아요." 어느 것이 옳든 간에 저는 그의 말에 동의합니다. 제가 〈나이트라인〉에서 할 것 같은 말은 단 한 문장으로 끝낼 수 없죠. 왜냐하면 일반적인 믿음에서 벗어난 말이니까요. 일반적인 믿음을 되풀이할 때에도 광고와 광고 사이에 끝낼 수 있어야 합니다. 그런 믿음에 이의를 제기하는 뭔가를 말하고 싶다면 증거도 내놓아야죠. 광고와 광고 사이에 이 모든 것을 할 수는 없는 노릇입니다. 그러니 간결하지 못할 수밖에 없고, 결국 아무런 말도 할 수 없지요.

그야말로 기막힌 선전기술 아닌가요. 간결해야 한다고 강제하는 것은 실질적으로 기존 방침을 끊임없이 되풀이할 수밖에 없도록 만들고, 결국 아무것도 못 듣게 만드는 방법의 일종입니다.

◈ 그렇다면 비슷한 관심사를 가졌고, 선생님이 거쳐 온 것과 똑같은 전통을 지녔으며, 권력의 반대편에 서고 싶어하는 사람들에게 어떤 조언을 해주시겠습니까?

◈ 150년 전 로웰의 직물공장에서 일하던 여직공들이 했던 것과 똑같은 일이요. 그녀들은 다른 사람과 힘을 합쳤죠. 이런 일을 혼자 하기란 매우 힘듭니다. 특히 먹고살기 위해서 일주일에 50시간 일해야 하는 상황이라면 말입니다. 다른 사람과 힘을 합치세요. 그러면 많은 일을 할 수 있습니다. 엄청난 배가효과가 있죠. 노동조합이 항상 사회적·경제적 진보를 이끌어온 이유가 바로 여기에 있습니다. 노동조합은 가난한 사람들, 노동하는 사람들을 뭉치게 만들어 서로에게 배우고, 각자의 정보를 공유하고, 집단적으로 행동할 수 있도록 도와줍니다. 만사는 이런 식으로 바뀌는 법입니다. 민권운동, 여성운동, 연대운동, 노동자운동이 다 그랬죠. 우리가 지하 감옥에서 살지 않아도 되는 것은 사람들이 한데

뭉쳐 변화를 가져왔기 때문입니다. 지금이나 예전이나 하등 다를 바 없습니다. 사실 이렇게 보면 지난 40여 년 동안만 하더라도 우리는 수많은 변화를 봐왔습니다.

여성운동도 존재하지 않았고, 인권운동도 매우 취약했던 1962년으로 돌아가 보죠. 그때는 우리 손자들의 권리를 보장해줄 수 있는 환경운동 같은 것도 없었습니다. 제3세계의 연대운동도 없었고, 반(反)아파르트헤이트운동도 없었습니다. 저임금노동을 반대하는 운동도 없었고요. 요컨대 지금 우리가 당연시하는 모든 것이 그 당시에는 없었습니다. 어떻게 그런 것들이 등장했을까요? 천사가 선물로 줬겠습니까? 아닙니다. 투쟁을 통해서, 자신을 헌신한 사람들이 다른 사람들과 더불어 공동 투쟁을 벌였기 때문입니다. 혼자서는 할 수 없으니까 그렇게 했죠. 그리고 그들의 노력이 더 문명화된 나라를 만든 겁니다. 참으로 머나먼 길이었죠. 그러나 그런 일이 처음 있었던 것도 아닙니다. 앞으로도 계속될 테고요.

🔹 선생님은 운동의 영웅에 초점을 맞추기 시작하면 실수가 되리라고 믿고 계십니다. 왜냐하면 실제로 뭔가 다른 것을 만들어낸 장본인은 칭송 받지 못한 영웅들, 운동을 했지만 칭송 받지 못한 재봉사 같은 사람들이기 때문이라고요.

🔸 민권운동을 예로 들어보죠. 민권운동을 생각할 때 처음 떠오르는 것은 아마 마틴 루터 킹 목사일 겁니다. 킹 목사는 중요한 인물이었죠. 그러나 확신하건대 킹 목사는 제일 먼저 이렇게 말할 겁니다. 자신은 행동주의의 물결에 몸을 맡겼을 뿐이라고. 그리고 그런 행동에 뛰어들어 민권운동을 이끈 것은 학생비폭력조정위원회_09의 젊은 활동가들, 자유의 승객들,_10 두들겨 맞고 때로는 목숨을 잃어도 매일 거리에 나와 꾸준히 운동한 사람들이라고 말이죠. 킹 목사가 등장해 민권운동의 지도자가 될 수 있는 환경을 만들어낸 장본인이 바로 이런 사람들입니다. 킹 목사의 역할은 매우 중요했습니다. 그 사실을 폄하할 생각은 전혀 없어

요. 킹 목사가 제 역할을 한 것은 매우 중요한 일이었습니다. 그러나 진짜로 중요한 사람들은 이제는 그 이름조차 잊힌 사람들입니다. 지금껏 존재해온 모든 운동에서 늘 그랬듯이 말입니다.

💬 제가 보기에 선생님은 때때로 성취할 수 있는 바가 작을지언정 그것조차 매우 중요하다고 이해하시는 것 같습니다.

💎 우리가 장기적 전망을 포기할 필요는 없다고 생각합니다. 저는 1850년대 경 로웰에 살았던 여직공들에게 완전히 공감합니다. 임금노예라는 존재는 기초적인 인권에 대한 공격이죠. 저는 당시 공장에서 일했던 사람들이 바로 그 공장을 소유해야 했다고 생각합니다. 그리고 부의 축적에만 신경 쓸 뿐 자기 자신 이외의 모든 이들을 망각하려는 당시의 '새로운 시대정신'과도 투쟁해야 했다고 생각합니다. 예, 이런 것들은 하나같이 모멸적이고 파괴적입니다. 이런 것들이 사라지려면 오랜 시간이 필요하죠. 얼마나 길지는 모르겠지만 말입니다. 물론 지금 당장 처리해야 할 심각한 문제들도 있습니다. 가령 3000만 명의 미국인들이 제대로 먹지도 못하고 있고, 이보다 상황이 더 나쁜 나라에 사는 사람들도 있습니다. 미국의 군홧발 아래에서 시달리다가 죽어가는 사람들도 존재합니다. 이런 것들은 단시간에 처리해야 할 문제입니다. 적은 소득만 얻는다고 해서 잘못된 일은 아닙니다. 앞서 말씀드린 1960년대부터 오늘날까지 일궈낸 소득처럼, 그런 것들도 인간으로서 살아가는 데 매

🖊 --

_09 Student Non-violent Coordinating Committee. 1960년 결성된 흑인 학생운동 활동가들의 단체. 1962년 결성된 백인 학생운동 활동가들의 단체인 민주사회를위한학생연합(Students for a Democratic Society)과 더불어 1960년대 중반부터 1970년대 말까지의 모든 사회운동에 기여했다.

_10 Freedom Riders. 1961년 주간(州間) 교통수단에서 인종 분리 관행을 깨뜨리기 위해 함께 버스를 타고 남부 전역을 돌았던 일군의 흑인·백인 학생운동 활동가들을 지칭하는 말. 학생비폭력조정위원회가 주도한 시위였다.

우 중요합니다. 그러나 큰 소득을 얻지 못한다는 게 이제는 올라갈 산이 많지 않다는 걸 의미하지는 않죠. 분명히 있습니다. 다만 사람들은 자기 힘이 닿는 일만을 하려고 하죠.

과학에서도 마찬가지입니다. 가령 당신은 인간을 행동하게 만드는 것이 무엇인가 같은 문제를 풀고 싶어할지도 모릅니다. 그러나 정작 당신이 풀고 있는 문제는 자신의 이해 범위 안에 있는 문제들뿐이죠. 잘 알려진 농담 하나를 들려드리죠. 한 술주정뱅이가 가로등의 기둥 밑에서 땅을 쳐다보고 있었습니다. 누군가가 다가와 이렇게 묻습니다. "뭘 찾고 있나요?" 술주정뱅이는 "내가 떨어뜨린 연필을 찾고 있소"라고 대답합니다. 다시 행인이 묻죠. "어디서 떨어뜨렸는데요?" "아, 길을 건너다 떨어뜨렸소." "그런데 왜 여기서 찾고 있나요?" "불빛이 비추는 곳이 여기니까요." 과학이 작동하는 방식이 이런 겁니다. 자신이 풀고 싶어하는 문제는 저쪽 길가에 있는데, 불빛이 비추는 곳에서 작업해야만 하는 거죠. 만약 조금만 더 움직이려고 노력한다면, 결국 우리는 길가로 갈 수 있을 겁니다.

대니얼 엘스버그(Daniel Ellsberg, 1931~)는 활동가이자 전략분석가이다. 엘스버그는 베트남전쟁 반대운동의 핵심 인물이었다. 엘스버그가 『뉴욕타임스』에 건네준 '국방부 문서'는 일련의 사건들을 낳았는데 당시 대통령이던 리처드 닉슨은 이 때문에 불법활동을 할 수밖에 없었고, 결국 닉슨 대통령은 탄핵을 받느니 대통령직을 사임하기로 결정했다. 엘스버그는 《기밀 : 베트남과 국방부 문서에 관한 회고》(2002)와 《전쟁의 문서》(1972)의 지은이기도 하다.

| 대니얼 엘스버그 | 1998년 7월 29일

"대통령이 하기 원하는 일을
못 하도록 막는 것이 때로는 나라를
위한 최선의 길입니다."

❓ 베트남전쟁에는 언제 처음 관여하게 되셨는지요?

❔ 결코 예전에는 공개적으로 밝힌 바 없는데, 사실 저는 1961년 베트남에 가 있었습니다. 케네디 행정부의 국방부를 위해서 제한전을 연구·개발하는 프로젝트 팀, 그러니까 일종의 연구그룹과 함께 말이죠._01 당시 베트남에서 얻게 된 인상 때문에 저는 베트남전쟁이라는 문제에서 거리를 둬야겠다고 결심하게 됐습니다. 관료로서 이후의 제 경력을 위해서 가능한 한 말입니다. 베트남에서 돌아온 뒤 랜드연구소의 보고서를 작성하는 일을 도왔습니다. 당시의 연구그룹에서 깨우친 바를 반영해 몇 가지 조언을 담은 보고서였는데 기본 내용은 이랬습니다. 이런 일로 연구비를 타낼 생각을 하지 말라, 베트남에 개입하지 말라, 근처에도 가지 말라, 완전히 손해 보는 짓이다, 등등. 왜냐하면 이미 1961년부터, 아니 그보다 일찍 만사가 명확했거든요. 사실 베트남의 민족해

_01 1954년 해병대에 입대해 1957년 중위로 전역한 엘스버그는 이듬해 랜드연구소에 들어가게 된다. 미국의 대표적인 싱크탱크인 랜드연구소는 존 F. 케네디의 선거운동을 물밑 지원한 덕택에 케네디가 대통령이 된 뒤 국방부의 핵전략을 거의 도맡다시피 입안했는데, 엘스버그가 말하는 제한전 연구·개발이란 전임 아이젠하워 행정부의 '단일통합작전계획-62'(소련의 예상되는 침공을 전면적인 핵 선제공격으로 막는다는 구상)를 보다 합리적이고 효율적으로 재검토하는 프로젝트였다. 더 자세한 내용으로는 다음을 참조하라. 알렉스 아벨라, 유강은 옮김, 《두뇌를 팝니다 : 미제국을 만든 싱크탱크 랜드연구소》, 도서출판 난장, 2010, 181~186쪽.

대니얼 엘스버그

방과 주권회복을 주장하며 공산주의자들이 주도하던 운동을 잠재우려는 서구의 노력은 가망이 없는 일이었습니다. 그들은 이미 미국의 강력한 재정적·물질적 지원을 등에 업은 프랑스를 무찌른 바 있었습니다. 본질적으로 우리가 싸우게 된 사람들이 바로 그들이었고, 미국이 프랑스보다 상황을 더 잘 헤쳐 나갈 기미는 매우 적어 보였습니다.

1961부터 1963년까지, 그러니까 케네디 행정부의 3년 동안 저는 정말이지 베트남과 관련된 토론을 피해 다녔습니다. 절대 말려들고 싶지 않았거든요. 기본적으로 저는 베트남전쟁에 관여하는 것이 피그스 만 사건_02에 연루되는 것만큼이나 잘못이라고 생각했어요. 완전히 실패로 끝난 저 피그스 만 사건은 관련된 거의 모든 이들의 경력을 완전히 망가트려놓았죠.

◆ 그런데 몇 년 뒤에 다시 베트남 관련 일을 하셨잖습니까?

◎ 아뇨, 그건 일을 배정받은 겁니다……. 마지못해서 다시 베트남 관련 일을 하게 된 셈이죠. 그리고 당시 저는 정부의 정책결정을 내부에서 보고 싶기도 했습니다. 몇 년 전부터 연구자 겸 조언자로 정부의 정책결정을 연구해왔거든요. 첫날부터 바로 작업을 시작했는데, 그들이 말하는 '전신(電信) 읽기'를 했습니다. 그러니까 특정 지역에서부터 어마어마하게 쏟아지는 전신 메시지에 푹 빠져드는 일이었죠. 제가 거의 첫번째로 읽은 전신은 통킹 만에서 미 구축함이 공격당한 게 분명하다는 내용을 담고 있었습니다._03 1964년 8월 4일의 일이었습니다. 다른

_02 [Invasion to] Bay of Pigs. 1961년 4월 17~19일 미 중앙정보부가 훈련시킨 1400명의 쿠바 망명자들이 피델 카스트로 정부를 전복하기 위해 쿠바 남쪽의 피그스 만(코치노스 만)을 침공한 사건. 1000여 명이 죽고, 1000여 명이 생포되는 참담한 패배로 끝났다.

구축함들이 다시 공격당하고 있다는 긴급 전보가 그날 밤 늦게부터 쏟아져 들어오는 걸 봤습니다. 그런데 구축함들이 얻은 공격 정보란 게 레이더와 수중음파탐지기 신호뿐이었죠.

몇 년을 건너뛰어 보죠. 그로부터 몇 년 뒤 당시 아무런 공격도 없었다는 게 분명해졌습니다. 당시 구축함들은 물속에 비친 레이더와 수중음파탐지기 그림자를 공격하며 싸웠던 겁니다. 그리고 그들이 주장했던 어뢰 같은 것도 결코 물속에 없었죠.

그러나 당시 그들이 제일 먼저 들은 말은 분명히 북베트남의 어뢰정들이 자신들을 공격했다는 것이었습니다. 그러다가 제가 작업을 시작한 바로 첫날 언제쯤엔가 "모두 중지하라"라는 전신을 읽게 됐죠. 다음날 날이 밝았을 때 바다 주변을 직접 살펴보고, 물속에 잔해나 새어나온 기름이나 생존자가 있는지 확인할 수 있을 때까지 어떤 행동도 하지 말라고 두 구축함04의 지휘관이 지시했던 겁니다. 실제로 그들은 자신들이 어뢰정 몇 척을 파괴했다고 생각했던지라 그 흔적이 남아 있어야만 했죠. 정말 크게 공격을 당한 건지, 공격 자체가 있기나 했는지 사람들은 매우 미심쩍어했습니다. 사실 확신하는 건 불가능했습니다. 그런데도 린든 B. 존슨 대통령은 전신 메시지를 받자마자 북베트남 폭격 개시를 일찌감치 결정했죠.

자, 이렇게 되어서 폭격기들이 64차례나 북베트남으로 출격했습니다. 저는 지구의 반대편에서 벌어지고 있는 폭격과 그 여파를 추적하느라

_03 이른바 '통킹 만 사건'(Gulf of Tonkin Incident)은 1964년 8월 2일과 4일에 벌어졌다. 북베트남 어뢰정 3척이 통킹 만에서 작전 중인 미 구축함을 선제공격했다는 사건인데, 훗날 미국의 자작극이었음이 밝혀졌다.

_04 '두 구축함'이란 당시 공격당했다는 매독스 호(Destroyer USS Maddox DD-731)와 이 소식을 듣고 급파된 터너조이 호(USS Turner Joy DD-951)를 말한다.

국방부에서 밤을 새웠습니다. 12시간의 시차가 있었죠. 그래서 저쪽이 낮이면, 이쪽은 밤이었습니다.

그로부터 며칠 뒤 존슨 대통령은 스스로 기능면에서 선전포고에 해당한다고 생각한 바를 의회에서 거의 만장일치로 통과시켰습니다. 통킹만 결의안이 바로 그것이었죠. 이로써 존슨 대통령은 의회로부터 전쟁을 지지받았다고 생각했습니다. 의회는 그렇게 생각하고 표를 던진 게 아니었는데 말입니다. 아무튼 미군은 이렇게 베트남전쟁에 뛰어드는 우를 범하게 된 겁니다.

 당시 존슨 대통령이 의회에 요청한 바를 의심하셨습니까? 선생님이 봐왔던 사실에 근거해서 말입니다.

 어디 의심뿐이겠습니까. 존슨 대통령은 의회와 대중들에게 미국의 선박이 공격받은 증거가 명백하다고 말했습니다. 말짱 거짓말이었죠. 저는 거짓말이라는 걸 알고 있었습니다. 북베트남 폭격이 개시되기 전에도 이미 수많은 의혹이 제기되고 있었고, 무슨 일이 벌어지고 있는지 너무나 불분명했죠. 저는 제 자신 그리고 대부분의 사람들이 이 모든 일에 대해 '아마도'라고 말해야 한다고 생각했습니다. "아마도 공격이 있었을지 모른다"라고 말입니다. 그러나 존슨 대통령은 대중들에게 그렇게 말하지 않았습니다. 거짓말을 했죠.

그 다음으로 존슨 대통령은 말하길, 공격이 있었는데, 그것은 공해상에 있는 미국의 구축함을 정당한 이유 없이 겨냥한 것이 확실하다고 했습니다. 이것 역시 거짓말이었습니다. 이틀 전[1964년 8월 2일]에 발생한 실제 공격이란 것도 그날 밤 미국이 북베트남을 은밀히 비밀리에 공격해서 일어난 것이었죠. 그 사실을 부인했지만 말입니다. 아무튼 미국이 북베트남의 공격을 도발했다는 증거는 부지기수였습니다. 로버트 맥나마라 국방장관, 딘 러스크 국무장관, 사이러스 밴스 국방차관 모두 미군의 공격이 [먼저] 있었다는 사실을 의회에 계속 숨겼습니다.

 선생님이 국방부에서 일하고 있을 당시의 환경에서, 공개적으로 알려진 바와 권력의 회랑 한가운데서 선생님과 다른 이들이 알게 된 바가 서로 양립할 수 없을 때 어떻게 했나요?

음, 1959년 이래로 그 시점까지 저는 6년 동안, 그러니까 드와이트 아이젠하워, 케네디 그리고 당시엔 존슨 대통령을 위해 정부의 자문역을 맡아왔습니다. 이 시기 동안 저는 수천 쪽에 달하는 기밀 문건들을 봐왔고, 그 내용을 대중에게 알려진 사실과 비교할 수 있는 위치에 있었습니다. 대통령, 그의 대변인, 그의 관료들은 매일 대중에게 거짓말을 합니다. 대통령이 대중에게 온갖 이유로 거짓말을 한다는 생각을 적절히 다스릴 수 없다면, 당신은 정부에 머물러 있을 수 없습니다. 매주 당신이 그 사실을 알게 되는 그런 위치에서 말입니다.

왜 이런 말을 하냐면, 때때로 사람들이 제가 왜 '국방부 문서'를 『뉴욕타임스』에 건넸는지를 추측하기 때문입니다. 그것 때문에 감옥에 갈 게 뻔한데도 말입니다. 『뉴욕타임스』의 해리슨 솔즈베리[05]는 "그[엘스버그]는 거짓말을 참을 수 없었다"고 말했는데, 글쎄요, 기본적으로 그건 어리석은 말입니다. 정부 기록을 건넸다는 이유만으로 감옥에 가지도 않았고요. 대통령이 거짓말한다는 생각을 감당할 수 없다면, 당신은 대통령을 위해 일할 수 없습니다. 사실, 대통령들이 진실만을 얘기한다는 건 드문 일로서, 자신이 무슨 생각을 하고 무슨 일을 하고 있는지, 무

_05 Harrison Salisbury(1908~1993). 『뉴욕타임스』의 외신부기자로서 1955년 소련의 삼엄한 검열을 뚫고 소련 내부의 소식을 전달한 공로를 인정받아 퓰리처상을 받았다. 북베트남 현지에서 베트남전쟁을 보도한 최초의 미국인 기자로서, 주류 언론인들 중 베트남전쟁에 반대한 대표적인 인물이기도 하다.

엇을 믿으며 왜 어떤 일을 하는지 등에 대해 본질적으로 절대 있는 그대로의 진실을 얘기하지는 않습니다. 실제로 대통령들은 이런 문제에 관해서 거짓말하는 것을 좀체 삼가지 않습니다. 이런 문제를 현실과 일치하지 않게 대중에게 알리는 것이 자신에게 훨씬 더 편리하고, 정치적으로 훨씬 더 효율적이라고 느끼니까요.

🔳 그 뒤로 선생님은 베트남전쟁에 더 깊숙이 관여하게 됐습니다. 실제로 베트남에 가셨고, 국방부에서 일하던 시기 이후에도 그곳에서 일하셨는데요.

🔳 그랬죠. 1965년 여름경 존슨 대통령은 베트남전쟁을 무제한적으로 확전하기로 결심했습니다. 그래서 2월부터 폭격_06을 계속해왔던 미국은 베트남전쟁에 더 깊이 관여하게 됐죠. 당시까지 10만 명의 미군이 베트남에 주둔해 있었습니다. 미국은 전쟁 중이었던 겁니다. 저는 1954~57년의 평화로웠던 시기에 해병대에서 (소대장과 중대장으로) 근무했습니다. 퇴역 해병대원으로서 저는 워싱턴 D.C.에 앉아 전쟁을 따라간다는 게 싫었죠. 그래서 베트남에 자원해서 갔습니다. 베트남 주재 미국 대사관에서 베트남인들과의 연락업무를 맡았죠. 이 전쟁을 이해할 수 있게 해주는, 아마도 최악의 결과를 피할 수 있는 더 좋은 기회가 오리라고 생각했던 겁니다.

저는 당시 대부분의 시간을 베트남에서 보냈는데 좌절, 교착상태, 살육, 죽음 말고는 우리 앞에 놓인 게 아무것도 없다는 사실이 아주 분명했습니다. 우리에게 유리한 결과, 혹은 수용할 만하다고 말할 수 있을

_06 1965년 2월 7일과 11일에 개시된 '불타는 투창 작전'(Operation Flaming Dart)을 말한다. 미 공군과 남베트남 공군의 합동작전으로서 각각 49회, 99회 출격이 이뤄졌다. 북베트남에 가해진 최초의 대규모 폭격으로서 베트남전쟁의 확전을 알리는 신호탄이었다.

결과조차 나올 가망성이 전혀 없었죠. 단지 패배를 지연시키거나 정책을 바꿀 가능성 말고는 말입니다.

훗날 정부 문서들을 연구하면서 알게 된 사실인데, 사실 대통령들은 베트남에서 우리가 뭔가 성공적인 결과를 얻어낼 가망성이 명백하다는 권고를 받은 적이 결코 없었습니다. 그러나 다른 한편으로 대통령들은 베트남에서 철수해 베트남인들이 스스로 정치체제를 결정하도록 놔둠으로써(그것은 곧 공산주의가 [아시아에서] 헤게모니를 거의 확실히 잡게 된다는 걸 의미했습니다), 자신이 곤란해질 상황이나 패전을 어떻게 하면 지연시킬 수 있을까를 생각했습니다. 미국과 베트남인들에게 갈수록 높아져만 가는 비용을 치르게 하면서 지연시키는 것 말고는 대안이 없었죠. 인명, 돈, 개입이라는 비용을 말입니다. 결국 대통령들은 이쪽을 선택한 겁니다. 재임 중에 케네디 대통령이, 존슨 대통령이 선택한 것이 바로 이것이었죠. 그리고 사임하기 전까지 닉슨 대통령이 선택한 것도 이쪽입니다.

◈ 워싱턴 D.C. 그리고 랜드연구소로 돌아오신 뒤 선생님은 '국방부 문서'라고 알려진 자료에 접근하셨습니다. 그 자료가 무엇인지 설명해주시겠습니까?

◈ 1965년부터 1967년까지 2년간 베트남에 있으면서 저는 그곳을 평정할 수 있는 가능성을 평가했습니다. 그 때문에 베트남 전역을 거의 모두 돌아다녔는데, 43개 성(省) 중 38개 성을 둘러봤죠. 당시 민간인이긴 했지만 저는 해병대 훈련경험을 활용해 군부대와 함께 일했습니다. 실제로 어떨 때는 중요한 전투를 겪기도 했죠. 따라서 저는 그 전쟁을 매우 가까이에서, 사실상 보병부대 안에서 본 셈입니다. 그러다가 간염에 걸렸어요. 아마 전장을 따라다니다가 걸린 것 같습니다. 그래서 미국으로 돌아온 뒤 정부를 떠나서 랜드연구소에 다시 합류했죠. 그곳에서 바로 맡은 임무가 맥나마라 국방장관이 국방부에서 준비해왔던 역사기록

프로젝트였습니다. 프로젝트 이름이 '베트남에서 행한 미국의 의사결정, 1945~1968'이었습니다.

정부 안팎에서 저는 연구 목적으로 이 프로젝트의 결과물 47권 전체를 볼 수 있는 유일한 연구원이었습니다. 7000쪽에 달하는 일급비밀 문서였죠. 저는 이 문서를 '베트남의 교훈'이라고 불리는 연구를 위해서 제 사무실의 가장 안전한 금고에 보관했습니다.

특이하게도 저는 미국 정부와의 계약 아래 임금 즉 월급을 받으면서 '베트남의 교훈'을 살펴본 유일한 사람이었습니다. 참으로 이상한 일이었죠. 이 작업에 참여한 사람들은 대부분 전체 47권 중 한 권만을 읽었습니다. 자신들이 작업한 바로 그것만을요. 한동안 전국에서 연구의 결과물 전체를 다 보고, 실질적으로 이 문건이 다루고 있는 시기 전체, 그러니까 1945년부터 1968년까지의 기간에서 교훈을 얻을 수 있었던 사람은 단 세 명_07뿐이었습니다.

◈ 베트남에서 있었던 일들은 대개 이성적이기보다는 당시 정치에 상당히 휘둘리고 있던 정세를 반영하고 있었습니다. 그렇지만 선생님은 수년 동안 그 사실을 감수해오셨잖습니까?

◈ 그런데 대통령의 관점에서 보면 자리를 지켜내는 것, 선거에서 승리하는 것이야말로 합리성의 본질입니다. 대통령은 더 큰 이해관계를 위해서 언제나 그것을 합리화할 수 있습니다. 다른 사람들이 아니라 자

_07 당시 국방부 소속 연구자로서 이 프로젝트의 총책임자였던 겔브(Leslie Gelb, 1937~), 국방차관보 원키(Paul Warnke, 1920~2001), 국방부차관보 할퍼린(Morton H. Halperin, 1938~)를 말한다. 당시 이 프로젝트팀은 '국방부 문서'를 모두 15부만 찍었는데, 전체 47권을 모두 보유한 것은 랜드연구소와 당시 국방장관이었던 레어드(Melvin Laird, 1922~)밖에 없었다고 한다. 엘스버그는 랜드연구소에 소장되어 있던 것을 복사했다.

신이 속한 정당과 자신에게 이 문제에 모든 지혜를 모으는 것이야말로 중요하다고 말하면서 말입니다. 예를 들어보죠. 당시에는 골드워터_08가 성공하지 못하는 게 대단히 중요했습니다. 골드워터를 승리하게 놔두느니 차라리 우리로서는 이것저것을 해야만 했습니다. 워터게이트 사건 당시 닉슨 대통령의 측근들이 말했던 것처럼 말입니다. "물론 우리는 맥거번_09이 대통령이 되지 못하도록 만들기 위해서 이런 일을 저질렀습니다. 맥거번이 대통령이 되는 것이야말로 재앙이죠." 바로 이런 것이 그들의 합리성입니다. 그러니 당신이 "그건 합리적이지 않아요"라고 말한다면 저로서는 그 합리성이라는 건 국내의 정치권력, 자기 자리 지키기, 대통령의 자부심과 위신 등과 관계가 있을 뿐이라고 말하겠습니다. 대통령과 그 측근들은 이런 것들과 국가의 이해관계를 쉽게 혼동하곤 하죠. 사실 그들은 이 둘을 구분하지 못합니다.

　　● 선생님은 그때까지 수년 동안 정부 소속이었고, 그 프로젝트 팀의 구성원이었으며, 방금 말씀하신 것과 같은 의사결정 과정을 기꺼이 감수해왔습니다. 베트남 전쟁에 꽤 실망하시고 '국방부 문서'를 읽으신 뒤 선생님은 무엇이 용인할 만한 일인지, 무엇이 도덕적인 것인지에 대해 다른 결론을 내리셨습니다. 선생님의 생각이 어떻게 바뀐 것인지 설명해주시겠습니까?

　　◉ 베트남에서 승전의 가망이 없다는 사실에 대해 저는 결코 뭔가 새

_08 Barry Goldwater(1909~1998). 미국의 정치인. 공화당 소속의 5선 상원의원(애리조나 주)으로서 1964년 재선을 노리는 민주당의 존슨과 대통령 선거에서 대결했다. 훗날 캘리포니아 주지사가 되는 로널드 레이건이 두각을 나타내기 이전 '미스터 보수주의자'(Mr. Conservative)라고 불릴 만큼 공화당의 정신적 지주 역할을 했다.

_09 George McGovern(1922~　). 미국의 정치인. 민주당 소속의 3선 상원의원(사우스다코타 주)으로서 1972년 재선을 노리는 공화당의 닉슨과 대통령 선거에서 대결했다. 잘 알려져 있다시피 닉슨의 사임을 불러온 워터게이트 사건은 닉슨의 재선운동본부 수뇌부들이 민주당의 선거운동 캠프를 도청한 사건이다.

대니얼 엘스버그

로운 것을 얻지 못했습니다. 베트남에 가기 전부터 저는 이미 그런 생각을 갖고 있었죠. 그러나 베트남인들의 얼굴을 보고 뭔가를 배울 수 있었습니다. 베트남인들에게 무슨 일이 벌어질지 걱정하는 법을 말이죠. 워싱턴 D.C.로 돌아간 제 동료들은 아마 그렇지 않았던 것 같습니다. 제게 베트남인들은 현실이었습니다. 그 사람들은 다른 사람들에게는 몰라도 제게는 단순한 숫자이거나 일종의 추상적인 암호 같은 존재가 아니었죠.

그렇지만 제가 특히 1969년에 '국방부 문서'를 통해 배운 것은 베트남 문제에 연루된 다섯번째 대통령인 닉슨이 헛된 희망 아래 이 전쟁을 지속하려고 한다는 것이었습니다. 협상을 통해 그리고 본질적으로는 패배를 받아들임으로써 자신이 얻을 수 있는 것보다 그렇게 하면 무언가 더 나은 결과가 있을 것이라고 헛되이 기대하면서 말입니다. 닉슨 대통령은 그보다 훨씬 더 좋은 걸 바랐던 겁니다. 사실상 미국을 위해서 사이공과 주요 인구 밀집지역을 무기한으로 통제할 수 있기를 기대했죠. 공산주의자들이 이곳을 관리하게 놔두는 게 아니라 우리의 의지, 우리의 정책에 복속시키려고 했던 겁니다. 그리고 실제로도 존슨 전임 대통령이 원했던 것과 유사한 방식으로, 곧 전쟁을 더 확대하겠다고 위협하는 식으로 그렇게 하기를 원했죠. 닉슨 대통령은 그런 확전을 계획했고, 확전을 개시하려고 준비하기까지 했습니다.

저는 이런 위협이 성공하리라고 믿지 않았습니다. 전쟁이 더 커지기만 할 것이라고 생각했죠. 당시 대중은 확전은커녕 이 전쟁이 계속되는 것을 지지하지 않았습니다. 그러나 닉슨 대통령은 대중을 속이는 데 성공했죠. 대통령이 자신만의 이해관계를 위해서 1968년의 구정공세 이후에도 전쟁을 계속하려고 할 만큼 어리석고 편협한 사람이리라고는 믿고 싶어하지 않는 대중을 말입니다. 요컨대 저는 대통령이 비밀리에 위협을 계획하고, 그 위협을 실행에 옮길 것이 거의 확실하고, 그것을 위해서 대중을 기만하는 모습을 다시 한 번 보게 된 겁니다.

1969년 가을쯤 작업을 마친 '국방부 문서'를 읽으면서 저는 지난 역사를 충분히 훑어봤습니다. 그 문서를 읽지 않았더라면 결코 도달하지 못할 결론을 낼 수 있을 만큼 말입니다. 제 결론은 행정부 내부에서 대통령의 생각이 바뀔 희망이 거의 없다는 것이었습니다. 예를 들어 대통령에게 훌륭한 조언을 해준다거나 베트남에서 무슨 일이 벌어지고 있는지 현실적으로 평가해준다거나 함으로써 말입니다. 왜냐하면 '국방부 문서'가 다루는 초창기 자료를 읽으면서 저는 해리 트루먼 대통령부터 모든 대통령이 이런 조언을 받아왔다는 것을 알게 됐기 때문입니다. 당시 닉슨 대통령이 새로운 노선으로 막 뛰어들었다는 사실은 그가 전임자들과는 달리 훌륭한 조언에 더 관심을 보일 것이라는 기대를 더 이상할 수 없게 만들었습니다.

이 사실은 곧 닉슨 대통령이 자기 결정을 바꾸게 하려면(왜냐하면 저는 베트남인들과 그들의 나라가 걱정되어서 시급하게 미국이 폭격을 그만두고 베트남인들을 더 이상 죽이지 않기를 바라고 있었으니까요), 행정부 외부에서 압력이 있어야 한다는 걸 의미했습니다. 그렇게 하려면 과거와 현재에 대해서 의회나 대중이 행정부의 각 부처보다 더 나은 정보를 갖고 있어야 했습니다. 만약 닉슨이 무엇을 계획하고 있는지를 알려주는 문건을 갖고 있었다면 저는 그것을 의회에 건네줬을 겁니다. 무슨 일이 벌어질 것인지 경고하는 차원에서 말입니다. 그런 문건이 제게 있었다면 저는 예전 대통령들이 관련된 수천 쪽의 역사를 신경 쓰지 않아도 됐겠죠. 닉슨 대통령이 무슨 일을 하고 있는지 보여주기만 하면 됐을 테니 말입니다. 그러나 제겐 그런 문건이 없었습니다. 게다가 당시에는 대중들로 하여금 대통령이 거짓말을 하거나 그들을 기만하고 있다고 믿게 만들기가, 그럴 가능성에 뭔가 행동을 취하게 만들기가 매우 힘들었습니다. 미국인들의 의식 속에는 그럴 가능성이 존재하지 않았고, 증거가 제시되어도 받아들여지기가 매우 힘들었죠.

저는 언젠가 징병 거부로 재판을 받게 된 사람들을 위해서 법원에 출두해 대통령이 거짓말을 해왔다고 말한 적이 있습니다. 1971년 초, 그러니까 '국방부 문서'가 공개되기 직전이었죠._10 그랬더니 판사가 재판 진행을 중단시키고는 변호사들을 자기 자리로 불러냈습니다. 그러고는 피고 측 변호사에게 이렇게 말했죠. "다시 한 번 이런 증언을 끌어낸다면 법정 모독죄에 처할 거요. 내 법정에서 대통령이 거짓말한다는 말이 나오지 못하게 할 겁니다." 당시 재판은 비폭력적으로 전쟁을 거부한 사람들이 기소된 재판이었습니다. 그 사람들에게는 대통령이 거짓말을 한다고 말하는 증인이 허락되질 않은 겁니다. '국방부 문서'가 이 모든 것을 바꿔놓았죠. 7000쪽에 걸쳐 대통령들의 거짓말을 담고 있는 이 문건이 대통령들은 모두 거짓말을 한다는 사실을 영원히 확고한 것으로 만들어준 겁니다.

💠 선생님이 결정을 내리는 데 시위대가 그리고 그들이 표명한 도덕적 입장이 영향을 끼쳤는지요?

💠 사실 시위대보다는 제가 만났던 사람들, 자신들의 인생에서 더 비싼 대가를 치러서 매우 강력한 메시지를 전달했던 사람들이 더 영향을 끼쳤습니다. 징병에 응해서 베트남에 가거나 캐나다로 도망간 사람들, 혹은 양심적 병역거부자가 된 사람들이나 주방위군에 입대한 사람들보다는 기꺼이 감옥에 가려고 한 사람들 말입니다. 그들에게는 베트남전쟁을 피할 수 있는 다른 선택지가 많이 있었습니다. 양심적 병역거부자

_10 국방부 문서가 공개된 것은 1971년 6월 13일로서, 『뉴욕타임스』를 통해서였다.

가 되는 것을 비롯해서 말입니다. 그러나 실제로 그들은 자신들이 선택할 수 있는 가장 강력한 표현, 즉 베트남전쟁은 잘못된 것이며, 끝을 내야 하고, 어떤 식으로든 이 전쟁에 협력하지 않겠다는 입장을 표명했습니다. 양심적 병역거부자가 되는 한이 있더라도 말입니다. 그리고 그 결과로 감옥행을 감수했죠.

특히 저는 1969년 8월 말쯤 랜달 킬러(Randall Keeler)라는 젊은이를 만났습니다. 놀랍게도 그가 징병을 거부하려고 하며, 그 때문에 감옥에 들어가 2년을 썩어야 할지도 모른다는 사실을 알았을 때, 킬러 같이 지적인 면에서나 헌신적인 면에서나 그토록 멋진 젊은이가 동료 시민들에게 도덕적인 쟁점을 제기하기 위해서 할 수 있는 최선의 일이란 게 감옥에 들어가는 걸 감수하는 것밖에는 없는 상황이라는 사실을 깨달았을 때 저는 엄청난 충격을 받았습니다. 그러고는 깨달았죠. 정말 그가 할 수 있는 최선의 일이 그것이라고 말입니다. 그는 옳은 일을 하고 있었고, 그것이 우리가 어떤 상황에 처해 있는지를 잘 보여줬습니다. 이 얼마나 참혹한 상황인가요!

저는 우리가 우리의 젊은이들을 잡아먹고 있다고 느꼈습니다. 식인종보다 더 나쁜 거죠. 우리는 우리 자신의 아이들을 잡아먹고 있는 거니까요. 우리는 베트남전쟁에서 벗어날 대가를 치르려고 그들에게 기대고 있었던 겁니다. 전장의 총알받이로 그들을 희생시켜가면서 말입니다. 진실하고 비폭력적인 방식으로 어떤 일이든 할 수 있는 사람들이 그들과 함께 해야 했습니다. 실질적으로 그들은 간디주의자였습니다. 그때 당시 저는 우연찮게도 간디와 마틴 루터 킹을 읽고 있었죠. 그러는 와중에 저는 제가 읽고 있는 것과 같은 삶을 실제로 살아가는 사람들을 만났던 겁니다. 진실함과 비폭력이라는 제약 아래, 저는 이들의 본을 따라서 제가 할 수 있는 일을 할 준비가 됐음을 깨달았습니다. 그것은 곧 그동안의 경력을 포기하고 감옥에 들어간다는 것을 의미했습니다.

그래서 저는 생전 처음으로 이렇게 자문해봤습니다. 기꺼이 감옥에 갈 각오라면 내가 이 전쟁을 끝내기 위해서 할 수 있는 일은 과연 무엇일까? 저는 의회 앞에서 증언할 수 있는 내용을 정리하려고 애썼습니다. 청문회가 시작되도록 노력했죠. 그리고 랜드연구소에서 다른 사람들과 함께 편지를 쓰는 데 동참했습니다. 그러나 저는 의회에서의 증언 같은 몇몇 움직임에 힘이 되리라고 기대하며 '국방부 문서'를 복사하기도 했죠. 그럴 만한 가치가 있는 것이었으니까요. 사실 저는 이 일이 그토록 큰 사건을 일으키리라고는 생각하지 못했습니다. 그저 작은 기회 정도가 생기리라고 생각했죠. 저는 제가 할 수 있는 일이라면 무엇이든지 할 준비를 했고, '국방부 문서' 유출은 그 중 하나였죠.

◉ 선생님의 내면에서 일어난 것 같은 일을 우리가 이해할 수 있도록 해주는 다른 요소들이 있었나요? 어떤 개인이 선생님과 같은 선택을 하기란 그리 쉬운 것 같지는 않습니다만.

◈ '국방부 문서'를 읽자 대통령을 위해서 일하겠다는 제 욕망은 완전히 소진됐습니다. 차례대로 다섯 명의 대통령을 봐왔지만 이들은 모두 고집스럽고, 이기적이고, 바보 같은 실수를 저질렀습니다. 그때까지 24년 동안이나 저질러왔던 실수를 말입니다.

저는 어릴 때부터 대통령을 위해 일할 기회가 왔으면 하고 생각해왔습니다. 대부분의 미국인들도 그렇게 생각할 겁니다. (어릴 적 우리는 나중에 자라서 대통령이 되는 것에 대해 즐겨 얘기합니다만 그 얘기를 마음속에 진지하게 담아두는 사람은 많지 않죠. 클린턴은 드문 사례이겠지만 말입니다.) 해병대 중위였을 무렵 저는 이미 대통령을 위해 일하겠다고 생각했습니다. 제 생각입니다만, 육군보다는 해병대가 스스로를 대통령이 마음껏 활용할 수 있는 긴급 대응부대라고 생각하는 경향이 훨씬 더 강합니다. 일종의 대통령 경호부대라고 생각하는 거죠. 그래서 대통령과의 동일시

1. 항의와 변화

로부터 오는 자부심이 있습니다. 행정부 각 부처에서도 사람들은 "우리가 이것을 했다, 우리가 저것을 했다"라고 말하는 습관이 있죠. 요컨대 자신들이 대통령의 사람들이라는 동일시가 매우 강합니다.

1969년 당시 제가 있던 곳이 바로 거기였습니다. 저는 랜드연구소 소속 연구원으로는 처음으로 대통령의 국가안보 보좌관을 위해 직접 일했습니다. 행정부 시절 초창기에는 헨리 키신저의 참모로 베트남 문제를 연구했죠. 매우 명망 높고 흥미로운 일이었습니다. 행정부 안팎의 많은 사람들은 행정부 각 부처에서 일하게 되는 기회야말로 미국인이 얻을 수 있는 최상의 소명이라고 생각합니다. 당신이 할 수 있는 한 가장 막강하고 효율적인 방식으로 국가안보를 위해 일하는 겁니다. 당신이 할 수 있는 그 어떤 일도, 예컨대 원고를 쓰든, 책을 쓰든, 의원을 위해 일하든, 직접 의원이 되든, 대통령에게 정보를 제공하고 영향을 끼치는 데 있어서는 행정부 직원이 되는 것 만한 게 없습니다. 당신이 대통령에게 표를 던졌든 안 던졌든, 혹은 대통령이 소속된 정당을 위해 일했든 안 했든, 그게 바로 진실입니다. 매번 대통령은 딱 한 명밖에 없으니 대통령에게 유용한 영향을 끼친다거나, 당신이 어느 당 소속이든지 대통령의 정책을 만들 수 있는 기회를 얻는 것이야말로 당신이 할 수 있는 가장 중요한 일처럼 보이는 것이죠.

무엇보다 '국방부 문서'를 읽고 베트남전쟁을 되돌아보면서 저는 대통령이 끔찍이도 잘못된 일을 자행할 수 있다는 사실을 알게 됐습니다. 자신이 들을 수 있는 최상의 조언에도 불구하고 말입니다. 따라서 이 나라를 돕는 최상의 방법은 대통령이 하고 싶어 하는 바를 행하도록 도와야만 하는 것이 아니었습니다. 왜냐하면 대통령이 스스로 하기 원하는 일을 하지 못하도록 막는 게 최상의 방법이니까요. 그리고 그렇게 하려면 행정부 밖에서 해야 합니다. 의회, 법원, 유권자들, 대중에 의해서 말입니다. 실제로 행정부 밖에서 이 나라를 위해 더 많은 것을 할 수 있습니다.

그리고 두번째로 대통령의 아우라, 대통령과 동일시하는 생각, 대통령을 위해 일한다는 것 그리고 봉건시대의 기사처럼 대통령의 사람이 된다는 것, 이 모든 건 곧 아우라를 잃기 마련입니다. 저는 더 이상 대통령의 사람이 되고 싶지가 않았습니다. 행정부 밖에서 사는 것도 대통령을 위해 일하는 것만큼이나, 아니 오히려 더 좋은 것처럼 보였습니다. 제 동료들이 살아가면서 이런 결론에 도달할 것 같다는 생각은 들지 않았습니다. 그들은 행정부 밖에서 살아가는 게 더 낫다고는 상상조차 할 수 없었습니다. 그들이 속한 정당이 권좌에서 물러난다거나, 그들 자신이 해고당한다거나, 더 많은 돈이나 다른 뭔가를 좇아서 직장을 옮긴다거나 하더라도, 그들은 전화벨이 울리기를 기다리면서 살아갈 겁니다. 다시 부름을 받고 조언을 해주는 그런 삶 말입니다.

예전 대통령과 관계가 끊어질 때 제아무리 고통스러웠을지언정 그들은 되돌아갈 준비가 되어 있죠. 사실상 그 부름이야말로 그들에게는 최상의 소명입니다. 자부심, 위신, 흥분, 존중 받기 그리고 국가에 봉사한다는 느낌 등등 말이죠. 7000쪽에 달하는 문건을 읽으면서 이것들이 모두 제 안에서 타 없어졌습니다. 그래서 제 스스로가 영원히 다시는 대통령을 위해서 일할 수 없게 만들 일을 상상할 수 있었던 겁니다. 실제로 제가 일을 저지른 뒤로는 정부 부처의 그 누구도 저를 고용할 수 없었고, 하지도 않았죠. 제 동료들 대부분은 미래의 대통령이 다시금 자신들을 의지하거나, 신뢰하거나, 부르지 못하게끔 만들 일을 한다는 건 생각조차 할 수 없었죠. 그런다면 그것은 치명타일 테니까요.

마지막으로, 이게 요점일 텐데, 저는 제가 했던 일 때문에 감옥에 갈 게 확실하다고 생각했습니다. 그런데도 제가 어떻게 일을 저질렀을까요?

사실, 저는 해병대에 있었고, 베트남에도 있었고, 전투에도 참여했습니다. 베트남에 간 300만 명의 군인들은 지뢰나 저격병이나 박격포에 의해 다리, 사지, 목숨을 잃게 될지도 모를 상황에 노출되어 있었습니다. 그렇지만 그런 역할을 받아들였다는 이유 때문에 그들을 영웅이라거나 미친 사람 취급하진 않죠. 그 누구도 왜 그런 일을 했느냐고 질문하면서 제게 했던 것처럼 그들의 정신 상태를 분석하지는 않습니다. 그들은 대통령을 위해서, 국가를 위해서 일했습니다. 그러나 대통령은 무엇이 국가를 위한 일인지에 대해 최악의 결정을 내렸습니다. 그런데도 그들은 대통령이 말한 것, 대통령이 명령한 것을 행한 겁니다. 그리고 그들에게는 그렇게 하는 게 합리적이었죠. 제아무리 자기 목숨이 왔다 갔다 하는 일일지라도, 사람을 죽여야 하는 일일지라도, 사실상 나쁜 명분에서 행하는 일일지라도 말입니다. 예, 다른 무엇보다도 대통령이 보증하고 나섰기 때문에 나쁜 명분입니다. 이것이야말로 나쁜 명분이죠.

나쁜 명분 아래 죽고 죽이는 것, 이 모든 것이 매우 합리적인 일로 여겨졌습니다. 저도 그랬고요. 저도 그쪽 편에 있었던 겁니다. 심지어 그런 명분을 믿지 않았을 때조차도 저는 대통령에게 봉사한 적이 있습니다. 킬러는 대통령에게 봉사하는 것 말고도 양심을 지킬 수 있는 다른 방법이 있다는 것을 제게 알려줬습니다. 다른 종류의 용기가 있다고 말입니다. 저는 스스로에게 물어봐야 했습니다. 그 나쁜 명분을 받아들이거나 지지했을 당시 나는 내 친구들이 그랬듯이 베트남에서 폭사당하거나 포로로 잡힐 것을 감수했는데, 이제 감옥에 간다거나 내 자유를 희생할 각오는 할 수 없는 것일까? 이렇게 묻자마자 답이 금방 나왔습니다.

어떻게 그런 상황을 감수할 수 있었느냐고 물으신다면, 저는 베트남에 가는 것도 감수한 사람이었기 때문이라고 말하겠습니다. 그런 일을 했다고 제가 유별난 게 아니죠. 이 나라의 모든 사람은 아닐지라도 꽤 많은 사람들이 그렇게 했습니다. 그렇게 하지 못한 다른 많은 사람들에게는 대통령의 의지와 정책에 맞서, 대통령이 하고자 하는 일에 맞서,

대통령의 요구에 맞서 제가 한 것과 같은 일을 할 기회가 없었을 뿐입니다. 스스로 반역자가 된다는 것, 말하자면 전쟁에 반대하는 의원이 되는 것 같은 일 말입니다.

행정부에서 일하다가 그만두고 의회를 돕거나 대중 속에서 일하게 된 것은 분명 큰 변화였습니다. 행정부 관료로서는 인정하기가 매우, 매우 힘든 큰 변화죠. 물론 또 하나의 변화는 제가 하는 일을 위해서 감옥에 가는 것까지 감수한 일이었습니다. 베트남이나 해병대에서 제 자신이 했던 일과 관련지을 수 있었기 때문에 그렇게 할 수 있었던 겁니다. 그러나 수많은 미국인들의 선례가 없었다면 그렇게 하지 못했겠죠. 사실 지난 달 『에스콰이어』가 저를 찾아왔습니다. 영웅들에 관한 특집을 준비 중인데, 영웅이라고 부르고 싶은 사람이 있다면 말해줄 수 있느냐는 것이었습니다. 저는 킬러라고 말했습니다. 자신을 본보기로 삼아 제 인생을 바꿔준 그 사람 말입니다.

◈ 그렇다면 간단히 말해 지금까지 논의해온 전쟁과 평화 같은 문제에 있어서 민주주의 사회의 개인이 져야 할 책임은 무엇입니까?

◈ 지금까지 제 자신의 결정에 대해 말씀드린 바에 근거해 아주 짧게 말씀드릴 수 있습니다. 제가 해야만 했던 일을 통해서 스스로 깨우친 바는 당시의 사람들뿐만 아니라 미래의 사람들에게도 적용될 수 있다고 생각합니다. 첫번째로 우리는 이 나라에서, 우리의 헌법에서 전쟁과 평화의 문제를 책임지는 행정부만 가진 것이 아닙니다(행정부는 그것이 자기들 몫이라고 생각하기를 좋아하지만 말입니다). 다행스럽게도 우리에게는 의회도 있습니다. 의회는 선전포고, 재정, 예산 통제에 관한 입법을 책임지고 있을 뿐만 아니라 전쟁과 평화에 관한 행정부의 정책에 반대할 수 있는 많고 많은 방법을 갖고 있습니다. 대통령의 승인이 있든 없든 행정부 관료 중 누군가가 의회에 관련 정보를 제공하겠다는 생각을 할

수도 있습니다. 법적 책임을 지지 않고도 그렇게 할 수 있는 방법이 많이 있죠. 오히려 이것은 위증죄를 저지르기보다는 그저 진실을 말하는 것과 관련이 있습니다. 자신들이 실제로 하고 있는 바를 말하면 되는 겁니다. 따라서 이것은 법을 위반하기보다는 법을 준수하는 것, 의회를 따르는 것에 관계된 문제입니다. 즉, 상황을 바꾸기 위해서 의회와 일하는 것이죠. 그러나 행정부 관료들은 좀체 이렇게 할 생각을 못합니다. 왜냐하면 그렇게 하는 것은 자신을 임명한 사람을 거스르는 일이니까요. 그렇지만 아까 말씀드렸듯이, 행정부 밖에서도 살아갈 수 있습니다.

두번째로, 행정부 관료들은 자신들이 전쟁터로 보내는 징집병과 지원병에게 통상적으로 요구하는 위험에 견줄 만한 자기 경력 상의 위기를 감수할 수 있어야 할 겁니다. 요컨대 진실을 말함으로써, 대중들에게 정보를 제공함으로써, 양심적으로 행동함으로써 목숨을 내걸어야 하는 대가를 치르겠다고 생각해볼 수 있어야죠. 이번에도 자기 경력에 큰 희생을 치러야 하겠지만, 그것은 기꺼이 치러야만 하는 비용입니다. 간단히 말해서 그들은 기꺼이 목숨을 내걸 각오를 하기만 한다면 자신들이 개인으로서 더 많은 힘을 갖고 있다는 사실을 알게 될 겁니다. 자신들이 갖고 있다고 스스로 상상하는 것보다 더 많은 힘을 말입니다.

2
민중의 소리에 귀 기울이기

지도자들은 민중의 이야기를 경청하고 그들의 분노, 희망, 열정을 만들어낸 조건이 무엇인지를 배움으로써 변화의 기틀을 마련할 수 있다. 실제로 민주주의는 이런 가능성의 실현이 끊임없이 열려 있는 일종의 초대장이다. 곧 이어질 대담에서 엘리자베스 워런은 무엇이 민중의 실제 삶을 연구하도록 만들었는지 그리고 스스로도 놀라웠지만 이 나라의 금융 문제를 매우 색다르게 보는 민중의 이야기를 어떻게 듣게 됐는지 말해준다. 의회 위원회의 일원이었던 워런은 여기서 얻은 통찰을 활용해 정책의 실패, 부패, 사기를 폭로할 수 있었다. 론 덜럼스는 자신을 정치인으로 만들어준 공동체 조직과 선거운동에 관한 이야기를 들려준다. 공개 포럼을 통해서 사람들은 공개적으로 자기 생각을 밝힐 수 있고, 지도자들이 등장할 수 있고, 소액이더라도 기부금이 걷힐 수 있다. 이런 일이 계속 반복되다 보면 드디어 운동의 근육이랄 수 있는 조직이 결성되고 커질 수도 있다.

이 두 대담은 모두 만약 지도자들이 제도의 제약과 정치적 이해관계에 함몰되기를 기꺼이 극복하려고 한다면 어떻게 입법행위가 민중의 불만에 반응할 수 있는지를 보여준다. 자신들이 정치에 눈을 뜨는 과정을 통해서 덜럼스와 워런은 권력의 성채를 감시하고 분석했으며 사회에 중요한 영향을 끼쳤다.

엘리자베스 워런(Elizabeth Warren, 1949~　)은 하버드대학교의 '레오 고틀 립' 교수이다. 워런은 법률 관련서 말고도 자신의 딸인 아멜리아 워런 티야기와 함 께 《당신의 모든 가치》(2005)와 《맞벌이의 함정》(2003)이라는 두 권의 책을 썼다. 워 런의 법률 관련서들은 파산법과 신용법 연구에 크게 기여했다. 2007년 워런은 새로 운 소비자금융보호원을 만들려는 생각을 처음 했고, 2008~09년 금융위기의 여파 로 생긴 의회감시위원회(Congressional Oversight Panel)의 의장이 되어 정부의 은행 구 제책인 부실자산구제프로그램(Troubled Assets Relief Program)을 감독하고 있다.

"이 정부는 파산을 개인의 책임으로
돌리면서 점점 더 많은 경제적 취약 가정을
낭떠러지로 내몰고 있습니다."

◈ 태어나고 자란 곳은 어디십니까?

◈ 오클라호마 주에서 태어나 그곳에서 자랐습니다.

◈ 돌이켜 보셨을 때 부모님이 선생님의 세계관에 영향을 끼쳤다고 생각하시는
지요?

◈ 글쎄요, 제 부모님은 대공황 시기에 오클라호마 주의 건조지대에
서 생활을 시작하셨고, 그곳에서 평생을 살아가셨습니다. 저는 네 자녀
중 막내였죠. 오빠들만 셋이었습니다. 제가 태어난다는 것은 부모님으
로서는 또 하나의 가족을 꾸리는 것이나 마찬가지였죠. 부모님은 대공
황의 여파를 아직 극복하지 못하고 계셨으니까요. 추측컨대 결국 여러
모로 극복하지 못하셨던 것 같습니다. 제 유년기는 이런 이야기들로 가
득합니다. 7년 동안의 가뭄, 가족 중 누구도 돈 한 푼 없었던 일, 일자리
를 얻을지도 모른다는 생각에 이웃들이 모두 캘리포니아 주나 다른 곳
으로 떠난 일 같은 것 말입니다.

제 부모님은 계속 살아갔습니다. 그냥 남아계셨죠. 그리고 아버님이
이 일 저 일 힘든 일을 하셨습니다. 제 아버님이 마지막으로 하셨던 일
은 아파트 건물의 정비공이었습니다만, 가족들은 늘 스스로 중산층이라
고 생각했습니다. 왜냐하면 제 가족들에게 그 구별점은 훌륭한 영어를
사용하느냐 안 하느냐였기 때문이죠. 가령 '에인트'(ain't)_이라고 말하지

않는 것 말입니다. 제 부모님에게는 이런 것들이 중산층다움의 중요한 지표였죠.

제 부모님은 교육의 힘을 믿으셨고, 그래서인지 저 같은 딸을 둔 것을 자랑스럽게 생각하셨습니다.

◈ 당시 식사 시간에 둘러앉아 정치나 법률 얘기 같은 것을 하셨나요? 아니면 나중에라도 말입니다.

◈ 오, 전혀요. 식사 시간에 그런 말을 하진 않았죠. 주로 자동차 얘기 아니면, 로데오나 개, 소, 말 그리고 가족 중 누군가에 대한 걱정거리 같은 담소를 나눴습니다. 다들 서로에게 신경을 쓰려고 무지 노력했습니다만, 실제로 가족 중에 뭔가 큰 걱정거리를 안고 있었던 사람은 없었죠.

◈ 선생님이 저서에서 계속 다루시는 주제는 가족에게 무슨 일이 일어나고 있느냐입니다. 지금까지 말씀해주신 바로 생각하건대 가족은 냉혹한 이 시기에 생존을 위한 최후의 보루로서 매우 중요하다는 느낌입니다.

◈ 바로 그렇습니다. 가족이 없거나 가족과 단절된 사람들, 바로 이런 사람들이야말로 진정 가난한 사람들입니다. 아무것도 없는 셈이죠. 가족이 있는 한 당신에게는 이런저런 방식으로 확실히 당신을 부양할 사람이 있는 겁니다. 가족은 뭐랄까 복숭아 통조림을 만드는 것이나 마찬가지고, 복숭아 통조림을 만든다는 것은 바깥 날씨가 매우 추워져서

_01 'be not' 혹은 'have not'의 축약어. 종종 'do not'의 의미로도 쓰인다. 1749년 처음 쓰인 것으로 알려진 일종의 속어로서 오늘날 강조나 친밀함의 표현 등으로 많이 쓰이긴 하지만 문법학자들은 권장하지 않는다.

2. 민중의 소리에 귀 기울이기

더 이상 갖고 들어올 것이 아무것도 없을 다음 11월에도 뭔가 나올 게 하나는 있다는 뜻이죠. 가족은 우리와 관련된 모든 것의 핵심입니다.

🔷 어렸을 적에 선생님이 지금 걷고 있는 경력 같은 것을 생각할 수 있도록 도와준 젊은 스승이 있었는지요?

🔷 저는 집에 머무는 것 말고 다른 일을 하고 싶어하는 여성들이 할 수 있는 일이라곤 딱 두 개밖에 없던 세대에 속합니다. 간호사가 되거나, 선생님이 되거나. 그래서 제가 초등학교에 다닐 때 저를 가르쳐준 놀랄 만한 여성들이 있었습니다. 그 분들은 저 역시 선생님이 될 수 있다는 가능성에 눈 뜨게 해줬죠. 대학교에 입학했을 때 제가 하고 싶었던 일이 바로 그것이었습니다. 제가 결국 어떤 종류의 선생님이 될지는 전혀 모른 채 말입니다.

🔷 대학교 때 전공은 무엇이었나요? 그리고 주된 관심사가 무엇이었는지요?

🔷 저는 열여섯 살에 고등학교를 졸업한 뒤 토론 특기생_02으로 전액 장학금을 받으며 대학교에 다녔습니다. 연습실 · 시험 · 수업 · 책 등에 드는 비용 그리고 약간의 용돈을 주는 것이죠. 조지워싱턴대학교가 자기 학교를 위해 토론하라고 준 멋진 장학금이었죠. 일종의 체육 특기생 장학금 같은 것이었는데, 사실상 여학생이 받을 수 있는 유일한 장학금이었어요. 토론대회에 나가려는 여학생이 그리 많지는 않았습니다만 말입니다. 저는 언어병리학과 청각학 학위를 받았습니다._03 제가 이제는

_02 미국에는 전통적으로 학군, 도시, 주, 전국 단위의 토론대회가 수시로 열린다. 고등학생들의 전국대회 같은 경우 그 규모와 주제의 난이도(주로 공공정책, 입법, 시사 등과 관련된 문제)가 거의 대학생들의 전국 대회에 필적하는데, 전국대회 참가자들만을 대상으로 한 갖가지 사설 교육기관이 존재하기도 한다.

머리 부상으로 인한 외상이나 기타 두뇌 부상을 입은 아이들을 위해 일할 수 있다는 자격증이었죠. 그래서 그렇게 했습니다.

제가 결혼한 건 열아홉 살 때였는데 학교를 다니고 있을 때였죠. 졸업한 직후 첫해에는 장애가 있는 아이들이 다니는 공립학교에서 일했어요. 그런데 저는 정규 교사자격증이 없었고 '긴급자격증'_04만 있었습니다. 그래서 대학원에 들어갔고 교육과목 몇 개를 들었습니다. 그러고는 혼잣말을 하곤 했죠. '아, 잘 될 것 같지 않은데.' 당시 저는 첫째 아이를 임신 중이었거든요. 그래서 결국 몇 년 동안 집에만 있었습니다. 저는 뭘 해야 할지 계속 궁리하면서 이렇게 생각했죠. '도대체 뭘 해야 하지?' 남편의 관점에서는 제가 해야 할 일이 분명했습니다.

"집에 있어. 아이가 있잖아. 아이가 더 생길 거고, 당신은 좋아할 거요."

그 말을 듣고는 정말이지 온몸에 좀이 쑤시더군요.

이무렵 우리는 제 일 때문에 뉴저지 주에서 살고 있었습니다. 그러다가 크리스마스도 오고 해서 오클라호마 주의 고향집으로 내려갔는데, 마침 고등학교 토론대회에 같이 참석했던 남자 아이들을 보게 됐죠. 걔네는 모두 법대에 갔더라고요. 그리고 제게도 그러더군요.

"법대로 가야지. 정말 좋아하게 될 거야."

"정말 그렇게 생각해?"

"우리들 중에서 법대에 가야만 했던 것은 너야. 네가 법대에 안 간 유

_03 워런이 학위를 받은 곳은 조지워싱턴대학교가 아니라 텍사스 주의 휴스턴대학교로서, 1970년의 일이다.

_04 Emergency Certificate. 특수교육 관련 학위가 없는 사람이 특수교육 교사로 일할 수 있도록 보장해주는 일종의 임시 자격증. 특수교육 교사들이 부족한 탓에 도입된 제도로서 보통 1년간만 그 자격이 유지된다. 그 기간을 연장하려면 대학원에서 추가로 관련 교육과정을 이수해야만 한다.

일한 사람이라니!"

그래서 저는 법대에 응시해 시험을 봤고, 훗날 저랑 같이 책을 쓰게 될 제 딸이 두 살 되던 해에 뉴저지 주에 있는 러트거스대학의 법대에서 법학을 공부하게 됐습니다.

그때까지 저는 법조인을 만난 적이 단 한 번도 없었습니다. 단 한 번 도요. 그런 사람들이 모인 곳에 가본 적도 없고요. 그런 제가 진흙탕에 달려드는 돼지마냥 신나서 법대에 간 겁니다. 법대는 정말 좋았어요. 그 런데 법대에서의 3년째 해, 즉 마지막 해에 다시 임신을 했습니다. 그래 서 직장을 못 구했어요. 알렉스는 제가 법대를 졸업[1976년]하고 3주 뒤 에 태어났습니다. 제 생애 가장 힘든 시기였죠. 왜냐하면 당시 저는 한 편으로는 제게 열린 이 세계, 이 사상과 법의 세계가 뭔가를 일으키는 데 쓸 수 있는 도구라고 생각했으면서도, 다른 한편으로는 법대를 졸업 하고 바로 직장을 못 구했으니 이제 다 틀렸다고 생각했기 때문입니다. 만사에 작별의 입맞춤을 한 셈이었죠. 저는 이미 기차에서 내렸고, 결코 다시 올라탈 기회란 영영 오지 않을 것 같았습니다. 그러나 저는 변호사 자격증 시험을 봤고, 뉴저지 주 북쪽에서 사무실을 열었습니다. 부동산 결산, 소규모 법인 설립, 소송 등 민법과 관련된 모든 부분의 일을 다 하 며 두 아이를 키웠습니다.

그러는 도중 러트거스대학교가 제게 연락해서는 이렇게 말하는 겁니 다.

"수업해야 할 분이 나타나질 않네요. 이곳으로 와서 가르칠 수 있겠어 요? 목요일부터 시작인데요?"

"당연하죠! 그런데 얼마나 힘든 일이죠?"

그때부터 학생들을 가르치기 시작했던 겁니다.

◆ 선생님이 살아오신 배경에서 그런 기회를 잡을 수 있게 해준 뭔가가 있을

까요?

　♡ 제 어머니는 늘 제가 엇나간다고, 몇몇 아이들은 그렇게 태어난다고 말씀하시곤 했죠. 그게 배경 중의 하나입니다. 가족들은 얘기를 나누는데, 그런 얘기는 아이가 어떤 존재인지를 잘 보여줄 뿐만 아니라 아이가 훗날 어떤 사람이 될지 영향을 미칩니다. 제가 늘 듣던 얘기는 이랬습니다. 제가 두 살 반쯤이었을 때 앞마당에서 노는 것을 허락하면서 어머니가 "길가로 나가지 말아라"라고 말씀하셨답니다. 그랬더니 제가 어머니를 쳐다보다가 어머니가 등을 돌리자마자 길가로 곧장 나갔다더군요. 그러고는 길가에 서 있었다고 합니다. 아주 잠깐, 도로 경계석 근처였지만, 아무튼 길가에 서 있었던 거죠. 그 모습을 보자마자 어머니가 열을 받으셔서 나뭇가지를 꺾어 회초리를 만들어서는 제 다리 뒤를 때렸다고 합니다. 저는 울고요. 그랬는데도 다시 길가로 나갔다고 하네요. 결국 어머니는 제가 어쨌든 길가로 나갈 것이라는 사실을 깨달으시고는 이렇게 말씀하셨답니다.

　"좋다. 규칙만 지켜다오. 이쪽저쪽을 잘 살펴 보거라. 그래야 안전하게 길가로 갈 수 있단다."

　어머니는 제가 길가로 나갈 때 지켜야 할 규칙을 모두 알려주셨고, 저는 매우 행복해했습니다.

　제 생각에는 제가 늘 수긍을 잘 했고, 늘 뭔가를 하려고 했기 때문인 것도 같네요. 중학교에 들어가 과목을 선택할 수 있었을 때 제 주변의 여학생들은 모두 드라마 과목을 골랐죠. 물론 저는 토론 과목을 골랐습니다. 저는 물리학을 하겠다고도 말했어요. 뭐, 그냥요. 그저 '그냥' 일 뿐이었습니다. 당시는 글로리아 스타이넘_05이 밖에서 목청을 높이던 시기였죠. 제가 '여성해방 운동가'가 됐을까요? 아뇨, 전혀요. 저는 아이들을 원했고, 가족을 원했습니다. 당시 저는 그것들이 양자택일의 문제라고 생각했죠. 그런데도 그것과 동시에 저는 밖에서 뭔가 일을 하고 싶어하기도 했습니다.

한번은 친구 집에 놀러간 적이 있는데, 욕실에 벽지를 발라놨더군요. 그때 생각에 제가 본 것 중 가장 멋졌습니다. 그래서 시어스[06]로 달려가 안내책자를 뒤적여 벽지를 어떻게 바르는지 살펴보고는 보모일을 하면서 모은 돈을 탁탁 떨어 저희 집 욕실을 바를 만큼 충분히 벽지를 사버렸죠. 2주일이 지난 뒤 저는 식사 시간에 제 계획을 발표했습니다.

"제가 벽지를 샀는데 그걸로 욕실 벽을 바를 수 있어요."

그러자 아버지가 한 말씀하셨습니다, 왜냐하면 집안일이었으니까요.

"우리 가족 중 벽지 바를 줄 아는 사람이 아무도 없는데 어떻게 하려고 그러냐?"

"뭐, 얼마나 어렵다고 그러세요? 저희보다 못한 사람들도 매일 하는데."

제가 생각하는 방식이 이렇습니다. 잘 아시겠지만 일단 부딪혀서 시도해보는 거죠. 최악의 일이 일어나봤자 벽지를 망쳐놓는 것일 텐데, 그렇게 되면 내다 버리면 되죠.

⬢ 선생님은 상법에서 시작하셨습니다. 그러다가 공공 부문으로 옮기셨죠. 어떻게 그런 변화가 있었던 겁니까?

⬡ 제가 처음 했던 경험연구는 1980년대 초반 파산 지경에 놓인 가족

_05 Gloria Steinem(1934~). 미국의 여성운동가. 대학 졸업 뒤 기자로 활동하다가 1963년 '나는 플레이보이 클럽의 바니걸이었다'(I Was a Playboy Bunny)라는 르포기사로 플레이보이 클럽의 숨겨진 일상을 폭로해 큰 주목을 받았다. 그 뒤 1968년 뉴욕의 급진적 여성단체 레드스타킹스(Redstockings)에 가담하면서부터 낙태 합법화, 여성의 정치참여 확대, 남녀평등 헌법수정조항 입법화 등을 주도하며 미국을 대표하는 여성운동가가 됐다.

_06 Sears, Roebuck and Co. 1886년 창립된 미국 최대의 유통업체 중 하나.

들을 관찰하는 것이었습니다. 곧 말씀드릴 텐데, 저는 그들이 사기꾼임을 입증하려고 했습니다. 이 사람들이 실제로는 갚을 수 있는 자기들 빚을 탕감하기 위해 파산을 신청하는 식으로 우리 모두를 이용하고 있음을, 그도 아니라면 아무런 책임도 지지 않으면서 빚만 늘려가고 있음을 폭로하려고 했던 거죠.

그런데 제가 조사를 통해서 모은 자료들이 저를 완전히 다른 곳으로 데려가 버렸습니다. 제가 연구한 대상은 대개 근면한 중산층 가족으로서 실직한 뒤 병을 얻고 가족이 파산했죠. 그래서 경제적으로 벼랑 끝에 몰린 상태였습니다. 대부분 파산을 신청할 때쯤에는 경제적으로 완전히 무너진 상태였어요. 그들은 이 부채를 결코 갚을 수 없었습니다. 이런 사실을 알게 되자 제 시각이 변했죠. 그러나 그것 때문에 이런 얘기를 공개적으로 하고 싶어한 것은 아니었습니다. 의회가 파산 문제를 다루는 위원회를 만드는 법안을 통과시키고 저를 채용한 1994년 이전까지는 말이죠. 제가 복잡하기 짝이 없는 그 문제를 파헤치면서 제 연구결과를 많이 언급하고, 그 내용을 공공정책에 상당수 반영하기 시작한 게 바로 그때쯤입니다.

이렇게 만들어진 공공정책이 없었더라면, 밝혀진 사실에 비해서 모든 작업이 무익해졌을 겁니다. 아, 그리고 저는 더 조화로운 결과를 얻으려면 11 USC 1326(b)(2)_07가 어떻게 수정되어야 좋을지 멋진 생각이 있었죠. 그러나 이상하게도 이 정치적인 작업은 이 문제의 범위에 관해 제 이해를 깊어지게 해줬습니다. 파산 문제를 뛰어넘어 도대체 중산층에게 무슨 일이 일어나고 있는지 더 많이 질문하도록 만들었죠. 흔히 제게 큰

_07 미국의 연방법을 주제별로 모은 공식법령집 '연방법전'(United States Code)의 제11부(파산) 13장(정기 소득자의 부채 조정) 중 1326항의 '지급' 문제를 다루는 (b)항 2번을 뜻한다.

문제, 그러니까 "왜 가계부채가 이렇게 높은 거죠?" "파산신청을 하는 사람들은 도대체 누굽니까?" 같은 질문을 던지는 사람들은 따로 있습니다. 때로는 사실관계에 대해 자기 주장을 늘어놓죠. "뭐, 가난하거나 낭비가 심한 사람들이지 않겠어요?" 이런 것들이 모두 학자로서 제가 관심을 갖고 있는 작업을 풍부하게 만들어줬고, 여러모로 바뀌게 해줬습니다.

💎 처음에 선생님은 파산하는 사람들에 대해서 자업자득이라고, 실패했고 낭비를 일삼고 우리가 갖다 붙일 수 있는 부정적인 가치관을 모조리 갖고 있는 사람들로 보셨다고 했습니다. 이런 식의 주장을 믿으면 특정한 정치적 목적에 봉사하는 것이라고 생각하시는지요?

💠 당연하죠. 저는 이런저런 방식으로 상당수 사람들이 파산하는 사람들에 대해 전혀 신경을 쓰지 않는다는 사실을 알게 됐습니다. 은행이나 신용카드 회사는 이 새로운 법안[11 USC 1326(b)(2)]을 원했죠. 도대체 어떻게 민주적으로 선출된 의회가 이미 수십 억 달러를 벌어들이고 있는 한 줌도 안 되는 힘센 기업들에게만 혜택이 돌아가는 법안을 통과시키려고 한 걸까요? 매년 파산을 신청하는 모든 가계를 희생시켜가면서 말입니다. 이건 부를 세습하는 것이나 마찬가지죠.

정책입안자들과 미디어들은 파산하는 사람들이 따로 있다고 주장하고 싶어하죠. 처음에 저는 그들이 잘 알지 못해서 그런 주장을 한다고 믿었습니다. 그래서 자료를 들고 가 말했죠.

"자, 실상 어떻게 일이 돌아가는지 보여드리죠. 여기 무작위로 뽑은 1250가구의 샘플이 있습니다. 그리고 그들이 어떻게 뽑혔는지, 그들에 대해 우리가 무엇을 알고 있는지에 대한 자료도 있습니다. 그들에게 어떤 일이 벌어지고 있는지 잘 살펴봐주십시오."

그런데 사람들은 듣고 싶어하질 않았죠.

엘리자베스 워런   59

결국 상원의원들이 스스로 말하더군요.

"교수님, 잘 이해하질 못하시는군요. 이곳에 있는 아무개는 지난 수년간 신용카드 회사들로부터 30만 달러씩 받아왔습니다. 업계가 원하는 건 이런 것이죠. 오늘도 이곳에서 이런 일을 하려고 온 금융서비스 업계의 로비스트 두 명을 봤습니다."

신용카드 회사들은 자기들의 손실을 줄여주고 이익을 부풀려주는 법안을 원합니다. 그러니 그들에게 파산하는 가족들의 실상은 정치적으로 용인될 수 있는 식으로 다시 얘기되어야만 합니다. 재정적 문제에 빠지는 건 그 가족들 자체의 잘못이라는 식으로 말이죠. 그러나 아시겠지만 이 문제에 관한 자료는 엄청 많습니다. 그러니 그게 진실일 리 없죠.

이건 더 큰 이야기의 일부예요. 예를 들어 "우리는 사람들에게 건강보험을 제공할 필요가 없다. 왜냐하면 근면하고 교육도 잘 받아서 훌륭한 직장을 다니는 제대로 된 사람들은 이미 건강보험을 들었기 때문이다"라는 식입니다. 이런 말의 숨은 뜻은 이런 겁니다. 건강보험에 들지 못한 사람들은 계속 나쁜 선택을 해왔기 때문에 자신들이 이해할 수 없는 바로 그런 처지에 놓였다는 것이죠.

파산은 말 그대로 로비스트들이 법안을 작성하는 경우입니다. 은유적으로 말하고 있는 것이 아닙니다. 로비스트들이 법안을 작성하고, 신용카드 업계가 돈을 지불하고, 그 다음에는 선거자금을 지원해 그 법안이 통과되도록 길을 닦는 것이죠. 결국 손해를 보는 것은 평범한 가족들입니다.

몇 년 전 미국은 한 해 대학졸업생보다 더 많은 사람이 파산하는 지경에 도달했습니다! 심장마비에 걸리는 것보다 더 많은 사람이 파산을 신청하고, 부모가 이혼한 가정에서 사는 아이들보다 파산을 신청하는 가정에서 살아가는 아이들이 더 많아졌습니다.

2. 민중의 소리에 귀 기울이기

파산에서 벗어나려면 우리는 올해(2007년)에만 1400만 가구가 대출 압류로 인해 자기 집을 버리고 떠났다는 사실을 정확하게 직시해야 합니다. 현재 미국의 일곱 가구 중 한 곳은 빚 수금업자에게 시달리고 있습니다. 그런데도 부시 행정부는 수차례 이렇게만 되풀이해 말합니다. "아, 그건 모두 개인의 책임이죠." 그렇지만 어떤 면에서 문제의 가구들은 이렇게 얘기하기 시작해야 합니다. "어, 아니야. 그런 답으로는 뭔가가 해결되지 않아." 그리고 꼭 지적하고 넘어가야겠는데, 가족을 중시한다면서 정치적으로 보수주의자들을 지지하는 몇몇 단체들은 파산, 신용카드, 급여일 기준 대출,_08 주택융자 같은 쟁점에서 뒷걸음을 치며 말로만 떠들고 있습니다. 의회라면 달라야 하겠지요. 이런 쟁점을 두고 이 사회의 주류가 만들어낸 모든 얘기는 이미 제 기능을 상실해가고 있습니다.

◈ 방금 들려주신 더 큰 상황, 그러니까 중산층이 지금 처해 있는 상황으로 되돌아가 다시 얘기해보죠. 선생님의 개인적인 경험 그리고 이런 쟁점을 연구 중인 법률가이자 학자로서 선생님이 지금 겪고 있는 경험을 통해서 말입니다. 우리는 모든 가정에 영향을 끼치고 있으며, 모두가 따라잡으려고 하는 주된 경제적 변화가 이 나라에서 1970년대에 시작된 것을 목격한 바 있습니다. 이에 대해 말씀 좀 해주시겠습니까? 현재 상황은 도대체 어떤 것인지 말입니다.

◈ 1970년대 경부터 완전고용된 남성 임금노동자들의 수는 오름세가 멈췄습니다. 실제로 오늘날 완전고용된 남성 노동자들은 한 세대 전 자신들의 아버지가 벌어들이던 것보다 평균 800달러 정도 적게 벌고 있

_08 payday loan. 대출 만기일이 대출자의 다음 급여일까지인 소액 대출.

죠. 경제가 성장하면서 꾸준히 임금도 오르던 20세기의 처음 70년과는 달리, 오늘날에는 가족 내에서 두 명이 일을 할 수 있어야만 가계에 도움이 됩니다. 수백만 명의 어머니들이 일터로 다시 쏟아져 들어왔고, 물론 그럴 만한 운이 따랐던 사람들에게만 해당될 텐데 부양 소득자 1인 가구에서 부양 소득자 2인 가구로 바뀌는 게 일반적이 됐습니다. 이런 일이 진행됐던 지난 30년 동안 한 가족을 꾸리는 데 드는 비용은 그 가족이 실제 쓰는 지출을 앞질렀죠. 소비자물가지수를 말하고 있는 게 아닙니다.

소비부터 말씀드리죠. 사람들이 금전적으로 곤경에 처하게 되는 이유라며 대중매체 종사자들이 즐겨 내놓는 게 바로 이 소비입니다. 게임보이를 너무 많이 사들이고, 아이팟을 너무 많이 사들이고, 200달러나 하는 스니커즈를 너무 많이 사들인다는 식입니다. 사실 오늘날의 가족은 인플레이션 때문에 소비를 조절하고 있습니다. 한 세대 전보다 옷, 외식을 비롯한 음식, 가구, 가전제품 등에 돈을 덜 쓰고 있죠. 오늘날의 가족은 침실 3개와 목욕탕 1개가 딸린 집에 더 많은 돈을 씁니다. 소득이 중간치인 가족은 한 세대 전에 비해 융자금 갚는 데 80퍼센트를 더 쓰고 있습니다. 그리고 한 세대 전에 비해 건강보험에 70퍼센트를 더 쓰고 있죠. 그리고 오늘날 가족에게는 차 1대보다는 2대가 필요하기 때문에 자동차에 60퍼센트를 더 씁니다. 물론 어머니가 집에 있었던 한 세대 전보다 아이들 양육에 더 많은 돈을 쓰고도 있죠.

이미 오늘날의 가족은 완전히 거덜 났습니다. 가족들은 하루 종일 일터에서 시달릴 뿐만 아니라 완전히 취약해져버렸습니다. 게다가 가족 중의 누군가가 해고되거나 누군가가 몸이 아파서 일하러 못 나갈 위험이 두 배나 높아졌습니다. 오늘날에는 만약 아이가 아프거나 할머니가 넘어져 엉덩이뼈를 다치거나 하면, 누군가가 이들을 돌보기 위해 일을 쉬어야 합니다. 한 세대 전에는 이미 누군가가 집에 있었기 때문에 그 역할을 대신해줄 수 있었죠. 오늘날에는 누군가가 일을 그만둬야 합니다. 그리고 대부분의 일에서 그건 소득을 잃는다는 뜻이죠.

예전보다 사람들은 일자리를 잃기가 더 쉽습니다. 일자리 자체도 외국으로 나가고 있죠. 한 세대 전과 비교해볼 때, 오늘날 일자리를 잃었을 때 사람들이 기존 일자리와 급여가 동일한 새 일자리를 얻을 가능성은 훨씬 낮아졌습니다. 이런 가족들은 건강보험뿐만 아니라 연금 등도 잃게 되죠. 따라서 우리가 이런 상황에서 실제로 볼 수 있는 것은 경제적으로 더욱 더 취약해지는 것은 가족 단위라는 사실입니다. 오늘날의 가족은 예전보다 훨씬 더 열심히 일하고, 두 명이 직장에 나가고, 저녁에 아이들의 숙제를 봐주기 위해 애쓰고, 이 모든 것을 함께 합니다. 그런데도 경제적으로 이 게임의 모든 부분이 그들에게 불리합니다.

◈ 선생님은 《맞벌이의 함정》이라는 책과 다른 글들을 통해 아이들의 교육에 관한 가족들의 집중과 관심, 그러니까 "내 아이에게는 최고의 교육을 받게 해주고 싶다"라는 생각이 시간이 흐를수록 바로 이 취약한 상황에 크나큰 영향을 끼친다고 지적하셨습니다.

◇ "내 아이가 중산층에서 이기게 만들고 싶다." 바로 이것이 부모들이 바라는 바죠. 그런데 오늘날 미국에서 교육비를 충당하는 특유의 방식을 염두에 둘 때 이런 바람이 뜻하는 바가 무엇일까요? 그것은 정확한 우편번호를 갖고 있어야 한다는 뜻입니다. 왜냐하면 정확한 우편번호야말로 당신 아이들의 학교 배정을 결정하기 때문이죠. 그러나 이런 우편번호를 확보하는 데 드는 비용은 계속 높아져왔습니다.

1983년 이래로 아이가 있는 가정들은 집값이 100퍼센트 증가하는 현실에 직면했습니다. 아이가 있는 가정들이 화강암으로 된 조리대와 온천식 목욕탕에 대한 욕구를 더 많이 갖고 있어서가 아니라 집을 구입하는 것이 좋은 학교시스템에 들어갈 수 있는 대안적인 방식이기 때문입니다. 백인 가족, 아프리카계 흑인 가족, 라틴아메리카계 가족, 아시아계 가족 등 모든 가족에게 그랬습니다. 아이가 있는 가정들은 허리띠를 한 칸 더 졸라매고, 더 많이 잔업을 하고, 가족 구성원을 더 많이 일터로 보내고, 아이를 가능한 한 최고의 학군으로 들여보내기 위해 노력했죠. 가족들이 재정적으로 문제에 빠지게 된 것은 책임감이 없어서가 아니라 너무나 책임감이 커서입니다. 아이들을 위해 그렇게 하는 거죠.

◈ 모든 비교정치학 문헌, 민주주의와 민주화에 관한 글들은 민주주의 제도가 제대로 작동할 수 있도록 해주는 기초로서 중산층이 중요하다고 지적하고 있습니다. 선생님이 지금까지 들려주신 바는 장기적으로 볼 때 어떤 함의가 있을까요?

◈ 튼튼한 중산층이 있어야 민주주의가 튼튼해지고, 경제가 튼튼해집니다. 우리로 하여금 더 유연하게 세계와 경쟁할 수 있게 해주고, 우리를 우리 자신으로 만들어주는 것이 바로 이겁니다.

제가 두려워하는 건 바로 그래서입니다. 제가 말씀드린 자료들에 의거할 때 최상층은 좀더 많아지고 나머지 사람들은 하나의 큰 최하층계급을 이루지 않을까 생각합니다. 예전의 중산층은 이제 하루 벌어 하루 먹고사는 가족들, 이번 주는 빚 수금업자에게 시달리고 다음 주는 신용카드 대금 연체료와 29퍼센트에 달하는 이자에 시달리는 가족들, 결코 부채에서 벗어날 수도 없고 저축이라는 방식을 통해서 부채를 털어낼 수도 없는 채 다람쥐 쳇바퀴 같은 일상을 살아가는 가족들로 바뀌었습니다.

좋은 날도 있고 나쁜 날도 있겠지만, 빈민과 중산층은 더 이상 뚜렷이 구별되지 않습니다. 이제는 최상층과 나머지 모두로 구별될 뿐이죠. 왜냐하면 나머지 모두는 재정적으로 낭떠러지에서 살아가고 있으니까요. 몇몇은 그 낭떠러지 끝에서 떨어지고, 또 몇몇은 계속 매달려 있겠죠. 저는 우리가 양극화된 사회로 가는 게 아닌지, 정부의 정책이 그런 분할

　　　　　　　　　　　　2. 민중의 소리에 귀 기울이기

을 부추기면서 우리를 그쪽으로 몰고 가는 게 아닌지, 미국에서 부유한 사람들은 더 편안하게 만들어주는 반면에 최하층에 속하는 사람들은 더 많은 위험에 빠뜨리는 게 아닌지 두렵습니다.

론 덜럼스(Ron Dellums, 1935~)는 캘리포니아 주의 9번 하원의원 선거구를 통해 27년 이상 의원으로 활동했다. 자신의 선거구를 대변하는 동안 덜럼스 의원은 1960년대 운동의 정신과 아이디어를 워싱턴 D.C.에 갖고 갔을 뿐만 아니라 이와 동시에 그곳의 동료들로부터 명성과 존경을 얻었다. '버저클리'_01 출신의 이방인으로서 워싱턴 D.C.에 도착하자마자 잔소리꾼 취급을 당했지만, 덜럼스 의원은 꾸준히 지위가 상승되어 막강한 권한을 휘두른 군사위원회의 의장직까지 역임했다. 의원직을 떠난 뒤에는 국방부가 민간인에게 수여하는 최고의 상인 특별공로훈장을 받았고, 미국 최대의 핵무기 폐지 환경단체 '평화행동'으로부터는 평생공로상을 받았다. 2006년에는 캘리포니아 주 오클랜드의 시장으로 선출됐다. 덜럼스 의원이 쓴 책으로는 자서전인 《사자와 나란히 눕기 : 오클랜드의 거리에서 권력 중심부의 공직 생활까지》(2000), 《제정신 지키기 : 합리적인 군사정책을 위한 탐구》(1983) 등이 있다.

_01 Berzerkeley. 캘리포니아 주의 버클리, 특히 캘리포니아대학교 버클리 캠퍼스를 지칭하는 말. 이곳은 1960년대부터 히피, 여피, 동성애자 등 미국 주류 사회가 괴짜라고 부르는 사람들의 본거지 역할을 했다. 따라서 미국 사회를 뒤흔든 정치적·문화적·사회적 사건들의 원류이기도 했는데, 고대 노르웨이의 전사계급으로서 통제 불가능한 광포한 싸움꾼을 지칭하는 '베르세르크'(Berserk)와 버클리(Berkeley)라는 지명을 합쳐서 이곳을 이렇게 불렀다. 굳이 번역하자면 '통제하기 힘든 버클리' '막 나가는 버클리' 정도의 뜻이라고 할 수 있다.

"아무것도 바뀌는 것은 없고
정치인들은 모두 부패했다는 냉소주의에
빠지지 마십시오. 세상을 바꾸는 건
냉소가 아니라 관심, 개입, 참여입니다."

부모님이 선생님의 성격 형성에 어떤 영향을 끼쳤습니까?

어머님 얘기부터 해야겠군요.

제 어머님은 별로 배우질 못했습니다. 고등학교를 중퇴하셨죠. 제가 태어난 뒤에야 다시 돌아가 고등학교를 마치셨습니다. 어머님은 엄청나게 지식에 목말라했어요. 게다가 꿈이 상당히 컸던 분인데, 여러 면으로 자녀들을 통해서 배움에 대한 자신의 꿈을 실현하려고 하셨죠. 제 아버님도 마찬가지였고요.

어머님은 제가 인간으로서 어떤 존재인지를 알게 해주셨습니다. 제가 공격당했던 사건이 기억나는군요. 사람들이 제게 "이 더러운 흑인 아프리카 놈아!"라고 욕을 해댔습니다. 저는 화가 치밀어 그렇게 말한 사람을 공격했죠. 그런데 어머님이 이런 말을 들려주셨습니다. 누군가가 '더럽다'고 말한다면 그건 그 어떤 타당한 이유보다도 더 중요한 문제이니 당연히 들고 일어나야 한다고 말입니다. 제가 흑인이기 때문도 아니고, 그 사람이 저를 아프리카 놈이라고 불렀기 때문도 아니라고, 제가 그 둘 다이기 때문이라고 말이죠. 그러고는 인간인 저라는 존재를 표현하는 갖가지 말이 있는데, 그 중에서도 '흑인'과 '아프리카인'이라는 말은 제 피부가 검고 아프리카인의 핏줄을 이어받았다는 걸 말해준다고 하더군요. 그러니 살아가면서 어디에 있든 누군가가 흑인이냐, 아프리카인이냐, 라고 묻거나 시비를 걸면 인간으로서 당당하게 처신하고 자랑스러워하라고 말씀하셨습니다. 그래서 저는 대답했죠. "알겠어요. 제가 흑인이고 아프리카인인 게 자랑스러워요." 당시 어머님은 제 인간됨, 자아의식, 자부심을 강하게 만들어주셨어요. 그리고 어머님은 제가 제대로 교육받는 걸 보고 싶어하셨죠.

제 아버님은 마치 사진과도 같은 기억력을 갖고 계셨는데 토론을 즐기고, 질서에 도전하는 걸 즐기셨습니다. 언젠가 제가 학교에서 배운 걸 전해드리는데, 아버님이 이렇게 말씀하시더군요. "절대 액면 그대로 믿지 말거라. 늘 질문을 던져야 해. 여러 견해에 마음을 열고, 찾고, 캐물으라는 말이다. 로봇이 되어서야 쓰겠니." 그러니 두 분 모두 좋은 교육을 추구하는 데 지대한 관심을 갖고 계셨습니다. 그리고 다른 한편으로는 자부심과 인종의식이 강하셔서 자랑스러운 인간으로 제 자아의식을 계발시켜주셨다고 할 수 있습니다. 어릴 적부터 두 분은 흑인이자 아프리카인이라는 게 대단히 멋진 일이라고 말씀하셨죠. 그래서 저는 제가 흑인이고 아프리카인이라는 사실을 별로 개의치 않았습니다. 결코 제 자신을 희생자라고 보질 않았죠. 저는 제 자신을 희생자로 삼아 공격하려는 사람들과 맞서 싸우는 모습을 늘 마음속에 그렸습니다. 아무튼 부모님은 제게 아주 강한 자아의식을 심어주셨고, 그 핵심에는 교육과 배움과 자아계발이 주된 요소였죠.

◈ 오클랜드에서 자라실 때 이런 영향이 어떤 효과를 가져왔는지요?

◈ 음, 잘 아시겠지만 굉장히 멋진 것이었죠. 왜냐하면 제 친구들 대부분은 제 부모님에 대해 저와 똑같은 생각을 마음속에 품고 있었거든요. 그래서 친구들은 위험한 일을 하려고 할 때마다, 개중에는 아슬아슬한 것도 있었는데, 아무튼 그럴 때마다 저를 집으로 돌려보냈어요. "야, 집에 가라!"라고 말하면서 말입니다. 친구들은 저를 '해지면 들어가는 로니'(Sundown Ronny)라고 불렀습니다. 해가 지면 제가 반드시 집에 있

어야 한다는 걸 친구들이 다 알고 있었거든요. 집에서 밥을 먹고, 집에서 숙제를 해야 했습니다. 그러니 어떤 면에서 친구들은 저를 특별한 존재로 봤던 셈입니다. 제가 계속 배우는 모습을 무척이나 보고 싶어하는 특별한 사람들과 함께 사는 그런 존재 있잖습니까. 여러모로 친구들이 저를 보호해줬죠. 대충 이런 식이었습니다. "너는 이곳에서 벗어날 수 있는 그런 놈이야." 이런 일도 제 자아의식이 강해지는 데 중요했어요.

저는 1935년에 웨스트오클랜드에서 태어났습니다. 웨스트오클랜드에는 백인들이 많이 살고 있었는데 노동자 공동체를 형성하고 있었어요. 제2차 세계대전이 발발했을 때 웨스트오클랜드는 남부에서 넘어오는 흑인들의 주요 창구가 됐습니다. 그러니까 전시경제가 제공해주는 기회를 잡으려고 넘어오는 흑인들에게 말입니다. 결국 웨스트오클랜드는 하룻밤 사이에 갑자기 남부의 소도시처럼 되어버렸습니다. 여기에 성패트릭가톨릭학교에 다니는 아이, 바로 제가 있었던 거죠. 뭔가 좀 다르게 말하고, 다른 것을 말하는 그런 아이가요.

남부에서 온 어른들, 교육을 받았더라도 그리 많이 배우지는 못했던 이 어른들 대부분이 이 꼬마아이에게 홀딱 반했습니다. "도대체 그런 것을 어디서 배웠냐?" 그리고는 어른들이 말했죠. "잠시 앉아봐라. 이 꼬마가 하는 얘기를 좀 들어보고 싶구나." 그러면 저는 사람들이 이렇게 말하는 걸 듣곤 했어요. "야, 이 꼬마가 확실히 말할 줄 아네! 너는 앞으로 전도사나 변호사가 되겠다." 뭐, 아이에게 이런 말들은 꽤 긍정적으로 작용하지 않겠습니까. 이런 경험 역시 제 삶에 중요한 의미가 되어줬다고 생각합니다. 물론 제가 완벽한 아이는 아니었죠. 살아오면서 실수로 일을 망친 것도 부지기수였으니까요.

🔖 선생님의 삼촌 역시 영향을 끼쳤다고 들었습니다. 그 분에 대해 얘기를 좀 해주시죠.

◎ 제 삼촌인 코트렐 로런스 덜럼스는 아사 필립 랜돌프_02와 함께 일했습니다. 두 사람은 1920년대의 구좌파였죠. 이들은 함께 다니면서 미국 역사상 최초로 아프리카계 미국인들의 노동조합을 조직했습니다. '철도침대차 사환조합'이 그것이었죠. 이들은 조직화의 일환으로서 구어(口語)의 활용을 대단히 중시했습니다. 사람들의 도전의식을 북돋울 때 강한 인상을 남겨줘야 할 필요가 있었으니까요. 사람들은 두 사람이 하버드대학교를 졸업했다고 생각했어요. 왜냐하면 이들은 눈높이를 맞추는 식으로 사람들을 지능적으로 다뤄서 기존 체제에 도전하게끔 만들었기 때문입니다.

제 삼촌으로 말씀드릴 것 같으면, 음, 언변이 대단히 뛰어난데다 멋지고, 박식하고, 놀랄 만큼 단정한 흠잡을 데 없는 사람이었죠. 그리고 7번가에 있던 내기 당구장 위에 사무실을 냈습니다. 저는 삼촌이 샌프란시스코 만 지역의 각계각층 사람들에게 존경받고 있는 사람이라는 걸 금방 깨달았어요. 삼촌의 사무실에도 종종 놀러갔죠. 직원도 한 명 있었고, 사무실도 있었고, 파이프 담배를 피웠고, 용감했죠. 삼촌은 일종의 성공 모델로서 제 삶에 매우 중요했습니다. 여기에서 성공할 수 있다는 걸 알게 해줬으니까요. 위협받지도 않고, 사람들에게 존경받을 수도 있고 말이죠. 그쪽 공동체는 삼촌을 통해서 정치를 했습니다. 노조활동, 민권운동 등등을요. 삼촌은 그야말로 엄청나게 전설적인 존재였고, 제가 계속 공부하도록 이끌어줬습니다.

_02 Asa Philip Randolph(1889~1979). 미국의 민권운동가. 1941년부터 1947년까지 군대에서의 인종차별 철폐와 아프리카계 흑인들에게 공정하게 일할 권리를 달라고 주장하며 진행된 '워싱턴 행진'을 조직했고, 미국 내 흑인노동운동의 표석이 된 '철도침대차 사환조합'(Brotherhood of Sleeping Car Porters)을 결성했다. 덜럼스의 삼촌인 C. L. 덜럼스(Cottrell Laurence Dellums, 1900~1989)는 1929년과 1966년에 각각 이 조합의 부의장과 의장이 됐다.

2. 민중의 소리에 귀 기울이기

◆ 선생님의 책 《사자와 나란히 눕기》에서 한 구절 인용해보겠습니다. 사람들이 선생님에 대해 이렇게 말했다고 쓰여 있더군요. "이제 이 꼬마가 우리가 하는 말을 이해하는군." 어릴 적부터 귀 기울이는 법을 배우셨던 것 같습니다. 그렇지 않나요?

◇ 맞습니다. 뭐, 이해하지 못할 때도 있었지만요. 그러나 저는 당시에도 듣지 않는다면 이해할 수 없다는 사실을 알고 있었습니다.

그래서 저는 듣는 법을 배웠습니다. 늘 많은 어른들에게 둘러싸여 있었기 때문에 다른 사람의 말을 듣는 능력, 다른 사람이 말하려는 바를 완전히 이해하려는 노력이 중요했습니다. 제 부모님과 조부모님은 제게 그 사실을 철저히 가르치셨죠. 주의해서 듣는 것 말입니다. 집안 어른들이 제가 듣고 있다는 것을 눈치 채셨을 때, 어떤 시점에서부터 진지하게 대화에 낄 수 있었을 때, 네가 이제 이해하는구나라고 말씀하셨죠. 이것도 제 자아의식을 강화하는 데 긍정적인 영향을 끼쳤습니다.

◆ 어릴 적 읽었던 책 중에서, 아니면 다 자라서 어른이 됐을 때 읽은 책 중에서 선생님께 두드러지게 영향을 준 책이 있나요?

◇ 음, 커가면서 저는 많은 책을 읽었습니다. 한창 피서를 즐겨야 할 아이였을 때에도 늘 책 몇 권을 읽기 전까지는 밖에 나가서 놀 수가 없었습니다. 책을 읽고, 도서관을 이용하는 것도 계속 제게 영향을 줬죠. 그러나 이제 막 대학을 졸업한 젊은이였을 때 특히 눈에 띄었던 책이 하나 있긴 했습니다. 저는 정말로 뛰어난 아프리카계 미국인을 만났는데 그 사람은 제가 처음으로 만난 박사학위 소지자였죠. 어느 날 그 사람이 제게 책 한 권을 건네주면서 말하더군요. "이 책을 읽었으면 좋겠네." 책의 제목은 《어부의 구두》[03]였습니다. 간단히 내용을 말씀드리면, 소련에 구금됐던 어느 가톨릭 추기경에 대한 이야기입니다. 그 추기경이 석방되어 바티칸으로 돌아가는데 주변 상황이 꽤 이상했죠. 추기경은 곧 교황이 됩니다. 그 뒤 이야기는 교황이 어떻게 바티칸을 벗어나 밖으

로 나가서는 사람들을 만나고, 실제적으로 삶을 계속 느끼려고 했는지를 다룹니다. 이 책을 건네준 사람은 "이 책을 다 읽거든 자네와 얘기를 나누고 싶네"라고 하더군요. 나중에 그 사람이 제게 묻더군요. "왜 이 책을 자네에게 줬다고 생각하나?" 알 리가 있나요. 그 사람은 이렇게 말했습니다. "왜냐하면 이 책은 지도자의 외로움, 지도자로서 고립감과 계속 싸워야 할 필요성을 이야기로 들려주고 있기 때문이라네. 내가 보기에 자네는 젊은 지도자일세. 그러니 지도자가 될 준비를 하게나." 저는 완전히 압도됐습니다! 그래서 집으로 돌아가 이 책을 다시 읽었죠. 완전히 다른 눈으로, 다른 관점에서 말입니다.

선생님은 마틴 루터 킹 2세의 메시지에도 큰 영향을 받으셨습니다. 킹 목사가 버클리에 와 연설했을 때 말입니다. 그 일에 대해서 좀 들려주시죠.

마틴 루터 킹 2세는 놀랄 만한 역할을 맡았죠. 킹 목사는 뉴욕의 리버사이드교회 연단에 올라 역사적인 연설을 했습니다. 킹 목사는 분연히 들고 일어나 미국의 베트남 개입에 반대했습니다. 대담함과 예견력을 지닌 채 평화의 이름으로 목청을 드높였어요. 그 연설이 있는 뒤 백인들과 흑인들은 킹 목사를 비판했습니다. 흑인들은 킹 목사가 민권운동의 주의를 딴 데로 돌리려 한다고 생각했고, 잘 아시겠지만 대다수 백인들은 이 남자의 대담함이 미국의 대외정책에 도전한다고 생각했죠. 그건 비미국적이라는 것이었습니다! 좌우간 킹 목사는 캘리포니아대학교에 와서 자신을 비판하는 사람들에게 연설했습니다. 2만 5000명에서 3만 명 정도의 청중이 스프라울 홀에 모여들었어요. 젊었던 저는 청중

_03 The Shoes of the Fisherman. 오스트리아의 작가 웨스트(Morris West, 1916~1999)가 1963년 발표한 소설. 발표된 해에 미국의 베스트셀러 1위가 된 작품으로서, 1968년 영화화되기도 했다.

뒤쪽에 자리하고 있었습니다만, 이 굉장한 인물이 자신의 호소력, 자신의 용기, 자신의 선견지명으로 2만 5000명가량의 사람들을 장악하는 광경을 제 두 눈으로 보게 되니 자부심에 겨워 눈물이 다 나더군요.

킹 목사가 말할 때마다 저는 공책을 펼쳐 그의 말을 적어 내려갔습니다. 킹 목사가 했던 말 중에 이런 게 있었습니다. 지도자에는 두 종류가 있는데 하나는 합의가 이뤄질 때까지 기다리다가 합의가 나오면 재빨리 지도자 노릇을 하는 부류이고, 다른 하나는 대담하게 뛰쳐나가 합의점을 형성해내고 결국 합의를 이끌어내는 부류라고 말입니다. 그러고는 말했습니다. 자신은 후자라고. 저는 이 말에 큰 인상을 받았습니다. 킹 목사의 두번째 논점은 제가 보기에 모든 운동을 이해할 수 있게 해주는 것이었는데, 평화란 그저 전쟁이 없는 상태가 아니라 그 이상의 것이라는 말이었습니다. 평화란 정의가 존재하는 상태라는 것이었죠. 이 두 개의 언급은 모두 제가 생각하는 정치의 철학적 기초를 다지는 데 그리고 제 삶의 정치에 접근하는 방식을 만드는 데 매우 중요했습니다.

◆ 이쯤에서 선생님이 킹 목사에 대해 책에서 했던 말을 인용하고 싶군요. 일종의 덧붙임 말로요. "킹 목사는 만약 공동체가 자신들의 고통에만 갇혀 있지 않고 밖으로 나가 그 고통이 다른 공동체에서 어떻게 드러나는지를 볼 수 있다면 더 큰 정치력이 생길 수 있음을 잘 이해하고 있었다. 이런 목적을 달성하려면 지도자가 자신이 알고 있는 바에 책임을 져야만 한다는 사실을 킹 목사는 잘 알고 있었다. 자신이 알고 있는 바를 나누고, 스스로 교육자가 되어 고통이 어떻게 피부색이나 인종을 초월하는지 설명하는 것도 그런 책임감의 일부다. 이런 책임감의 또 다른 일부는 사람들에게 이 사실을 이해시키려고 애쓰면서 위험을 감수하는 것이다."

◇ 제 생각에 이런 책임감이야말로 킹 목사가 위대하고 호소력 있는 이유였습니다. 무엇보다 킹 목사는 정치연합의 복잡함과 그것을 뛰어넘어야 할 필요성을 잘 이해하고 있었습니다.

론 델럼스

평화란 전쟁이 없는 상태 이상의 것으로서, 정의가 존재하는 상태라는 논점은 모든 이들의 운동, 불의에 도전하는 모든 노력이 매우 중요한 노력이며, 만약 사람들을 결집시켜 불의에 도전하려고 한다면 이처럼 광범위한 근거를 지닌 힘을 개발할 수 있어야 한다는 걸 의미했습니다. 그래야 정치적 의지를 정의의 쪽으로, 당신의 목적이 있는 쪽으로 향하게 만들 수 있다는 것이었죠.

일단 불의를 보게 되면, 일단 고통을 이해하게 되면 자신이 알고 있는 바에 책임을 진다는 것은 책임으로부터 물러설 수 없다는 걸 뜻하게 됩니다. 현재 자행되고 있는 폐해를 보게 되면, 더 이상 자신의 무지를 변명할 수 없게 되죠. 그리고 제가 보기엔 일단 이 사실을 알게 될 경우 자신이 알고 있는 바에 책임을 질 수밖에 없습니다. 저는 지도자, 정치적 지배력을 지닌 사람의 책임감을 중요시하는 게 교육적 과정의 일환임을 믿습니다. 그리고 그래야 사람들이 함께 할 수 있게 해준다고 믿습니다. 선동가는 세상을 바꾸지 못합니다. 이런 이야기에 기꺼이 몸 바치고 더 광범위한 사람들의 참여와 개입을 북돋우려 하는 것은 교육자입니다. 그리고 기꺼이 앞으로 나아가 합의를 형성하려는 또 다른 종류의 지도자에 대해 말했을 때, 킹 목사가 말하려고 했던 것은 기꺼이 위험을 감수해야 한다는 것이었습니다. 기꺼이 저 밖으로 나가야 하는 것이죠. 안전하게만 일을 할 수는 없습니다. 합의가 이뤄질 때까지 마냥 기다릴 수도 없는 노릇이죠. 굳이 말하자면, 이봐 친구들, 내가 이끌겠네, 라고 해야 하는 겁니다. 지도자가 된다는 것은 논쟁에 휘말릴 위험을 감수해야 한다는 것입니다.

저라면 이보다 더 나가겠습니다. 밖으로 나가서 인기가 없을 만한 생각이나 대의를 입 밖으로 내는 위험을 감수한다고 했을 때, 왜 그런지 사람들을 이해시키려 든다면 때때로 논쟁의 뜨거운 초점이 당신에게 쏟아질 수도 있습니다. 저는 이렇게 봅니다. 만약 뜨거운 관심이 당신에게 쏟아진다면 그거야말로 많은 사람들이 당신에게 집중하게 되는 순간입니다. 왜냐하면 사람들은 논쟁에 집중하는 중이니까요. 그것은 당신이 한 걸음 더 내디뎌야 하는 순간이자 교육적 과정의 일부가 되고 위험을 감수해야 하는 순간입니다. 논쟁을 두려워해서는 안 됩니다. 그보다는 논쟁을 어떻게 활용할지 고민해봐야 합니다. 당신이 말하고 있는 생각을 발전시키고, 사람들을 더 많이 교육시키고, 사람들이 [잘 알고 있지 않거나 몰랐던] 어떤 정보에 직면했더라도 종종 그날이 끝날 때쯤에는 적절한 합의점에 도달할 것이라는 사실을 더 많이 존중하도록 만드는 것 같은 긍정적인 방식으로 말입니다. 그렇지만 이때 사람들이 모두 똑같은 지식을 지닌 채, 똑같은 페이지를 펴고 있도록 해야 합니다. 당신과 제가 지식의 기반을 공유하지 못하고 있다면, 우리가 함께 할 수 있는 지점을 찾기가 매우 힘들어집니다.

◈ 선생님의 성장기, 가족, 정신적 스승 얘기를 듣고 난 느낌인데, 선생님은 개인이 지닌 존엄성의 중요성을 잘 알고 계셨던 듯합니다. 그리고 선생님의 아름다운 회고록을 읽었을 때는 선생님이 사상의 존엄성을 이해하고 계신다는 느낌이 강하게 남았습니다.

◈ 무엇보다도 이것은 개인으로서의 자기 자신, 스스로에 대한 편안함, 자신에 대한 확신에서 시작됩니다. 자기 자신이 누구인지에 대해 편안해한다면, 우리는 주위를 둘러보고 다른 사람의 인간됨을 살펴볼 수 있습니다. 제 가족이 제 인간됨을 북돋워준 덕택에 저는 인간으로서, 저마다의 가치와 중요성을 지닌 다른 사람들의 존엄성을 볼 수 있었죠. 저는 그렇게 자랐습니다. 그때 이래로, 어떤 시점에 저는 킹 목사 덕택에 그리고 그밖에 다른 사람들 덕택에 다음과 같은 사실을 깨달았습니다. 결국 실제로 가장 중요한 것은 개인의 인격과는 아무런 상관도 없다는 사실을 말입니다. 중요한 것은 사상의 훌륭함입니다. 개인은 오고 가지

만, 궁극적으로 승리하고 초월해야 할 것은 사상입니다.

저는 사람들에게 이렇게 말하곤 합니다. 삶이라는 여행을 통해서 멋진 사람들을 많이 만났지만 완벽한 사람을 만난 적은 없다고 말입니다. 그렇지만 저는 제가 완벽한 사상이라고 여기는 것을 받아들였습니다. 결국 우리가 붙잡아야 할 것은 이겁니다. 이런저런 차원에서 우리 모두는 예상치 못한 약점을 갖고 있죠. 우리 모두 말입니다. 완벽한 인간은 없습니다. 우리 모두는 용감했다가도 비겁해지고 두려워합니다. 사상은 그렇지 않죠. 그래서 저는 개인숭배를 믿지 않습니다. 제가 아무리 인간을 존경하고 민중을 존경한다 해도 말입니다.

타인과 관계를 맺는 것은 생명의 본성입니다. 그러나 우리를 궁극적으로 단결시키는 것은 사상입니다. 사람들은 오고 가죠. 사람들에게는 장점도 있고 약점도 있습니다. 우리는 실망하기도 하고 실망시키기도 하죠. 그러나 궁극적으로 우리를 계속 전진하게 만들 수 있는 것은 사상입니다. 제가 제 가족이 아름답다고, 킹 목사가 아름답다고 생각하는 이유는 그들이 사상을 갖고 있었기 때문입니다. 우리를 앞으로 나가도록 만드는 것은 사상의 힘입니다.

심지어 저는 1960년대에 젊은 세대가 주도하던 운동에서도 영감을 얻곤 했습니다. 다른 사람들은 귀에 거슬리는 소리를 들었는지 모르겠지만 저는 합창을 들었습니다. 저는 음악을 들었던 거죠. 그들이 부르짖었던 평화, 정의, 평등, 페어플레이 그리고 그밖에 다른 모든 사상 속에서 저는 탁월함, 고귀함, 원칙의 소리를 들었습니다. 그래서 저는 그들의 삐걱거림을 따라잡기보다는 그들의 사상을 따라 잡으려고 애썼습니다. 저는 속으로 외쳤죠. "와, 누가 이런 사상과 감히 싸울 수 있을까?" 제아무리 귀에 거슬렸을지언정 사상은 논의될 수밖에 없습니다.

사상은 대단히 중요하고 탁월한 것입니다. 그래서 저는 제가 약해졌다고 느낄 때마다, 불편해질 때마다, 뭔가를 찾을 때마다 이렇게 자문하곤 합니다. "내가 왜 이런 일을 하고 있는 거지? 내가 이것보다 오래 살아남을 수 있을까? 내가 정말 이 모든 것을 견뎌낼 수 있을까? 그럴 만큼 내가 그릇이 큰 사람일까?" 죽음을 두려워하게 된 요즘에는 "내가 옳은 일을 하고 있는 걸까?"라고 자문하는데, 이럴 때마다 저는 사상을 꽉 붙잡은 채 계속 나아가려고 애씁니다. 왜냐하면 저는 "이 사상은 완벽해. 그러니 내가 이 사상에 계속 충실하다면 이 순간도 견뎌낼 수 있을 거야"라고 말했기 때문입니다.

◈ 정말이지 선생님은 운동에 사로잡힌 채 그 운동의 목소리가 되도록 선택받으셨군요.

◈ 그러게요. 그런데 제가 살아가고 싶어했던 삶은 이게 아니었습니다. 원래 저는 정신병원의 사회복지사였습니다. 저를 버클리시위원회 입후보자로 선출해준 어느 모임에 있다가 새벽 3시쯤 집으로 돌아왔을 때였는데, 그 다음 일주일 동안 정말 말 그대로 뱃속의 아기처럼 움츠린 채 집에만 있었습니다. 아프다고 하고 직장도 쉬었죠. 사람들이 저를 공직에 앉히고 싶어한다는 생각이 저로서는 도저히 감당이 안 되더라고요. 계속 고민만 하게 되고요. 그래서 결국엔 친구에게 찾아가 털어놨습니다. "야, 난 너를 좋아해, 정말 좋아해. 그런데 이 일은 네가 내게 바라는 바이지, 내가 내 자신에게 바라는 바는 아니잖아. 난 원래대로 살고 싶어. 공직 생활을 하고 싶지는 않다고."

"어이, 너무 늦었어!"라고 친구가 대꾸하더군요. "어쩔 수 없어. 넌 남자잖아. 이미 끝난 일이야. 모든 걸 다시 돌려놓을 수는 없다고. 모두들 네가 입후보해 달리길 기대하고 있단 말이야."

결국 현실을 받아들일 수밖에 없었던 저는 이렇게 말했습니다. "뭐, 좋아. 최선을 다해봐야지. 떨어지기를 기도하면서 말이야." 이렇게 해서 저는 제 인생 중 31년을 공직 생활이라는 기나긴 여정에 바치게 됐습

론 덜럼스

니다. 그러니 실제로 제가 원한 건 아니었죠.

저는 그 지옥 같은 곳에 가고 싶지 않았습니다. 그저 뒷방에 앉아 있으면 사람들이 찾아와서는 "이봐, 빈곤 문제에 대해서 뭐라고 말을 해야 하지?"라고 물어보는 그런 사람이 되고 싶었죠. 정책 아이디어를 써내는 그런 사람 말입니다. 제가 전면에 나서서 제 인생 중 31년을 공직 생활에 바치는 사람이 되리라고는 추호도 생각해본 적이 없습니다. 21세기인 오늘날에는 참으로 낭만적이게 보일지도 모르겠습니다만, 1960년대에는 봉사하라고 부르면 책임감을 갖고 그에 응한다는 생각이 자연스러웠어요.

◈ 사회복지사로 일하면서 얻게 된 기술이나 재주를 워싱턴 D.C.로 가 정치할 때도 활용하셨나요?

◈ 당연하죠. 사회복지사 일의 전제는 사람들의 말을 듣고, 귀 기울이고, 이해하고, 집중하고, 전체적인 윤곽을 그리고, 다시 듣고 경청하는 것입니다. 공동체, 주민회의, 거리에서는 사람들의 말을 듣는 게 중요한 기술이죠. 그런 곳에 분과위원회 의장이나 전임위원회 의장으로 앉아 자신의 불만과 걱정거리 등을 모두 떨쳐버리고, 무슨 말이 오가고 어떻게 일이 돌아가는지 철저하게 살펴보는 것도 중요합니다. 그런 것이 제게 도움이 되었죠. 그러다 보니 동료들뿐만 아니라 저와 꼭 뜻을 같이 하지 않는 사람들도 저를 찾아와 말을 겁니다. "제가 당신을 존중하는 이유를 알고 있나요?" "예?" "당신은 이 회의실에서 아무도 귀를 기울이지 않을지언정 당신만은 귀를 기울일 그런 사람입니다." 이런 훈련을 했기 때문에, 사회복지사로서 듣다가 공직자로서 의회의 토론과 논쟁을 듣게 됐기 때문에 저는 맞수에게 보낼 수 있는 최상의 칭찬은 그 사람의 말에 완전히 집중해주는 것이라는 사실을 알게 됐습니다. 제 동료들 대다수는 직원을 고용해 연설문을 쓰곤 합니다. 그런데 저는 그런

직원을 가져본 적이 없어요. 왜냐하면 제가 기꺼이 듣기만 하면 제 맞수야말로 제게 최상의 연설문을 제공해주니까요.

사회복지사 일을 할 때의 또 다른 전제는 사적인 판단을 피하는 겁니다. 그래야 일이 돌아가는 흐름을 잘 좇아가며 사람이 아니라 아이디어 자체를 판단할 수 있게 되죠. 그리고 인간의 존엄성을 알고 있어야 합니다. 제 아무리 최악의 환경에 있거나 머리가 돌아버릴 지경에 처한 사람이라도 존중받아야 할 인간인 건 마찬가지입니다. 그리고 이 점이 매우 중요한데요. 저는 공직 생활을 하려는 사람들이라면 기본적으로 이처럼 놀라운 사회복지사 훈련을 받아야 하지 않을까 생각한 적이 있습니다. 왜냐하면 저는 사회복지사 치고 반동적일 수 있는 사람은 존재할 수 없다고 믿기 때문입니다.

◎ 선생님이 하원의원으로 선출됐을 때 당시 부통령이던 스피로 애그뉴가 선생님을 공격했지요. 버클리에서 온 끔찍한 급진주의자라고 말입니다. 당시 선생님은 이 공격을 선생님 말로 바꿔서 자신을 이렇게 규정하셨죠. 베트남전쟁의 광기와 잔혹함에 맞서는 것이 급진적이라면, 인종주의를 반대하는 것이 급진적이라면 기꺼이 급진주의자가 되겠다고 말입니다. 그러니까 선생님은 애그뉴의 말이 긍정적인 의미의 말이 되도록 뒤바꾸신 셈입니다. 선생님이 지지하고 있다고 애그뉴가 말한 바를 위해서가 아니라, 선생님 자신이 스스로 지지한 바를 위해서 말입니다. 선생님의 공직 생활 중에 이와 비슷한 일이 나중에 또 일어났죠. 테드 코펠04이 선생님을 반군사적인 인물이라고 불렀을 때 말입니다.

◎ 다른 사람이 당신을 규정하도록 놔두기보다는 당신 스스로가 자

_04 Ted Koppel(1940~　). 영국 태생의 미국 방송인. 1980년부터 2005년까지 ABC의 간판 뉴스프로그램인 〈나이트라인〉의 앵커로서 시사 문제에 보수적인 입장을 취하는 것으로 유명하다.

신을 규정하는 것이 매우 중요합니다. 우리는 사회에서 그것이 무엇을 의미하는지도 말하지 않은 채 아무런 단어나 쓰곤 합니다. 그래서 부통령이던 애그뉴가 저를 지칭해 "이 사람은 미 정계에서 쫓아내야 할 필요가 있는 급진주의자다"라는 식으로 말할 수 있었던 겁니다. 저는 아직도 그 양반이 무슨 뜻으로 이런 말을 했는지 잘 모르겠어요. 아무튼 저는 그 기회를 잘 잡아 교육적으로 활용하기로 작정했습니다. 그래서 저는 애그뉴의 공격으로부터 스스로를 방어하기보다는 "론 덜럼스? 그 '급진적인' 양반이 대체 누구래?"라고 궁금해 하는 수천만 명의 사람들을 위해 제 자신을 스스로 규정하기로 했죠. "뭐, 이런저런 일을 하면 급진적이라네요, 제가 이런저런 일을 하고 있으니 제가 급진적인가 봅니다." 그랬더니 사람들이 그러더군요. "아, 알겠어요. 급진적이라는 건 멋진 거군요. 저 역시 급진적인 사람이었군요."

우리는 이렇게 딱지붙이기를 하는데 사람들은 이런 딱지붙이기를 피하려고 합니다. 그런데 도대체 무엇을 피해야 하나요? 우리는 지적으로 동등합니다. 우리는 인간으로서 동등합니다. 우리에게는 적극적으로 우리 자신이 누구인지 정의할 수 있는 권리가 있어야만 합니다.

우리가 사상의 시장에서 정당하게 의견을 교환할 수 있는 자유롭고 열린사회에 살면서 서로를 대하고 있는 것이라면, 상대방보다 열등한 역할을 스스로에게 부여해서는 안 되죠. 그건 상대방으로 하여금 당신 자신을 판단할 수 있도록 가만 놔두는 거나 마찬가지입니다. 제가 당신을 판단하려고 하지 않는다면, 당신도 저를 판단하면 안 됩니다. 우리 둘은 동등하게 대화하는 중이니까요. 그러니 상대방이 당신에게 붙이려는 딱지를 용납하면 안 됩니다. 도대체 이런 딱지들이 뭔가 궁금해 하는 사람들이 혹시 있다면 제가 누구인지를 제가 말할 수 있도록 해주세요. 저는 다른 사람이 저를 규정하도록 놔두지 않습니다. 당신이 이곳에 천년만년 앉아 있을 수 있더라도 제가 다른 사람을 뭐라 규정하는 말은 절

2. 민중의 소리에 귀 기울이기

대 들을 수 없을 겁니다. 저는 그런 정치적 행위를 신뢰하지 않아요.

◈ 사람들이 하는 말을 빌리자면, 선생님은 버저클리에서 온 급진주의자로 의원이 되셨습니다. 선생님은 맞수도 존중하고 그 존엄성을 인정해야 한다고 믿으셨죠. 보수주의자들에게조차 말입니다. 그리고 선생님이 그들을 존중한다는 모습을 보여주면 그들이 선생님을 존중하게 될 거라고, 그래서 현안에 대해 서로 논쟁할 수 있다고 믿으셨습니다. 그러나 그렇게 하시더라도 의회라는 제도의 진행방식, 준수사항, 규칙 등을 배워야 하지 않겠습니까? 이에 대해 말씀해주시죠.

◈ 저는 엄청난 임무, 감당 못할 부담을 안고 의회에 들어갔습니다. 사람들은 "아프로 헤어스타일에 나팔바지를 입은 버클리 출신의 급진적인 흑인 녀석이 선거에서 이겼다"고 떠들어댔죠. 그래서 저는 스스로에게 말했습니다. 이런 식으로 나를 귀찮은 파리[잔소리꾼]인 양 하찮은 존재로 만드는 걸 가만 놔둔다면, 나를 믿고 있는 50만 명의 사람들 역시 폄하될 것이라고. 앞으로 자신들, 자신의 아이들, 그 아이들의 아이들에게 의미 있을 뿐만 아니라 중요하고, 때로는 생사가 걸린 결정을 하라고 저를 지지해준 바로 그 사람들이 말입니다. 그래서 저는 이런 하찮은 대접을 좌시할 수 없었습니다. 그걸 놔두면 저 50만 명이 하찮은 대접을 받도록 놔두는 것이었으니까요. 저로서는 그것이 운동, 아름다움, 고귀함, 원칙조차 별것 아닌 것처럼 보이게 되는 것을 좌시하는 것이나 마찬가지였죠.

저는 이런 책임감뿐만 아니라 논쟁적인 사상을 갖고 있었기 때문에 어떻게 하면 논쟁적이지 않은 사람처럼 보일까 고민했습니다. 그도 그럴 것이 논쟁적인 사람이 논쟁적인 사상까지 갖고 있다면 이건 거의 투아웃이니까요. 그래서 저는 이 모든 것을 내려뒀습니다. 사람들이 제 사람됨을 보기 시작한다면, 그러니까 사람들이 제가 여러 면모를 지녔고 자신들을 중요하게 대할 준비가 된 인물이라는 것을 알게 된다면, 론 델

럼스가 누구인지 더 이상 왈가왈부하지 않을 거라고 생각했죠. 왜냐하면 이제 론 덜럼스는 남들이 말한 것과 무관한 사람이 되니 말입니다. 그러면 문제가 되는 건 사상의 힘입니다. 이건 사상에 대해서 얘기를 하면 되죠.

그 다음으로, 저는 공동체 활동가였을 때 꽤 다혈질이었어요. 사람들이 성질부리려면 워싱턴 D.C.에나 가서 성질부리라고 저를 보냈을까요? 아니면 가능한 한 자신들을 위하는 최고의 진보적인 대변자가 되라고 저를 워싱턴 D.C.에 보낸 것일까요? 저는 이렇게 생각했습니다. 나를 국가의 입법기관에 보낸 건 그들이다. 그러니 될 수 있는 한 최고의 입법가가 될 수 있는 방법을 배우려 힘써야 한다, 이렇게 말입니다. 저는 버클리에 주저앉아 계속 시위만 할 수도 있었습니다. 그러나 동료들은 저보고 다른 일을 하라고 2500마일이나 떨어진 곳으로 보냈죠. 그래서 저는 의회에 앉아 수 시간씩 사람들의 말을 듣고, 그곳에서 제 자신을 어떻게 다스려야 할지를 배웠습니다. 그리고 의원들이 통로에 들어서면 그들 중 누가 제 동료들에게 주목해줄 수 있을지, 그들의 특징이 뭔지, 그들의 주목을 끌려면 어떻게 해야 하는지, 이런 과정을 공식적으로나 비공식적으로 어떻게 진행해야 할지 등을 적어나갔습니다. 요컨대 저는 참여자인 동시에 학생이었죠.

새벽 3~5시경까지 잠을 자지 않고 브리핑 자료를 읽어야 할 때도 있었습니다. 될 수 있는 한 최고가 되도록 힘쓰겠다고 다짐했으니까, 사람들이 제 머리를 쓰다듬으며 '이 양반은 알맹이나 깊이 없이 말만 번지르르한 사람이군'이라고 보게 놔둘 수 없었으니까요. 정말 제가 그런 사람이라면 그들은 저를 궁지에 몰 수 있을 테니 말입니다. 제가 20여 년간 있던 곳이 이런 곳이었죠. 아무튼 그렇게 되면 안 됐습니다. 그래서 저는 제가 대변하는 운동, 제가 만나는 지지자들의 품위를 위해서라도 애써야 했습니다. 그게 다른 사람들보다 더 열심히 일해야 한다는 뜻

2. 민중의 소리에 귀 기울이기

이라면 중요할 수밖에 없죠.

제멋대로 행동해서는 안 됐어요. 좌파 출신이고, 진보적인 시각을 지녔고, 버클리와 오클랜드 출신이라는 것이 실패자라는 징표가 아니라는 것을, 피상적인 사상을 지닌 얄팍하고 가벼운 인간이라는 의미가 아니라는 것을 확신시켜주기 위해서라도 열심히 해야 했습니다. 그래서 저는 의회 절차를 완벽하게 숙지할 수 있는 법을 배워야만 했고, 논쟁을 주도할 수 있는 법을 배워야만 했습니다.

언젠가 연단에서 인간의 우선사항에 관해 연설한 날이 기억나는군요. 동료 중 한 명이 제게 걸어와서는 이러는 겁니다. "인간이 우선시해야 할 것이라니, 정말 멋진 연설이었네. 그런데 딜럼스, 자네는 좀 순진하군." 그러더니 제 등을 토닥이는 겁니다. 그래서 제가 물었죠. "무슨 뜻이야?" "자네는 소련의 위협을 이해하지 못하고 있어. 공산주의가 가져올 재앙에 대해서도, 국가안보 문제에 대해서도 말이야." 그가 뒤돌아선 뒤 저는 집으로 오면서 이렇게 되뇌었습니다. 그 누구도 두 번 다시 그런 짓을 못하게 하리라.

저는 책을 한가득 들고 침대에 누웠습니다. 미사일, 폭탄, 군대 구조, 국가안보 등에 관한 책 말입니다. 그 뒤 저는 의회 연단으로 당당히 걸어 나가 말할 수 있었습니다. "제가 한마디 해도 될까요?" 그랬더니 사람들이 웅성대더군요. "저 이랑 논쟁하고 싶진 않아. 저 친구는 준비가 되어 있잖나." 의회 생활을 하던 와중에 저는 깨달았습니다. 드디어 제가 이 기관에서 1960년대의 운동과 투쟁, 제 고향에서 시작된 그 운동과 투쟁을 대변하는 인물이 됐다는 사실을 말입니다. 그리고 제가 힘닿는 데까지 최대한 그 운동과 투쟁을 앞으로 이끌어 가야 하는 엄숙한 책임을 지고 있다는 사실을 깨달았죠.

연단에서 목청껏 소리 지르고는 밤늦게까지 사무실에 앉아 있던 적도 많았습니다. 어둠 속에서 사무실에 앉은 채 혼잣말하곤 했죠. 나보다 더 큰 힘을 지닌 존재가 있다면, 제발 내게 살아남을 힘을 좀 다오. 이 모든 일을 처리할 수 있을지 모르겠군. 자, 일어나. 다시 의회로 돌아가. 누군가가 너를 완전히 녹초로 만들려고 하면 바짝 고개 들고 버텨. 저는 그곳에서 살아남으려면 제 성격상의 한계를 뛰어넘어야 한다는 걸 깨달았습니다. 왜냐하면 사람들이 제게 기대하고 있으니까요.

무엇인가를 앞장서 지지하려고 할 때면 사람들이 제일 먼저 물어보는 게 있습니다. "정말 그게 된다고 생각하시나요? 그걸 얻어내기가 하늘의 별따기라고 생각하지 않으시나요?" 저는 이런 질문에는 절대 대답하지 않으려고 합니다. 그런 대답은 다른 사람이나 역사에게 맡겨두죠. 결국 가장 중요한 것은 우리가 사건을 통제할 수는 없다는 것이니까요.

그러나 저는 늘 우리가 통제할 수 있는 두 가지 요소가 있다고 믿어왔습니다. 우리의 사상에 대한 충실함과 성실함이 그것입니다. 특히 후자는 싸우러 나와야만 통제할 수 있는 것이죠.

그러니 싸우려고 한다면, 대안을 제시하려고 한다면, 안 된다는 생각 같은 건 버려야 됩니다. 무슨 일이 벌어질지는 아무도 모릅니다. 그렇지만 충실하지 않다면, 밖으로 나오지 않는다면, 적어도 한 가지는 확실히 일어난다고 할 수 있습니다. 당신의 생각이 결코 빛을 보지 못하게 되죠. 뭔가를 얻을 가능성도 완전히 없어집니다. 그래서 저는 냉소주의를 믿지 않아요. 결국 가장 중요한 것은 세상을 바꾸는 건 냉소가 아니라는 사실입니다. 희망을 가지고 낙관적이 되고 긍정적이 되어야 합니다. 그리고 당당히 일어나 자신의 생각을 내놓고, 그것이 어디까지 가는지를 봐야 할 책임이 있다는 걸 믿어야 하죠.

◆ 젊은이들이 론 덜럼스의 삶에서 그리고 선생님의 뛰어난 업적을 보고 어떤 교훈을 얻었으면 하십니까?

◇ 우선 저는 젊은이들에게 작금의 냉소주의에 빠지지 말라고 얘기

하고 싶습니다. 본질적으로 우리는 다른 사람들과 관계를 맺고 적극적으로 개입해서만 사건의 경로를 바꿀 수 있다는 걸 믿어야 합니다. 아무것도 바뀌는 건 없고, 정치인들은 모조리 부패했고, 인류는 절망적이라는 냉소주의의 생각을 믿어서는 안 됩니다. 사람들이 타협하고, 원칙을 버리고, 부패하는 것은 그들이 선택해서 그렇게 된 겁니다. 원래 그런 게 아닙니다. 적극적인 개입과 참여가 그렇게 되는 것을 막아줄 수 있죠. 저는 늘 그렇게 믿어왔어요. 적극적인 개입과 참여가 결정해줄 겁니다. 여러분이 그렇게 되는 과정에서 벗어날 수 있을지 아니면 그저 뒷짐 쥔 구경꾼이 될 것인지, 냉소주의에 빠져 싸워야 할 필요성을, 여러분이 주변 환경의 성격 자체를 바꿀 수 있음을 부인할지 아닐지 말입니다. 이 모든 것을 극복하면 무슨 일이든 할 수 있습니다.

저는 유명인사가 아닙니다. 제가 있는 곳은 할리우드가 아니죠. 뉴욕도 아닙니다. 저는 워싱턴 D.C.에 있습니다. 저는 당신의 대변자입니다. 저는 여러분과 눈을 맞추고 함께 고민하려고 여기에 있는 겁니다. 그러니 유명인사 쳐다보듯 우러러 보지 말아주세요. 저를 똑바로 쳐다보고 이 사람이 여러분의 일상생활에 영향을 주는 결정을 책임진 사람임을 봐주세요. 우리 사이의 유일한 차이라고는 나이, 책임감의 범위밖에 없습니다. 그러나 우리는 모두 동등합니다. 그게 민주주의입니다.

그 다음으로 제가 지적하고픈 것은 여러분의 관심, 개입, 참여가 세상을 바꿀 수 있다는 사실입니다. 다른 누군가가 타협하고, 원칙을 버리고, 부패했다고 해서 기존 질서에 들어가면 끝장나는 거라고는 절대 생각하지 마십시오. 제 삶이 여러분에게 뭔가 말해주는 것이 있다면 바로 그걸 겁니다. 안으로 들어가도 된다고, 안에서도 잘 싸울 수 있다고, 자신의 생각을 충실히 지킬 수 있다고, 그러니 개입해 싸우는 것을 주저하지 말라고 말입니다. 여러분이 이 세상을 바꿀 수 있을지 없을지 누가 알겠습니까.

론 델럼스

3

과학, 식량, 환경
: 정의를 위한 운동

과학과 기술은 사회를 이롭게 할 만한 어마어마한 잠재력을 갖고 있지만, 기업의 권력욕과 정치적 이해관계에 따라 이 이익이 불공평하게 돌아가면 공공선을 해칠 수 있다. 땅이 파헤쳐지고 환경이 오염되는 게 분명해지자 사람들은 자연 개발과 그로 인한 불의에 점점 관심을 갖게 됐고, 대안을 찾아 나서기 시작했다. 정의를 위한 운동이 등장하게 된 것이다. 그에 따라 이런 운동을 조직하려고 노력하는 사람들에게 과학과 기술은 균형을 맞출 수 있는 도구가 되기 시작했다.

과학저술가인 마이클 폴란은 자신이 식량의 정치학을 어떻게 이해할 수 있게 됐는지 자세히 들려준다. 분자생물학자인 에바 해리스는 질병과 싸우고 있는 제3세계의 병원에 DNA 기술을 전파하는 프로그램을 시행 중이다. 환경변호사인 오론토 더글러스는 나이지리아 삼각주에 위치한 자기 고향이 누려온 자연의 풍성함을 지키기 위해 싸우고 있다.

마이클 폴란(Michael Pollan, 1955~)은 캘리포니아대학교 버클리 캠퍼스 언론 대학원의 '존 S.와 제임스 L. 나이트' 교수이자 과학·환경 저널리즘을 위한 나이트 프로그램의 총책임자다. 지난 20년 동안 폴란은 인간과 자연이 만나는 곳, 즉 음식, 농업, 정원, 약품, 건축 등에 관한 책과 논문을 써왔다. 최근에 쓴 책은《음식을 옹호 하기 : 먹는 자의 선언》(2008)이다. 이전에 발표한《잡식동물의 딜레마 : 네 가지 식 량의 자연사》(2006)는 『뉴욕타임스』와 『워싱턴포스트』가 선정한 2006년 최고의 책 중 하나다. 1987년부터 『뉴욕타임스매거진』의 정기 기고자였던 폴란의 글들은 수많 은 상을 받았다.

◈ 태어나고 자란 곳은 어디십니까?

◈ 저는 뉴욕 주의 롱아일랜드에 있는 헴스테드 타운에서 태어났습니다. 다섯 살 때까지는 남부 해안에 있는 오이스터베이 타운의 파밍데일에서 자랐고, 그 다음에는 북부 해안에 있는 우드버리 타운에서 자랐죠.

◈ 돌이켜보셨을 때 부모님이 선생님의 세계관에 어떤 영향을 끼치셨나요?

◈ 아, 여러 가지죠. 부모님뿐만 아니라 조부모님의 영향도 받았죠. 어릴 적에 저는 정원일에 열성을 보였답니다. 할아버님이 농산물 사업을 하셨는데 열성적인 정원사셨죠. 이때가 1960년대 말입니다. 그런데 매우 보수적인 분이었던지라 식물 말고는 할아버님과 저를 이어주는 게 없었어요. 저는 할아버님의 정원을 흉내 내서 저희 집에 정원을 만들었죠. 저는 그걸 정원이라고 부르지 않고 농원이라고 불렀습니다. 언제든 작은 종이컵에 딸기 여섯 개를 담아올 수 있었죠. 그걸 어머님에게 팔기도 했습니다. 유일한 고객이었죠.

그런 추억이 있는가 하면 또 다른 추억도 있습니다. 제 어머님은 요리 솜씨가 뛰어날 뿐 아니라 음식에 대해서도 잘 아셨어요. 조부모님은 아직까지도 전통적인 유대인식으로 음식을 요리하십니다. 요리하실 때 오리기름, 거위기름, 그도 아니면 닭기름을 쓰시죠. 속을 채운 양배추 요리, 요란 법석한 명절 음식, 블린츠[치즈 · 잼 등을 채워서 구운 팬케이크 그리고 갖가지 동유럽식 유대인 요리도 기억나는군요. 어머님은 이렇게 요리하지는 않으셨습니다. 좀더 코스모폴리탄적이라고 할까요, 저마다 다른 민속음식을 만드셨어요. 프랑스 음식, 중국 음식, 이탈리아 음식 등등. 이때가 1960년대였는데, 아시겠지만 만국박람회가 열렸던 시기였죠. 그래서인지 각양각색의 요리법으로 음식을 만들고 싶어하셨고, 각종 요리법을 꿰뚫고 계셨죠. 그러나 조부모님이 하는 것처럼 요리하지는 않았습니다. 지금은 저도 그렇죠. 제가 음식에 관한 글을 쓰면서 문득 깨달은 것 중의 하나는 미국의 식문화에 안정감이 없다는 것이었습니다. 우리는 이주민으로서의 전통을 더 이상 고수하지 않고 있죠. 다른 집단보다 이런 전통을 고수하는 민족들도 있습니다. 하지만 유대인의 경우는? 글쎄요, 그다지 전통을 고수했다고는 생각하지 않습니다.

◈ 미국 문화에 동질화되는 것의 일종이었을 겁니다.

◈ 유대인식 전통요리에 관해서라면 동질화이자 악마화죠. 사람들은 유대인식 음식이 동물 기름으로 요리하니 몸에 나쁘고, 고기나 기름을 너무 많이 쓴다고 생각했습니다. 모두 사실이 아닙니다. 그런데도 의사들은 수십 년 동안 이런 유대인식 전통요리를 인정하지 않았죠. 동질화된다는 게 이런 거였습니다.

◈ 작가가, 그것도 과학저술가가 되신 것에 대해 얘기해보죠. 작가가 되려면 어떤 기술이 필요한가요?

◈ 과학에 대해 너무 많이 알면 과학저술가로 성공할 수 없다고 말하고 싶네요. 다른 말로 하면 저는 과학에 대해 깊은 배경지식이 없습니다. 제가 배워야 할 것만을 배웠죠. 논문이나 책을 읽고 말입니다. 제가 제 책을 읽는 독자들보다 훨씬 앞서 있지는 않습니다. 뭐든지 당연하게 받아들일 수도 없죠. 전문용어는 제게도 낯섭니다. 전혀 익숙하질 않죠.

3. 과학, 식량, 환경 : 정의를 위한 운동

제 생각으로 저는 독자들을 너무 기죽이지 않는 방식으로 글을 쓸 수 있는 거 같습니다. 어떤 의미에서 과학저널리즘은 다른 저널리즘과 전혀 다를 바 없어요. 뭔가 이야깃거리가 있는 사람을 찾고, 인터뷰하고, 가능한 한 많은 것을 보고, 그 다음에 직접 이야기를 들려주는 거죠. 과학은 정치보다 사람을 얼떨떨하게 만드는 게 있기 때문에 많은 저널리스트들이 겁을 집어먹곤 합니다. 그렇지만 정치보다 더 어렵거나 하지는 않아요.

◈ 그러면 조사할 수 있는 능력이 중요하겠군요.

◎ 예, 절대적으로 중요합니다. 특히 역사가 중요해요. 미국의 저널리즘이 실패하고 있는 부분이 있다면, 여러 가지 이유가 있겠지만, 그중 하나는 역사를 무시한다는 점입니다. 대개의 경우 어떤 현상의 기원에서 바로 그 현상의 의미를 찾을 수 있습니다. 이게 제가 견지하는 관점이죠. 저는 무엇에 관해 글을 쓰든지 간에 그 역사를 파헤쳐 발견하는 데 항상 관심을 뒀습니다. 사실 과학적인 주제가 아니라고 해도 그 이면의 역사를 이해하는 것은 중요합니다.

◈ 예를 들면 현재 우리가 음식을 얻는 방식은 1970년대 초로 거슬러 올라간다는 것을 역사는 깨닫게 해줄 수 있습니다. 얼 버츠_01가 농업장관으로 임명된 것이 전환점이겠죠.

◎ 아, 훌륭한 예를 들어주셨네요. 우리는 모두 보조금이 문제의 일

_01 Earl Butz(1909~2008). 미국의 제18대 농업장관. 1971년 장관직에 오른 뒤 이른바 "몸집을 키우시오, 아니면 나가시오"(get big or get out)라는 슬로건을 주창하며 옥수수 같은 상품작물을 우선적으로 경작하게 만들고, 기업농 우대 정책을 폈다. 1976년 인종차별 발언을 해 사임했다.

부이고, 돈 낭비라는 것을 다 압니다. 그런데 뒤를 캐보면 깨닫게 되죠. '아, 모든 게 바뀐 건 1970년대부터구나.' 우리가 농업정책을 바꾼 게 그 시기입니다. 미국의 농업과 음식의 역사에서 결정적인 전환점이기도 했죠. 리처드 닉슨 대통령이 버츠를 임명해 음식가격을 억지로 낮출 수 있는 권한을 부여한 게 바로 그때죠. 왜냐하면 한바탕 식량 인플레이션이 벌어졌으니까요. 1973년에는 음식가격이 너무 비싸져서 사람들이 길거리로 나앉아야 했죠. 닉슨이 농업경제에 정통한 버츠를 고용했고, 버츠는 농민들을 격려하는 방식으로 미국의 곡물지원 제도를 모조리 다시 설계했습니다. 기본적으로 우리는 가격을 유지하곤 했죠. 그런데 버츠는 이런 체계를 버리고 곡물에 보조금을 지원해 농민들이 과잉생산을 하도록, 가능한 한 많이 생산하도록 부추겼습니다. 버츠는 이런 식으로 말했죠. 몸집을 더 키우고, 울타리에서 울타리까지 농작물을 심고, 옥수수와 콩을 빠르게 만들어내시오. 그래서 이를 부추기기 위해 지원금 제도를 다시 만들었던 겁니다.

우리는 이런 비대화 열풍이, 이런 정책에 부응한 식량 체계의 그토록 많은 문제들이 언제부터 시작됐는지 확인할 수 있습니다. 그런 문제들은 모두 사람들 사이에서 매우 인기를 끌었던 것, 즉 음식가격 인하의 의도하지 않은 결과였죠. 버츠가 한 일이 바로 이것이었죠. 오늘날 미국인은 소득의 9.5퍼센트만을 음식에 씁니다. 문명의 역사에 등장한 그 어떤 나라보다도 낮은 수치죠. 그러니 버츠에게 감사해야 하죠.

◈ 정치는 음식과 농업을 이해하는 데 매우 중요하네요.

◈ 그동안 우리가 몰랐던 거죠. 그러나 다른 모든 것과 마찬가지로 음식은 정치적입니다. 농업은 미국 최대의 산업이자 가장 본질적인 산업이에요. 지난 30년 동안 우리는 버츠 덕택에 이 문제를 고민하지 않아도 되고 값싼 음식을 먹을 수 있는 사치를 누려왔습니다. 지금은 가솔린

3. 과학, 식량, 환경 : 정의를 위한 운동

없이 살아야만 하는 것도 상상할 수 없는 사회가 됐지만, 혹시 그렇게 된다면 어떻게든 방도를 찾으려 할 겁니다. 우리는 수백만 년 동안 그래 왔죠. 그러나 결코 음식 없이는 살아갈 수 없습니다. 사실상 음식이야말로 본질적인 것입니다. 그리고 뭔가가 본질적이라면, 그것을 어떻게 정리할 것인가를 두고 수많은 정치적·경제적 세력이 다투게 되죠.

지난 30년 동안 우리는 기업농이라는 농산복합체를 갖게 됐고, 그건 어떻게든 꽤 잘 굴러왔죠. 음식 가격을 계속 낮춰놓았고, 식품업을 정상적으로 유지해줬고, 해외에서도 힘을 발휘할 수 있도록 해줬죠. 미국은 거대한 식품 수출업자였습니다. 그러나 우리는 곧 이 시스템의 부산물, 그도 아니면 의도하지 않은 결과와 비용에 직면하게 됐습니다. 비만에서 당뇨병까지 모든 문제가 생겨났죠. 그도 그럴 것이 이 시스템은 특히 값싼 곡류 감미료, 고과당 옥수수 시럽, 콩에서 추출한 경화유, 온갖 가공식품, 값싼 고기 등의 소비를 부추기는 시스템이니까요. 그래서 대중들의 건강에 극적인 영향을 끼치게 된 겁니다. 건강보험 시스템이 파산해버렸죠. 미국인의 절반이 식습관과 관계된 만성질병에 시달리고 있습니다. 이와 결부된 비용만 한 해에 2500억 달러입니다. 이게 문제 중의 하나입니다.

물론 또 다른 문제로 환경 문제가 있습니다. 이 식량 시스템은 무엇보다, 그 어떤 산업보다 더 많은 온실가스, 즉 이산화탄소를 배출합니다. 이산화탄소는 모든 수준에서 생겨나죠. 들판에서 우리가 곡물에 비료를 줄 때, 비료를 만드느라 어마어마한 에너지를 쓸 때, 농장에서 기계를 돌릴 때, 막대한 양의 동물을 식품으로 가공하느라 메탄이 나올 때 이산화탄소가 발생합니다. 이건 이 식량 시스템에서 나오는 세번째 이산화탄소에 관한 겁니다. 농업오염으로도 이산화탄소가 나올 뿐만 아니라 전 세계로 식품을 운송할 때도 이산화탄소가 나오죠. 가축사육장은 오염의 최대 발원지입니다.

최저임금만으로도 레스토랑에 가서 패스트푸드 음식, 두툼한 고기, 프렌치프라이, 대형 소다 등을 먹을 수 있는 건 확실히 대단한 일입니다. 인류 역사의 상당한 업적이죠. 그러나 매우 높은 비용을 치르게 됐습니다. 제 생각으로는 우리가 지금 목도하게 된 게 바로 이 비용입니다.

　◆ 선생님은 이 문제가 부분적으로는 산업자본주의와 농업자본주의가 뭔가를 발견했고, 여기서 최대한 많은 돈을 벌 수 있는 최상의 방법을 찾아냈기 때문이라고 주장하셨습니다.

　◇ 사람들에게 정보는 제대로 주지 않으면서 말입니다.

　◆ 그렇죠.

　◇ 또 다른 훌륭한 예를 들자면 유전자 변형 작물이 있습니다. 우리는 유전자에 대해 뭔가를 알아냈고 유전자가 단백질, 작물의 특성 등과 관계있다는 사실을 이해하게 됐습니다. 그래서 다른 작물에 새로운 유전자를 전달할 수 있는 교배용 작물(couple crops)을 생각해냈죠. 그건 제대로 먹혀들어 갔습니다. 그러나 우리는 작물이 지닌 여러 복잡한 특성들을 무시해버렸습니다. 특히 우리가 정적(靜的)이라고 묵살한 그런 특성들 말입니다. 그렇다면 왜 이 유전자를 주입했을 때 기형 식물이 나올 확률이 90퍼센트나 된 걸까요? 사실상 우리는 전혀 모릅니다. 유전자 발현과 관계있는지, 정크 DNA와 관계있는지. 환원론적 과학은 매우 강력합니다. 그러나 늘 중시해야 하는 건 우리가 작물의 몇몇 복잡한 특성을 잃고 있다는 사실을 이해하는 겁니다. 환원론적 과학을 적용하면 자신이 알고 있는 게 마치 모든 것인 양 착각하기 쉽기 때문에 문제가 일어날 수 있어요. 그런 과학에는 겸손함이란 게 없죠. 그래서 그것이 제대로 작용하는지 안 하는지 알아내기도 훨씬 전에 이미 자신이 아는 것을 적용하려 하는 경향이 있습니다.

◈ 여기서 중요한 전환점이 하버-보슈법[02]이라고 쓰셨습니다. 이에 대해 좀더 설명해주십시오. 이것이 합성비료가 가장 중요하다고 보게 만든 핵심적인 전환점인 듯한데요.

◈ 1900년의 대위기는 모든 사람에게 공급할 질소가 충분치 않아서 일어난 겁니다. 그 이전에는 농업에 사용하는 질소를 모두 흙 속의 박테리아에서 얻었죠. 그러나 그것만으로는 충분하지 않다는 게 밝혀졌어요. 수확량이 떨어지기 시작한 거죠. 하버-보슈법은 기본적으로 질소, 합성질소를 고정하는 방법입니다. 대단한 발명이었습니다. 이 방법 덕택에 지구상의 인구 40퍼센트 정도가 아직도 존재하고 있는 겁니다.[03] 그렇지만 이 강력한 테크놀로지의 훌륭한 예도 부정적인 영향을 낳았습니다. 합성질소는 토양에서 산화될 경우 아산화질소가 됩니다. 이게 잠재적으로 이산화탄소가 되죠. 질소비료는 값이 싸서 헤프게 사용되고, 미시시피 강을 거쳐 멕시코 만에까지 흘러 들어가죠. 이렇게 죽음의 지역이 만들어진 겁니다. 시간이 흐르자 사람들은 합성질소를 너무 많이 사용하면 토양의 구조 자체가 망가진다는 걸 알게 됐어요. 보통 소금기가 너무 많아지는데, 그러면 기본적으로 작물이 자랄 수가 없습니다. 이른바 녹색혁명을 구가한 모든 나라에서 점차 산출량이 하향곡선을 그리

_02 Haber-Bosch process. 독일의 화학자 하버(Fritz Haber, 1868~1934)와 보슈(Carl Bosch, 1874~1940)가 고안한 암모니아 합성법. 철을 촉매로 써서 고온 고압으로 수소와 질소를 섞어 암모니아를 합성하는 방법이다. 암모니아는 질소를 함유한 물질을 만드는 데 없어서는 안 되는 물질이다.

_03 하버-보슈법을 통해 만든 산업용 질소비료가 나오기 이전에 농부들은 토양의 질을 유지하기 위해 주로 거름(가축의 똥, 클로버 같은 거름용 작물)에만 의존했다. 이 전통적인 방법에는 넓은 땅이 필요했다. 가령 소의 거름에서 8000만 톤의 질소를 해마다 얻으려면 약 8억 마리의 소와 그것들을 키울 수 있는 땅이 필요하다(한 마리당 5에이커 정도). 이 땅을 확보하려면 지구 인구의 반을 없애거나 산림의 반을 없애거나 둘 중 하나를 해야 했다. 그러나 1908년 하버-보슈법이 발명되자 이제는 공기 중 78퍼센트를 차지하고 있는 질소를 가져와 이용할 수 있게 됐다. 오늘날 농부들은 연간 8000만 톤의 산업용 질소를 비료로 사용하고 있고, 비료를 만드는 데 땅이 조금도 필요치 않다.

게 된 것도 비료에 질소가 너무 많아서였습니다. 녹색혁명은 이런 테크놀로지를 개발도상국에 적용해서 일어난 겁니다. 잡종 종자, 비료, 질산 암모늄 비료, 관개 기술, 단일 품종 재배 같은 거 말입니다. 선의는 매우 훌륭했죠. 전 세계를 배불리 먹인다는 진지한 목표도 있었고요. 그러나 시간이 지나갈수록 이런 선의는 재앙으로 변해버렸습니다.

이런 테크놀로지의 상당수는 양날의 검입니다. 멋지고 강력한 동시에 끔찍할 만큼 재앙을 불러오죠.

◈ 견제와 균형이 사라진 셈이군요. 이 과정을 계속 관찰하지도 못했고, 더 많은 정보를 제공하지도 못했고, 어떤 영향이 있을지도 생각하지 않았으니 말입니다. 이런 문제를 언급하지 않았다는 데 언론의 잘못이 있다고 생각하시는지요?

◈ 언론은 이런 문제를 평가하는 데 있어서 훨씬 더 적극적인 역할을 수행할 수 있었습니다. 그러나 결국 언론은 이 나라의 정치문화를 반영하고 있죠. 사전에 아무런 논쟁도 없이 유전자 변형 작물을 이 나라에 도입하게 된 이유 중의 하나는 공화당원들이나 민주당원들이나 모두 몬산토[거대 화학약품 기업]와 유전자 재조합 기술을 지지하고 있었기 때문입니다. 양당이 한편이 됐으니 언론인들이 운신할 수 있는 폭이 전혀 없었죠. 특정한 테크놀로지를 도입하려면 공개적인 토론이 있어야 합니다. 그런 과정을 통해서 뭐가 이득인지 어떤 위험이 있는지를 생각할 필요가 있는 거죠. 이런 일은 어느 누군가가 몰래 결정해서는 안 되고 공개적으로 결정되어야 합니다.

우리가 직면한 문제들 중 상당수는 사람들이 다른 곳이 아니라 바로 이 나라에서 잘못이 입증되기 전까지는 모든 테크놀로지가 결백하다고 생각하는 경향에서 비롯됩니다. 우리는 테크놀로지를 신봉하는 유토피아주의자인 셈입니다. 그래서 누군가가 유전자 변형 작물의 문제를 제기하려고 하면 판을 깨는 사람 취급을 하죠. 많은 사람들에게 있어서 유전자 변형 작물은 막대한 돈이자 잠재력이고 흥미로운 지적재산권입니다. 그러니 뭔가 문제를 제기하려드는 순간 당신은 러다이트가 되는 거예요. 뭔가 문제가 생기더라도 그건 40~50년이 지난 뒤에 처리하면 된다는 식이죠. 합성비료를 만들어서는 안 됐다고 말하려는 게 아닙니다. 다만 좀더 신중하게 과학을 적용했더라면 몇몇 문제점을 예견할 수 있었을 거고, 상황이 심각해지기 전에 그 문제점들을 완화시킬 수 있었을 거라는 말입니다. 그러니 이건 사회 전체의 문제라고 할 수 있어요.

◈ 선생님은 영양소 제일주의가 스스로 과학임을 자처하는 일종의 이데올로기라고 말씀해오셨습니다. 이에 대해서 좀더 설명해주십시오.

◈ 영양소라고 할 때 우리는 과학자들이 사용하는 환원론적 의미를 떠올리곤 합니다. 포화지방, 고과당 옥수수 시럽 등에 대해서 말하는 식이죠. 오늘날 미국인들이 음식에 대해서 나누는 말을 듣고 있자면 정말 끝내줍니다. 모두 아마추어 과학자처럼 말들 하죠. 그러나 음식 자체에 대해서는 전혀 얘기하지 않습니다. 영양소에 대해서만 얘기하니까요. 영양소에 대해서만 얘기하다니 정말 특이한 일이죠. 우리가 관찰해야 할 만한 흥미로운 현상입니다.

'영양소 제일주의'(nutritionism)란 음식과 관련된 일종의 이데올로기로서 오늘날 일반화되어 있어요. 이 이데올로기에는 네 가지 신조가 있죠. 첫번째 신조는 음식이 중요한 게 아니라 영양소가 중요하다는 겁니다. 기본적으로 음식은 영양소의 총합이고, 스테이크 같은 음식은 단백질과 포화지방을 전달해주는 운반체일 뿐이라는 것이죠. 바로 이 점이 중요하다는 겁니다.

그 다음 두번째로 전제하는 것은 뭐냐면 이 세상은 좋은 영양소와 나쁜 영양소 두 개로 쪼갤 수 있다는 생각입니다. 음식에서 없애버리려고 노력해야 할 나쁜 영양소가 있다는 건데 트랜스지방, 고과당 옥수수 시럼, 포화지방 같은 거죠. 그 반대편에는 축복받은 영양소들이 있습니다. 충분히 섭취하기만 하면 건강에도 좋고, 앞으로 평생 살 수 있다는 식이죠. 오랫동안 섬유질이 이런 영양소로 여겨졌습니다. 지금은 산화/노화 방지제[비타민 C, E 등]나 오메가3 지방산 같은 게 그 자리에 올랐죠.

세번째 신조는 영양소가 음식에서 중요한 것인데 보통사람들은 이 영양소를 볼 수 없으니 어떻게 먹어야 하는지를 말해주는 전문가가 필요하다는 겁니다.

영양소 제일주의가 네번째로 전제하는 것은 식사에서 제일 중요한 것은 건강이라는 겁니다. 매일 뭘 먹느냐에 따라 건강을 망칠 수도 증진시킬 수도 있다는 거죠. 참으로 이상한 음식관입니다. 무슨 말인고 하면, 사람들이 음식을 먹는 이유는 이것 말고도 대단히 많다는 겁니다.

저는 우리가 음식에 대한 감각을 잃어왔다고 생각합니다. 음식 섭취는 생물학적인 현상일 뿐만 아니라 그와 동시에 공동체, 정체성, 기쁨과 관련된 복잡한 사회적 현상인데 이 점을 잊어왔다는 거죠. 영양소 제일주의가 창궐하면서 이 모든 범주가 사라져버렸습니다. 제가 쓴 마지막 책《음식을 옹호하기 : 먹는 자의 선언》_04은 이런 영양소 제일주의에 반대하는 일종의 선언문입니다. 음식에 대해 대화할 때 화제의 중심이 다시 음식 자체가 되어야 한다는 내용입니다. 건강은 음식과 즐거운 관계를 맺을 때 얻게 되는 일종의 부산물이지 음식 섭취의 유일한 목적이어서는 안 된다는 거죠.

🔖 그래서 선생님의 조부모님 식탁에서 보셨을 법한 음식들의 문화로 되돌아가

_04 대담이 이뤄진 2008년 12월 16일을 기준으로 '마지막' 책이라는 말이다. 폴란은 이듬해《음식이 지배한다 : 먹는 자를 위한 매뉴얼》(Food Rules: An Eater's Manual)이라는 신간을 발표했다.

신 거군요.

◇ 맞습니다. 기본적으로 문화는 우리가 무엇을 먹어야 하는지 말해주는 지침이었습니다. 그 자리에 우리는 과학을 올려놓은 거죠. 음식에 대한 문화적 지혜는 할머니들이 들려주는 옛날이야기 같은 겁니다. 할머니가 옳다고 생각하는 것에 대해, 할머니가 알면 뭘 알겠냐고 하는 격이죠. 우리에겐 산화방지제에 대한 모든 것을 우리에게 말해줄 수 있는 과학자가 있다면서 말입니다.

그렇지만 할머니는 여전히 많은 것에 대해 옳으십니다. 최근 오스트레일리아에서 저는 시청자와 전화하는 쇼에 출연한 적이 있어요. 한 여성 분이 전화해서는 이런 말을 들려주시더군요. "제 할머니는 색깔을 먹으라고 늘 말씀하시곤 하셨어요." 참으로 흥미로운 원칙이죠. 오늘날 우리는 식물의 중요한 화학성분이 저마다 다른 색깔인 것을 알고 있습니다. 실제로 색깔이 다른 음식들을 먹는 것이야말로 우리가 건강을 위해 필요한 산화방지제와 식물성 화학물질을 다양하게 먹고 있다는 사실을 보장해주죠. 그 할머니가 어떻게 이런 사실을 알았을까요? 산화방지제가 뭔지 알려지기도 전에 말입니다.

그래서 제 책의 가설은 이런 겁니다. 문화는 여전히 음식에 대해 많은 것을 우리에게 가르쳐준다는 것. 실제로 문화는 과학보다 음식에 대해서 더 잘 안다는 것. 물론 저는 영양학을 아주 많이 존중합니다. 그리고 언젠가는 모든 것을 밝혀주기를 바라죠. 그러나 아직은 그렇지 못합니다. 영양학은 외과학이 1650년에 도달한 그런 수준까지만 와 있을 뿐이죠.

우리는 대중매체에서 볼 수 있는 지방과 탄소화물 관련 논쟁을 좀 가라앉히고, 영양학이 밝혀낸 최근의 발견들을 좀 덜 믿어야 합니다. 지금까지의 발견은 다음에 밝혀질 또 다른 영양학적 사실과 모순될 수도 있으니까요. 오랜 세월 동안 어떻게 먹어야 할지를 사람들에게 잘 알려준

문화의 지혜로 돌아가야 합니다.

❖ 선생님은 직접 정원을 만드신 일에 대해서도 글을 쓰셨습니다. 선생님에게 정원은 흥미로운 소재일 뿐만 아니라 선생님의 세계관을 만들어준 가치의 원천이라고도 하셨죠. 이렇게 말씀하시면서 정원사와 영양학자를 구분하기도 하셨는데, 이에 대해 좀더 말씀해주시죠. 전체를 봐야만 완전한 자기 자신이 될 수 있고, 정원일은 그렇게 될 수 있는 방법 중의 하나라고 말씀하시는 듯한데요.

◈ 그렇습니다. 제 책의 내용은 상당 부분 정원일을 한 경험에서 나온 겁니다. 사실 제 첫번째 책인 《제2의 자연 : 정원사의 가르침》(1991)은 정원에서 제가 해왔던 일과 경험한 일을 사용한 시도였죠. 정원은 인간과 자연계의 관계를 탐색할 수 있는 장소이니 말입니다.

전통적으로 미국에서는 인간과 자연과의 관계를 탐색하고 싶으면 황야로 갑니다. 헨리 데이비드 소로도 그랬고, 랠프 왈도 에머슨도 그랬고, 허먼 멜빌도 그랬죠. 그들은 거친 자연과 맞섰고, 본질적이고 진정성 있는 아름다운 얘기들을 들려줬습니다. 그리고 그들의 경험은 황야를 공원으로 만들게 했고, 미국의 문화를 발명케 했고, 대대로 황무지나 추한 풍경으로만 여겨지던 야생지를 보존해야 한다고 생각하게 만들었죠. 그런 장소를 어떻게 음미해야 하는지 배운 뒤 그곳을 찬양하고 보존하게 된 겁니다.

그런 곳은 우리와 자연이 뒤섞이고, 다른 종과 호혜적인 관계를 맺어 우리가 영향을 주고 그들에게 영향을 받기도 하는 장소였습니다. 게다가 이상적으로 아름다운 장소였죠. 그러나 충돌도 존재합니다. 거기에는 잡초가 있고 벌레가 있죠. 그 모두를 없앨 수는 없습니다. 그저 가만히 앉아 그런 것들을 찬양만 하면 정원은 끔찍해질 것이고, 먹을 수 있는 것도 전혀 수확할 수 없게 되죠.

그래서 저는 첫번째 책을 쓰면서 인간계와 야생이 만나는 이 골치 아

3. 과학, 식량, 환경 : 정의를 위한 운동

픈 장소에 관심을 기울이게 됐습니다. 자연을 파괴하거나 약화시키지 않으면서도 제가 원하는 것을 얻으려면 그런 세계에서 어떻게 행동해야 하는지를 알려고 노력했죠. 음식 역시 골치 아프긴 마찬가지인 장소 중의 하나입니다. 제 생각에 정원은 매우 중요한 본보기였습니다. 만약 정원이 이끄는 대로만 자연과 관계를 맺을 수 있다면, 거기에서 얻은 깨달음으로 농업, 건축, 디자인을 한다면, 우리는 더 잘 살게 될 거라고 생각합니다.

● 기업농은 어쩌다 이런 사실을 깨닫는 데 실패한 겁니까?

◈ 기본적으로 기업농은 인간과 자연의 변증법이 지닌 문화적 측면을 지나칠 만큼 부당하게 대합니다. 자연을 우리의 의지에 완전히 복종시킬 수 없다는 사실을 제대로 음미하지도 않고요. 본질적으로 기업농은 농장이나 정원을 일종의 공장으로 여깁니다. 비료, 관개용수, 잡종종자, 살충제 같은 투입이 있으면 산출이 있는 곳으로요. 그러니까 자연은 그저 공장의 작업장일 뿐인 거죠.

그런데 이런 사고방식은 제대로 먹히질 않아요. 자연도 자신만의 이해관계가 있으니까요. 자연은 밀쳐냅니다. 자연은 우리가 하고자 하는 어떤 일을 방해합니다. 그러니까 공장장처럼 생각하기보다는 정원사처럼 생각해야 할 필요가 있습니다. 그렇게만 한다면 우리는 믿을 수 없을 만큼 아름답고 건강에도 좋은 양질의 음식을 기르는 방법을 찾을 수 있을 겁니다. 자연도 자신이 원하는 것을 얻게 하면서 말입니다.

훌륭한 경작을 위해서는 바로 이런 것에 도전해야 합니다. 제로섬 게임처럼 생각해서는 안 되죠. 우리는 대부분 채굴을 하듯이 경작을 합니다. 대지에서 뭔가를 추출하듯이 토양에서 영양물질을 추출하죠. 그러다 보면 땅은 더 이상 경작할 수 없을 정도로 약화되고 맙니다. 그렇다면 자연을 약화시키지 않고 향상시키면서도 자연에서 우리가 원하는 것을 얻는 방법이 있을까요?

정원은 그렇다고, 가능하다고 알려줍니다. 우리는 많은 걸 알아야 합니다. 생태학, 곤충학, 토양학 등을 알아야 하죠. 그렇지만 무엇보다 본보기가 있어야 합니다. 저는 그런 일을 하기 위해서 농장에 가 있었습니다. 정말이지 그건 도전이었죠. 정원사의 지혜를 농장 같은 더 큰 곳에 가져다주는 일이었으니까요.

💬 선생님은 어디에선가 정원사는 시민이자 생산자이자 소비자라고 말씀하셨습니다. 일종의 음식운동이 지금의 시스템 전체를 바꿔줄 새로운 정치를 불러올 수 있다고 주장하셨는데요.

🌓 지금 우리가 가지고 있는 농업과 음식 관련 시스템은 상당 부분 정책의 결과입니다. 예를 들어서 에릭 슐로서가 자신의 책에서 뛰어나게 보여줬듯이, 패스트푸드는 제 일을 하는 자유시장의 결과인 것만이 아닙니다. 그것은 때로는 의도한 것이고, 때로는 의도하지 않은 특정한 정책의 결과이기도 합니다. 패스트푸드는 상당 부분 단일 품종 재배를 기초로 한 음식입니다. 갖가지 다른 음식에 옥수수와 콩을 가공해 첨가한 거죠. 이처럼 일련의 농업정책이 결합되어 패스트푸드라는 결과를 가져온 겁니다.

그렇다면 일련의 또 다른 농업정책이 지금과는 다른 식습관, 지금과는 다른 건강상태를 가져올 수 있다는 것은 당연한 이치입니다. 음식운동 앞에 놓인 도전은 바로 이것이죠. 또 다른 농업을 활성화시키고, 수많은 장점을 지닌 지역의 음식경제를 재건할 수 있는 정책 아이디어를 내놓는 것 말입니다.

이런 음식운동은 다양한 얼굴을 지니고 있어요. 학교급식에 관해 운동을 벌이고 있는 사람도 있고, 도심지에 위치한 공동체의 음식안전을 위해서 일하는 사람도 있고, 경작방법을 바꾸기 위해서 일하는 사람도 있고, 병원운동을 개척하려는 사람도 있죠. 음식운동은 전국적 차원에서 이제 막 구체화되고 감지되기 시작한 맹아적이면서도 대단히 큰 운동입니다. 지구의 날 행사가 벌어지던 1960년대 당시의 환경보호운동과 비슷하죠. 이런 쟁점의 중요성을 놀랄 만큼 감지했던 사람들이 거리로 쏟아져 나왔고 이 사실에 매우 흥분했지만 아직은 제대로 조직화되지 않았던 바로 그때와 말입니다. 그러나 30년이 지난 뒤에는 새로운 행정부에 들어갈 준비가 된 일군의 핵심 정책입안자들과 변호사들이 존재했고, 이들이 대거 환경보호국이나 국무부에 들어가게 됐습니다. 그들은 이런 권력의 지렛대를 어떻게 움직여야 할지 잘 알고 있었죠. 음식운동은 아직 거기까지 가지는 못했습니다. 그러나 우리도 곧 거기에 도달할 겁니다. 30년도 안 되어서 말이죠.

◈ 음식운동이 부유한 자들을 위한 운동이지 나머지 사람들을 위한 운동은 아니라는 주장에 대해서는 어떻게 대답하시겠습니까?

◈ 음, 음식운동이 엘리트주의적이라는 비판은 중대한 비판입니다. 저는 음식운동이 그런 죄목을 받게 된 이유가 있다고 생각합니다. 건강에 좋고, 신선하고, 영양소가 풍부한 제철 음식이 일반적인 음식보다 훨씬 더 비싸다는 것은 사실입니다. 따라서 다른 사람들보다는 부유한 사람들이 즐기는 경향이 있긴 하죠. 그러나 왜 그렇게 됐는지를 살펴봐야만 합니다. 시장에서 구할 수 있는 값싼 음식은 산업화된 음식인 경우가 많습니다. 그런데 그게 원래 그런 게 아닙니다. 정책 때문에 그렇게 된 거죠.

좀 전에 말씀드렸듯이 음식운동 내부에는 도심지에 초점을 둔 분파들이 많이 있습니다. 공동체의 음식안전을 위한 운동도 있고, 앨리스 워터스05가 버클리의 학교들에서 진행하고 있는 학교급식 운동도 있죠. 버클리에 있는 공립학교를 가보시면 거기에는 매우 다양한 사회가 있음을 알게 되실 겁니다. 그들은 전혀 부유하지 않죠. 그곳에서는 점심시간마다 사람들을 만납니다. 모든 사람을 만나죠. 학교급식을 개선하는 일은 전혀 엘리트주의적인 정치가 아닙니다. 확실히 음식운동이 엘리트주의적이냐 아니냐는 하나의 쟁점이고, 이 운동은 이 문제를 다루기 위해서 더 훌륭한 일을 할 필요가 있죠. 우리도 잘 알고 있습니다.

 선생님은 《뉴욕타임스매거진》에 최고의 농부인 버락 오바마 대통령에게 보내는 메모를 쓰신 적이 있습니다. 대통령에 당선되기 전에 말입니다. 거기에서 선생님은 현재의 금융위기가 우리에게 행동해야 할 기회와 도전을 주고 있다고 하셨죠. 선생님은 오바마 대통령이 꼭 다루고 싶어했던 에너지 문제와 건강 문제 그리고 폭넓게 인식되고 있지는 않습니다만 선생님이 생각하시는 기업농의 문제가 서로 연관되어 있음을 제시하는 의제를 내놓으셨습니다. 이토록 많은 위기가 발생하고 있는 현재의 상황에서 도대체 우리는 무엇을 해야 하고, 무엇을 할 수 있는지요?

글쎄요, 작금의 위기들은 서로 연결되어 있는데, 제 생각에는 바로 이 점이 중요합니다. 저는 대통령 선거운동이 한창일 때 방금 말씀하신 글을 썼죠. 그 누구도 음식에 관해서는 얘기를 하지 않아서 말입니다. 제 논점은 누가 대통령이 되든 간에 기후 변화와 건강보험 비용에 관련된 문제를 진지하게 다루다 보면 결국 음식이라는 쟁점을 다루게 됨을 깨닫게 될 거라는 것이었습니다. 왜냐하면 음식은 마치 그림자처럼 이 모든 쟁점에 드리워진 쟁점이기 때문이죠. 에너지 자립은 말할 것도 없고 말입니다. 우리의 식량 시스템은 화석연료에 상당히 많은 것을

_05 Alice Waters(1944~). 미국의 요리사 겸 사회운동 활동가. 1971년 지역에서 기른 농작물을 활용한 유기농 음식(이른바 로컬푸드)을 선보인 레스토랑 '셰 파니스'(Chez Panisse)를 창업해 유명해졌으며, 1996년 동명의 재단을 설립해 지속가능한 친환경 음식과 식습관의 보급을 위해 앞장섰다.

의존하고 있습니다. 산업화된 농업의 이 정수(精髓)는 들판과 음식가공 과정에서 쓰이는 인간의 노동을 화석연료로 대체한 데 있습니다. 그에 따라 결국 우리가 사용하는 연료소비량의 5분의 1이 농업과 식량 시스템에 들어가게 됐죠. 앞서도 말씀드렸지만 이산화탄소의 3분의 1이 바로 이 시스템에서 나옵니다. 그러니 농업 문제를 다루지 않는다면 기후 문제도 다룰 수가 없는 거죠. 운송 시스템을 녹색화할 수도 있고, 전력 배전망을 녹색화할 수도 있겠죠. 그러나 음식을 지금까지 해왔던 방식 대로 계속 기른다면 기후 변화와 관련해 어마어마한 문제에 직면하게 될 겁니다.

이와 마찬가지로 우리는 건강보험을 국영화할 수도 있을 겁니다. 그러나 만성질병 문제를 제대로 처리할 수 없다면, 그러니까 재앙과도 같은 미국인들의 식습관을 제대로 처리할 수 없다면, 그에 드는 비용이 시스템을 파산시킬 겁니다. 이런 식습관도 농업과 연결되어 있죠. 만약 미국의 식량 시스템을 고칠 수 있다면, 여러 가지 이득을 얻을 수 있을 겁니다. 일단 건강보험료가 내려갈 것이고, 이산화탄소 배출량도 줄일 수 있게 되겠죠. 제 생각으로는 음식과 관련된 쟁점을 다른 쟁점들과 연결해야만 논쟁이 더 분명해질 수 있습니다. 제가 느끼기로는 대중매체가 이 문제를 더 진지하게 다루기 시작했고, 정부의 각 부처도 더 진지해지기 시작했어요. 참으로 좋은 일입니다. 오바마 대통령이 기업농과 전쟁할 준비가 되어 있는지는 잘 모르겠습니다. 그럴 기미가 많이 보이진 않네요. 오바마 대통령이 그러리라고 기대하는 것은 확실히 시기상조입니다. 그러나 오바마 대통령이 할 수 있고, 우리가 할 수 있는 일은 많습니다.

우리는 이 운동을 본궤도에 올리고 더 크게 만들어야 할 필요가 있습니다. 그리고 실제로 변화를 가져올 수 있는 핵심 정책입안자들과 정치가들을 만들어내야 합니다. 정말이지 기업농-산업복합체의 힘은 막강하니까요. 최근 [민주당 상원의원] 해리 리드는 이렇게 말했죠. 국회의사당에 조직적으로 로비를 펼치는 최고의 집단이 두 개 있는데 보험업계와 상품업계라고 말입니다. 리드가 말한 상품업계란 옥수수와 콩을 기르는 사람들 그리고 곡물상인, 이 전체 집단을 뜻합니다. 이들은 정말 잘 조직되어 있어요. 사람 수가 많은 것은 아니지만 대단한 힘을 갖고 있죠. 이들에 대해선 많이 못 들어보셨을 겁니다.

저는 글에서 모든 차원에서의 변화를 주장했습니다. 저는 보조금으로 체계화된 기존의 장려책을 바꿔서 농부들이 화석연료를 덜 쓰고 태양에너지를 더 많이 쓸 수 있도록 만들어야 한다고 생각하는데, 분산화를 통해서 그렇게 할 수 있을 거라고 말했습니다. 그리고 기존의 경작과 음식경제를 탈집중화하자고 얘기했고, 해당 쟁점을 널릴 알릴 수 있는 권한에 대해서도 얘기했죠. 이런 일들은 의회의 승인 없이도 대통령이 할 수 있는 일입니다. 백악관 잔디밭에 정원을 만드는 것 같이 말이에요. 이런 것이야말로 태양이 여전히 빛나고 있고, 여전히 풍요롭다는 사실을 웅변적으로 보여줄 수 있을 겁니다.

백악관이 자급자족할 뿐만 아니라 워싱턴의 빈민들을 실제로 먹여 살린다고 상상해보세요. 이것이야말로 매우 중요한 신호가 되지 않겠습니까. 그래서 저는 이런 일이 사소하다고는 생각하지 않습니다. 저는 백악관이 음식과 관련해 내부 살림을 어떻게 꾸릴지, 백악관에서 어떤 음식을 골라서 만들어 먹을지 등이 이 쟁점에 관한 분위기를 잡아주고 고양시켜줄 수 있다고 믿습니다. 대중들이 음식이라는 쟁점에 더 많이 주의를 기울일수록, 지금과 같은 정책을 더 이상 참아낼 수 없게 될 테니 말이죠.

💎 저희가 지금까지 얘기해온 것 같은 음식 문화를 준비하기 위해서 다음 세대에게 뭐라고 조언해주시겠습니까? 확실히 정원을 만들기 시작해보라고…….

◊ 음, 그것도 나쁜 일은 아니죠. 정원에서 많은 것을 배울 수 있을 테니까요. 여러 음식을 키워볼 수도 있고, 정원을 잘 유지함으로써 돈을 절약할 수도 있을 겁니다. 그러나 무엇보다도 미래에 정말로 중요해질 마음가짐을 배울 수 있을 겁니다. 자립심을 말입니다. 기본적으로 우리는 기름이 다 떨어지면 사회가 우리의 필요를 모두 충족시켜주리라고 기대할 수 없게 될 겁니다. 우리는 더 많은 것을 스스로 해나가야만 할 텐데, 정원에서 배울 수 있는 게 바로 그런 것이죠. 난 할 수 있어, 만약의 경우에는 스스로 먹고 살 수 있어, 라는 정신 말입니다. 이것이야말로 정말, 정말 중요한 교훈입니다.

슈퍼마켓에 가지 말고, 농부들의 상점에서 장을 보고, 본질적으로는 포크로 말을 해야 합니다. 음식에 관한 한, 우리는 매일 세 번 투표하는 셈입니다. 지금까지 살펴봐왔듯이 이 세 번의 투표는 이 세계에 크나큰 영향을 끼칩니다. 음식에 드는 돈을 어떻게 쓸 것인가는 우리에게 주어진 매우 중요한 투표입니다. 이 표를 어디에 던질지 생각하다 보면 다음과 같은 사실을 깨닫게 될 겁니다. '그래, 돈 몇 푼이나 몇 달러를 로컬 푸드에 쓰는 것밖에 안 될지 모르겠지만, 그게 많은 것을 이뤄낼 거야.' 그렇게 함으로써 우리는 농부들이 계속 공동체에 자리 잡을 수 있게 만들고, 우리 지역에 농경지가 퍼지도록 할 수 있고, 더 건강에 좋고 맛도 좋고 신선한 음식을 얻을 수 있는 건 물론 기존의 식량 시스템까지 개선할 수 있게 될 겁니다. 이것도 매우 중요한 일 중의 하나이겠죠. 요리하는 법을 배우세요. 직접 요리하게 될 때 당신은 로컬푸드를 뒷받침해주게 되는 겁니다. 그리고 훨씬 건강해지기도 할 거고요.

마이클 폴란

에바 해리스(Eva Harris, 1965~)는 캘리포니아대학교 버클리 캠퍼스의 공중보건학과 전염병학 교수이며 그곳에서 분자바이러스학, 질병발생학, 뎅기열의 전염병학을 연구하고 가르치고 있다. 해리스는 응용분자생물학/적합기술이전프로그램 (AMB/ATT)의 발기인이자 총책임자로서 11개의 워크숍을 조직하고 지도하고 있기도 하다. 또한 샌프란시스코에 위치한 비영리단체 지속가능한과학연구소의 대표이기도 하다. 이 연구소는 개발도상국의 과학자들이 각지의 전염병 관련 문제를 처리하는 데 필요한 자료에 접근할 수 있도록 도와주고 있다. 맥아더 '지니어스' 상을 받기도 한 해리스는 수많은 과학 논문들과 《저비용으로 중합효소 연쇄반응을 할 수 있는 방법 : 생체분자 기술의 적절한 이전》(1998)이라는 책을 썼다.

"전염병을 다룬다는 것은
넓은 의미에서 인권이라는 쟁점을
다루는 것과 같습니다."

◆ 성장배경에 대해서 말씀해주시죠. 태어나고 자란 곳은 어디십니까?

◇ 저는 뉴욕시에서 태어났고 뉴욕과 파리에서 자랐습니다. 그러니까 사실상 대서양 중간에서 자란 거네요! 고등학교는 뉴욕에서 나왔지만, 두 문화권을 왔다 갔다 한 셈이죠.

◆ 돌이켜보실 때 부모님이 선생님의 성격 형성에 어떤 영향을 끼쳤다고 생각하시나요?

◇ 제 부모님뿐만 아니라 친구들 모두에 대해서도 말해야 되겠네요……. 저는 부모님의 유일한 자식이었습니다. 친한 친구들은 유럽에 있었는데 정말 멋진 사람들이었죠. 그래서인지 그곳에서 많은 시간을 보내곤 했습니다. 예를 들어서 저를 길러준 여성분들 중 한 명은 러시아 혁명에서 싸웠습니다. 프랑스의 레지스탕스였던 분도 계셨고, 독일의 노동운동에 참여하셨던 분도 계셨죠. 저는 그 분들의 상냥한 마음씨에 강한 인상을 받았어요. 무엇이든 내주고, 다른 사람들을 위해 기꺼이 생명의 위험을 무릅쓰신 분들이죠. 그 사실이 제게는 크나큰 감동을 주었습니다.

부모님은 저를 믿으셨고 제가 하고 싶은 걸 하도록 가만 놔두셨어요. 저는 늘 기대 이상의 성과를 내는 강한 아이였어요. 그래서 부모님은 한 번 정도 뭔가에 실패해봐야겠다고 농담하곤 하셨습니다. 저는 텔레비전도 안 보고 자랐고 미친 듯 책을 읽었죠. 정말 멋진 경험이었습니다.

◆ 어릴 적에 집에서 이것저것 많이 만들어보거나 만지작거리곤 하셨나요?

◈ 저는 혼자였기 때문에 주로 책을 많이 읽고, 이것저것 손으로 만들어보곤 했습니다. 그러나 기계를 고치겠다고 만지작거리거나 하지는 않았죠. 그보다는 생각을 많이 했어요.

제게 물어보신 일 같은 걸 한다는 것은 사실 복잡한 기술을 더 잘 이해해보려고 노력하는 일인데, 그러다가 고장도 내보고 하면서 그 기술에 편하게 다가설 수 있게 해주죠. 그러니 그런 행위를 하는 원동력은 잘 모르는 사람들이 뭔가를 쉽게 이해하려고 하는 겁니다. 예, 저는 만드는 걸 좋아했어요.

◆ 부모님 중 과학자가 계셨나요?

◈ 두 분 다 과학자셨죠. 어느 정도는 말입니다. 그러나 생물학자는 아니었어요.

아버님은 응용수학자이자 언어학자셨습니다. 사실 아버님은 1930~40년대 경 펜실베이니아대학교에서 미국에 언어학이라는 분야를 세우신 분이죠. 사람들이 흔히 말하는 것처럼 아버님은 정말이지 박학다식하셨어요. 정말 멋지셨죠. 저는 이런저런 주제를 놓고 아버님과 무수히 많은 대화를 나누며 시간을 보내곤 했답니다.

어머님은 컴퓨터과학자이자 언어학자셨어요. 의료정보학의 자연어처리·응용기술을 연구하셨고, 마침내 당신만의 돌파구를 찾아내셨죠.

◆ 선생님이 성장하는 과정에서 평등과 재분배 같은 이념에 민감하도록 만들어준 정치적 견해는 무엇이었나요?

◈ 기본적으로 매우 진보적인 그러나 독단적이지는 않은 좌파 급진

주의였죠. 중요하게는 노동자평의회운동_01이 있습니다. 노동자의 자주 경영, 합리적이고 인간적인 사회가 존재할 수 있다고 믿었던 초창기의 몇몇 운동들 같은 것 말입니다.

◈ 과학에 입문하시게 된 마법의 순간은 언제 일어난 겁니까?

◈ 사실상 저를 과학으로 움직이게 해준, 그도 아니라면 이끌어준 것 중의 하나는 세포의 활동방식이었습니다. 제게 세포의 활동은 무척이나 아름다운 체계였고, 저는 이것을 인간 사회의 본보기라고 생각했어요. 분자가 어떻게 움직이는지를 이해하게 된다면 그 과정에서 놀랄 만큼 에너지가 보존된다는 것을 알 수 있습니다. 그곳에서는 피드백루프_02가 제대로 작동합니다. 모든 요소가 전체의 더 큰 선(善)을 위해서 함께 작동하죠. 세포 수준에서는 이처럼 정말로 아름다운 원리들이 발생합니다. 우리 그리고 모든 유기체가 존재할 수 있는 것은 바로 이 때문이라고 할 수 있죠. 인간 세계에는 우리가 꿈꾸는 무수히 많은 동기들이 있습니다. 이 모두가 우리의 몸속에서 즉각적으로 발생하죠. 실제로 저는 이처럼 분자생물학과 세포생물학이 보여주는 아름다움과 조화에 이끌렸던 겁니다.

_01 Workers' Councils movement. '평의회공산주의'라고도 불린다. 1918~19년 독일 혁명(11월 혁명)에 뿌리를 둔 이 사상은 소련식의 국가자본주의(볼셰비키주의)에 반대해 전위당 노선과 민주집중제의 철폐, 공장과 지방자치단체에 근거한 민주주의적 · 자치적 노동자평의회의 강조 등을 골자로 하고 있다. 개량주의와 의회주의에 반대한다는 점에서는 사회민주주의와도 구별된다. 주요 사상가로 판네쾨크(Anton Pannekoek, 1873~1960) 등이 있다.

_02 feedback loop. 통상적으로 '피드백'이란 과거에 일어난 사건이나 현상의 결과(혹은 정보)가 현재나 미래에 일어나고 있는/일어날 동일한 사건이나 현상에 영향을 주는 현상을 지칭한다. 이 과정이 하나의 순환을 이루는 것을 '루프'라고 한다. 생물학의 경우, 특정한 조건에서 최적의 상태를 유지하며 통제되는 매개변수들이 내외부 환경의 변화로 최적의 상태에서 벗어나는 일이 생기는데 이에 대한 정보가 해당 계(界)에 기록되어 다시 원래 상태를 회복하려는 움직임이 일어난다. 이런 의미에서 '자기조절 순환 고리'라고도 부를 수 있다.

에바 해리스   III

◐ 그렇다면 연구와 활동이라는 이분법이 필수불가결한 것은 아니겠군요. 선생님이 과학에서 깨달으셨던 바와 활동하시는 방법이 바로 이런 사실이었나요?

◑ 제가 방금 말씀드린 것은 일종의 전망입니다. 당시 저는 과학과 연구소의 현실에 쩔쩔 매고 있는 동시에 대학에서 활동가로 일하고 있었죠. 그때가 1980년대였는데 중앙아메리카에서였습니다. 남아프리카공화국에서의 투자철회라는 쟁점이 불거졌을 때는 하버드대학교에 가 있었죠. 이처럼 제 연구와 활동은 매우 분리되어 있었습니다. 연구소에서 하는 일이 따로 있었고, 거리에서 하는 일이 따로 있었죠.

그러나 제 꿈은 이 두 개를 어느 정도 합치는 것이었습니다. 그러니까 제 정치적 견해를 제 작업에 끌고 들어오는 것 말입니다. 저는 오랫동안 이런 꿈을 "개발도상국의 전염병 연구를 위한 과학"이라는 형태로 얘기해왔죠. 정치적 내용을 찾아내기 위해 행간을 읽고 싶어하는 사람들이라면 행간을 읽을 수 있겠죠. 만약 그러지 못한다면, 그냥 포괄적으로 이렇게 말해도 됩니다. "괜찮지 않아? 과학을 민중에게로."

◐ 생물학자가 된다는 것은 무엇입니까? 독창적이어야 한다는 말처럼도 들리고, 인내심이 강해야 한다는 말처럼도 들리는군요. 생물학자가 되려는 노력의 또 다른 특징, 미덕은 무엇인지요?

◑ 글쎄요, 제가 걸었던 길은 좀 특이했어요. 사실 학계의 과학 분야에서는 뭘 하든 길이 매우 좁습니다. 자신의 전문 분야에 대단히 뛰어나야 하고, 정치적으로 요령도 있어야 하고, 알맞은 모임에 나가서 알맞은 사람들과 얘기를 나누며 알맞은 관계를 맺어야 하죠. 그러나 저는 이런 식으로 하고 싶지 않았습니다. 할 수도 없었고요. 너무 실용주의적이라고나 할까요. 저는 이런 관례를 무시하기로 작정했죠. 제게는 손해겠지만.

저는 제 개인의 경력 말고 일종의 가치체계와 동기를 찾을 필요가 있

3. 과학, 식량, 환경 : 정의를 위한 운동

었습니다. 다른 사람을 짓밟는 짓을 하지 않기 위해서 말입니다. 그러나 일반적으로는 과학과 자기 자신의 자아에 관심 있는 사람들이 대체로 성공하죠. 그러니까 성공한 사람들은 대부분 시스템의 작동방식을 아는 사람들 그리고 자기 일을 잘하는 사람들입니다. 무슨 말인고 하니, 성공 하려면 자기 일을 잘해야 한다는 겁니다. 한 사람이 얼마나 전문화될 수 있는지는 시스템이 결정하는 겁니다.

물론 저는 제가 하는 일을 잘하고 싶습니다. 그러나 저는 '잘한다'는 것을 오히려 삶과 과학에 통합학문적으로 접근한다는 것으로 이해합니 다. 어려운 일이죠. 모든 분야를 성공적으로 해내야 하니 말입니다. 그 러니까 이건 논쟁을 많이 하는 사람이 되어야 한다는 건데, 이게 의미하 는 것은 여러 분야에 뛰어나야 한다는 것이죠. 만약 그렇게 할 수 없다 면 누구와 협력할지를 알아야 합니다.

◈ 선생님이 생물학에 입문하셨을 즈음에 DNA와 관련해 과학에서 혁명이 일어 나고 있었습니다. 그리고 이 혁명의 핵심은 중합효소 연쇄반응(PCR)이었습니다. 이 게 무엇인지 설명해주십시오.

◈ 중합효소 연쇄반응은 1987년쯤 미국에서 발명된 겁니다. DNA의 한 부분을 수십억 번씩 증폭하거나 증식시킴으로써 그 부분을 시각화해 다룰 수 있는 방법이죠. 기초과학에서의 쓰임새는 무수히 많습니다. 유 기체의 특징을 나타내는 데뿐만 아니라 우리가 진단이라고 부르는 탐지 에도 매우 유용하죠. 그러니까 DNA나 RNA 게놈을 지닌 모든 것에 유 용합니다. 놀랄 만큼 다재다능한 기술이죠. 저는 중합효소 연쇄반응이 기술 이전이라는 제 철학을 실행에 옮길 수 있는 일종의 기회라고 보고 있습니다. 그래서 제가 연구하고 있는 전염성 질병 분야에서도 이 기술 을 사용하고 있죠.

선생님은 직접 중합효소 연쇄반응을 전 세계에 가져다 줄 기술 이전 프로그램을 개발하셨습니다. 어떻게 그런 프로그램을 만들 게 되신 건가요? 이 중대한 도약이 선생님에게는 자연스러운 일이었나요? 당시 선생님은 지명도가 낮았던 대학원생이었는데요.

 좀 웃겼죠. 저는 이제 그때를 되돌아볼 수 있으니 이렇게 얘기할 수 있습니다. "오, 이 멋진 얘기를 들어봐." 그리고 당시 제가 무슨 일을 하고 있었는지 스스로 잘 알고 있었다는 식으로 말할 수도 있습니다. 이렇듯 사정을 다 알고 있다는 건 멋진 일이죠.

사실 오랫동안 저는 맹목적으로 앞으로 나아갔을 뿐입니다. 전망을 좋아서요. 연구소 일을 좋아했고, 앞서 말씀드렸듯이 분자생물학과 세포생물학을 좋아했죠. 그러나 당시 저는 생화학 학사학위를 받고 하버드대학교를 막 졸업한 상태였습니다. 그리고 생각했죠.

"이게 이 세상에 어떤 의미가 있지?"

저는 전망을 갖고 있었습니다만 이 세상, 이 실제 세계에 관여하고 싶었죠.

"어떻게 과학을 실제 세계의 문제에 적용할 수 있을까?"

당시에는 어떻게 해야 할지를 전혀 몰랐어요.

그때 국제보건 문제가 눈에 들어왔습니다. 의사가 되어서 이 세상의 다른 곳, 그러니까 개발도상국들에서 유용하게 쓰일 기술을 익히는 거죠. 그러나 저는 과학자인데 뭘 할 수 있을까요? 저는 제가 '국제과학' _03이라고 불렀던 것을 만들고 싶었습니다. 그때 일 년간 휴식을 가졌어요. 당시에 장학금 몇 개를 받고 있었고 몇몇 대학의 대학원 입학을 허

_03 지금은 '전 지구적 보건'(global health)이라고 불린다. [원주]

가받긴 했습니다만, 저는 잠시 멈추고 일 년을 쉬기로 결정했습니다. 좀 순진했죠. 제가 알고 있는 것이라고는 제가 과학이 문제가 되는 어느 곳에서 과학으로 뭔가를 하고 싶어한다는 것뿐이었는데 말입니다. 당시까지 살아오면서 여행을 참 많이도 해왔지만, 정작 개발도상국에는 가보질 않았습니다. 그런데 그런 곳에 여행객으로 가고 싶진 않았어요. 일을 하러 가고 싶었죠. 그때까지 저는 제가 이렇게 느낄 수 있을 만큼 충분히 많은 시위를 조직해왔더랍니다.

"좋아, 다음 단계는 다른 어딘가로 가서 내 자신의 말을 행동으로 보여주는 거야."

그러자 모든 것이 합쳐졌습니다. 저는 자원해서 니카라과로 갔고, 그곳에서 잠시 동안 일을 했죠.

🔲 그러니까 살롱에서 연구소로 매우 쉽게 옮겨가신 셈이군요. 팔을 걷어붙이고 배운 것을 기억하면서요.

🔲 바로 그렇습니다. 그렇지만 개발도상국으로 간 것은 정말 제 두 눈을 뜨게 해준 경험이었어요. 그곳에서 벌어지고 있던 사태의 긴급성이 저를 움직였죠. 그래서 돌아오자마자 대학원 공부를 시작했습니다. 제가 알고 있는 것이라고는 이곳에는 연구, 지식, 자료가 많은데 그곳에는 없다는 것이었어요. 그래서 그것을 나누는 데 참여해야만 했습니다. 그게 당시의 전망이었죠. 충분히 발전되어 있진 않았습니다만.

저는 제 미래의 스승들에게 그 일을 상당 기간 계속할 거라고 말했습니다. 그리고 그게 상관없다면 연구소에 들어갈 것이고 아니라면 안 가겠노라고 얘기했죠. 모두들 제 제안을 받아들였어요. 그래서 대학원에 다니며 효모균의 유전자를 연구해 박사학위를 받는 동안, 저는 니카라과로 가서 전염병에 대해 배우고 그곳의 보건부에서 제 동료들이 하고 있던 일을 돕곤 했습니다. 바로 그때 중합효소 연쇄반응이 발명된 거죠.

그리고 갑자기…… 본질적으로 모든 게 다 합쳐졌어요.

제 니카라과인 동료들은 제가 그저 자신들이 이미 하고 있는 일을 돕는 것만을 원하지 않았습니다. 그들은 분자생물학을 배우고 싶어했죠. 그래서 저는 이렇게 말했습니다.

"뭐, 좋지. 그런데 여기에는 수돗물이 없잖아."

이런 점이 일종의 철학적 딜레마를 가져왔습니다. 누군가에게 뭔가를 할 수 있는 능력이 없다면 이렇게 말할 수 있습니다. "글쎄, 그걸 배울 필요는 없을 텐데?" 아니면 이렇게도 말할 수 있겠죠. "좋아, 가르쳐줄게. 그런데 할 수 있을까?" 이 점에서 중합효소 연쇄반응은 매우 간단했기 때문에 우리는 이렇게 생각했더랍니다. "와! 우리가 여기서 이걸 실제로 할 수 있다면, 이 기술을 지역 문제에 적용할 수 있다면 정말 좋을 텐데." 그러니까 미생물이나 전염성 병원체를 발견하는 데 말입니다.

그래서 우리는 시도해봤죠. 수돗물도 없고, 전기도 자주 끊기는 곳에서 처음 해본 것인데 굉장한 경험이었습니다. 레슈마니아속(屬) 기생충을 발견하기 위해서 수공업적으로 DNA의 띠를 증폭시키고 관찰한 거죠. 제 머릿속에 영원히 남아 있을 순간이었어요. 매우 흥분됐죠.

모두들 왁자지껄 큰 소리로 떠들었고 다들 흥분했어요. 서로를 밀치며 고글안경을 통해서 자외선 불빛이 비추는 DNA를 봤죠. 갑자기 "가능하다!"라는 게 명확해졌습니다. 이른바 제가 '유레카'를 외쳤던 순간이 바로 이때입니다. 이 과정에 동참하고 있던 니카라과 과학자들은 모두 그 순간을 즐겼죠. 그래서 저는 계속 분자생물학을 연구하는 소규모 워크숍을 조직해나갔습니다.

그러나 당시 저는 박사과정을 다 마쳐서 스탠포드대학교의 스탠리 팔코우 박사님이 계신 연구소에서 박사후 과정을 밟아야 했습니다. 팔코우 박사님은 정말 대단한 과학자이십니다. 미생물발병학의 창시자죠. 그때 저는 이렇게 생각했어요.

"꽤 멋진 일이야. 효모균을 연구하면서 터득한 유전학 지식을 써먹을 수 있겠네. 전염병 문제에 응용해볼 수 있겠어."

그러나 저는 일 년을 쉬기로 결심했습니다. 왜냐하면 그때 저는 여러 국제회의에서 연설을 했는데, 꽤 많은 국가들이 분자생물학을 배우고 자기 나라에 중합효소 연쇄반응을 적용하려고 아우성치고 있었습니다. 그래서 생각했죠.

"음, 그냥 내 경력을 계속 쌓아가면서 우리가 불러일으킨 이 모든 흥분을 무시할 수는 없겠구나. 일 년을 더 쉬고 약속을 지켜야겠다. 그러고 난 다음에 과학자로서의 삶으로 돌아오면 되지 뭐."

그런데 이 프로그램에 일 년을 투자해 에콰도르에서 또 다른 워크숍을 진행시키고 나자 일이 눈덩이처럼 커져버렸어요. 과학잡지 『사이언스』에 이 프로그램에 대한 논평 기사가 실렸고, 곳곳에서 수백 명의 사람들이 제게 편지를 써 보내더군요. 완전히 통제불능 상태가 되어버린 거죠. 이 일이 너무 긴급하고 흥미롭고 눈을 떼지 못하게 만드는 일인지라 결국 저는 박사후 과정을 취소하고는 이 프로그램의 새로운 프로젝트에 뛰어들고 말았습니다.

전 정말 운이 좋았어요. 캘리포니아대학교의 샌프란시스코 캠퍼스에는 저를 도와주는 사람들이 있었거든요. 그들이 이렇게 말해주더군요.

"좀 일관되게 이 일을 해보는 게 어때요? 당신이 알맞다고 생각하는 지속가능성과 전망을 통합한 기술 이전 프로그램을 만드는 겁니다."

그래서 그렇게 했습니다. 라틴아메리카에 있는 모든 동료들과 협력해 작업하게 된 거죠. 그렇게 해서 사실상의 응용분자생물학/적합기술이전 프로그램을 내놓은 겁니다._04 당시에는 저와 각국의 이곳저곳에서 자원한 사람들만 있었어요. 우리는 멋진 일을 하고 있었지만 19년 동안 수중에 돈 한 푼 없었습니다. 결국 사실상 완전히 자원이 바닥나게 됐을 때 저는 앞으로 어떻게 임대료를 내야 할지조차 몰랐어요. 무작정 공항으로 가서는 또 다른 워크숍을 가르쳐주려 볼리비아로 떠났는데, 그곳에서 맥아더 연구비를 받게 됐습니다. 믿을 수 없는 순간이었죠.

◈ 지금 들려주시는 말을 들으니 선생님이 앞서 하신 말씀이 생각나네요. 세포의 세계와 그 세계의 아름다움을 보게 됐을 때 그 안에서 무엇을 봤는지 말씀하신 대목 말입니다. 기술 이전 프로그램에서 선생님은 사실상 그처럼 아름다운 세계를 국제사회에서 만들고 계시는 듯합니다.

◇ 예, 맞습니다. 재정지원이 거의 없는 공중보건 같은 쟁점을 다루다 보면, 좋은 가치관을 지녔고 진정으로 남들을 걱정하고 남들에게 도움을 주기 위해서 열심히 일할 준비가 되어 있는 사람을 스스로 골라낼 줄 알아야 합니다. 최고의 사람들, 일류 중의 일류인 사람들, 이곳에서든 다른 나라에서든 인류의 삶을 개선하는 일에 헌신한 사람들과 협력한 것은 정말 멋진 일이었습니다. 이들은 그저 돕고 싶어서, 각자의 나라에서 전염병과 관련된 더 시급한 문제를 해결해야 하는 자신의 일이 있는데도 불구하고 이 프로젝트에 기꺼이 헌신하기 위해서 서로 협력했습니다. 정말 멋진 일이었고, 정말 좋았습니다. 그리고 이런 일이 영원히 계속될 수 있기를 기원했죠. 그러나 자원이 필요했습니다. 그래서 저는 이 프로그램을 진행하는 내내 병원균 하나를 선택해 대학에서 이에 관한 기초연구 프로그램을 진행시켜야 한다는 걸 깨달았죠.

◈ 선생님이 진행할 연구의 초점이 된 그 행운의 병원균은 무엇이었나요?

_04 이 프로그램은 1998년 비영리단체인 '지속가능한과학연구소' 로 발전했고 지금에 이르고 있다.

ⓥ 뎅기열 바이러스였습니다. 당시에는 그게 문제였거든요. 솔직히 말씀드려서 저는 효모균을 연구한 다음 기생충을 연구했죠. 기생충 연구를 계속할까 생각도 했습니다. 그러나 라틴아메리카에서 뎅기열 바이러스가 창궐하게 됐고, 그때까지 이 바이러스에 관해 진척된 연구가 거의 없었습니다.

뎅기열은 파괴력이 엄청난 급성질병입니다. 모기가 옮기는 바이러스 때문에 발병되는데, 이 병으로 2500만 명의 목숨이 위험에 처했죠. 모기가 옮기고 다니기 때문입니다. 미국 남동부 전체를 포함해서 말이죠. 매년 대략 5000만 건의 뎅기열이 발생합니다. 별다른 치료 없이도 자연 치유되기는 하지만 심신을 매우 약화시키는 질병이에요. 이와 비슷한 질병으로 뎅기출혈열과 뎅기쇼크증후군이라고 불리는 게 있는데 이것들은 더 악독합니다. 치료받지 않으면 죽을 수도 있는데, 그때는 체력적·정신적으로 환자를 떠받쳐 주는 지지(支持) 요법만이 가능할 뿐입니다. 우리는 왜 이 파괴적인 질병에 걸리는 사람이 있고, 안 걸리는 사람이 있는 건지 아직 모르고 있습니다. 미국의 문제가 아니라는 이유로 연구가 거의 이뤄지지 않았죠.

◈ 시민의 권리와 정치적 권리를 보장해줄 뿐만 아니라 건강할 수 있는 권리 같은 사회적 권리를 약속해준다고 생각될 수 있는 인권에 대해서 얘기를 나눠보도록 하겠습니다. 전염병과 관련해 선생님이 하시는 작업이 틀림없이 이와 연관된 것일 텐데요.

ⓥ 지식을 이전하고, 사람들에게 자율권을 주고, 과학능력을 개발하는 데는 인권의 측면이 많습니다. 그러니 각지의 과학공동체 역시 이와 관련된 쟁점을 다룰 수 있습니다. 경제적·정치적 요소 때문에 이 사회의 끝자락에 위치한 빈민들 사이에 전염병 문제가 생기는 것이니, 전염병은 확실히 인권과 관련된 쟁점입니다. 따라서 지역적으로 주요 전염

병을 처리하면서 경제적·정치적 쟁점을 다룰 수 있는 게 중요합니다. 전염병을 다룬다는 것은 넓은 의미에서 인권이라는 쟁점을 다루는 것과 같습니다.

🔾 선생님에게는 복잡한 사회적·정치적 현실을 인식하는 것과 동시에 과학연구의 진실성을 유지하는 게 중요한 듯합니다. 과학적 진실을 사회적·정치적 영역에 들여오는 데 관심이 있으시니 말입니다.

🔾 예, 그렇습니다. 예를 들어서 특정한 영역, 특정한 분과학문에 속한 사람은 객관적이어야 할 뿐만 아니라 자신이 기댈 수 있는 튼튼한 과학적 기반을 갖고 있어야만 합니다. 그러나 과학자들과 학자들에게 가장 중요한 것은 상아탑 밖으로 나가는 것이라고 생각합니다. 우리는 공동체 속에 있습니다. 국내의 공동체이든 국제적 공동체이든 우리는 공동체에 속해 있죠. 대학의 정문 앞에서 이 세계가 끝난다는 사고방식을 저는 정말이지 참을 수 없습니다. 상당수 학자들이 세상을 이런 식으로 보죠. 정말 위험한 생각입니다.

저는 우리가 사회에 관여해야 한다고 생각합니다. 우리는 우리의 연구를 위해 세금을 받아 씁니다. 그러니 이 나라에, 이 세계에 뭔가를 돌려줘야 할 필요가 있습니다. 우리는 살아가면서 우리가 좋아하는 일을 하고 있고, 할 수 있다는 점에서 상당한 특권을 누리고 있는 겁니다. 저마다 사소한 이유로 불평을 해대지만 우리는 정말 운이 좋은 거죠. 그러니 우리는 이 세상에 갚아야 할 빚이 있는 셈입니다. 대부분의 사람들이 그렇게 생각하지 않습니다만, 저는 사실상 이것이야말로 중요한 판단의 틀이라고 생각합니다. 그게 일반적인 거죠.

그러나 사람들 역시 우리의 과학에 대해서 각자의 입장을 취해야 합니다. 최근 몇몇 사람들은 혐오스럽기 짝이 없는 방식으로 DNA에 특허권을 받고 있죠. 그러나 자기가 염기 배열 순서를 밝혀냈다고 해서

DNA에 특허권을 신청할 수는 없는 노릇입니다! 자기가 발명한 것도 아닌 DNA 한 조각에 특허권을 받았다고 해서 다른 나라 사람들이 싼값에 이용할 수 있는 진단법을 가로막아서도 안 되죠. 그렇게 한다는 건 참으로 역겨운 일입니다. 그런데 그런 일이 일어나고 있어요.

현재 국제적 차원에서는 '무역 관련 지적재산권에 관한 협정'(TRIPs) 상의 DNA 관련 특허 문제가 많은 파문을 일으키고 있습니다. 그런데도 무슨 일이 벌어지고 있는지 알고 있는 과학자들은 거의 없죠. 정말 끔찍한 일입니다. 그래서 제 수업시간에 저는 생물체나 농업 관련 특허 그리고 그밖에 다른 쟁점들과 관련해 지금 무슨 일이 벌어지고 있는지 학생들이 인식할 수 있도록 만들려고 노력 중이에요. 물론 이런 일은 제가 연구소에서 실제로 하고 있는 일과는 상당히 거리가 먼 일입니다. 그러나 과학자라면 반드시 해야만 하는 일이라고 생각합니다. 훨씬 더 윤리의 영역에 뛰어드는 이런 일들이 말입니다.

🔷 접근가능성이라는 주제로 되돌아가보죠. 접근가능성의 핵심 중 하나는 해당 쟁점에 대한 대중들의 이해입니다. 지금까지 선생님이 해온 작업과 걸어온 여정은 과학뿐만 아니라 국제적 협력에 대해서도 흥미로운 질문들을 많이 제기하고 있습니다. 다른 사람들이 선생님의 작업에서 어떤 통찰을 이끌어냈으면 하시는지요?

🔶 저는 '경계를 넘어서는 과학'이라는 제목으로 자원해서 많은 강연을 했습니다. 제가 말하는 경계란 지리적 경계가 아니라 젠더나 경제 같은 쟁점과 관련된 경계입니다. 과학은 한계선을 무너뜨릴 수 있는 최상의 방법입니다. 우리는 국제적 공동체 안에서 과학을 합니다. 그리고 이런 정신을 계속 발전시켜야 합니다. 이건 정말 멋진 일이죠. 과학 논문을 보시면 전 세계 곳곳의 흥미로운 이름들이 저자로 등재되어 있어요. 기초연구 역시 한계선을 갖지 않는 일종의 국제적인 노력입니다. 이런저런 수많은 이유로 과학은 흥미롭기 짝이 없는 영역이죠. 저는 사

람들이 사회적 맥락을 과학에 부여해야 할 필요가 있다고 생각합니다. 물론 이 분야에 뛰어들려고 하는 젊은 사람들이 이미 각자의 길을 걷고 있는 사람들보다 훨씬 더 이런 정신을 갖고 정진해 나아갈 수 있을 겁니다.

⬦ 과학에서 사회로 나아가는 운동이 바라는 것은 이 사회를 더 나은 곳으로 바꾸는 것이겠죠.

⬦ 그렇습니다. 제 아무리 협소하게 정의하더라도, 질병을 관리하고 예방한다는 것은 그것 자체로 엄청난 기여임이 확실합니다. 물론 우리가 만들고 강화할 수 있는 다른 종류의 유대관계, 국제적 협력도 있을 겁니다. 국제적인 것이 아니더라도 마찬가지입니다. 예를 들어 바로 이곳 오클랜드에서도 가능하죠. 우리는 바로 여기에서, 우리의 뒷마당에서 시작할 수 있습니다. 이런 태도가 긍정적인 메시지를 많이 줄 수 있죠.

⬦ 선생님과 얘기를 나누면서 과학적 진실의 탐구와 이 세상은 무엇이고 어떻게 될 수 있는가 같은 가치지향적 관심사를 이어주는 방법이 있다는 느낌을 받았습니다.

⬦ 예. 오늘 제가 말하고 싶었던 것은 자신이 좇는 가치를 고수하고 자신의 열정을 따르라는 거였습니다. 뭔가를 믿는다면, 어떤 전망을 갖고 있다면, 그냥 그것을 좇으면 됩니다. 당시 저는 제가 무엇을 하고 있는지 정확히 말할 수 없었습니다만, 제가 갖고 있는 전망이 중요하다는 것만은 알고 있었죠. 그리고 저는 그 전망을 그냥 내버려두지 않았습니다.

많은 사람들이 일이 중요하다고 생각합니다. 물론 우리는 우리가 하는 일을 잘 해내야만 합니다. 그러나 뭔가를 믿는다면 자신의 열정을 따르십시오. 저는 그게 가장 중요한 일이라고 생각합니다. 그러니 오래 걸릴 일이라는 이유로 자신의 가치를 놓지 마십시오. 만약 당신이 훌륭한 가치를 계속 좇을 수 있고, 그게 이 세상에 긍정적인 영향을 끼칠 수 있다면, 모든 사람이 득을 볼 겁니다.

에바 해리스

오론토 더글러스(Oronto Douglas, 1966~)는 나이지리아의 선구적인 인권변
호사다. 아프리카에서 제일 유명한 환경운동 단체 '환경권행동/지구의친구들'의 공
동 창립자이기도 한 더글러스는 이케 오콘타와 공저한 획기적인 저서 『독수리들이
축제를 여는 곳 : 셸, 인권 그리고 니제르 삼각주의 석유』(2003)를 비롯해 수많은 책
을 쓰기도 했다. 더글러스는 1995년 나이지리아 군사정부에 의해 처형된 오고니족
지도자 켄 사로-위와의 변호인단에서 변호사로 일하기도 했다.

"본질적으로 모든 인간이 인류의 진보에 기여해야만 한다는 사실이 제게 동기부여가 됐습니다. 우리는 그저 먹고, 자고, 죽으려고 지구에 있는 것이 아닙니다."

◈ 태어나고 자란 곳은 어디십니까?

◈ 저는 1966년 오코로바라고 불리는 마을에서 태어나 그곳에서 자랐습니다. 서아프리카의 니제르로부터 남쪽에 위치한 니제르 삼각주의 중심축에 있는 마을이죠.

제가 태어난 그 지역, 그러니까 니제르 삼각주는 매우 아름다운 곳입니다. 물론 열대 지방이죠. 다우림인데다가 망고나무가 숲을 이루고 있는 습지입니다. 아무튼 매우 아름다운 곳입니다. 작은 폭포를 이루는 개울이 있고, 야생동물도 많습니다. 이것들이 자연, 인간, 전체 환경을 결합시켜 삶을 움직여주죠. 거기서 자라며 우리가 처음으로 배우는 것은 수영하는 법과 물고기를 잡는 법입니다. 그게 우리의 생활방식이기 때문에 우리로서는 자연스러운 일이었죠. 우리는 물고기를 잡고 농사를 짓습니다. 저는 그런 일들을 즐겼죠. 나이지리아의 다른 지역으로 이주할 때까지 저는 그런 환경에서 자랐습니다.

◈ 선생님은 이자우족으로 태어났습니다. 이자우족에 대해서 좀 설명해주십시오.

◈ 제가 속한 이자우족은 매우 오래된 종족입니다. 역사가들은 이자우족이 니제르 삼각주 부근에 거주한 가장 오래된 종족 중의 하나라고 믿고 있습니다. 이자우족은 대부분 어부이고, 농부이기도 합니다. 바다와 아주 가까운 곳에 살면서 바다를 정복할 수 있었죠. 바다 속 파도를

즐기곤 했어요. 그래서 본질적으로 이자우족은 어부이자 농민입니다. 우리의 생활방식 자체가 매우 농경적이고 전원적이죠.

◆ 이런 환경이 선생님의 성격형성에 그리고 훗날에 있을 삶의 선택에 어떤 영향을 끼쳤다고 생각하십니까?

◇ 저는 자라오면서 자연의 조화를 알게 됐습니다. 제가 자라온 그 지역 자체가 제게 영향을 준 거죠. 저는 가스 불꽃 같은 건 보지도 못하고 자랐어요. 적어도 제 주변에서는 말입니다. 원하기만 한다면 강의 둑까지 걸어가서 고기를 잡아올 수 있다는 걸 알았죠. 그러면 어머님이 다음 식사시간에 그 물고기를 요리해 내놓을 수 있다는 것을 말입니다. 네다섯 시간을 여행할 필요도 없었어요. 숲속에 들어가기만 하면 원숭이들이 야생에서 즐겁게 뛰노는 것도 볼 수 있었습니다. 강가에만 가도 악어를 볼 수 있었고요. 그 지역 주민들, 그러니까 이자우족은 악어들을 죽이지 않으니까요. 이자우족이 죽이지 않는 다른 종류의 동물도 있었어요. 이자우족은 그런 동물들이 신이라고 믿었고, 우리의 일부라고 생각했습니다.

이런 환경에서 자라다가 나이지리아 남동부 쪽에 있는 오군 주의 아베오쿠타로 갔고, 대학교육을 위해서 니제르 삼각주로 되돌아왔습니다. 그러고는 주변 환경이 더 이상 예전 같지 않다는 걸 깨달았어요. 강은 오염됐고, 숲은 훼손되어 있었죠. 제가 태어난 생태계 전체가 공격당했던 겁니다. 저는 이런 상황을 멈추게 하고, 우리가 누려온 자연 그대로의 환경을 되돌려 놓아야 할 필요가 있다고 느꼈습니다. 예전의 열대 파라다이스로 말입니다. 그러니 이 환경이야말로 제가 당시 보고 있던 상황을 뛰어넘어 움직일 수 있도록 만들어준 겁니다.

◆ 선생님의 부모님에 대해서 얘기해봤으면 합니다. 부모님은 선생님의 성격형

3. 과학, 식량, 환경 : 정의를 위한 운동

성에 어떤 영향을 끼쳤는지요?

◎ 제 아버님은 어부였습니다. 모든 걸 원하시는 그런 분은 아니었죠. 그저 살아가고, 우리를 학교에 보내고, 우리가 태어난 환경을 우리 스스로 사랑하게 만들고 싶어하셨습니다. 우리의 문화, 우리의 전통을 말입니다. 이와 달리 제 어머님은 전통적인 산파였습니다. 아기들 낳는 걸 도와주고 아이들을 돌봤죠. 어머님은 모든 걸 알고 계신 분이었어요. 정치적으로도 매우 적극적이셨죠. 적어도 공동체 안에서의 정치와 좀더 넓은 지역정치에 있어서는 말이죠. 그러니까 저는 부모님이 자연이라는 이름으로, 당신들의 양육방식으로 삶에 대한 제 시각을 형성해준 그런 환경에서 자랐습니다.

◉ 교육과정에서 선생님의 세계관에 영향을 준 다른 스승도 있나요?

◎ 대학에 다닐 때 우리는 나이지리아의 가니 포웨인미_01 같은 변호사들에 관해 많은 걸 읽었습니다. 역시 나이지리아인인 올레사바코바에 대해서도요. 남아프리카공화국의 정치적 행동주의에 뛰어든 또 다른 변호사 넬슨 만델라도 읽었죠. 인류의 전진에 관한 쟁점을 논의하는 다른 나라의 변호사들에 대해서도 읽었습니다. 이런 경험 덕택에 저는 이렇게 얘기할 수 있었죠. "자 봐, 난 혼자가 아니야. 저 밖에 이런 변화에 관심을 가진 다른 사람들이 있어." 그리고 인권이라든가 정치생활이 아니라 또 다른 근거 위에서 새로운 시각을 가져오는 방법도 있었습니다. 법에 관한 한 이들은 모두 똑같았죠. 그러나 저는 이곳에서 중요한 것은 생

_01 Gani Fawehinmi(1938~2009). 나이지리아의 인권변호사. 1998년 국제변호사협회가 인권 증진과 민주주의 발전에 기여한 사람에게 수여하는 '버나드 사이먼스 상'을 받았고, 2001년에는 나이지리아 수석변호사가 됐다.

오론토 더글러스

존의 문제라고 생각했습니다. 우리가 살아가고 있는 환경, 우리가 먹는 것, 우리가 가는 곳, 그밖에 동물·식물·나무 같이 우리의 삶을 이루는 다른 요소들을 위한 우리의 일상적 생활방식 말입니다. 이런 것들 역시 매우 중요합니다. 그래서 저는 이런 방향에 기여할 수 있다고 느꼈죠.

🔲 선생님은 떠남과 돌아옴에 대해서 얘기하셨습니다. 여기서 중요한 것은 1960년대에 석유회사, 특히 셸오일 사가 이 지역에 들어온 사실입니다. 한편에는 전원적이고 농경적이고 오염되지 않은 상태의 환경이 있습니다. 그리고 다른 한편에는 저마다 다른 기업들이 원하는 풍부한 자원이 땅 밑에 있습니다. 그 지역의 석유 매장량과 그것이 가져온 귀결에 대해서 얘기해주십시오.

◈ 그러죠. 아베오쿠타에 살고 있었던 제 삼촌이 우리에게 뭔가를 알려주러 왔을 때, 저는 모든 것이 예전 같지 않다는 걸 느끼기 시작했습니다. 삼촌은 600킬로미터 떨어진 고향 마을을 정기적으로 오가시곤 했습니다. 그때 저는 고등학생이었는데 삼촌이 돌아와서는 고향에서 무슨 일이 벌어지고 있는지 얘기해줬습니다. 모든 것이 제가 알고 있었던 것과는 달라졌다는 겁니다. 초등학교를 마치자마자 어린 나이에 떠나왔으니 저는 고향에 가더라도 공동체를 알아볼 수 없을 거라고 말입니다. 이점을 알려주러 왔다더군요. 그러나 제가 고향으로 돌아갔을 때 저는 상상할 수 있었던 것보다 더 극적인 광경을 보게 됐습니다.

그때가 1986~87년경이었습니다. 제가 고향에 가보니 사방에 셸이 있었어요. 그들이 그곳의 땅을 모조리 접수해, 자신들이 활동하는 모든 지역에 자신들의 왕국을 세웠던 겁니다. 셰브론, 모빌, 엑슨, 텍사코, 코노코도 마찬가지였습니다. 사람들이 쉽게 이름을 떠올릴 만한 온갖 거대 석유회사들이 우리의 땅을 소유하고 있었죠. 1956년 셸은 우리 마을에서 그리 멀지 않은 곳에 있던 어느 공동체에서 유맥(油脈)을 찾아냈습니다. 울루버리라는 곳이었죠. 그게 시작이었습니다. 그들은 우레 같은 소리를 내는 폭탄을 터뜨려 이 지구라는 행성을 들끓게 만들었습니다. 셸의 이런 탐사활동을 통해 땅 밑에 석유가 있다는 걸 알게 됐죠. 제 고향에서 그리 멀지 않은 울루버리 공동체는 저희 마을, 그러니까 제가 태어난 바로 그곳의 화석연료를 추출하려는 기업들의 집합장소가 됐습니다.

이때 최초로 발견된 석유는 극적인 결과를 가져왔습니다. 그 광경을 목격한 노인 분들이 말씀하시길 엄청 쏟아져 나왔다더군요. 주변의 모든 식물과 동물을 폭삭 주저앉게 만들 만큼 말이죠. 그 탓에 생존과 관련된 여러 복잡한 문제들이나 자연의 메커니즘 같은 것은 싹 잊히고 몇 달 동안이나 사는 게 불가능했다고 합니다. 꽤 시간이 걸렸죠. 당시 석유회사들은 자연의 메커니즘을 결코 원래대로 깨끗이 해놓질 않았습니다. 이것이 1950년대에 있었던 일입니다. 그 뒤로도 석유회사들은 자연을 계속 공격했어요. 1956년부터 1990년대까지 원유가 쏟아져 나오고, 환경이 오염되고, 다시 폭탄을 터뜨리는 일이 거듭됐습니다. 아직도 그러고들 있죠. 며칠 전에는 셸의 석유가 많이 있는 오고니에서 폭발이 있었습니다. 이번에도 석유가 뿜어져 나와 주변 환경에 모두 스며들었죠.

주로 영향을 받는 것은 지역민들입니다. 우리는 대개 농경 공동체입니다. 우리에게는 아메리카나 유럽이 의존하고 있는 산업이 없죠. 우리가 의존하는 건 토지입니다. 우리는 땅에서 나왔죠. 우리는 곡물을 재배하고, 강가로 가서 물고기를 잡아왔습니다. 그런데 지금은 석유가 우리의 생존 전략을 거부하는 메커니즘으로 사용되고 있어요. 이건 정말 부당하기 짝이 없는 일입니다. 현재 니제르 삼각주에서 벌어지고 있는 일이 이런 겁니다.

◈ 변호사 일을 시작하게 되면서 선생님이 처음 맡으신 사건이 변호인단의 일원으로 켄 사로-위와를 변호하는 것이었습니다. 사로-위와에 대해서 말씀해주십시오.

오론토 더글러스

사로-위와가 대변하는 게 무엇인지 그리고 사로-위와에게 무슨 일이 벌어졌는지 말입니다.

◊ 사실 저는 그 사건에서 하급 변호사였을 뿐입니다. 상급 변호사가 저를 이 사건에 들어오게 했죠. 제가 그쪽 출신인데다가, 학생회를 이끌던 무렵인 1989년부터 켄을 알고 지냈기 때문에 도움이 되겠다고 생각한 거죠. 저는 사무실로 켄을 만나러 갔고, 그가 무슨 일을 하고 있는지 보고서를 작성했습니다. 켄은 소설가, 희곡작가, 활동가, 환경주의자, 사업가였고 공적인 문제에 말을 아끼지 않았던 분입니다. 켄은 우리에게 자신의 전망을 들려주곤 했어요. 젊은이들이 자신이나 다른 어른들이 겪고 있는 일을 겪지 않을 수 있다면 좋겠다고, 변화를 가져오게 될 프로그램을 하나 계획 중이라고 말입니다.

1년 뒤에 켄은 오고니족의 생존을 위한 운동을 개시했습니다. 그때가 1990년이었죠. 오고니족은 니제르 삼각주의 소수 종족인데 이 지역의 다른 종족들처럼 수십 년 동안 주변화되어 왔죠. 이 오고니족 사람들을 움직이는 게 운동의 기본 목적이었습니다. 켄은 오고니족에서 시작해 모든 것을 바꾸려고 작정했죠. 그러나 불행하게도 당시 군사독재를 펼치고 있던 정부가 석유업계와 협력해 켄을 막으려고 했습니다. 그가 오고니족을 넘어 다른 이들에게 영향을 끼치기 전에 말입니다. 그리고 불법재판을 벌였죠. 켄은 불법 군사재판에 끌려가 살인죄로 기소됐습니다. 날조된 죄목이었죠. 어느 법정에서도 유지될 수 없는 죄목이었습니다. 정의로운 사람이 있는 법정에서라면 말입니다. 아무튼 켄은 기소됐고, 저희는 변호하러 나섰어요. 불행하게도 군사독재 정부는 이미 결정을 내린 상태였습니다. 석유회사 셸는 오고니족 문제를 해결하는 최상의 방법은 지도자를 멈추게 하는 것이라고 확신했죠. 그렇게 켄은 다른 여덟 명과 함께 교수형에 처해졌습니다. 1995년 11월 10일에요.

3. 과학, 식량, 환경 : 정의를 위한 운동

◆ 당시의 판결이 선생님을 비롯해 선생님의 운동에 어떤 영향을 끼쳤나요?

◇ 사실 그 판결은 우리로 하여금 투쟁이 끝나지 않았음을 깨닫게 해줬습니다. 사실 그때부터 시작이었죠. 그 사건은 많은 사람들을 불타오르게 만들었어요. 사람들은 당시 하고 있었던 일보다 더 많은 것을 이룰 수 있다고 믿었죠. 우리는 이 깨달음을 모두 내면화했습니다. 우리는 전 세계의 양심 있는 사람들과 접촉해야만 했습니다. 조직하고 동원해야 했죠. 우리는 아직 태어나지 않은 세대들이 세상 밖으로 나와서는 당시 우리가 처했던 것과 같은 상황에 직면하도록 만들고 싶지 않았습니다. 그렇게 되지 않게 하려고 우리는 행동해야만 했어요. 이렇게 보면 당시의 판결은 환경보호, 사회정의, 평등, 전 세계의 평화공존, 특히 우리 공동체와 다른 공동체의 관계맺음을 위한 싸움이야말로 중대한 일이라는 사실을 깨닫도록 해줬습니다. 그렇게 우리는 계속 앞을 향해 나아갔어요.

◆ 현재 선생님은 변호사라기보다는 활동가에 더 가까워지신 것 같다고 말씀드려도 될까요? 아니면 여전히 둘 다인 겁니까?

◇ 저는 지금 환경권을 위해 싸우는 활동가에 더 가깝다고 말하렵니다. 정치적으로 매우 중요한 사건들이 있을 때는 이따금 법원에 가기도 합니다. 보통의 변호사들이라면 너무 위험한지라 맡고 싶어하지 않는 그런 사건 말입니다. 현재 나이지리아는 전체주의 국가나 다름없습니다. 문명화된 사회에서는 누군가가 범죄를 저지를 경우 그 사람을 잡아서 법정에 보내 자신이 저지른 죗값을 치르게 합니다. 그러나 석유회사가 관련되어 있고, 사람들이 살해당하는 비율이 걷잡을 수 없을 만큼 높은 니제르 삼각주에서는 사람들에게 다음과 같은 교훈을 가르치려는 전략이 사용되곤 합니다. "저 마을을 쓸어버려."

◈ 석유회사가 그곳에 있다는 게 어떤 의미인지를 저희에게 좀더 자세히 설명해 주십시오. 우리는 지금까지 환경 악화에 대해서만 얘기해왔는데 또 다른 문제가 있는 것 같군요. 충분한 자원, 그도 아니라면 상당량의 자원이 있는데도 그것이 공동체에 돌아가지 않고 있는 듯합니다. 사회적 혼란은 매우 큰 것 같고요. 빈번한 범죄, 청소년 폭력을 불러오는 사회적 혼란 같은 것 말입니다. 환경 문제 이외에 인간적인 공동체의 이런 악화 현상에 대해서 설명을 부탁드립니다.

◈ 그래요. 우선 인적 자원에 대해서 말씀드리겠습니다. 진정으로 발전을 원하는 민족이나 사람들은 특정한 환경에 있는 인간들의 보호를 무시하지 않을 겁니다. 우리가 공동으로 창립한 조직[환경권행동그룹]의 사람들은 모두 이렇게 믿고 있죠. 우리와 같은 환경 속에서는 인간이 생존에 핵심이라고 말입니다. 그러니까 우리는 인간이 환경의 운명을 좌우해야 한다고 믿고 있습니다.

제가 태어난 니제르 삼각주에서는 오늘날 그곳에 존재하는 인간들을 전혀 보호하려고 하지 않습니다. 석유회사들과 정부가 이에 공모하고 있죠. 그들은 우리가 저항하는 것을, 앞으로 나아가려는 것을 막으려고 합니다. 지난 수십 년 동안 일어난 일이 바로 그런 일이죠. 단지 그 지역이 풍요롭다는 이유로, 그곳 사람들이 가난하고 소수라는 이유로 말입니다. 석유회사들과 짜고서 이 나라를 제 주머니 속에 집어넣고 뒤흔들려는 엘리트들은 자신들이 무엇이든 할 수 있고, 자기 하고 싶은 대로다 할 수 있다고 생각합니다. 그래서 결국 환경을 악화시켰죠. 아울러 사람들도 피폐해지게 만들고 말입니다. 그래요. 이들 때문에 사람들이 피폐해졌어요. 자신들이 갖고 있는 것을 보호하기 위해 저항하려는 사람들의 정신력이나 육체적 능력이 점점 시들어가고 있다는 의미에서 말입니다.

그렇게 해서 결국 지금 남아 있는 것은 개인적으로든 집단적으로든 아니면 종족 전체적으로든 오로지 생존을 위한 절망적인 싸움밖에 없습

3. 과학, 식량, 환경 : 정의를 위한 운동

니다.

니제르 삼각주의 사람들은 자유를 향해 아주, 아주 먼 길을 걸어왔다는 걸 아셔야만 합니다. 사실상 식민지 시기 이전부터 그리고 그보다 더 오래전부터, 그곳에서는 이방인들이 우리의 자원을 빼앗아 가려는 일이 벌어져왔습니다. 야자유 같은 경우는 유럽뿐만 아니라 다른 지역들의 경제에 매우 중요했죠. 니제르 삼각주는 이런 자원을 얻을 수 있는 중심 지역이었습니다. 그곳의 석유자원에 눈독을 들이게 된 왕립니제르회사 같은 기업들은 폭력을 사용해 이런 자원을 강제로 빼앗아 유럽으로 가져갔죠. 사람들은 이에 저항했습니다. 물론 이들의 저항은 강력한 화력에 의해 분쇄됐죠. 그 다음으로 아시다시피 켄 사로-위와의 도전이 일어난 겁니다. 사람들을 움직일 수 있는 또 다른 발판으로 환경, 오고니족, 인권을 활용해서 말입니다. 켄의 도전은 인간으로서 우리가 우리의 목표를 향해 행진할 수 있는 또 다른 전망이 되어줬죠.

우리는 기존의 상황을 바꾸려는 이런 시도들을 단계별로 다 봐왔습니다. 우리는 인간을 귀하게 대하는 것이 계속 우리의 전략이 되어야 한다고 생각했어요. 그래서 사람들을 동원하고, 의식을 고양시키고, 촌락·마을·도심지·도시·가족 등 모든 단위를 조직하는 평화롭고 비폭력적인 전략을 사용했죠. 무엇보다 우리는 다음과 같은 생각을 확신했고, 스스로에게 불어넣었습니다. "자, 봐라. 이제 우리가 처한 상황을 뒤집을 수 있다. 조직되기만 한다면 우리에게는 그렇게 할 수 있는 힘이 생긴다." 우리 스스로 조직되어 있을 때만 우리는 우리가 그토록 염원하던 승리를 얻을 수 있습니다. 그래서 이런 다양한 과정의 조직이 계속되고 있는 겁니다.

이런 조직화는 한때 고개를 내밀다가는 다시 수면 아래로 가라앉습니다. 왜냐하면 제때에 모든 지점에서 조직화의 진전을 억누르는 탄압 기제들이 가동되는데, 석유회사들과 우리 내부의 억압적인 식민주의자들은 우리가 고안해낸 평화로운 전략, 사람들을 귀하게 여기는 바로 그 전략을 혐오해서 우리를 짓눌러 없애버리려고 하기 때문입니다. 그래도 우리는 계속 희망을 갖고 있습니다. 언젠가는 이 세상의 나머지 사람들이 깨어나 이렇게 말하리라고 말입니다. "저길 봐, 저곳에서 불의가 일어나고 있고. 제 목소리를 빼앗긴 채 무방비 상태에 놓인 저 불쌍한 사람들을 도우러 가자."

◈ 지금은 이른바 세계화 시대입니다. 한편으로 석유회사들 같은 기업은 전 세계를 돌아다니며 이곳에서 자원을 뽑아낸 뒤 저곳에서 상품으로 만들어 팔아치웁니다. 그러나 다른 한편으로 일종의 국제적인 시민사회 역시 존재합니다. 이런 국제적 시민사회가 니제르 삼각주에서 일어나는 것 같은 특정한 난국에 주목하도록 만들 전략은 무엇입니까?

◈ 무엇보다도 우리는 니제르 삼각주 곳곳에서 벌어지고 있는 일이 우리에게만 특별히 일어난 일이 아니라는 사실을 깨달았습니다. 제가 미국에 온 지 2년이 됐는데 그동안 저는 석유회사들과 대기업들의 행태에 의해 집중적으로 오염되고 있는 공동체를 방문할 수 있는 특권, 아니 불행을 누려왔습니다.

저는 캘리포니아 주 리치먼드에 있는 '암의 계곡' _02을 들렀습니다. 그 다음에는 루이지애나 주도 들렀죠. 미시시피 주의 뉴올리언스에서 루이지애나 주의 배턴루지와 그 주변 지역에 이르는 오염 지대 전체를 가본 겁니다. 그곳에 가보면 환경오염이 그곳 사람들을 대상으로 저질러졌다

_02 Cancer Alley. 미시시피 강을 끼고 약 129킬로미터에 걸쳐 형성되어 있는 정유·석유화학 단지. 약 100여 곳에 달하는 정유·석유화학 공장에서 연간 90만 톤의 유독성 화학물질을 생산해대기 때문에 주변 마을주민들의 암 발병률이 높다. 셸이 이곳에 공장을 많이 갖고 있으며, 주로 저소득층의 흑인들과 라틴아메리카계 주민들이 살고 있다.

는 사실을 알 수 있습니다. 그곳 사람들 역시 제 목소리를 빼앗긴 채 무방비 상태에 놓인 불쌍한 사람들이죠. 또한 그들 역시 소수입니다. 우리는 깨달았죠. 우리가 혼자가 아니라는 걸 말입니다. 공통된 의견일치가 형성되기를 고려하면서 이런 연관관계를 보게 된다면 우리는 불의와 억압에 맞서서 우리의 존재 자체를 세계화할 수 있습니다. 캘리포니아 주에서든 미국 전체에서든, 니제르 삼각주에서든 나이지리아와 아프리카 전체에서든 우리는 불의를 멈추자는 합의를 할 수 있는 겁니다. 지금 이런 운동이 진행 중입니다. 진전을 보고 있다는 걸 알려드릴 수 있어서 참으로 기쁘네요. 연관성은 분명합니다.

우리는 모두 지구에 살고 있는 겁니다. 만약 인류가 지구를 보호하지 않는다면, 만약 사람들이 이곳의 오염을 피할 수 있는 다른 곳으로 도망칠 궁리부터 한다면, 우리는 다람쥐 쳇바퀴 돌듯 이곳저곳을 전전할 수밖에 없을 겁니다. 다른 곳에 가더라도 똑같은 생활방식과 똑같은 행동을 하게 된다면, 자신이 도망쳐 갔던 그곳조차 30년이나 100년 내로 오염될 것이기 때문입니다. 이건 마치 "내 집 뒤뜰에는 안 돼"(not in my backyard), 즉 지역이기주의와 같은 상황이죠. 니제르 삼각주를 오염시킬 수는 있지만 미국을 오염시키지는 않겠다는 심보 같은 거예요. 바로 지금, 석유회사들이 유색인 공동체, 흑인 공동체, 사람들이 정치적 목소리를 내지 않는 공동체들을 통해 미국 역시 오염시키고 있다는 사실이 분명해지고 있습니다.

우리는 서로 연결되어야만 합니다. 왜냐하면 오염의 장본인은 하나로서 이곳이나 저곳이나 동일하기 때문입니다. 이윤과 권력에만 눈먼 바로 그런 자들이죠. 그들은 단결하고 있어요. 그들은 조직적으로 환경을 오염시키고 있으며, 모든 이들을 위해서가 아니라 자신들만을 위해서 자원을 뽑아가죠. 우리가 직면한 도전은 바로 이런 겁니다. 우리 공동의 목표를 달성하고, 서로의 연관성을 보고, 자신의 삶과 타인의 삶을 일치

오론토 더글러스

시키고, 우리 공동의 목적에 영향을 주는 관계를 보는 것 말입니다.

미국과 미국인들은 인류에게 닥친, 오늘날 우리가 직면해 있는 환경 오염이라는 악몽을 해결하는 데 있어서 중심적인 역할을 하고 있습니다. 좋은 소식은 미국 안에도 훌륭한 사람들과 양심 있는 사람들이 있다는 겁니다. 분연히 떨쳐 일어나 '안 돼'라고 말하는 사람들이 있다는 거죠. 우리는 시애틀에서 있었던 아름다운 일에 대한 소식을 들었습니다. 미국의 젊은이들이 떨쳐 일어나 "우리는 WTO에 '안 돼'라고 말한다"라고 외쳤다는 소식 말입니다. 우리는 오염이라면 이제 지긋지긋합니다. 환경 악화도 지긋지긋하고, 인간의 품위를 떨어뜨림으로써 인류로 하여금 앞으로 수십 년 동안 스스로를 재창조할 수밖에 없도록 만드는 정책도 지긋지긋합니다. 우리는 생존이라는 문제, 인간 진보의 미래에 너무 단기적으로 접근하고 있어요.

◈ 시간이 흐를수록 석유회사들이 이런 노력을 흡수하거나 저항을 없애려 들겠죠?

◈ 석유회사들의 변신 능력은 놀랍습니다. 그들은 이윤을 뽑아내는 경로를 바꿀 겁니다. 지금 분명히 말하는데 석유산업은 지속될 수 없습니다. 그들의 행동방식과 업무방식은 우리의 미래를 안중에 두지 않아요. 이성의 목소리가 널리 퍼진다면, 환경과 인권을 보호해야 한다는 생각이 일반화된다면, 석유회사들은 수세에 처할 것이라고 생각합니다. 자신들이 이길 수 없다는 걸 안다면 말입니다. 만약 그런 일이 일어난다면 그들은 스스로를 개조할 겁니다. 적당한 모습으로 변신할 새로운 수단을 찾아 나서겠죠. 그렇지만 우리는 그들의 현재 모습을, 카멜레온 같은 모습을 조심해야 합니다. 그들이 지금보다 더 괴물 같은 유령으로 변해서 우리가 통제할 수 없을지도 모르게 되도록 놔둬서는 안 됩니다.

3. 과학, 식량, 환경 : 정의를 위한 운동

💡 선생님의 삶을 돌이켜보실 때 선생님을 움직인 동기와 내적인 힘은 무엇이었나요? 그리고 선생님의 경우에 그런 동기와 힘이 어디서 나왔나요?

🔮 본질적으로 모든 인간이 인류의 진보에 기여해야만 한다는 사실이 제게 동기부여가 됐습니다. 우리는 그저 먹고, 자고, 죽으려고 지구에 있는 것이 아닙니다. 저는 우리가 뭔가 기여를 하기 위해서 이 지구에 왔다고 생각합니다. 인간이 누려야 할 환경권에 제가 조금이나마 기여한 바가 있다면 인간의 진보를 둘러싼 논쟁을 더 멀리까지 끌고 간 것입니다.

법을 통해서든, 강의를 통해서든, 행동을 통해서든 변화의 역동성이 어떤 곳에서든 나올 수 있다는 사실을 이해하는 게 절대적으로 중요합니다. 그러나 이것들은 모두 함께 등장합니다. 많은 고통이 뒤따를지도 모릅니다. 예컨대 환경운동을 벌이다 체포될 수도 있고, 교수형에 처해질 수도 있고, 몇 달 아니면 몇 년간 하나 이상의 여권을 들고 다니며 떠돌아 다녀야만 할 수도 있습니다. 우리가 나이지리아에서 그랬듯이 독재와도 같은 상황에서 슬며시 빠져나올 수 있도록 말이죠. 행동주의는 많은 고통, 많은 좌절, 많은 불안과 함께 가기 마련입니다. 그러나 결국 우리는 진보가 이뤄져왔다는 걸 깨달을 수 있을 겁니다.

오론토 더글러스

4

진실을 찾아서

정부의 권위가 도전받지 않는 시기에는 주로 언론인들이 자유와 책임을 수호하게 된다. 이스라엘의 유력 일간지 『하레츠』의 통신원 아미라 하스와 『뉴요커』의 전속 기자 제인 메이어는 각국 정부가 내세워 일반적으로 용인되고 있는 반(反)테러리즘 정책의 근거 뒤에 어떤 현실이 숨겨져 있는지를 조사했고 자신들이 발견한 사실을 사람들과 공유해왔다.

세심한 조사와 취재원 탐문을 통해 이 용감한 언론인들은 불편한 진실을 밝혀냈고, 자신들의 글을 통해 정부의 주장을 반박하는 논리를 세울 수 있었다. 하스는 팔레스타인인들과 함께 살면서 이스라엘의 신분증 관련법이 사람들을 얼마나 희생시키고 있는지를 이해했다. 메이어는 고문이 미국의 헌법과 가치에 모순된다고 믿고 있는 군 변호사들과 심문자들에게 들은 얘기를 토대로 9·11사건 이후 미국이 자행한 고문 정책의 귀결을 폭로했다. 하스와 메이어는 모두 정부의 행동과 공동체의 오랜 가치들 사이의 모순을 인식함으로써 정치에 눈을 뜨게 된 경우이다.

아미라 하스(Amira Hass, 1956~)는 이스라엘의 유력 일간지 『하레츠』의 통신
원이다. 하스는 기사모음집《라말라 발 뉴스보도 : 점령된 땅의 이스라엘 언론인》
(2003)을 비롯해《가자에서 바다를 마시기》(2000)라는 책을 쓰기도 했다. 하스는 브
루노 크라이스키 인권상, UNESCO 언론자유상, 안나 린드 기념펀드가 수여한 최
초의 상, 헤란트 딘크 상 등 수많은 인권상과 언론인상을 수상하기도 했다.

| 아미라 하스 | 2003년 10월 24일

"글쟁이 한 명이 세상을 바꿀 수는 없습니다. 거리로 뛰쳐나가 외치는 사람들이 필요합니다. 이런 목소리가 단 하나뿐이라면, 그것은 극단주의자, 비관주의자의 목소리로 간주됩니다."

◈ 태어나고 자란 곳은 어디십니까?

◈ 이스라엘의 예루살렘입니다.

◈ 돌이켜볼 때 부모님이 선생님의 세계관에 어떤 영향을 끼쳤습니까?

◈ 제 부모님은 홀로코스트에서 살아남은 유대인이었습니다. 이스라엘공산당 당원이셨죠. 어머님은 게릴라 부대에 가담하셨다가 집단수용소로 강제 추방되셨어요. 아버님은 게토에 계셨고요.

돌이켜보면 저는 부모님의 사적인 시도, 그러니까 일종의 이데올로기적 시도로 길러진 것 같아요. 제2차 세계대전 이후 당신들이 겪게 된 저 끔찍한 정서적·이데올로기적 진공상태와 가족의 공백상태를 보상받으시려고 했던 겁니다. 전쟁으로 가족과 친구는 물론이거니와 역사와 삶까지도 모두 잃으셨으니 말입니다. 평등의 원칙이 인간의 본바탕으로 인정받는 더 나은 세계를 만들 수 있다는 희망으로 이 모든 걸 보상받고 싶어하셨을 거예요.

◈ 선생님의 책 《가자에서 바다를 마시기》의 서문을 읽으면서 저는 상실감의 유산, 회고의 유산뿐만 아니라 저항의 유산까지 느꼈습니다.

◈ 예. 우리가 과거를 되돌아본다거나 상실감을 느낄 때만 상실감이 존재하는 건 아닙니다. 상실감은 늘 존재합니다. 상실감을 느끼기 위해

아미라 하스

서 꼭 과거를 돌아볼 필요는 없죠. 일상생활 도처에 있으니까요. 만일 자신의 형제자매, 혹은 사랑스럽던 다른 누군가가 나치에 의해서 살해된 사람이 있다면, 그 사람에게는 상실감이 계속 존재하는 겁니다.

🔹 어머님, 한나 레비 하스는 작가셨죠.

🔸 맞습니다. 어머님은 집단수용소에서 일기를 쓰셨어요._01 일기 같은 걸 쓴 게 발각되면 사형에 처해질 게 뻔한 바로 그곳에서 말입니다. 어머님이 일기를 쓰실 때는 막사에 같이 있던 친구분들이나 다른 자인들이 지켜줬죠. 어머님은 앞으로 어떻게 될지 아무도 모르는 상황에 대해서 글을 쓰셨습니다. 그리고 그곳에서의 삶을 묘사하셨죠. 당신 자신에 대해서는 별로 언급하지 않았어요. 그보다는 당신 주변의 사람들에게 무슨 일이 벌어지고 있는지를 분석하셨죠. 어머님은 아이들을 가르치기도 했답니다. 이것 역시 집단수용소 수감자에게는 금지된 일이었어요. 그런데도 어머님은 지옥 같은 그곳에서 아이들을 보호해야 할 필요가 있다고 생각하셨던 겁니다. 어머님에게는 그토록 철저히 금지된 활동을 하는 것이 싸우는 방식이었습니다.

🔹 선생님은 저널리즘뿐만 아니라 인권운동에도 관여하고 계시는 것으로 알고 있습니다.

🔸 『하레츠』에서 편집기자로 일할 당시부터 제게는 제 네샤마

_01 아미라 하스의 어머니인 한나(Hanna Lévy-Hass, 1913~2001)는 유고슬라비아 태생으로서 독일군의 점령 당시 게릴라로 활동하다가 1944년 몬테네그로에서 체포된 뒤 베르겐-벨젠의 집단수용소로 보내졌다. 전쟁이 끝난 뒤인 1946년 한나는 자신의 일기를 유고슬라비아에서 자비로 출판했는데, 1961년 독일과 프랑스에서 이 일기가 정식 출간됐고, 1982년에는 영어권에도 소개됐다. 현재 구할 수 있는 판본으로는 한나의 딸인 아미라가 서문과 후기를 쓴 다음의 책이 있다. Hanna Lévy-Hass, *Diary of Bergen-Belsen : 1944-1945*, Chicago: Haymarket Books, 2009.

(neshamah)를 위해서, 히브리어로 영혼이라는 뜻입니다만, 제 네샤마를 위해서 뭔가가 필요했어요. 그래서 자진해 운동에 뛰어들었습니다. 첫 번째 인티파다02가 진행 중일 때였죠. 제가 자진해 들어간 곳은 노동자 핫라인이라는 단체였습니다. 우리는 팔레스타인의 노동자들을 지원했어요. 당시 이스라엘의 고용주들은 이들의 권리를 침해하고 있었습니다. 이스라엘의 노동조합들도 팔레스타인 노동자들을 제대로 대변해주지 않았죠. 그래서 우리는 팔레스타인 노동자들을 지지하는 단체를 만들어 이들이 응당 받아야 할 대접을 받도록 하기 위해서 변호사를 통하거나, 아니면 직접 고용주들과 접촉하는 것을 적극적으로 도왔습니다.

팔레스타인인들이 처한 수십 년 간의 곤경을 처음으로 알게 되신 게 이때인가요?

아뇨, 아닙니다. 저는 정치에 관심이 많은 가정에서 자랐습니다. 제 주변환경도 정치적이었죠. 저는 수년 동안 이스라엘의 좌파로 활동해왔습니다. 저는 늘 이렇게 생각했습니다. 이스라엘인이 이스라엘 안에서 활동하면서 사람들에게 이스라엘의 팔레스타인 점령이 잘못된 일이라는 걸 설명해주고 이해시켜주는 게 이스라엘 좌파의 활동이 되어야만 한다고 말입니다. 이런 일을 하는데 팔레스타인으로 건너가 이스라엘의 점령군을 만나거나 겪어볼 필요는 없었죠.

그러나 제1차 인티파다가 모든 걸 바꿔놨습니다. 그리고 저는 기존의 정치적 행동이 전혀 먹혀들지 않는다는 걸 느끼게 됐죠.

_02 Intifada. 아랍어로 '봉기' 혹은 '각성'을 뜻하는 단어인데 흔히 팔레스타인인의 반(反)이스라엘 저항운동을 지칭한다. 제1차 인티파다는 1987년부터 1993년까지 전개됐는데, 이스라엘군의 지프차에 치여 팔레스타인인 4명이 사망한 사건이 계기가 됐다. 이스라엘군이 1087명의 팔레스타인인들을 살해하는 것으로 일단락됐다.

노동자핫라인에서 활동한 덕분에 저는 가자 지구를 알게 됐습니다. 특히 이 경험은 마치 새로운 세계를 발견하는 것과 같았어요. 저는 제가 편견이 없다고 생각했습니다. 그러나 저는 그곳의 일상생활에 대해서 아는 것이 아무것도 없었던 겁니다. 주로 이론적인 지식만 갖고 있었죠. 그래서 당시의 경험은 더 세부적인 지식을 얻을 수 있는 기회였어요. 저는 가자 지구의 사람들에게 완전히 매혹됐습니다. 저는 그곳이 아주 따뜻한 사회이자, 타인을 아주 반갑게 맞이하는 사회이며, 아주 탄력적인 사회라는 걸 알게 됐죠.

◈ 선생님은 선생님이 소재로 삼은 마을들에 가서 직접 사셨습니다. 저널리스트로서 이런 선택을 하게 된 것에 대해 설명해주십시오.

◈ 저는 그게 저널리즘의 기본 원칙이라고 생각합니다. 그러나 제겐 그곳에서 살아야만 만족시킬 수 있는 연구 차원의 호기심도 있었습니다. 그곳의 삶 자체가 진행 중이던 연구였으니까요. 그러니 저는 매우 행운아였던 셈입니다. 새로운 사회도 발견했고, 그 안에서 살아보면서 그 사회의 여러 모습을 발견할 수 있었으니 말입니다. 그러나 저는 말 그대로의 의미에서 그 사회의 일원이라기보다는 여전히 일종의 관찰자였을 뿐입니다. 물론 어느 정도는 그 사회의 일원이 될 수도 있었겠지만, 저는 그 사회에서 살면서 계속 이런 관찰자적 위치에 있었습니다.

어떤 사람들은 제 작업을 인류학적 작업과 비교하더군요. 좀더 진보적인 인류학적 작업으로 말입니다. 개인적으로 제게는 그것도 매우 중요했습니다. 저는 제 연구 대상의 내부로 들어가 그것의 맛과 풍미를 직접 느껴보는 데 집착하는 편이거든요. 스무 살 때 저는 루마니아에서 네다섯 달 정도 살았던 적이 있습니다. 니콜라에 차우셰스쿠가 지배하던 시절이었죠. 곧 말씀드릴 텐데, 당시 저는 일종의 철학적 책임감 같은 걸 느꼈습니다. 왜냐하면 저는 공산주의자 가족에서 태어났으니까요.

그렇다고 제가 동유럽의 정권들에 대해 환상 같은 걸 갖고 있었던 건 아닙니다. 그러나 제 가족과 이데올로기적 배경이 그랬기에 저는 동유럽에서 생겨난 저 끔찍한 독재 사회나 공산주의의 돌연변이 같은 사회에서 살아봐야 한다는 철학적 책임감을 지니게 됐어요.

🎙 선생님의 저서에서 이론은 관찰이나 사실과 어떤 관계를 맺는지요? 물론 선생님은 실제 상황이 무엇인지, 사람들이 실제로 어떻게 살아가고 있는지를 이해하려고 하실 겁니다. 그런데 마음속으로는 이론에 대해서 어떻게 생각하시는지 궁금하군요.

◇ 전 언제나 계급갈등에 주목합니다. 그건 이론화할 필요조차 없는 거죠. 너무나 명확한 것이니 말입니다. 제가 처음부터 팔레스타인 당국에 아주, 아주 비판적이었던 이유가 바로 이 때문입니다. 제가 보기에 그들은 오슬로 협정_03을 뒷받침해줄 근거지를 만들기 위해서 부정직할 뿐만 아니라 사람들을 부패시키는 온갖 방식으로 옛 엘리트들을 새롭게 강화하고 있었어요.

이와 동시에 저는 이스라엘이 계속 식민화 정책을 쓴다는 걸 똑똑히 봤습니다. 이스라엘 유대인들의 패권을 유지하기 위해서 그렇게 한 거죠. 그러나 당시 저는 제 머릿속에 특정한 이론적 가정이 어쩔 수 없을 정도로 붙박이처럼 붙어 있다는 걸 잘 알고 있었습니다. 제가 마르크스주의 학자가 아닌데도 말입니다. 전 그런 사람이 아닙니다. 아무튼 그래서 저는 매우 신중하게 많은 정보를 모았습니다. 매우, 매우 조심했죠.

_03 The Oslo process. 1993년 9월 13일 이스라엘의 이츠하크 라빈 총리와 팔레스타인해방기구의 야세르 아라파트 의장이 협의한 합의. 이스라엘은 팔레스타인해방기구를 합법적인 팔레스타인 정부로 인정하고, 팔레스타인해방기구는 이스라엘의 존재 근거를 인정해 양자가 공존한다는 내용을 골자로 하고 있다.

대부분의 사람들이 빈곤에 허덕이고 있는데도 아라파트의 측근들은 점령지에서 재산을 축적하기 시작했다는 말이 들릴 때도 말입니다. 저는 매우 신중을 기했고, 그래서 그 문제에 관해 곧장 글을 쓰지 않았어요. 무엇보다 더 많은 자료를 모아야만 한다고 믿었기 때문입니다. 그러니 어떤 의미에서 보면, 제 자신이 제 안에 존재하는 이론화의 충동을 잘 알고 있기 때문에 어떨 때는 훨씬 더 신중합니다.

◈ 작가로서 선생님이 활용하는 기술에 대해서 좀더 얘기해주시죠. 선생님은 매우 아름답게 글을 쓰십니다. 이해하기도 쉽고, 일상생활을 세부적으로 묘사하고 있죠. 선생님의 글 속에는 사람들이 간과하는 무엇인가를 보는 눈이 있습니다. 어떻게 그렇게 하실 수 있는 거죠?

◈ 그렇게 말씀해주시니 감사하네요. 방금 말씀하신 게 저널리즘의 기초적인 필요조건은 아닙니다.

때때로 저는 제 눈앞에서 필름이 돌아가는 걸 봅니다. 그러면 그걸 글로 옮겨야겠다고 느끼게 되죠. 만약 제가 영화감독이었다면 이와 똑같이 했을 겁니다. 단지 글 대신 이미지를 썼겠죠. 물론 제가 특집기사만 쓰는 건 아닙니다. 논평도 쓰죠. 그때는 분석을 제시해야만 한다는 걸 잘 압니다만, 그럴 때도 저는 일상생활의 사례를 통해서 제시하는 걸 더 좋아하죠. 구호 같은 걸 내놓기보다는 말입니다.

가능한 한 저는 구호 같은 걸 피하려고 애씁니다. 왜냐하면 저는 이스라엘인과 팔레스타인인이 같이 사는 사회에서 살고 있기 때문입니다. 그곳은 정말이지 온갖 구호와 한 문장으로 된 감탄사가 넘쳐나요. 그런 걸 보면 끔찍할 뿐이죠.

◈ 선생님은 대다수 저널리스트들과는 달리 표제에 휘둘리지 않는군요.

◈ 그럴 필요가 없죠. 제가 매일 기사를 쓰는 건 아니니까요. 뭔가 구

4. 진실을 찾아서

조적인 사안들이 있는데, 그런 것들은 표제에 실리질 않고 있습니다. 이스라엘의 정책이나 팔레스타인의 전술 안에서 구조화되고 발전되어온 것들이 그런 것들이죠. 그래서 저는 특정 순간에 모든 사람의 이목을 끌다가 이삼 일 뒤엔 사그라지는 내용보다는 구조적인 문제에 주의를 집중합니다.

◈ 이제 이스라엘의 팔레스타인 점령에 대해서 얘기해보도록 하겠습니다. 「팔레스타인 연구」라는 글에서 선생님은 이스라엘의 지배구조를 상세히 설명하셨습니다. 그 내용을 저희에게 설명해주십시오. 이스라엘이 팔레스타인 지역을 통제하려고 사용한 전략이 어떤 부작용을 가져왔는지요?

◈ 우선 이 사실을 말씀드려야겠군요. 이스라엘의 점령은 꼭 군사적인 점령만이 아닙니다. 어떤 민족, 어떤 외국의 정부가 자신들의 정부를 선출하지 못한 다른 민족이 걸어야 할 발전의 미래와 범위, 발전의 기회를 결정하게 됐다는 것만 봐도 충분히 알 수 있는 사실이죠.

특히 저는 이스라엘의 점령이 무엇인지를 오슬로 협정 이후 몇 년 동안 이해할 수 있게 됐습니다. 많은 사람들은 이 협정이 평화협정이라고 믿고 있고, 또 그렇게 선전되어왔죠. 그러나 제가 관찰한 바에 따르면 팔레스타인인들의 목숨을 통제하려는 이스라엘의 정책은 계속되고 있고, 예전보다 훨씬 더 강화됐습니다. 비록 이스라엘군이 팔레스타인인들이 사는 지역에 직접적으로 들어가 있는 것도 아니고, 팔레스타인 지도부와 이스라엘 정권이 서로 협상한 것은 사실이지만 말입니다.

이스라엘의 통제, 팔레스타인인들의 미래를 좌지우지하려는 이스라엘의 끈질기고도 성공을 거둔 이 시도는 주요하게 두 가지 형태로 나타나고 있습니다. 첫번째는 식민화 정책 혹은 정착 관련 정책입니다. 이것을 통해 이스라엘은 오슬로 협정 기간 동안에 가자 지구와 서안 지구의 땅을 훨씬 더 많이 장악하게 됐습니다. 그리고 육지와 강 사이에 단일 영토의 단일 국가에 필요한 국가 기반시설을 건설할 수 있도록 확실히 했죠. 그런 기반시설 중 하나가 매우 멋진 고속도로와 도로인데 이것들은 먼 곳의 정착지를 이스라엘 본토와 연결시켜줍니다. 요컨대 점령 지역에 존재하는 먼 장소에까지 이스라엘과 동일한 하수처리 · 관계 · 배전 · 교육 시스템을 건설하는 거죠. 그러나 이것은 유대인들만의 기반시설입니다.

이런 기반시설, 이런 도로와 정착지의 관계망 사이에 팔레스타인인 거주지가 있는 겁니다. 자치를 인정받았지만 그 자치라는 것 자체가 매우 제한된 팔레스타인인 거주지 말입니다. 팔레스타인인들은 자신들이 거주할 자연적 · 영토적 구역의 몸집을 키울 수가 없어요. 왜냐하면 이른바 저 평화협정의 시기에 이스라엘이 그런 곳을 다 장악했기 때문입니다.

팔레스타인의 발전을 통제하는 두번째 방법은 1991년 처음으로 도입된 사실상의 통행법 시스템을 통해서입니다. 아파르트헤이트 정책을 펴던 남아프리카공화국에서 쓰던 것과 비슷한 거죠. 팔레스타인인들은 이동의 자유를 뺏긴 겁니다. 이스라엘의 점령에도 불구하고, 오슬로 협정 이전 몇 년간 이스라엘에 맞서 팔레스타인인들이 벌인 무장투쟁에도 불구하고, 1967년부터 1991년 사이에는 팔레스타인인 공동체 전체가 특정한 몇몇 예외는 있었지만 대체로 자신들 땅에서 이동할 자유를 허락받았어요. 1991년 이후에는 이 정책이 거꾸로 뒤집혔죠. 팔레스타인 인구 전체가 이동의 자유를 허락받지 못한 겁니다. 이스라엘이 선택한 몇몇 범주의 사람을 제외하고는 말입니다.

수십 년이 흐른 오늘날 이 시스템은 완벽해졌습니다. 이제는 더욱 더 많은 사람들이 허가를 받아야만 하며, 갈 수 있는 곳도 점점 더 줄어들었어요. 처음에는 가자 지구에서 이스라엘로, 가자 지구에서 서안 지구로, 혹은 이와 반대로 여행하려면 허가를 받아야만 했습니다. 이제는 서

4. 진실을 찾아서

안 지구 내의 한 도시에서 다른 도시로 가는 것도 허가를 받아야만 합니다. 서안 지구나 가자 지구의 어느 특정 지역에서 정착지 근처에 사는 사람들은 그곳을 나가는 것도 허가받아야만 합니다. 그것도 특정한 시간에 특정한 입구를 통해서 말입니다. 지난 12년 동안 이스라엘이 해온 일은 팔레스타인 영토뿐만 아니라 팔레스타인 인구를 산산 조각낸 겁니다. 이동의 자유라는 특권이 있느냐 없느냐에 따라 구분된 범주로요.

◈ 선생님은 이렇게 쓰셨습니다. "시간과 공간은 모두 하나의 세계 안에 공간을 만들어준다. 누군가가 자신의 임무와 활동을 물질적으로 완수할 수 있도록 그리고 정신적인 수준에서 개인이나 공동체가 모두 숨을 쉬고, 발전하고, 번성하고, 창조할 수 있도록 말이다. 지난 30여 년 동안 이 점령된 영토의 공간은 서서히 그러나 가차없이 잠식되어갔다. 땅이 더 많이 무단으로 뺏기면 뺏길수록 말이다." 이건 이론적인 말 같은데 일상생활에서의 예를 좀 들어주십시오.

◈ 자바라라는 마을 이야기를 들려드리고 싶군요. 자바라는 만들어진 지 얼마 안 되는 울타리 사이에 갇혀 있습니다. 이스라엘이 설치한 보안용 울타리인데, 예전에는 경계선이 그어져 있었죠. 전해지는 바에 따르면 이 울타리는 이스라엘로 침투하려는 자살폭탄 특공대를 막기 위해서 만들어졌다고 합니다. 그러나 이 울타리는 경계선, 그러니까 1967년 당시의 국경선을 따라서 만들어진 것이 아니라 팔레스타인 영토 깊숙이 있는 여러 지역 안에 세워졌습니다. 이스라엘인들의 정착지를 만들기 위해서 말입니다. 그래서 예전의 경계선을 개선했는데, 사실상 팔레스타인인 공동체의 땅을 빼앗고 그들을 가둬두는 것이었죠. 이 지역의 사람들은 자유롭게 이스라엘로 가는 것이 허락되지도 않고, 자유롭게 팔레스타인 영토로 갈 수 있는 것도 아닙니다. 이 마을의 인구는 고작 300명이지만 이곳 아이들 100명이 이웃 마을에서 공부하고 있습니다. 그 이웃 마을이 사실상 자바라의 모(母)마을이죠. 그래서 학생들은

학교가 있는 다른 마을로 가려면 울타리를 넘어가야만 합니다. 울타리가 입구죠. 이곳은 때로는 열려 있고, 때로는 닫혀 있습니다. 그 근처에 툴카름이라고 불리는 팔레스타인 도시가 있는데, 그곳에서 선생님들이 가르치고 있어요. 그 분들은 이스라엘 군인들이 지키고 있는 검문소를 거쳐 또 다른 곳에서 넘어오셔야만 합니다. 그 분들 역시 때로는 통과하기도 하고, 때로는 그렇게 하지 못하기도 하죠.

마을 사람들은 각자가 살고 있는 곳에서 살 수 있도록 이스라엘이 허락해준 허가증을 갖고 있어야 하는데, 현재는 이 허가증에 덧붙여 특별한 신분증까지 갖고 있어야만 합니다. 마을 사람들이 살고 있는 곳은 폐쇄된 군사지역으로 선포된 곳입니다. 팔레스타인인들에게만 그렇게 선포됐죠. 유대인들은 그곳에 갈 수도 있고 살 수도 있습니다만, 팔레스타인인들은 그럴 수 없습니다. 이미 그곳에 살고 있는 사람들만이 머물 수 있는 허락을 받을 수 있어요. 그것조차 이스라엘 군부에게 인가받아야 하죠. 몇몇은 이미 더 이상 그곳에 머무는 걸 허락할 수 없다는 통보를 받은 상태입니다. 왜냐하면 이들 중 일부는 수년 전부터 정치 활동을 해오다가 이스라엘의 감옥에 갇혀 있거나 하기 때문입니다. 그러나 그곳은 그들의 땅입니다. 그곳은 그들의 고향이고, 그곳에는 그들의 가족이 있죠. 그런데 지금 사실상 그들한테 떠나라는 겁니다.

가자 지구에서 또 다른 규모로 일어난 일이 바로 이런 것들입니다. 가자 지구에는 사람들이 하루에 두 번씩, 혹은 하루에 한 번씩 울타리와 입구를 넘어 가야 하고, 그것조차 때로는 허락받고 때로는 허락받지 못하는 지역이 있는 겁니다. 그들은 자기 자동차로도 갈 수 없습니다. 뭔가를 들여오는 것도 허락받지 못하고, 자신들이 농사지은 생산물을 시장에 내다팔 수도 없죠. 그토록 많은 사람들이 그런 지역을 떠나라고 등을 떠밀려왔던 겁니다. 놀랍게도 이런 식으로 가자 지구에서 텅텅 비게 된 지역은 이곳만이 아닙니다. 게다가 그 지역에는 이제 이스라엘의 대

규모 정착지 중 몇 개가 있죠._04

　그러니까 이 모든 일이 천천히 일어났습니다. 품위 있게 살고 싶어하는 많은 사람들을 각자의 땅과 각자의 고향에서 강제로 쫓아내는 것, 바로 이것이 안보라는 미명 아래 진행된 정책입니다. 만약 그곳에 계속 머무르기를 고집한다면 그들은 비천한 삶을 살아가면서 억지로 구호단체의 대상이 될 수밖에 없을 거예요. 게다가 일을 해서 먹고 살 수도 없게 될 거고요.

　◈ 통행증 시스템과 이스라엘인 정착지를 뒷받침해주는 기반시설이 한데 결합해 일상의 문제를 가져온 거군요. 추측해보건대 이스라엘인 정착지를 위해 건설된 고속도로로 달리는 이스라엘인들이 30분이면 끝낼 여행을, 팔레스타인인들은 몇 시간이나 걸려 해야겠군요. 그들에게는 이런 도로에서 달릴 수 있는 권한이 없으니 말입니다.

　◈ 그렇습니다. 그도 아니라면 아예 여행을 떠날 수조차 없거나 말이죠. 그러니 이건 땅을 강탈하는 것만이 아니라 시간을 강탈하는 것이기도 합니다.

　팔레스타인인들은 지난 13년 동안 시간을 강탈당해온 셈인 거죠. 허가를 기다려야 하고, 그러다가 허가를 못 받으면 다시 또 기다려야 하고. 그 다음에는 검문소에서 기다리느라 시간을 허비하고, 또 그 다음에는 좁은데다 위험하기까지 한 통행로를 거쳐 가느라 시간을 허비하고 말입니다. 시간은 일종의 생산수단입니다. 시간은 개인의 내적 발달과 공동체의 발전을 위해서 너무나 소중한 것입니다. 통행증 시스템이 그

_04 이스라엘은 2005년 8월 가자 지구에서 철수했다. [원주]

걸 와락 잡아채고 있는 거죠. 팔레스타인인들은 이처럼 매우 중요한 삶의 수단을 강탈당해왔던 겁니다.

때때로 저는 시간이 땅보다 더 소중하다고 생각해요. 왜냐하면 땅은 이런저런 방식으로 돌려받을 수 있지만, 잃어버린 시간은 절대 돌려받을 수 없기 때문입니다.

◈ 이런 상황은 영혼을 조금씩 갉아먹는 무력감, 좌절감을 가져오고야 맙니다.

◔ 완벽하게 목을 졸라 죽이는 거죠. 문제는 이런 시간 손실이 얼마나 큰 건지를 사람들이 잘 모르고 있다는 점입니다. 저는 이런 시간의 손실과 공간의 상실 때문에, 이동의 자유를 누리지 못하기 때문에 사람들이 어떻게 자신의 기대치를 낮추는지 봐왔습니다. 그들은 자신의 삶에서 많은 것을 기대하지 않습니다. 그러면 실망하게 되리라는 걸 잘 알고 있으니까요. 친구를 보러 갈 계획조차 세울 수 없으니 말입니다. 게다가 제가 지금 얘기하고 있는 건 무장충돌이나 거듭되는 군사적 난입이 자행되고 있는 지금의 끔찍한 시기가 아니라 그 이전의 몇 년 동안 일어난 일입니다.

사람들은 스스로, 그것도 아주 많이, 자신들의 기대치를 낮춰왔어요. 그들은 자신을 둘러싼 좁은 환경에 스스로를 제한한 겁니다. 가족-일-집 그리고 또 가족-일-집, 이렇게 말입니다. 그 이상은 아무것도 없었던 거죠. 지금은 가자 지구에 갈 수조차 없어요. 심지어 바다도, 바닷가의 절반도 팔레스타인인들에게는 막혀 있습니다. 팔레스타인인들은 바닷가에서 400미터 떨어진 곳에 살고 있지만 바다까지는 갈 수 없습니다. 왜냐하면 그곳은 이스라엘인 정착지이며, 이 정착지의 안전이 우선시되어야 하기 때문입니다.

◈ 이스라엘이 어떻게 이런 전략을 채택하게 됐는지 좀더 설명해주시죠. 선생님

의 글을 읽으면서 저는 무엇보다 이런 조치가 그 본질상 다른 무엇인가로 변하게 될 것을 통제하려고 즉석에서 만들어진 결정 같다는 인상을 받았습니다.

◇ 제가 늘 자문해왔던 게 바로 그것입니다. 그 무엇이 도대체 무엇일까, 그것은 애초부터 얼마나 종합적인 계획의 일환으로 시작된 것일까 하는 것 말입니다. 저는 여전히 두 가지 가능성 사이에서 오락가락하고 있어요. 1991년 당시에는 특히 제1차 인티파다를 억눌러야 했는데 과연 이런 정책이 얼마나 임시방편적으로 결정됐을까요?

1991년에 제1차 인티파다가 중단됐습니다. 팔레스타인으로서는 대중 봉기를 계속할 능력도, 수단도 없는데다가 이스라엘도 탄압을 그만뒀거든요. 그 즈음에 이스라엘이 점령군으로서 인도주의적인 기준을 준수하라는 요구를 받아들였기 때문이었죠. 이스라엘은 민간인들의 안녕을 책임져야 했어요. 이스라엘이 팔레스타인인들을 폭격할 수 없었던 이유가 이 때문입니다. 민간인 지역에 1톤짜리 폭탄을 떨어뜨리거나 지금처럼 매일 다섯, 여섯, 일곱 명씩, 아니면 더 많은 사람을 살해하는 식으로 팔레스타인인들의 봉기를 진압할 수 없게 된 거죠.

그래서 이스라엘은 관료제적 논리를 수단으로 삼을 수밖에 없었습니다. 통행증 시스템이 바로 그런 관료제적 수단인 셈인 거죠. 이스라엘은 팔레스타인인들의 봉기가 이스라엘 자체에까지 넘쳐 흘러들어오는 것을 막으려고 했던 겁니다. 그리고 그런 수단을 통해 이스라엘의 통제력은 더욱 더 막강해질 수 있었습니다. 왜냐하면 사람들이 통행증 같은 특별한 문서에 모조리 종속되면 이들의 움직임을 통제할 수 있고, 결국에는 이들의 활동을 막을 수 있기 때문입니다. 그러나 시간이 흐를수록, 특히 오슬로 협정 시기에 이스라엘은 팔레스타인인들의 경제생활을 어떻게 하면 통제할 수 있는지, 어떻게 하면 팔레스타인 당국에 맞선 사실상의 경제적 소모전을 펼쳐 회담 중에, 협상 중에 팔레스타인인들이 자신들의 과도적인 지위와 훗날의 최종적 지위와 관련한 각종 양보 조치를 억지로 받아들일 수밖에 없도록 만들 수 있을지 깨닫게 됐어요.

제 생각에 이스라엘의 정책은 이렇게 발전해온 겁니다. 어떤 단계에서 그렇게 됐는지는 모르겠습니다. 다만 아주 이른 시기부터 팔레스타인인들을 인구학적으로 분리하기 위한 수단으로 발전해왔다고 생각합니다. 지리적 분리도, 정치적 분리도 아닙니다. 인구학적 분리죠. 무슨 말인고 하니 이스라엘은 여전히 두 민족이 살아가고 있는 영토 전체를 통제하고 있다는 겁니다. 이 두 민족을 분리하면서 말이죠. 한 민족을 위해서 또 하나의 다른 인구통계학적 집단을 분리하는 거죠.

◈ 이제 자살폭탄 특공대에 대해서 얘기해보도록 하겠습니다. 어떤 면에서 최근에 발생한 일련의 폭탄 투척 사건은 이 지역에서 실제로 무슨 일이 일어나고 있는지 이해하려는 우리의 능력을 박살내버렸습니다. 이스라엘과의 분쟁 도중 어떻게 팔레스타인 측에서 자살폭탄 특공대가 등장하게 된 것인지 설명해주십시오.

◈ 이스라엘과의 분쟁 도중 일어난 최초의 자살폭탄 사건은 1993년에 발생했습니다. 이스라엘의 영토에서가 아니라 팔레스타인 영토에서 말입니다. 레바논에서 처음으로 자살폭탄 공격이 있은 지 10년 뒤의 일이었죠. 이게 무슨 뜻이냐 하면 그 10년 동안 대부분 이슬람교도인 팔레스타인인들은 그런 행동을 지지할 생각조차 하지 않았다는 겁니다. 그들은 늘 죽음이 아니라 삶을 향한 희망에 근거해 싸웠죠. 1993년은 통행증 시스템과 봉쇄 정책이 도입된 지 2년 뒤입니다. 당시 자신들의 공간이 줄어들면서 팔레스타인인들은 끔찍할 만큼의 무기력을 느꼈을 거라고 생각합니다. 바로 그럴 때인 1993년에 점령된 지역에서, 즉 가자 지구와 서안 지구에서 군사 목표물과 거주자들을 대상으로 한 자살폭탄 공격 시도가 서너 차례 발생한 거죠. 그 거주자들조차 팔레스타인인들에게는 민간인이 아니라 군인처럼 보였죠.

1994년에는 이스라엘 내부에서 첫번째 자살폭탄 공격이 발생했습니다. 헤브론에서 유대계 미국인 의사가 예배를 보던 이슬람교도 29명을 그들의 성지에서 살해[05]한 지 한두 달 뒤의 일이었어요. 그러니까 이 공격은 최초의 복수극이기도 했습니다. 그 뒤로 더 많은 복수가 시작됐죠. 이스라엘에 맞서는 하마스와 지하드주의자들이 곧 이 공격을 모방하기 시작했고, 그때마다 자신들의 공격은 민간인들을 죽인 이스라엘의 행위에 대한 보복이라고 주장해왔습니다.

그러나 하마스의 입장에서 볼 때 이런 자살폭탄 공격에는 명확한 정치적 동기도 있습니다. 이들의 공격이 오슬로 협정을 뒤엎어버렸죠. 그도 아니면 팔레스타인 당국을 코너로 밀어붙였습니다.

 그러니까 저마다 대중들의 지지를 받으며 서로 경쟁 중인 팔레스타인 지도부 내의 분파들이 자살폭탄 공격을 일종의 도구로 보고 있다는 말씀이십니까?

ⓥ 당시의 인티파다에서 자살폭탄 공격은 모두의 경쟁 도구가 되어버렸습니다. 팔레스타인 지도부 내의 분파들은 사람들이 삶에 대해 느끼는 피로감, 완전히 희망을 잃어버린 상실감, 복수를 향한 충동을 이용하고 있어요. 왜냐하면 지난 3년 동안 수많은 팔레스타인 민간인들이 살해됐기 때문입니다. 세상이 전혀 모르는 사이에 말입니다. 그들은 복수를 해야 할 욕구를 느꼈고, 잠시라도 억류된 생활과 매우 제한된 공간에서 벗어나 모든 곳에 있을 수 있는 욕구를 느낀 겁니다. 그래서 이런 욕구를 위해 기꺼이 죽을 준비를 한 것이죠. 살아야 할 이유를 찾지 못하니 말입니다. 그러나 팔레스타인 지도부 내의 분파들이 사람들의 이

_05 1994년 2월 25일 골드스타인(Baruch Kopel Goldstein, 1956~1994)이 패트리아크 동굴(Me'arat HaMachpela)에서 저지른 사건을 말한다. 패트리아크 동굴은 성서에 나오는 네 부부 즉 아담과 이브, 아브라함과 사라, 이삭과 레베카, 야곱과 레아의 매장지라고 여겨지고 있는 성지다. 골드스타인의 총격으로 29명이 죽은 것 이외에도 125명이 부상을 입었으며, 골드스타인 자신은 살아남은 예배자들에게 맞아 죽었다.

런 상태를 이용하는 것은 일종의 전략적 차원에서 이런 행동이 독립을 더 가깝게 해주리라고 생각해서가 아닙니다. 오히려 팔레스타인인들 사이에서 인기를 끌려고 서로 경쟁하고 있기 때문에 그런 겁니다.

🕑 이 사실에 대해 우리가 알고 있는 바를 좀더 넓혀보도록 하겠습니다. 선생님의 생각은 일족의 땅을 빼앗기거나 친척을 잃은 사람들이 그런 태도를 보인다고 가정하십니다. 혹은……

🔲 혹은 자기 주변에서 무수히 많은 피를 본 사람들이겠죠.

🕑 그런 사람들은 믿을 수 없을 만큼 암울함과 좌절감에 빠진 채 팔레스타인 지도부 내의 여러 분파에 기회를 주는 대상이 되어가고 있다는 말씀이군요. 각 분파들은 그런 사람들을 이용해 자살폭탄 공격으로 이스라엘에 반격을 하고 싶어하고 말입니다.

🔲 대부분의 경우 각 분파는 사람들을 뽑기 위해 열심히 노력할 필요가 없습니다. 그런 사람들이 자발적으로 찾아와서는 이렇게 말하는 경우가 대부분이기 때문입니다. "자살폭탄 공격을 시도해보고 싶습니다." 요컨대 대개의 경우 그런 사람들은 스스로 자살폭탄 공격을 하려고 하죠.

🕑 그러나 바다 건너에 살고 있는 우리로서는 무엇이 이런 행동을 하게끔 이끄는지 이해하기가 어렵습니다.

🔲 저처럼 세속적인 사람은 사람들이 천국에 대해서 왈가왈부하는 것을 믿거나 이해하는 걸 매우 어려워하죠. 그래서 저는 팔레스타인에 있는 친구들과 지인들의 도움을 받아야 했습니다. 저처럼 매우 세속적이지 않으면서도 너무 종교적이지도 않은 사람들에게 말입니다. 이들 중 대다수가 이렇게 말하더군요. 천국에 간다는 것이나 샤히드06가 되

　　　　　　　　　　　　　　　4. 진실을 찾아서

려는 종교적 동기, 그러니까 순교를 통해 천국에서 영생을 얻겠다는 것은 주된 동기가 아니라고 말입니다. 그런 동기는 나중에야 올 뿐이라고, 그도 아니라면 그렇게 하는 것이 일종의 규범이기 때문에 나중에야 원래 그랬던 것처럼 갖다 붙이는 것이라고요.

진정한 동기는 각자의 개인적 경험에서 나오는 겁니다. 자기 삶이 완전히 망가진 사람들만이 자살폭격 공격을 감행한다고 말하려는 게 아닙니다. 전혀요. 스스로를 폭탄과 함께 터뜨리는 사람들의 상당수는 직업을 갖고 있거나 막 직업을 갖게 된 사람들이었습니다. 극빈층 가족 출신도 아니었고, 대부분 대학에 다닌 적도 있는 사람들이었죠. 그러니까 이들이 서구인들의 기준이나 팔레스타인인들의 기준에서 완전히 상실감에 빠진 사람들은 아닙니다. 그러나 그들은 자신들이 절망에 빠진 사회를 대변하고 있다고 느꼈습니다. 그래서 뭔가를 하고 싶어했고, 이 절망을 이용하고 싶어한 거죠. 복수로 말입니다.

즉각적이지는 않지만 개인의 절망감과 정치공동체의 절망감은 매우 복잡하게 상호작용을 하고 있어요. 그들 대다수는 계율을 더 엄격히 준수함으로써, 모스크에 나감으로써, 하루에 다섯 번씩 기도함으로써, 수차례 코란을 읽고 또 읽음으로써 힘을 얻습니다. 그들 중 몇몇은 엄청난 유혈 사태를 보게 된 인티파다가 시작됐을 때 코란을 읽기 시작했어요. 수많은 이웃, 친구, 친족이 줄줄이 살해당하고, 이스라엘 병사들이 민간인들을 죽였죠. 그들은 코란을 읽으면서 마음의 보상과 위안을 얻었습니다. 그래서 힘을 얻었죠.

그러나 이것은 동기가 아닙니다. 아마도 이건 버팀대였을 겁니다. 저

_06 Shahid. '증인'을 뜻하는 아랍어이지만 이슬람교에서는 통상 '순교자'를 말한다. 종교의 계율을 완수하기 위해서 자신의 목숨을 내놓거나, 자신의 조국이나 가족을 지키기 위해 싸우다 죽은 사람을 지칭한다.

아미라 하스

는 하마스 출신의 한 사람과 얘기를 한 적이 있어요. 결국 그 사람은 살해됐는데, 자살폭탄 공격을 시도하다가 그렇게 된 게 아니라 총을 들고 이스라엘 탱크와 병사들에 맞서다가 그렇게 됐습니다.

아무튼 그 사람이 살해되기 1년 전에 우리는 얘기를 나눈 적이 있습니다. 그 사람이 말하길 자기는 자살폭탄 공격 지원자라는 겁니다. 이스라엘군과 싸우기 위해 그 사람이 선택한 것이 자살이었던 거죠. 왜냐하면 자살하는 게 아니라면 살해되는 게 다반사였기 때문입니다. 그 사람은 종교적 동기 같은 건 전혀 입 밖에 내지 않았어요. 오직 한 민족으로서의 동기만 있었고, 얼마나 많은 친구들이 살해됐는가만을 생각했습니다. 그 사람은 교육을 꽤 많이 받은 사람이었고, 매우 종교적이기까지 했습니다. 이론적으로 말입니다. 그 사람은 무장투쟁에 가담하게 된 첫 번째 가는 동기로 종교를 들먹이지 않았습니다. 종교는 그 사람의 버팀대가 됐을 뿐 동기가 되지는 않았어요.

◈ 이스라엘 측에서나 팔레스타인 측에서나 지도부가 실수를 저지른 듯합니다. 자신들의 정책이 가져올 결과와 상황의 역동성을 볼 수 있는 책임감 있는 지도부도 없고요. 양쪽을 다 봤을 때 저는 이런 질문을 드리고 싶습니다. 이스라엘에 관해 제일 먼저 드리고픈 질문인데요. 애초 오슬로 협정을 추동하고 시행하려고 노력한 노동당 정권07조차 정착지를 계속 만들어왔습니다. 그리고 그것이야말로 지도부의 진정한 실패였습니다. 동의하시나요?

◈ 전혀요.

_07 오슬로 협정의 이스라엘 측 대표자였던 라빈 총리가 노동당 소속이었다.

❂ 동의하지 않으신다고요?

◈ 예. 지금 '실패'라고 말하셨으니까요. 이스라엘의 주된 목적이 팔레스타인과 평화롭게 지내는 것이라고 가정하시니까 그런 표현을 쓰신 겁니다.

❂ 제대로 보셨습니다.

◈ 제가 생각하기에 이스라엘의 주된 목적은 더 강하고 거대한 이스라엘을 만들 수 있는 보장책을 만들고, 팔레스타인인들의 정치적 통일성을 약화시키는 데 있었습니다. 그리고 꽤 성공을 거뒀죠. 그러니 이것이 그들의 주된 목적이었다고 생각한다면 이스라엘은 꽤 책임감 있는 지도부를 갖춘 셈입니다.

❂ 그러니까 이스라엘과 관련된 모든 논쟁은 팔레스타인에 정착지를 만들어 이스라엘의 크기를 넓히는 데만 관심이 있다는 말씀입니까?

◈ 저는 그렇게 생각합니다. 특히 오슬로 협정 기간에 그리고 그 직후에 이 사실이 명확해졌죠. 그러니 실패한 것은 이스라엘의 지도부가 아닙니다. 이런 정책을 지지하지는 않았지만 자신들의 지도부가 평화를 이루려 애쓴다고 스스로 믿어버린 이스라엘 유권자들이 실패한 겁니다.

❂ 그렇다면 왜 유권자들은 무슨 일이 일어나고 있는지를 보지 못한 걸까요? 그리고 왜 이런 상황에 맞서 정치적으로 연합하려고 하지 않은 걸까요?

◈ 추측컨대 많은 사람들이 분쟁의 마법을 깨뜨리는 것이 가능하다고 믿고 싶어했기 때문일 겁니다. 사람들은 오슬로 협정에 대해 매우 낙관적이었죠. 자신들이 요구한 두 개의 국가라는 해결책과 팔레스타인인들을 인정한 상태에서 그들과 대화하라는 요구가 노동당 정권 아래에서 실현되고 있다고 생각한 겁니다. 그래서 이런 식으로 느꼈죠.

아미라 하스

"오, 이 몇 년 동안 우리가 옳았어. 이제 우리가 옳았다고 인정하는 정권이 들어섰어."

이런 까닭에 사람들은 현지의 현실에 별반 주의를 기울이지 않았습니다. 이들에게 뭔가 나쁜 동기가 있었다고 말하지 않고도 심리적으로는 이렇게 설명하는 게 가능할 겁니다.

그러나 이스라엘의 [팔레스타인 영토에서의] 모든 정착 활동을 멈추라고 요구하지 않았던 협정에 아라파트가 서명한 1993년 이래로, 정착지의 유무를 불문하고 평화가 가능하리라 생각한 사람들도 있었어요. 그래서 사람들은 정착지의 평화가 가능하고 팔레스타인인들도 이에 만족하리라고 생각했죠. 결국 정착 활동은 이스라엘 사회의 모든 부문에 이익이 되었습니다. 안정과 평범한 생활이라는 약속이 식민화라는 현실과 서로 일치하지 않는다는 걸 이스라엘의 유권자들이 이해하지 못한 이유가 이 때문입니다.

◈ 팔레스타인 지도부에 대해서 얘기를 나눠보도록 하겠습니다. 우리는 그들의 실패를 어떻게 설명해야 할까요? 선생님은 오슬로 협정 기간 당시 팔레스타인 지도부가 중요한 부분을 이스라엘에게 팔아넘겼다고 주장해오셨습니다. 아, 이 표현은 선생님의 표현이 아니라 제 표현입니다. 아무튼 지도부 내부에 그리고 팔레스타인 인민들 내부에 일종의 계급체제를 만들기 위해서 스스로 타협했다고도 주장하셨죠. 두번째 질문도 있습니다. 특히 자살폭탄 공격 같은 게 좋은 예일 텐데, 자신들의 인민을 오용했다는 점에서 팔레스타인 지도부는 실패한 게 아닐까요? 대의라는 명분 아래 분파들끼리 얼굴을 맞대고 다투는 상황에서 인민들을 도구로 봤으니 말입니다.

◈ 저는 팔레스타인 지도부가 자살폭탄 특공대를 보냈다고는 생각하지 않습니다. 아마 인티파다 기간 중에 팔레스타인 지도부가 제때 그들을 막을 엄두조차 내지 못했다고 말할 수는 있겠죠. 그러나 그들이 자살

폭탄 특공대 자체를 이용한 것은 아닙니다. 자살폭탄 특공대를 이용하는 것은 지도부에 반발하는 몇몇 분파와 몇몇 파타 집단08입니다. 그렇지만 팔레스타인 지도부가 이스라엘의 동기를 정확히 분석하는 데 실패하고 더 나은 협상 전략을 내놓는 데 실패한 것은 사실입니다.

저는 팔레스타인 지도부의 순진함이 이렇게 된 이유 중의 하나라고 생각합니다. 변화를 보려는 인간적 욕구도 이유일 수 있겠죠. 이들이 더 약한 쪽이라는 사실을 잊지 마세요. 이들은 진지하게 두 개의 국가라는 해결책을 최종적 지위의 해결책으로 받아들였습니다. 그러나 이스라엘의 수법을 보는 데는, 혹은 배우는 데는 실패했어요. 아라파트의 측근들은 점령된 영토 내부에 있는 사람들, 이스라엘을 더 잘 알고 있을 사람들과 전혀 상의하지 않았습니다. 원칙 합의문에 서명했을 때도 아라파트의 측근들은 정착이 어떻게 돌아가는 것인지조차 몰랐죠. 그들은 정착이라는 문제가 군사적 입장과는 무관하다고 생각했던 겁니다. 그래서 이스라엘에게 점령된 영토에서 더 이상 건물을 짓지 말라고 명확히 요구하는 데 신경 쓰지 않았어요.

아라파트의 측근들은 엘리트 계층에게 이동의 자유 같은 특권을 모조리 퍼주는 이스라엘의 식민주의적 속임수에 놀아난 셈입니다. 이스라엘은 이런 속임수를 통해 팔레스타인 당국이 오슬로 협정과 당국의 존재 자체로 경제적 이득을 볼 수 있게 만들어줬죠. 아라파트의 측근들이 오슬로 협정을 정치적으로 지지하고 참여하게 된 이유가 바로 이겁니다.

결국 아라파트의 측근들이 이런 특권을 받은 탓에 팔레스타인인들은

_08 파타(Fatah)는 팔레스타인해방기구의 최대 분파다. 원래 팔레스타인해방기구는 여러 세력의 결합체로 출범했는데, 파타 자체도 여러 분파로 갈라져 있다. 2006년 1월 25일 열린 팔레스타인 의회선거에서 비(非)팔레스타인해방기구 단체인 하마스에게 1당 자리를 뺏겼고, 현재는 최대 야당으로 머물러 있다.

경제적으로 이스라엘인들에게 의존할 수밖에 없는 상황에 처했습니다. 그렇게 팔레스타인인들은 이스라엘의 철수/재배치가 얼마나 빨리 이뤄질지, 정착 규모가 얼마나 클 것인지 등을 놓고 이스라엘인들과 협상을 벌이게 된 거죠. 이런 과정에서 그들은 자신들이 배반당했다고 느끼게 된 겁니다. 저는 이것이 의도된 바라고는 생각하지 않습니다. 그들 중 대다수는 정말로 믿었죠. 만약 잠시 동안만 이스라엘의 안전 요구에 응해 준다면, 팔레스타인 사회의 미래와 안정이 확보될 것이라고 말입니다.

다른 민족도 매한가지겠지만 팔레스타인인들에게는 늘 자신들만의 계급과 엘리트가 있었습니다. 그러나 팔레스타인 당국은 내부적으로 모든 인민의 안녕을 책임져야 했어요. 그런데도 팔레스타인 당국은 자국민을 발전시키는 데 전념하기보다는 삶의 온갖 상징적인 측면에만 많은 것을 투자했습니다. 그게 당국의 위엄에 도움이 된다고 여기면서요. 그리고 상당액의 예산을 안보기관에 할당하기도 했죠. 왜냐하면 아라파트에게는 통제를 위해서 이 모든 것이 필요했기 때문입니다. 그렇지만 건강보험이나 교육 시스템은 충분히 발전시키지 않았습니다. 저는 이것이 그들의 주된 실패라고 생각합니다.

이렇게 된 이유는 그들이 사실상 선출된 것이 아니라 외부로부터 들어온 사람들이기 때문일 겁니다. 그러니 인민에게 무관심할 수밖에요. 그들은 매우 비민주적인 전통에서 나왔습니다. 이것이 주된 실패입니다. 만약 자신들의 인민을 좀더 돌봤더라면, 인민들의 내적 요구에 더 민감했더라면, 그들은 협상 테이블에서 이스라엘에게 더 강력히 대응할 수 있었을 겁니다.

◈ 이런 역동성을 인식시키기 위해서 선생님은 작가로서 어떤 역할을 하셨다고 생각하십니까? 그리고 장기적으로 봤을 때 이런 상황을 바꾸는 데 기여할 수 있는 방법은 무엇일까요?

◈ 간혹 저는 이런 생각을 하곤 합니다. 제가 그저 기록보관소를 위해서만 글을 쓰는 게 아닌가 하고 말입니다. 그렇지만 5년, 10년이 지나면 사람들이 이렇게 말하겠죠. "아, 그 양반 이런저런 글을 썼지."

보세요. 저는 영향력이 없습니다. 저는 오슬로 협정 기간 동안 현지의 사실과 온갖 미사여구가 서로 일치하지 않는다는 걸 계속 글로 써왔죠. 기사에도 많이 썼고, 책에도 많이 썼어요. 사람들이 제 글을 읽었고요. 확실히 저와 비슷하게 생각하는 다른 목소리도 존재합니다. 그러나 제가 제기한 문제가 충분히 인식되지 않았어요. 대부분의 이스라엘인들에게는 제 메시지가 전달되지 않았습니다.

글쟁이 한 명이 뭔가를 바꿀 수 있는 건 아닙니다. 그러려면 운동이 필요합니다. 일종의 사회운동, 거리로 뛰쳐나가 분명히 외치는 사람들의 특정한 행동이 필요한 거죠. 그러면 대중매체의 목소리와 그 외부에 있는 거리의 목소리, 사회운동의 목소리가 서로 상호작용해 뭔가를 바꿀 수 있거나 사람들이 그 소리를 들을 수 있도록 만들 수 있습니다. 이런 목소리가 단 하나뿐이라면…… 그것은 급진적인 극단주의자, 비관주의자의 목소리로 간주됩니다.

◈ 카산드라09인가요?

◈ 예, 카산드라. 카산드라는 사람들의 기쁨에 찬물을 끼얹는 인물이 될 수도 있죠. 저는 늘 잔치를 망쳐왔습니다. 그래서 늘 한 소리 듣곤 했죠. 제 편집자는 이렇게 말하기도 했어요. "모두들 가자 지구 사람들이

_09 Cassandra. 그리스 신화에 나오는 예언자. 트로이의 마지막 왕 프리아모스와 헤카베의 딸인 카산드라는 예언의 신 아폴론의 사랑을 받아주는 조건으로 예언 능력을 달라고 요구했지만, 정작 예언 능력을 받게 되자 아폴론의 구애를 뿌리쳤다. 이에 화가 난 아폴론은 아무도 그녀의 예언을 믿지 않게 만들었는데, 그에 따라 트로이의 멸망을 경고한 그녀의 예언은 모두 무시됐고, 결국 트로이도 멸망하게 됐다.

얼마나 기뻐하는지 얘기하고 있어요. 그런데 선생님만이 통행증 시스템이나 여행 허가에 관해 말씀하시네요."

이런 말을 한 사람도 있었죠. 제가 가자 지구에 살기 때문에 균형감이 없다는 겁니다. 참으로 새로운 저널리즘의 정의였죠. 제가 글을 통해 세상에 변화를 가져왔다고는 생각하지 않습니다. 거꾸로 저는 매우 좌절했어요. 왜냐하면 저는 팔레스타인인들 중에서 명확하고 매우 논리적으로 말하는 수많은 사람들의 목소리를 기록하고 보도해왔기 때문입니다. 만약 이스라엘이 팔레스타인인들을 굴복시키려는 정책을 계속 고수한다면, 곧 폭발이 닥칠지도 모른다고 이스라엘인들에게 경고하는 사람들의 목소리를 말입니다.

◈ 이 지역에 관심을 두고 있는 사람들, 영어권 신문에 실린 헤드라인 기사를 보고 한쪽으로만 이해할지도 모를 사람들에게 어떤 충고를 해주시겠습니까?

◈ 헤드라인 기사 말고도 다른 것을 읽어야만 합니다. 특히 온라인에는 다른 메시지들이 수두룩하죠. 늘 모든 게 정확하지는 않습니다. 그러나 처음 읽었던 내용을 의심해봐야만 합니다. 그리고 나서는 해당 지역에 살고 있는 사람들을 만나보려고 늘 노력해야죠. 알자지라 방송을 보는 것도 좋습니다. 서구의 시각만을 보여주지는 않는 뉴스 방송이니까요.

그리고 다음과 같은 사실을 기억해야만 합니다. 자신이 어디에 살고 있든지 간에 공식적인 발표 내용을 의심해야 한다는 것. 우리는 권력을, 그 어떤 권력이든, 모든 곳에서 의심하고 감시해야만 합니다. 저널리즘의 핵심 임무가 바로 이겁니다. 그러니 권력을 감시하는 글들, 오로지 지배자의 시선으로만 상황을 묘사하지 않는 글들을 찾아서 읽어야 합니다.

🐟 선생님은 말에서든 행동에서든 이해하고, 묘사하고, 글쓰기의 소재가 된 현실에 몰입할 때에야 진실이 나온다고 생각하고 믿으시는 것 같습니다.

⬡ 저는 제가 쓴 것이 진실이라고 믿습니다. 제 글이 뭔가 큰 변화를 가져온다거나 상황을 달라지게 만들 수 있다고는 생각하지 않습니다. 제 글은 바뀌지 않는 사람들에게 설교하지도 않습니다. 그런 사람들에게는 아예 도달하지도 않죠. 오직 바뀐 사람들에게만 도달합니다. 그러나 그래도 저는 여전히 제가 써왔던 것이 진실임을 알고 있습니다.

제인 메이어(Jane Mayer, 1955~   )는『뉴요커』의 전속 기자이다.『뉴요커』에 입사하기 전 메이어는 12년 동안 『월스트리트저널』의 기자로 활동했고, 1984년에는 『월스트리트저널』 최초의 여성 백악관 출입기자가 됐다. 메이어가 쓴 2008년 베스트셀러《어두운 이면 : 테러와의 전쟁이 어떻게 미국적 이상과의 전쟁이 됐는가에 관한 속사정》은 『뉴욕타임스』뿐만 아니라 『이코노미스트』『살롱』『슬레이트』그리고 종합미디어그룹 블룸버그 사가 선정한 올해 최고의 책 중 하나가 됐다. 메이어는 또 다른 두 권의 베스트셀러를 공저하기도 했다. 질 에이브럼슨과 같이 쓴《이상한 정의 : 클래런스 토머스를 팔기》(1994)는 1994년 전미도서상 논픽션 부문의 최종결선 진출작이었고, 메이어의 첫번째 책으로서 도일 맥매너스와 공저한《산사태 : 대통령을 망치기, 1984~1988년》(1989)은 레이건 행정부의 이란-콘트라 사건 개입을 뛰어나게 설명해주고 있다.

| 제인 메이어 | 2008년 8월 8일

"사람들은 제게 '어떻게 그토록 반미적일 수
있죠?' 하고 묻곤 합니다. 제게는 잘못을 바로
잡고 이의를 제기하는 것이 이 나라를
소중히 여기는 방법입니다."

🎲 태어나고 자란 곳은 어디십니까?

🎲 저는 뉴욕시에서 태어났고 그곳에서 자랐습니다. 제가 태어난 곳
은 역사학자 가문이었습니다. 저는 제 책 《어두운 이면》을 할아버지[01]
에게 헌정했는데, 그 분도 역사학자였어요.

🎲 부모님의 직업은 뭐였고, 선생님의 세계관에 어떤 영향을 끼쳤는지요?

🎲 음, 아버님은 작곡가셨어요. 현대 음악을 주로 쓰셨죠. 그리고 어
머님은 화가셨습니다. 이런 사실이 제 세계관에 어떤 영향을 끼쳤느냐
고요? 글쎄요, 아버님 쪽 가문은 은행가와 자선가가 많았던 리먼 가문
이었습니다. 리먼 주지사[02] 때부터 그 분들은 공직 생활을 하셨죠. 그래
서 정치에 관한 한 저희 가족에는 자유주의적 전통이 있었죠. 아버님은
제2차 세계대전 당시 첩보 관련 일을 하셨죠. 그래서 저도 첩보에 관심

_01 Allan Nevins(1890~1971). 미국의 역사가. 주로 미국 내전과 정치가들을 연구했으며, 미국의 제22대와
제24대 대통령을 지낸 클리블랜드(Grover Cleveland, 1837~1908)의 전기 《그로버 클리블랜드 : 어느 용
기의 연구》(Grover Cleveland: A Study in Courage)를 써서 1933년 퓰리처상을 받기도 했다.

_02 Herbert Henry Lehman(1878~1963). 미국의 정치가. 훗날 리먼 가(家)를 굴지의 은행가 가문으로 만
든 삼형제 중 막내 메이어 리먼(Mayer Lehman, 1830~1897)의 아들로서 1933년부터 1942년까지 뉴욕주
지사(민주당 소속)를 지냈고, 1950년부터 1957년까지 뉴욕 주 상원의원을 맡았다. 참고로 제인 메이어의
고조부가 삼형제 중 둘째인 에마누엘(Emanuel Lehman, 1827~1907)이다.

이 많았어요.

🔹 식사 시간에 정치에 관한 토론을 많이 하곤 했나요?

🔹 정치 얘기 약간 그리고 예술 얘기 약간 정도였죠. 저희 가족은 자유롭고 재미있는 가족이었어요. 유머 감각도 풍부했고, 약자에 늘 관심을 가졌죠. 저는 약자를 괴롭히는 사람들을 늘 싫어했어요. 부모님이 그런 사람을 좋아하지 않았으니까요.

🔹 할아버님인 역사학자 앨런 네빈스의 영향에 대해서 얘기해주십시오. 그 분의 저서들 상당수가 미국 혁명에 관한 것이었던가, 아니 뭐였죠?

🔹 아녜요. 할아버지는 일관되게 내전에 관해서 많은 글을 쓰셨습니다. 그리고 미국사에서 유명한 인물들에 대한 전기를 쓰셨죠. 퓰리처상도 받으셨고요. 할아버지는 저희 가족에서 제일 큰 어른이었습니다. 저희 가족은 역사를 경외했던 것 같아요. 많이 읽도록 교육받았고, 얘기도 많이 했죠.

할아버지는 언론인이기도 했습니다. 그래서 저는 글을 쓰면서 살면 참 재밌겠구나, 라고 생각하면서 컸죠. 신문을 만들어 생생한 역사를 싣고, 아마도 역사책을 쓸 수도 있겠구나 하고요. 제가 어릴 적에 관심을 가졌던 게 이런 것이었습니다.

할아버지의 역사관은 개인이 엄청난 영향력을 발휘할 수 있다는 거였죠. 그래서 대중이 역사를 만든다는 마르크스주의자들의 생각을 믿지 않으셨어요. 정말로 역사를 만들 수 있는 건 개인이라고 믿으셨거든요. 이 책[《어두운 이면》]에서 제가 정말로 관심을 가졌던 것 중의 하나는 정부를 운영하는 사람들의 성격 그리고 몇몇 사람이 과연 역사에 어떤 영향을 끼칠 수 있을까 하는 것이었습니다.

🎲 언론계에는 어떻게 들어가게 되신 건가요? 왜 역사학자가 되는 걸 그만두셨나요?

👁 글쎄요, 옥스퍼드대학교의 대학원에서 역사학을 전공해 박사학위 논문을 쓰고 있었는데 완전히 망쳤어요. 도서관 안에서 길을 잃어버렸죠. 무엇을 읽어야 할지 몰랐거든요. 제게는 런던에서 『타임』에 글을 보내는 게 훨씬 더 쉬웠습니다. 저는 잠시 런던에 있었던 적이 있는데, 그곳에서 완전히 뜻을 굳혔죠. 그래서 『워싱턴스타』가 제게 대도시의 특파원이 되어달라고 제안했을 때 저는 그 일을 바로 맡았습니다. 제 생각으로는 그때 처음으로 제가 하고 싶어하는 일이 뭔지를 깨닫기 시작했던 것 같네요.

🎲 지금 꺼낼 화제는 선생님이 자신의 과거에 대해 말씀하실 때 생각난 겁니다만, 선생님이 《어두운 이면》에 집중하도록 이끈 뭔가 특별한 것이 있지 않나요?

👁 웃긴 일이었죠. 왜냐하면 제 오빠가 저를 때린 것 말고는 고문에 대해서 많은 역사를 알지 못했거든요!

그러나 저는 이 문제에 관해서 전문지식을 그리 많이 끌고 들어오지는 않았습니다. 주제 자체가 제 눈길을 완전히 끌었죠. 실제로 제가 이 주제를 골랐다기보다는 이 주제가 저를 고른 느낌입니다. 다른 책들을 관통하고 있는 내용은 제가 오래전부터 관심을 가져왔던 겁니다. 권력, 권력의 남용 같은 것 말입니다. 저는 늘 윤리의 문제, 약자를 괴롭히는 사람들에 관심을 갖고 있었어요. 시민의 자유에도 관심이 있었고요. 그래서 예전에 쓴 책들은 이런 관심사에서 직접적으로 나온 것이죠. 제 첫번째 책은 이란-콘트라 사건을 다루고 있습니다. 《어두운 이면》에 나오는 몇몇 등장인물들에게 지대한 영향을 끼친 사건이죠. 그리고 제가 쓴 두번째 책은 클래런스 토머스[03]에 관한 책인데, 그의 부하들 몇 명도 《어두운 이면》에서 핵심 인물로 등장합니다. 그러니까 뭐랄까, 등장인물이 똑같은 책이라고 할 수도 있겠네요.

■ 어떤 면에서 선생님의 저서는 보수주의 운동을 관통하는 내용을 다루고 있군요.

◎ 그렇습니다. 결국 제가 다루고 있는 시기는 제가 추적해온 사람들이 최고의 권력을 쥐게 되고, 이들을 멈춰 세울 브레이크가 고장난 시기이죠. 또 그들이 해낸 일이 이런 것들이었고요.

■ 딕 체니와 도널드 럼스펠드는 방금 선생님이 말씀하신 시기에 처음 등장한 인물들입니다.

◎ 맞습니다. 그들의 뿌리는 거의 워터게이트 사건으로 거슬러 올라가죠. 특히 럼스펠드와 체니는 정말이지 요령이 풍부한 워싱턴 D.C. 인사들입니다. 그들은 대통령이 이해하고 있는 것보다 권력이라는 지렛대를 훨씬 더 많이 이해하고 있습니다. 실제로 그들은 워싱턴 D.C.에서 어떻게 일이 돌아가도록 만들고 어떻게 제 갈 길을 가게 만들지를 잘 알고 있습니다.

■ 선생님은 제럴드 포드가 대통령이 됐을 때 체니와 럼스펠드를 데리고 왔기 때문에 워터게이트 사건이 중요하다고 지적했습니다._04 이들은 대통령 체제가 사실상 붕괴됐던 시기에 행정부 경험을 하게 된 인물들입니다.

_03 Clarence Thomas(1948~). 미국의 법조인. 흑인으로서는 두번째로 대법관에 오른 인물이다. 그러나 1991년 7월 1일 부시 대통령이 토머스를 신임 대법관으로 지명했을 때 많은 논란이 있었는데, 특히 여성계는 낙태 문제에 관한 토머스의 보수적인 입장뿐만 아니라 그가 저지른 성희롱 의혹까지 문제 삼았다. 메이어의 두번째 책 《이상한 정의》는 이와 같은 토머스의 대법관 지명을 둘러싼 논쟁을 파헤친 책이다.

_04 포드는 워터게이트 사건으로 대통령직에서 물러난 리처드 닉슨의 부통령이었다. 임시 대통령이 된 포드는 럼스펠드(1974년)와 체니(1975년)를 나란히 백악관 참모로 발탁했다.

◊ 예. 이들은 정말 수치심을 느꼈죠. 그래서인지 대통령의 권한을 제한하게 되면 대통령의 힘이 약해질 뿐만 아니라 미국 자체가 다친다고 생각하게 됐습니다. 그래서 워터게이트 사건 이래로 이들은 이런 문제가 쟁점이 되면 분통을 터뜨리곤 했죠. 특히 체니가 그랬습니다. 이들은 워터게이트 사건 이후의 개혁을 모조리 정리해버리고 싶어서 근질근질해 했죠. 그때 9·11사건이 터졌고, 이들은 기회를 잡았습니다.

워터게이트 사건 이후의 개혁으로 의회는 정보 부서들을 감시하게 됐고, CIA는 별안간 의회에 보고서를 제출해야만 하는 처지가 됐습니다. 정부의 문서고를 열어볼 수 있는 정보공개법까지 도입되어 사람들은 정부가 무슨 일을 하는지 좀더 많이 들여다볼 수 있게 됐습니다. 정보공개법이 떡 하니 버티고 있어서 이제는 정당한 이유 없이 불법도청을 할 수 없게 된 겁니다. 이 모든 것은 대통령의 손을 꽁꽁 묶어놓는 조치로서 대통령으로 하여금 권력 남용에 책임을 지도록 했습니다. 체니는 이 모든 것이 즐겁지 않았죠.

◊ 선생님은 이란-콘트라 사건이라는 대실패를 다루시면서 체니가 소수의견으로 내놓은 보고서에 관해서도 언급하셨습니다. 체니의 요점이 무엇이었나요?

◊ 체니는 이란-콘트라 사건에서 특이하기 이를 데 없는 교훈을 끌어냈는데, 이게 상당히 재미있습니다. 실질적으로 이 세상의 모든 사람은 로널드 레이건 대통령이 도를 넘어섰다고 생각했죠. 그러나 체니의 관점에서 보면 대외정책을 만드는 대통령의 권리를 방해한 의회가 잘못을 저지른 겁니다. 이처럼 기이한 결론을 끌어낸 체니는 훗날 이 보고서를 만든 데 얼마나 자부심을 느꼈는지에 대해서 떠들고 다녔어요. 기본적으로 체니는 의회를 일종의 불법이라고 생각하고 있습니다. 자신 역시 의회의 일원이지만 체니는 사실상 의회를 별로 좋아하지 않습니다. 특히 들리는 소문에 의하면 이곳저곳을 옮겨 다니다가 국방장관이 됐을

때 체니는 의원들을 성난 각다귀 떼에 비유했다고 하더군요. 체니는 행정부가 무제한의 자유를 누리기를 원했죠.

　🔲 포드 행정부 안에서 이 시기를 보내며 체니가 배운 것 중의 하나가 통제력이었습니다. 대통령에게 올라갈 문서를 통제하는 힘 말입니다.

　🔲 음, 잘 아시겠지만 부시 대통령은 스스로를 결정권자라고 묘사해 유명해졌죠. 그러나 문제는 그가 무엇과 무엇 사이에서 결정하느냐입니다. 체니는 약삭빠를 뿐만 아니라 영리하게 권력을 이해하고 있습니다. 대통령에게 제시되는 선택사항을 통제할 수 있다면 거의 모든 것을 통제할 수 있다는 걸 알고 있죠. 체니의 변호사 데이비드 애딩턴_05에게는 수신함이 있는데, 대통령에게 전달되기 직전의 각종 문서들이 여기에 마지막으로 취합되죠. 그러면 애딩턴은 빨간 펜을 죽죽 그은 뒤 대통령이 받아보기 전에 문서의 내용을 고치곤 했어요. 요컨대 부통령 선에서 걸러내기 전까지 대통령은 아무것도 볼 수 없었던 거죠.

　🔲 선생님은 부시 행정부의 주요 인물들 중 그 누구도 법조인이 아닌데, 이게 미국의 안보 역사에서 얼마나 독특한 일인지에 관해 말씀하셨습니다. 대대로 미국의 대외정책을 만든 건 법률가와 은행가였다고 하셨는데요.

　🔲 확실히 부시 행정부는 최근의 다른 행정부와 다를 뿐만 아니라 흥미롭기까지 합니다. 대통령도 법조인 출신이 아니고, 부통령도 법조인 출신이 아니죠. 럼스펠드도 마찬가지입니다. 당시 국가안보좌관이던

_05 David Addington(1957~　). 미국의 법조인. 체니 부통령의 참모장(2005~09년)으로 부통령의 권한과 의무를 헌법에서 독립시켜 법률상의 각종 문제 때문에 부통령이 자기 정책을 펴지 못하는 상황을 막으려고 했다. 전형적인 매파로서 부시 행정부의 논쟁적인 정책에 관한 법률자문을 전담하기도 했다.

　　　　　　　　　　　　　　　　　　　　　　　4. 진실을 찾아서

콘돌리자 라이스도 법조인 출신이 아닙니다. 콜린 파월도 그렇죠. 그래서 9·11사건이 터졌을 때 이 최고위급 인사들은 자신들이 법적으로 할 수 있는 일이 무엇인지 알고 싶어했습니다. 실제로 그들은 곧바로 그런 걸 알 수 없었거든요. 그래서 다른 사람들에게 물어봐야만 했죠. 그러니까 지식의 공백 같은 게 있었던 겁니다.

이런 상황이었던지라 애딩턴의 권한이 놀랄 만큼 강해졌어요. 이 공백을 채운 게 그였으니까요. 기본적으로 대통령과 체니는 법적으로 할 수 있는 모든 것을 하고 싶어했습니다. 그래서 무엇이 가능한지를 법조인들에게 물어봐야만 했죠. 이제는 법조인이 정책을 만드는 사람이 된 겁니다. 그들이 행정부가 행할 수 있는 일의 바깥 경계를 규정하게 된 것이죠.

🔹 9·11사건 이후 일어난 몇몇 사건은 1980년대로 되돌아가려는 보수주의적 의제의 일부였습니다. 이에 대해서 좀더 얘기해주시겠습니까?

🔹 이런 프로그램을 시행하려는 음모 같은 게 있었던 건 아닙니다. 그러나 9·11사건 이전에 이미 보수주의 운동은 그런 의제를 갖고 있었죠. 그러니 행정부가 자기 마음대로 사람들을 재판할 수 있도록 더 많은 권한을 부여해주는 군사위원회의 명령이 내려지자마자, 헌법권리센터의 마이클 래트너06는 자기 책꽂이로 가 이렇게 말할 수 있었던 겁니다. "어디서 들어본 말인데."

그러고는 《변화를 위한 권한》이라는 책을 꺼내들었죠. 이 책은 전화

_06 Michael Ratner(1943~   ). 미국의 변호사. 뉴욕의 비영리 인권소송 단체인 헌법권리센터(Center for Constitutional Rights)의 대표로서 국방부, 법무부, CIA 등이 아프간 전쟁 등 대테러 전쟁을 수행하는 과정에서 고문을 합법화한 미 행정부 주요 인사들을 전범으로 고발하는 활동을 펼쳐 주목받았다.

번호부 크기의 거대한 책인데, 레이건 행정부 당시 공화당의 보수주의적 이념을 모아놓은 일종의 소원 목록 같은 책이죠. 여기에 수록된 상당수 이념이 현재 미국에서 실행 중에 있는 듯합니다. 그도 그럴 것이 9·11사건은 그 이전이라면 민주주의적 방식으로는 절대 통과하지 못했을 의제를 수행하고 있던 정부 관계자들의 권한을 강화해줬거든요.

◐ 그렇다면 그 목적이 뭡니까? 몇몇 사람들이 논평한 바에 따르면 정부 관계자들은 자신들이 붙잡은 테러리스트들을 법이 없는 무인도에 가둬두고 싶어한다고 하던데요. 이에 대해 설명해주십시오.

◑ 피고인들의 권리와 국제법을 의심하는 것은 보수주의 운동의 일부입니다. 심지어 몇몇 보수주의자들은 미란다 원칙 같은 것도 좋아하지 않죠. 무엇보다 그들은 국제적 권리라는 이념에 숱한 문제를 제기해왔어요. 테러와의 전쟁에서 용의자들을 어떻게 처리하고 싶은지에 관해 얘기할 때, 보수주의자들이 국내법, 형법, 국제법 등이 효력을 미치지 못하는 곳으로 데려가고 싶다고 말한 게 다 이런 이유에서입니다. 그래야 용의자들을 제네바 협정이 보호하는 범죄자나 전범이라 부르지 않을 수 있을 테니까요. 이 용의자들은 완전히 새로운 계층이 되는 셈입니다.

사실대로 말씀드리면 제가 이 이야기에 관심을 갖게 된 게 바로 이 지점에서입니다. 저는 일전에 캘리포니아대학교 버클리 캠퍼스의 존 유_07 교수가 워싱턴 D.C.의 미국기업연구소에서 소수의 사람들을 대상으로 어떻게 테러 용의자라는 특정한 계층이 생기는지, 사실상 아무런 권리

_07 John Choon Yoo(1967~   ). 한국계 미국인 법률가. 캘리포니아대학교 버클리 캠퍼스의 법학대학원 교수로 재직하던 중 2001~03년 미 법무부에서 고문 사용을 정당화하는 보고서를 작성해 부시 행정부가 자행한 고문의 법적 근거를 제공했다는 비판을 받았다. 신보수주의자들의 싱크탱크인 미국기업연구소의 연구원으로 활동하기도 했다.

도 갖지 못하는 그들이 누구인지에 대해 말하는 것을 들은 적이 있습니다. 그는 이렇게 말했죠. 너무나도 악랄하기 때문에 특정한 권리를 누릴 만한 가치가 없는 사람이 있다는 사실을 사람들이 이해하지 못하고 있다고 말입니다. 그가 이렇게 말하는 걸 들었을 때 미국의 역사와 시민의 자유에 관심을 갖고 있는 사람으로서 저는 정말 무시무시한 말이라고 생각했습니다. 적법한 절차를 받지 못해도 괜찮은 사람이 있을 수 있다니, 미국이 특정한 범주의 인구 전체를 법 밖으로 내동댕이칠 수도 있다니 말입니다.

◐ 그런 사람들을 부르는 명칭도 따로 있죠. '적 전투원.'
◑ 맞습니다. 불법 적 전투원(Illegal enemy combatants).

특정한 용의자 계층, 국내법이든 국제법이든 그 어떤 법의 보호도 받지 못하는 인간들이 있다고 말한다는 건 정말 근본적인 일탈이죠. 보수주의자들은 행정부가 이런 사람들을 처리할 수 있는 법을 자기들 마음대로 만들어낼 수 있었던 겁니다.

◐ 제 생각으로는 여기서 사실상 모든 일에 영향을 끼친 또 다른 주요 결정이 이뤄진 듯합니다. 9·11사건 이후 주된 관심사가 된 것인데 첩보와 선제공격이 그것입니다. 그리고 미국에 맞서 테러라는 범죄를 저지른 사람들은 재판에 회부하지 않아도 된다는 생각도 등장했고요.

◑ 어떤 면에서는 이해할 만한 일이기도 합니다. 보수주의자들은 테러리스트들이 극악무도한 행위를 저지르거나 무고한 사람들을 폭탄으로 날려버리기까지 기다리다가 재판에 회부하고 싶어하질 않으니까요. 보수주의자들은 이런 일이 발생하기 전에 테러리스트들을 막고 싶어합니다. 그러나 자칫하면 이건 사상범죄의 영역에 발을 들여놓는 형국이 됩니다. 범죄를 저지르기도 전에 사람들을 감금한다는 생각은 미묘한

제인 메이어

문제인데다가 우리가 지닌 사법 시스템에 대한 도전이기도 하죠. 왜냐하면 누군가에게 유죄를 판결하려면 기본적으로 그 사람의 죄를 입증해야만 하기 때문입니다. 그래서 보수주의자들은 범죄를 미리 예방할 수 있는 법안을 만들기로 작정했던 겁니다. 그리고 이런 태도가 온갖 법적 문제를 야기한 것이죠.

🔹 이런 문제에 개입하기 위해 보수주의자들은 어떻게 행동했나요?

🔹 애초부터 테러와의 전쟁에서 주된 역할을 맡은 건 CIA였습니다. 군대나 FBI와는 달리 CIA는 사람들을 심문해본 역사가 거의 없죠. CIA는 포로들을 다뤄본 적이 없는데, 느닷없이 테러 용의자들을 지키는 간수 역할을 하게 된 겁니다. 게다가 사실상 CIA는 포로들을 심문하는 방법조차 몰랐어요. 이에 관한 아무런 규칙도 없었죠. 그래서 CIA는 포로들이 실토하게 만드는 법을 고안해야만 했는데, 그것도 빨리 그렇게 하고 싶어했어요. 결국 CIA는 아랍 동맹국들에게 조언을 부탁했습니다.

"포로들이 말하게 하려면 어떻게 해야 합니까?"

그렇게 해서 얻어낸 조언이란 게 전 세계에서 가혹하기 짝이 없는 수법을 활용하는 몇몇 포악한 정부들의 조언이었습니다. 게다가 미군 병사들에게 포로로 잡힐 경우 공산주의자들의 고문을 견뎌내는 방법을 가르치던 SERE_08라는 군사 프로그램을 배워왔습니다. CIA는 이 프로그램의 교관들을 고용해 무엇부터 시작해야 할지 자신들의 심문 프로그램을 만들게 했죠. 기본적으로 CIA는 우리가 '악의 제국' 이라는 딱지를

_08 Survival, Evasion, Resistance and Escape. 한국전쟁이 끝나갈 무렵 미 공군이 만든 일종의 생존프로그램으로서 군부 주요 인사들뿐만 아니라 국방부 소속의 민간인, 계약업자들에게도 가르치는 군사행동 규범이다. 베트남전쟁 동안 육군, 해군, 해병대까지 교육 대상에 포함되어 실질적으로 전군적인 프로그램이 됐다.

붙여왔던 사람들, 고문을 일삼는 국가라거나 적이라고 간주한 국가들의 수법을 베낀 겁니다. 그러니 뭔가 얄궂은 일이 일어나버린 셈입니다. 모든 것을 뒤집어놨으니 말입니다. 우리는 이 지구상에서 최악의 사례라고 여겨왔던 포로 취급방식을 베끼기 시작했던 겁니다.

믿거나 말거나인데, CIA는 아이디어를 얻기 위해서 텔레비전 드라마 〈24〉도 참조했습니다. 〈24〉는 폭스텔레비전에서 방영되는 일종의 판타지 쇼인데, 거기에 나오는 잭 바우어라는 건방진 주인공이 매주 테러 용의자들을 고문하죠. 관타나모 수용소의 고위 법률고문이던 다이앤 비버에 따르면, 그곳에서는 심문 방법에 대한 아이디어가 떨어질 때마다 〈24〉를 보면서 이렇게 말들 했다는군요.

"이봐, 이 방법을 한번 써보지. 잭 바우어가 하니까 잘 먹히는데. 우리가 해도 그런지 한번 보자고."

이렇듯 기본적으로는 할리우드식 판타지가 미군의 정책을 좌지우지하게 된 꼴이죠.

그러니 CIA가 숱한 문제에 부딪혔다는 것은 그다지 놀랄 만한 일도 아닙니다. 현명한 사람들에게 물어보지 않았으니 당연하죠. 이 나라에서 심문을 제대로 이해하고 있는 사람들은 FBI와 미군입니다. 그들은 주저 없이 말할 겁니다. 심문 때문에 사람을 고문할 수는 없다고, 해봤자 믿을 수 없는 정보만을 얻게 될 뿐이라고 말입니다. 그리고 그들이 말했을 것처럼 미국은 상상조차 할 수 없는 결과에 직면하게 됐죠.

◆ 여기에 또 다른 문제가 있습니다. 이런 정책은 단지 비도덕적이고 불법적인 것만이 아니라 제대로 작동하지도 않았다는 사실 말입니다. 고문은 효과적이지 않죠. 고문을 당하는 사람은 아무 말도 하지 않거나 거짓말을 꾸며댈 테니 말입니다.

◇ 맞습니다. 익히 알려져 왔던 사실이죠. 그런데도 왜 CIA는 그런 길을 간 걸까요? 사실 제가 궁금해 했던 문제 중의 하나가 바로 이것이

었습니다. 제 생각을 말씀드려야 할 텐데, 다시 한 번 반복하자면 우리 정부의 최고위층에 법조인 출신도 없었고, 헌법을 잘 알고 있는 사람도 없었던 게 문제였습니다. 익히 알려져 바이지만, 부시와 체니는 군부 출신도 아니죠. 그래서 그들은 제네바 협정에 대해서도 거의 아는 바가 없고, 명예로운 전쟁을 하는 것과 불명예스러운 전쟁을 하는 것은 전혀 다르다고 생각하는 미군 내부에 스며들어 있는 기풍도 전혀 몰랐던 겁니다.

게다가 9 · 11사건 이후에는 복수를 하자는 분위기도 상당히 팽배했다고 생각합니다. 사람들은 공황상태에 빠졌다가 뭔가를 실수했다고 느꼈고, 결국에는 분노하게 됐죠. 콜린 파월은 이렇게 말하기도 했죠. 아침 일찍 열린 회의에서 부시를 봤더니 꼭 누군가라도 죽이고 싶어하는 사람처럼 보였다고 말입니다. 요컨대 살인충동 같은 게 있었던 셈인데 이해할 만한 일입니다. 그러나 그런 충동은 우리를 잘못 인도하죠.

9 · 11사건 직후엔 탄저병에 대한 공포가 일기도 했습니다. 체니 같은 사람들은 곧 또 다른 치명적인 공격이 일어날 것이라고 생각하기도 했죠. 정부를 책임진 사람들은 이것이 정치적인 문제가 아니라 개인적인 문제라고 여겼습니다. 그들은 자신들의 목숨이 위태롭다고 느꼈을 뿐만 아니라 미국 전체의 존립이 자신들 손에 달렸다고 느꼈죠. 그러니 당시 공포감이 어마어마했을 수밖에요.

◈ 이런 정책을 충실히 반대하는 목소리는 있었습니까? 의회나 민주당은 어디에 있었던 건가요?

◈ 미국시민자유연맹이 끼어들기 두려워했다는 걸 상상하실 수 있다면, 민주당 소속의 의원들이 끼어드는 모습도 못 보셨을 겁니다. 우리는 한동안 그런 정치가를 보지 못했죠. 의원들이 다들 상황을 살피고 있을 때 상원의원 한 명이 개입했죠. 아부 그라이브 형무소의 사진들이 공개

4. 진실을 찾아서

된 2004년의 일인데, 민주당 소속의 일리노이 주 상원의원 리처드 더빈이 관타나모 수용소를 비판했죠. 그 일로 더빈은 정말 호되게 두들겨 맞았습니다. 반미적이라느니 반애국적이라느니. 결국 더빈은 상원 연단에서 눈물로 사죄해야만 했습니다. 그리고 이 건에 대해서는 다른 사람이 개입하기 전까지 또 한 번 오랜 침묵이 흘렀죠.

워싱턴 D.C.에서 일어난 일을 쭉 따라가다 보면, 고문이라는 주제를 올바르게 제기할 만큼 도덕적으로 명망 높았던 인물은 단 하나밖에 없었다는 걸 알 수 있습니다. 반대파들이 개입을 요청하기도 했던 인물이죠. 존 매케인이 바로 그 사람입니다. 사실 매케인은 아주 잠시만 개입했죠. 매케인의 개입을 원했던 수많은 사람들이 로비를 벌인 덕택에 매케인은 이 문제에 개입하게 됐고, 결국 당시의 정치 방정식을 바꿔놨습니다. 매케인은 베트남전쟁 당시 포로로 잡혀 고문당한 적이 있었어요. 매케인은 보수적 공화당원이었고 전쟁 영웅이었지만, 결국 고문은 미국하고는 절대 안 어울린다고 말했죠. 매케인은 정말 멋진 웅변을 토해냈습니다. 이 문제는 그들의 문제가 아니라 우리의 문제라고, 우리는 테러리스트들을 사랑하는 게 아니라고, 이 나라는 야만적인 행위가 아니라 양도할 수 없는 인권, 문명화된 행위에 기초해 세워진 나라라고 말이죠.

◉ 대중매체가 이 문제를 다루는 데 실패했습니까? 개별 리포터로는 안 된다고 하더라도 집단적인 지혜를 모았으면 어떻게 됐을 것도 같은데요?

◉ 저는 대중매체가 기대했던 것보다 더 훌륭한 일을 해냈다고 생각합니다. 비록 더 많은 이야기가 잊히긴 했지만 말입니다. 당시 편집자들은 잔뜩 긴장했죠. 처음에는 그들조차 믿지 않았습니다. 자신들이 얼마나 가혹행위에 시달렸는지 구금된 사람들이 밝혀도 대부분의 사람들은 믿지 않았습니다. 이 구금자들을 대변하던 자유주의적 성향의 변호사들도 그랬을 정도니까요. 아부 그라이브 형무소의 사진들이 공개됐을 때

제인 메이어   179

미국의 자유주의적 변호사들 중 가장 왼쪽에 있을 래트너조차 이렇게 말했습니다. 자신도 이 사진들을 보고서야 의뢰인들의 말을 믿게 됐다고 말입니다. 그도 그럴 것이 그런 식으로 수감자들을 고문하고 괴롭힌다는 것, 성적으로 모욕하고 발가벗긴다는 것을 상상하는 것조차 반미적인 행위로 보였을 테니까요. 대부분의 사람들에게 그건 말도 안 되는 소리였던 겁니다. 저는 이 사실을 외면하려는 일종의 집단적인 불신, 이런 문제를 생각하는 것조차 질색했던 분위기가 있었다고 생각합니다. 그때 당시 정부는 우리가 안전하다고 말해왔습니다. 그리고 상당수 사람들은 세세한 것까지 알고 싶어하지 않았을 겁니다. 그러니 이렇게 말해야겠군요. 저는 언론, 의회 그리고 다른 사람들이 그랬듯이 미국의 대중도 이 사건에 연루되어 있었다고 생각합니다.

❂ 선생님의 성장배경으로 다시 돌아가 보겠습니다. 선생님이 개인적으로 미국의 전통, 역사, 가치를 어떻게 생각하시는지 말입니다. 너무나 두려워한 까닭에 우리는 우리가 대변하는 것들을 모두 잊은 걸까요? 사실 권력 분립이라는 우리 선조들의 아이디어는 실수를 고치라고 있는 건데 말입니다.

❂ 이런 문제를 꺼내주시니 정말 기쁘군요. 요즘 사람들은 권력 분립이 그저 학술적인 문제가 아니라는 사실을 잘 이해하지 못하고 있는 거 같았거든요. 스티븐 홈즈_09가 자신의 책 《투우사의 망토》에서 이 점을 실로 아름답게 설명한 바 있죠. 권력 분립이란 실수를 저지르지 않기 위

_09 Stephen Holmes(1941~). 미국의 정치철학자. 1976년 예일대학교에서 박사학위를 받은 뒤 하버드대학교, 시카고대학교, 프린스턴대학교 등지에서 교편을 잡았고, 현재는 뉴욕대학교 법과대학에서 '월터 E. 메이어' 법학교수로 재직 중이다. 《투우사의 망토》(*The Matador's Cape: America's Reckless Response to Terror*, 2007)는 9·11사건 이후 미국의 안보정책이 어떻게 변했고, 어떤 끔찍한 결과를 가져왔는지 분석한 책이다.

해서, 누군가가 잘못을 저질렀다면 다른 누군가가 "이봐, 그건 좋은 생각이 아니야"라고 말하면서 그 잘못을 빨리 고쳐놓을 수 있도록 사상들을 서로 경쟁시키는 것입니다. 이처럼 서로 경쟁하는 사상을 모조리 없애버린다면, 정부의 한 분파에게만 권력을 쥐어줘 그들 맘대로 정부를 운영하라고 한다면 실수가 벌어집니다. 저는 권력 분립이라는 실험 자체가, 사상의 경쟁이 없다면 결과가 결함투성이일 수밖에 없다는 사실을 건국의 아버지들이 뛰어나게 이해하고 있었음을 입증해준다고 생각합니다.

예를 들어 무고한 사람을 잡아서 송환한 뒤에 수개월 동안 지하 감옥에 던져둔다고 해봅시다. 사건을 다시 한 번 되돌아보는 절차도 전혀 없이 말입니다. 칼리드 엘-마스리[10]라는 이름의 독일 시민을 아프가니스탄으로 송환했을 때 CIA의 사람들 대부분은 자신들이 무고한 사람을 잡고 있다고 생각했습니다. 그들은 처음부터 마음이 불편했죠. 그런데도 그들은 엘-마스리를 5개월 동안 억류했습니다. 왜냐하면 그들의 권력을 견제할 수 있는 메커니즘이 그 어디에도 없었기 때문입니다.

　◈ 이 특별한 경우에도 누군가가 CIA에 개입해 엘-마스리를 계속 붙잡아두라고 명령했습니다. 맞습니까?

　◈ 그렇습니다. 용의자 인도를 담당하는 부서에 아주 열성적인 책임자가 있었는데, 그 여성은 엘-마스리의 분위기가 맘에 들지 않는다고

_10 Khaled El-Masri(1963~　). 쿠웨이트 태생의 독일 시민. 양친은 모두 레바논인이다. 독일에서 마케도니아로 여행하던 도중인 2003년 12월 31일 CIA에게 납치됐다. 훗날 밝혀진 바에 따르면 CIA가 엘-마스리를 납치한 이유는 9·11사건의 배후자 중 하나로 지목된 알카에다의 멤버 알-마스리(Khalid al-Masri)와 이름이 비슷해서였다고 한다(아랍어로 표기하면 두 이름의 철자가 똑같다). 2004년 5월 28일 풀려날 때까지 엘-마스리는 아프가니스탄에 억류되어 있었는데, 당시 CIA 관계자들은 자신들이 착각했음을 알고 있었다고 한다.

아주 단호히 얘기했다더군요. 미국의 사법제도는 예감이 아니라 증거에 근거하고 있습니다. 그런데도 그 여성은 엘-마스리의 분위기가 맘에 들지 않는다는 이유로 그를 가뒀죠. CIA의 고위급 간부 한 명이 제게 말해주기를, 자신은 매일 이렇게 물어봤다고 하더군요.

"그 남자 아직도 염갱-11에 갇혀 있어?"

걱정이 계속 됐고, 결국 CIA 소속의 변호사들이 문제의 그 인물 몰래 이 문제를 조지 테넷 CIA 국장에게 가져갔다고 하더군요. 아마도 테넷은 이렇게 소리 질렀을 겁니다.

"지금 무고한 사람을 송환했다고 말하는 거야? 오, 맙소사. 우리가 그 사람에게 이른바 '대안적 수단'을 쓰지 않았어야 할 텐데."

그렇지만 잘 알려져 있다시피 엘-마스리는 몸무게가 70파운드나 빠져 있었죠. 건강도 나빴고요. 훗날 저는 엘-마스리와 인터뷰를 했습니다. CIA는 엘-마스리를 석방했습니다만 이상한 방식으로 풀어줬죠. 이런 이야기는 억지로 꾸며내려고 해도 만들 수 없을 겁니다.

몇 년이 지난 뒤 저는 엘-마스리와 커피를 마셨습니다. 엘-마스리는 제가 직접 만나본 몇 안 되는 억류자 중의 하나였죠. 잘 아시겠지만 누군가를 직접 만나보면 분위기가 꽤 다르죠. 저랑 커피를 마시다가 엘-마스리는 갑자기 울기 시작했어요. 꼭 눈물샘이 터진 것 같았습니다. 몇 년이 지난 뒤였는데도 말입니다. 엘-마스리는 금방 눈이 빨개지더니 제게 양해를 구하고 담배를 피러 가더군요. 엘-마스리에게는 그때의 경험이 아직도 다시 입에 담을 수조차 없을 만큼 고통스러웠던 겁니다. 저는 엘-마스리가 어떤 일을 겪었는지 자세히 알고 싶었어요. 하지만 그게

_11 The Salt Pit. CIA가 비밀리에 아프가니스탄에 만든 기밀시설의 암호명. 카불 북부에 위치해 있는데 이 곳은 벽돌공장으로 은폐한 채 포로들을 심문하는 곳으로 사용됐다.

엘-마스리에게는 아직도 두려운 일이었죠.

💎 CIA는 엘-마스리를 어떻게 풀어줬나요?

💎 그들은 도시락 가방 하나를 건네주고는 엘-마스리를 마케도니아 국경 부근에 던져놨습니다. 계속 걸으라고 했다는군요. 엘-마스리는 그들이 등 뒤에서 자기를 쏠 거라고 생각했고, 감히 뒤를 돌아볼 엄두도 내지 못했습니다. 그래서 계속 앞만 보고 걷기 시작했고, 고개를 들어보니 국경이었다고 하더군요. 마침내 엘-마스리는 국경을 넘을 수 있었고, 결국 집으로 가는 비행기를 탈 수 있는 곳까지 갔습니다. 그런데 그때 당시 엘-마스리의 가족은 집을 버리고 떠난 뒤였습니다.₁₂ CIA는 엘-마스리에게 돈도 좀 쥐어줬는데 자기들끼리 농담을 했다더군요.

"이봐, 저 친구는 다른 식으로는 이만큼 돈을 벌 수 없었을 거야."

엘-마스리는 5개월 동안 억류되어 있었습니다. 그런데도 그들은 만사에 무신경했던 거죠. 그러나 이 사건을 잘 알고 있었던 CIA의 몇몇 사람들은 완전히 정나미가 떨어져, CIA와 관계된 일은 절대 하고 싶어하지 않았죠. 그래서 훌륭한 사람들이 CIA를 떠났습니다. 그런 짓은 너희들이나 하라고 하면서 말입니다.

💎 지금은 책임감 있게 사람들을 억류하고 있나요? 진상위원회가 있어야 할까요?

💎 글쎄요, 저는 정치가가 아닙니다. 뭔가를 지지할 만한 입장이 아니죠. 저는 이런 사건들을 모조리 보도하는 기자입니다. 그러나 기자로

_12 엘-마스리의 부인은 당시 남편이 가족들을 버렸다고 오해하고는 레바논으로 돌아간 상태였다고 한다.

서 저는 정말 알고 싶습니다. 뭔가 기록이 남아 있는지 말입니다. 아직까지도 수많은 문서들이 기밀로 분류되어 있죠. 이 프로그램의 상당수 세부내용도 아직 기밀입니다. 이 프로그램으로 무고한 사람들이 죽어나갔지만, 이 때문에 기소된 사람은 하나도 없습니다. 수차례 살인이 저질러졌지만, 고위층 인사 중에서 이 사실에 책임을 진 사람은 하나도 없죠. 관계자들을 기소하고 재판부로 보내라는 권고도 있었지만, 재판부는 아직 그 누구도 처벌하지 않았습니다.

미국의 대중은 무슨 일이 일어났는지 제대로 설명을 들어야 한다고 생각합니다. 왜냐하면 정부가 우리의 이름으로 그런 일을 자행했기 때문입니다. 정부는 꼭 필요한 일이었다고, 해야만 했던 일이라고 말해왔습니다. 그러나 그 말이 진정 사실이었는지 아닌지는 꼭 알아봐야 할 만한 가치가 있다고 생각합니다.

◉ 이 사실을 알게 되셨을 때 선생님은 어떻게 견디셨습니까? 참으로 대면하기가 어려운 과제임에 틀림없는데 말입니다.

◉ 저는 참으로 끔찍한 일이라고 생각했습니다. 그러나 이 사실을 보도할 수 있게 되어서 상당히 기쁘기도 했죠. 기자라면 응당 해야만 하는 일을 하게 된 거니까요. 뭔가 쓸모 있는 역할을 했다는 기분이었습니다. 저는 그게 뭔지 알았죠. 저는 정부가 무슨 일을 하고 있는지 대중에게 알리고 싶어했고, 그런 이야기를 들려주기 위해서 제가 할 수 있는 모든 일을 하고 싶어했으니까요.

게다가 저 혼자만 이런 일을 하는 게 아니었습니다. 정말 제 용기를 돋워준 것은 자신들이 잘못된 거라고 생각한 것을 고치려고 애썼던 사람들입니다. 그들은 정말 열정적이었고, 그 열정이 저를 감동시켰습니다. 전직 FBI 요원 댄 콜먼 같은 사람은 제게 이런 말을 들려줬습니다. 우리는 그런 일을 할 수 없다, 만일 그런다면 영혼을 잃게 될 거라고 말

4. 진실을 찾아서

입니다. 그 말을 듣고 저는 이게 정말 중요한 문제라는 걸 깨닫게 됐어요. 이런 일은 게임 같은 게 아닙니다. 그저 부시 행정부를 흠집내는 일이 아닙니다. 이건 진정 우리의 조국이 어떠해야 하는지, 우리의 역사가 무엇을 의미하는지 그리고 우리의 가치가 무엇인지에 관한 문제입니다. 그러니 저 같은 기자에게 이보다 더 흥분되고 중요한 일은 없다고 생각했습니다. 그리고 이 사실을 보도할 수 있다니 전 정말 행운아라고요.

◐ 이런 이야기를 입증하시면서 선생님은 정말 놀라운 일들을 보셔야만 했을 텐데요.

◈ 그럼요! 저는 정말이지 제가 알게 된 사실을 믿을 수가 없었답니다. 우리에게 이토록 괴상한 송환 프로그램이 있을 수 있으리라고는 전혀 생각조차 못했죠. CIA에게 걸프스트림 사의 날렵한 전용 제트기가 있어 이것을 타고 전 세계를 날아다닌다는 것도 믿을 수 없었고, 아무도 정체를 알 수 없도록 마스크를 쓴 무명의 요원들이 길거리에서 사람들을 낚아챈다는 것도 믿을 수 없었고, 사람들을 지하 감옥 속에 영원히 던져 넣는다는 것도 믿을 수 없습니다. 그런 건 로버트 러들럼의 소설에서나 나오는 것이지 실제로 일어나는 일이 아니라고 생각했거든요. 앞서 얘기한 SERE 프로그램을 알게 됐을 때도 저는 미국인들이 공부했고 나중에는 정책으로 채택되기까지 한 고문 커리큘럼이 실제로 존재하리라고는 도저히 믿을 수 없었습니다. 이 모든 건 도저히 생각조차 할 수 없는 것이었습니다.

언젠가 정부가 다시 법을 준수하도록 만들려고 애쓰는 법무부의 최고위 법률가들을 만난 적이 있었는데, 이들은 체니의 사무실을 너무나도 두려워한 나머지 서로 암호를 써서 얘기를 나누더군요. 자신들이 도청당한다고 생각했거든요. 정말 기이한 시간이었어요.

◈ 『뉴요커』 얘기를 빼뜨릴 수 없겠군요. 이 시기에는 선생님뿐만 아니라 세이모어 허쉬[13], 로런스 라이트[14] 같은 사람들이 쓴 최고의 기사들이 실렸습니다. 이런 일을 가능케 만든 이 잡지의 배경은 무엇입니까?

◉ 이런 이야기를 얻는 데는 숱한 역경이 있었는데, 우리는 정말 오랫동안 이에 도전해왔습니다. 이 정부는 놀랄 만큼 비밀에 꽁꽁 둘러싸여 있습니다. 문서를 만지는 것조차 매우 힘들고, 워싱턴 D.C.처럼 사람을 겁나게 만드는 환경에서는 취재원을 얻는 것조차 매우 힘들죠. 그래서 엄청 시간이 걸립니다. 그래서 『뉴요커』는 기고자들과 기자들에게 뭔가 이야깃거리를 찾을 수 있을 때까지 파고, 파고, 또 팔 수 있을 만큼 충분히 시간을 주죠.

그런데 요즘 신문들은 갈수록 기사를 짧게 쓰곤 합니다. 기사를 위해 들이는 비용도 점점 줄여가고 있죠. 제 생각으로는 다 같이 고민해봐야 할 문제입니다. 기자들이 정말로 파고들 만한 시간과 호사를 누릴 수 없게 된다면 이런 정보를 얻을 수 없게 될지도 모르니까요.

◈ 마지막 질문입니다. 이번 대담의 맨 처음으로 되돌아가 보죠. 선생님은 부모님과 조부모님으로부터 물려받은 가치를 횃불처럼 들고 계신다고 생각하시나요?

◉ 그렇다고 생각합니다. 정말 그렇죠. 꼭 말하고 싶은 게 있는데, 종종 사람들은 이렇게 묻곤 합니다. "어떻게 그토록 반미적일 수 있죠?" 제게는 그렇게 하는 것이 미국을 소중히 여기는 방법이니까요. 잘못을

_13 Seymour Hersh(1937~). 미국의 언론인. 1969년 미라이 학살 사건을 보도해 주목받은 뒤 이듬해 퓰리처 국제보도상을 수상했다. 그 뒤로도 군사·안보 문제 전문기자로 활발히 활동하고 있다.

_14 Lawrence Wright(1947~). 미국의 언론인. 《무시무시한 탑》(*The Looming Tower: Al Qaeda and the Road to 9/11*, 2006)으로 이듬해 퓰리처 논픽션상을 수상했다.

　　　　　　　　　　　　　　　　　　　4. 진실을 찾아서

바로잡으려고 노력하는 것이 어떤 면에서는 이의를 제기하는 거죠. 정말이지 저는 이 나라의 역사와 가치를 너무나도 걱정하고 있습니다. 그리고 저는 제가 할아버지의 유산을 계속 안고 갈 수 있기를 희망하고 있습니다.

제인 메이어

5

제국과 헤게모니

멀리 떨어진 타국에서 일어난 사건을 통제하려고 할 때 강대국은 전쟁과 분쟁을 불러올 수 있는 정치적 역학을 가동시킨다. 이와 달리 외세가 침입할 경우 허약한 약소국은 침해된 국가의 자율성을 지키려고 저항하기 마련이다. 이런 투쟁을 위해서는 전 세계에 뻗어 있는 거대한 군사시설을 유지하고 있는 강대국의 권력을 가로막을 수 있는 힘이 필요하다. 제국 놀이를 하는 오늘날의 민주주의 사회에서는 다른 우선순위를 희생시켜가며 군비지출을 늘리는데, 그에 대한 반대급부로 타국에 개입하려는 정책을 반대하는 운동이 자국 내에서 일어난다. 강대국의 오도된 모험이 가져오는 인적 손실은 사람들이 정치적으로 각성할 수 있는 무대를 만들어주기도 한다.

파키스탄의 저널리스트 아메드 라시드는 강대국의 개입 그리고 그에 뒤따른 아프가니스탄에서의 철군이 이 지역의 정치를 어떻게 뒤바꿔놓았으며, 어떻게 알카에다와 탈레반을 등장시켰는지 말하고 있다. 사회과학자 찰머스 존슨은 자국의 민주주의를 지키고 외국에 영향을 끼치기 위해서 강대국이 유지하고 있는 막대한 군사시설의 함의에 대해서 논의하고 있다. 마지막으로, 신좌파 작가이자 운동가인 타리크 알리는 여러 민족해방투쟁들의 공통 요소, 외부 행위자들의 계속되는 권력 남용, 베트남이나 이라크에서 벌어진 것과 같은 전쟁에 맞서는 시위의 중요성을 살펴보고 있다.

아메드 라시드(Ahmed Rashid, 1948~)는 파키스탄의 라호르에서 살고 있는 국제문제 전문기자다. 20여 년 이상 아프가니스탄, 중앙아시아, 파키스탄 등지에서 라시드가 보도한 내용은 정치, 종교, 테러리즘이 복잡하게 뒤엉킨 이 지역을 더 잘 이해할 수 있게 해줬다. 《혼란으로 빠져들다 : 미국 그리고 파키스탄 · 아프가니스탄 · 중앙아시아에서 진행된 국가 건설의 실패》(2008), 《지하드 : 중앙아시아에서 등장한 군사적 이슬람주의》(2003), 《탈레반 : 아프가니스탄 용사들 이야기》(2000) 등의 저자이기도 한 라시드는 지난 2001년 용감한 저널리스트에게 수여하는 니자르 오스마니 상을 받기도 했다.

| 아메드 라시드 | 2002년 3월 26일, 2008년 6월 12일

"오늘날 지하드 즉 성전을 벌이는
이들은 다양성을 존중하는 이슬람의 전통에는
무지한 채 서구에 대한 맹목적 증오심만을
키우고 있습니다."

💬 태어나고 자란 곳은 어디십니까?

◈ 저는 파키스탄 북쪽의 라왈핀디라는 마을에서 태어났습니다. 제2
차 세계대전 직후 제 가족은 한동안은 파키스탄에, 또 한동안에는 런던
에 머물렀죠. 그러니 저는 두 곳에서 자란 셈입니다. 말하자면 저는
1950년대에 꽤 코스모폴리탄적인 생활과 교육을 누렸던 셈이죠. 그 뒤
에 저는 파키스탄에 있는 대학교에 진학했고, 나중에는 케임브리지대학
교에 갔습니다.

💬 돌이켜보셨을 때 부모님이 선생님의 성격을 형성해줬다고 생각하시는지요?

◈ 저는《탈레반》이라는 책을 제 어머니께 바쳤습니다. 왜냐하면 제
어머니는 호기심이 많아서 그야말로 믿을 수 없을 만큼 모든 것에 관심
을 기울이는 분이셨기 때문입니다. 어머니는 인도의 전통적인 이슬람
교도 여성으로서 영국령 인도에서 자라셨습니다. 그렇지만 모든 것에
대해 엄청나게 호기심이 강했죠. 저희가 어렸을 때 어머니는 저희를 데
리고 야생지를 여행하곤 했답니다. 돈도 그다지 없이 말이죠. 제 기억
으로 저희는 차에서 잤고, 나이를 좀더 먹었을 때는 유럽을 여행하며
캠핑했죠. 1960년대에 한번은 런던에서 카라치[파키스탄 남부의 도시]까
지 어머님과 자동차로 여행하기도 했습니다. 어머님은 그토록 모험심
이 강한 분이었어요. 이에 비하면 아버님은 가족 중에서 더 안정적인

영향을 주셨죠.

◈ 식사 시간에 정치나 시사 문제, 혹은 세상 돌아가는 얘기 같은 걸 하셨나요?

◈ 예, 늘 그랬죠. 제 생각으로 파키스탄보다 더 정치화된 사회는 없을 겁니다. 왜냐하면 우리는 너무나 많은 트라우마를 겪어왔고, 너무나 많은 정치적 격변과 불안정 속에서 살았으니까요. 파키스탄인들이 한데 모이면 가장 먼저 얘기하는 게 국내 정치와 세상살이입니다.

◈ 어디서 교육받으셨습니까?

◈ 인도와 파키스탄에서 대학을 다녔고, 그 다음에는 케임브리지대학교에서 학위를 받았죠. 베트남전쟁 반대운동이 한창이던 1968년에 저는 케임브리지대학교에 있었어요.

◈ 돌이켜보실 때 1960년대가 선생님에게 어떤 영향을 끼쳤는지요?

◈ 음, 확실한 건 그때 제가 상당히 급진화됐다는 겁니다. 그곳에서의 경험이 그랬죠. 저는 1968년에 파리에도 있었어요. 그렇지만 1968년부터 1970년 사이에 특히 파키스탄인들은 상당히 급진적이 됐습니다. 왜냐하면 당시 동파키스탄이었던 방글라데시에서 전쟁이 있었기 때문입니다. 특히 군부가 벵골인 수만 명을 살해하는 등 잔인한 방식으로 이 전쟁을 수행한 탓에 파키스탄의 좌파와 자유주의자들은 이 전쟁으로 아주 극심한 정신적 외상에 시달려야 했죠. 방글라데시가 독립하고 파키스탄 군대가 패하게 되자, 파키스탄에서는 심각한 정치적 격변이 일어났지요. 잘 아시겠지만, 당시는 파키스탄의 정계가 어마어마하게 들끓던 시기였고, 좌파가 강세를 보였죠.

◈ 이런 당대의 사건을 이해하려고 노력하시면서 선생님은 역사가 매우 중요한

주제라는 걸 알게 되셨군요. 도서관에서 조사하는 것과 현장에서 보도하는 것 사이를 왔다 갔다 하셨을 텐데 이에 대해 말씀해주시죠.

제 첫 책은 1994년에 나왔습니다. 《중앙아시아의 부활》이라는 제목이었죠. 제 책은 소련 붕괴 이후 처음으로 나온 중앙아시아 관련 서적이었어요. 중앙아시아 전역을 돌아다녔죠. 그곳 역사를 하나도 몰랐거든요. 당시 영국에는 중앙아시아에 관한 책이 거의 없었습니다. 미국에서도 소련은 철저히 연구하는 데 반해 중앙아시아를 다루는 사람은 아무도 없었고요. 저는 러시아어도 할 줄 몰랐고, 중앙아시아의 지방어도 할 줄 몰랐습니다. 그래서 중고서점에서 구할 수 있는 1920~40년대의 책을 읽어야만 했어요. 그때는 그저 많이 읽는 것만으로 시작해야만 했습니다.

그런데 제가 모든 학문에 관심이 많은지라 인류학, 역사학, 경제학 관련 책을 닥치는 대로 읽죠. 그래서 제 책을 쓸 때는 이처럼 통합학문적인 접근법을 취하려고 노력합니다. 정치적이고 탐사보도적인 면과 더불어 사회적, 경제적, 문화적 쟁점까지 살펴봄으로써 내용을 더 깊이 있고 풍부하게 만들고, 이렇게 말할 수 있다면 일종의 드라마가 전개되는 걸 덧붙여 보여주려고 하는 거죠.

파키스탄에 대해 얘기해보죠. 파키스탄은 불량국가인가요?

천만에요. 저는 파키스탄을 그렇게 묘사하고 싶지는 않습니다. 왜냐하면 파키스탄의 문제는 군대권력과 시민권력 사이의 계속된 갈등이라고 생각하기 때문입니다. 한때는 시민들이 지배하긴 했지만, 본질적으로 파키스탄을 지배하는 것은 군부입니다. 특히 지난 30~40년 동안에는 말이죠. 대외정책, 특히 아프가니스탄과 인도에 대한 정책을 총괄해왔던 것도 군부입니다. 민간정부가 드문드문 등장하는 상황에서는 군부에게서 대외정책에 관한 통제력을 빼앗아오는 게 매우, 매우 힘들 수밖에 없었죠.

파키스탄은 인구가 1억 6000만 명인데다가 인구증가율도 매우 높은데 자원은 점점 줄어들고 있어서 현재 심각한 에너지, 물, 땅 문제를 안고 있습니다. 이제 얼마 안 있으면 인구가 2억 명이 될 텐데, 그때가 되면 틀림없이 심각한 경제위기가 우리를 기다리고 있을 겁니다.

 파키스탄이 모든 집단, 모든 인종 집단이 동의할 수 있는 단일한 국가적 정체성을 결코 일궈내지 못했다는 게 맞는 평가일런지요?

음, 정확히 그렇습니다. 파키스탄은 영국령 인도에서 생겨나 이슬람의 이름으로 분리되어 나온 나라죠. 그러나 파키스탄을 세운 건국의 아버지들은 파키스탄이 신정국가나 종교지도자들이 이끄는 나라가 되기를 결코 상상조차 한 적이 없어요. 오히려 영국식 민주주의를 원했죠. 파키스탄 헌정구조는 영국을 상당히 본뜬 의회민주주의입니다. 그러나 인도와 치른 세 번의 전쟁, 인도와 관련된 국가안보라는 쟁점, 카슈미르를 둘러싼 분쟁, 아프가니스탄에 친(親)파키스탄 정부가 있었으면 하는 욕망 등이 발생한 이래로 모든 문제가 발생했습니다. 사실 이 모든 쟁점은 군부가 주도한 것이었고, 그들이 관련 정책을 통제했죠. 결국 어떤 시점이 되니 우리는 국가예산의 30퍼센트를 군대에 쏟아 붓고 있었어요. 교육률, 그러니까 문맹률이 50퍼센트나 되는 나라에서 말입니다. 이 수치는 남아시아에서 가장 높은 수치죠. 사회적 부문의 인적 자본을 개발하는 데는 충분히 돈을 쓰지 않고 있는 겁니다. 이것 역시 대대로 매우, 매우 큰 문제 중 하나죠.

_01 1947년 8월 15일 영국에서 독립한 이래로 지금까지 파키스탄은 단 27년 동안만 민간정부에 의해 통치됐다.

5. 제국과 헤게모니

군부는 적, 그러니까 인도를 들먹이며 국익을 규정합니다. 그래서 군사력을 강화하죠. 파키스탄이 핵을 갖게 된 것도 바로 이런 이유에서입니다. 민간인들은 전혀 다르게, 그러니까 민주주의, 활기찬 경제, 교육, 대중교육 등의 이름으로 국익을 규정할 겁니다. 불행하게도 군부의 사고방식에는 이런 범주가 들어갈 여지가 없죠. 또 다른 문제는 군부가 정치력을 길러왔다기보다는 경제력을 길러왔다는 데 있습니다. 특히 페르베즈 무샤라프_02 장군 밑에서 말입니다. 무샤라프는 군부에 어마어마한 특전과 특권을 부여했죠.

군부는 이 땅의 상당수를 소유하고 있습니다. 소유하지 못한 땅은 압수해 자기들 맘대로 개간하고 있죠. 상급 군인들은 민간 부문의 그 누구보다도 훨씬 더 많은 특전과 특권을 누립니다. 그들의 자녀 대부분이 장학금을 받고 미국에서 공부 중이죠. 이런 자들이 이 나라 최고의 특권층입니다.

 어디에선가 유명한 표현을 인용하시기도 했습니다. "모든 나라는 군대를 소유하지만 파키스탄에서는 군대가 나라를 소유하고 있다."

파키스탄인들 대부분이 그렇게 생각합니다. 그도 그럴 것이 군부가 만사를 지시하고, 민간 지도자들은 군부를 불쾌하게 만들 수조차 없으니까요.

 선생님은 국가와 이슬람교의 관계에 대해서도 말씀하셨습니다. 《혼란으로 빠

_02 Pervez Musharraf(1943~). 파키스탄의 군인 출신 정치가. 1998년 육군참모총장이 된 뒤 이듬해 쿠데타를 일으켜 군사정권을 출범시켰다. 2001년 스스로 대통령직에 오른 뒤 독재정치를 펼치다가 의회의 탄핵소추와 사임 요구를 견디지 못하고 결국 2008년 8월 18일 대통령직에서 사임했다.

저들다》에서는 군부가 이슬람교를 도구로 사용하고 있다고 지적하셨는데요. 좀더 자세히 말씀해주시죠.

ⓥ 각 정당은 건국의 아버지들이 근대주의자이자 민주주의자로서 이슬람교도가 아닌 소수자들도 모두 똑같은 권리를 누리고, 종교가 이 나라의 문화와 전통의 일부일 뿐 정치를 좌지우지하지는 않는 민주주의 체제를 세우려 했다고 생각합니다. 오늘날 군부의 문제는 카슈미르, 인도, 아프가니스탄을 겨냥한 자신들의 대외정책이 성공을 거둘 수 있도록 이슬람 과격주의 집단을 부채질한다는 데 있습니다.

미국인들이 아프가니스탄으로 들어와 무자헤딘을 훈련시켜 소련군과 싸우게 만든 1980년대 이래로, 군부는 이들을 총애하는 대용물로 이용해왔습니다. 예컨대 카슈미르나 아프가니스탄에서 대신 싸워주는 병력으로 말입니다. 물론 결국엔 이 나라에 역풍이 불게 만들었습니다만. 무슨 말인고 하니, 이제는 더 이상 전투 집단을 만든 뒤 이들을 나라 밖에 주둔토록 하면서 외국인들과 싸우게 할 수 없게 된 겁니다. 그들 역시 내심으로는 똑같은 일을, 그러니까 고국에 이슬람 국가를 건설하고 싶어하게 될 테니까요.

사실 우리가 진짜 지독하게 겪고 있는 건 이런 역풍입니다. 9·11사건 이후 이 나라에는 사상 처음으로 이른바 파키스탄 탈레반이 등장했습니다. 이들은 호전적인 투사들인데, 대부분 파키스탄 북서부에 있는 파슈툰족 지역 출신이죠. 그러나 이들은 카슈미르인들, 극단적인 펀자브인들 같은 다른 집단과도 연결되어 있습니다. 이들은 모두 샤리아-03

_03 Sharia. '길'을 뜻하는 아랍어로서, 신이 정해준 계시법(啓示法)을 지칭한다. 샤리아는 이슬람의 기본법으로 이슬람 공동체의 헌법이며 종교적 의무, 개인과 사회생활, 상업, 형벌에 이르기까지 모든 것을 규정하고 있다. 따라서 '샤리아 국가'(Sharia state)란 흔히 '이슬람 신정국가'나 '근본주의 이슬람 국가'를 뜻한다.

5. 제국과 헤게모니

국가, 즉 파키스탄 북서부 지역의 이슬람 극단주의자들이 지배하는 국가를 손수 건설하고 싶어하죠. 9·11사건 이후 이 나라에 불어 닥친 이런 역풍은 사회 전체에 상당한 영향을 끼치고 있어요. 그도 그럴 것이 우리는 아프가니스탄의 탈레반에게 피난처를 제공해줬고, 그들이 파키스탄에 은신처를 만들도록 방치했고, 파키스탄에서 신규 병력을 모으고 재무장하도록 놔뒀기 때문입니다. 아시겠지만, 저는 이미 2002년과 2003년에 경고한 적이 있습니다. 만약 이런 일이 계속되게 놔두면 파키스탄은 탈레반화될 거라고 말이죠. 이제는 이들을 분리시키거나 산속에 몰아둘 수 있는 방법이 없습니다. 이들이 파키스탄인들에게는 아무런 해도 끼치지 않으면서 아프가니스탄의 미국인들을 공격할 수 있으리라고는 상상할 수도 없죠. 지금 이 나라에서 일어나고 있는 일이 바로 이런 겁니다.

◉ 이슬람 사회의 몇몇 부문이 급진화되는 데 소련의 아프가니스탄 침공이 결정적인 영향을 끼친 셈이군요. 소련의 아프가니스탄 침공이 가져올 귀결, 이에 맞선 미국의 대처가 지금 우리와 함께 살아가고 있는 이 이상야릇한 사람들[탈레반]이 등장하는 데 어떤 영향을 끼쳤는지에 대해 말씀해주십시오.

◈ 본질적으로 미국은 아프가니스탄에서 지하드 즉 성전(聖戰)이 벌어지도록 만들었습니다. 파키스탄, 미국, 사우디아라비아의 정보국들이 한데 모여 이슬람 세계 전역의 투사들을 아프가니스탄에 모이게 만든 셈이죠. 당시 미국은 그저 이슬람 세계 전체가 소련의 침공에 저항하는 걸 보고 싶었을 뿐입니다. 그러나 근본적으로 미국은 지하드 집단을 불러왔을 뿐이죠. 당연한 일이지만, 아프가니스탄에서 싸우려고 아랍 세계 전역에서 온 이 전사들은 대부분 각국의 무장단체 출신이었습니다. 그러다 보니 각국의 이슬람 정권은 자국의 투사들을 밖으로 내보냄으로써 내부의 긴장을 해소시키는 좋은 방법을 여기서 알게 됐죠. 대충 이런

아메드 라시드

겁니다. "자, 아프가니스탄에 가서 싸워. 여기서 우리를 귀찮게 하지 마." 바로 이들이 알카에다와 빈 라덴, 심지어는 탈레반의 든든한 뿌리가 되어줬고, 결국에는 중앙아시아에까지 격변을 가져온 겁니다. 왜냐하면 1980년대 경 중앙아시아인들 역시 아프가니스탄에서 싸우기 위해 몰려들었고 그곳에서 아랍인들이나 파키스탄인들의 온갖 집단과 연계를 맺었기 때문입니다. 지금 우리가 직면한 상황은 그때의 유산이죠.

◈ 파키스탄 군부는 아프가니스탄인들이 인도로부터 감지되는 위협에 맞설 수 있는 전략적 이점을 준다고 봤습니다. 이 점에 대해서 말씀해주십시오.

◈ 역사적으로 아프가니스탄은 육지에 둘러싸인 나라입니다. 수출, 수입, 무역, 그밖에 모든 것을 파키스탄에 의존했죠. 1950~70년대 내내 아프가니스탄은 파키스탄의 이런 압도적인 영향력을 깨뜨리려고 늘 인도 카드를 꺼냈습니다. 인도에 다가가고, 인도와 파키스탄 사이에서 균형을 잡으려 했죠. 파키스탄에게 마냥 의존하지 않아도 되고, 파키스탄이 아프가니스탄을 집어삼키려는 시도조차 못하게 하려고 말입니다. 그러나 아프가니스탄은 약소국입니다. 군대도 없는데다 미국이나 소련 등의 해외 원조에 의존하는 국가죠. 국익을 위해서라면 그렇게 가는 것도 좋은 방법이겠습니다만, 그렇게 되면 파키스탄과 결코 겨뤄볼 수가 없죠. 불행하게도 그때 이래로 발생한 일은 다음과 같습니다.

일단 무자헤딘이 아프가니스탄에서 전쟁을 일으키자, 파키스탄은 인도인들이 1980년대 아프가니스탄의 친소 정권을 전면적으로 지원하는 광경을 보게 됐죠. 파키스탄은 이런 일이 반복되기를 원하지 않았습니다. 왜냐하면 당시 파키스탄은 인도인들이 파키스탄 내의 인종집단에 개입해 그들을 무장시키고 자국을 전복하려고 든다며 비난하고 있었기 때문이죠.

당연한 말이지만 지난 50년 동안 인도와 파키스탄은 계속 대리전쟁을 해온 셈입니다. 인도의 정보기관은 우리나라 영토에서 작전 중이고, 우리의 정보기관은 인도의 영토에서 작전 중이죠. 파키스탄은 카슈미르에 개입했고, 1970~80년대에는 인도의 시크교도 반란자들이 무장하는 걸 도왔습니다. 인도는 발루치스탄04에서 이와 똑같은 일을 했고요. 그러나 정작 위험한 것은 인도인들이 아프가니스탄에서 힘을 굳힐 경우, 파키스탄이 협공에 빠지게 된다는 것이었죠. 파키스탄 군부는 인도인들이 이처럼 양쪽에서 공격해 들어올지도 모른다는 피해망상에 완전히 젖어 있었습니다. 제가 늘 써왔던 얘기지만, 이런 위협은 실제로 일어나고 있는 일이 아니라 일어날지도 모르는 일에 대한 파키스탄 군부의 단순한 피해망상이었죠.

9 · 11사건 이후 탈레반은 맹렬하게 힌두교도와 인도를 공격하게 됐습니다. 물론 1990년대 내내 인도인들은 아프가니스탄에 코빼기도 안 보였지만 말입니다. 아무튼 이 때문에 파키스탄은 탈레반을 지원했죠. 그들의 반(反)인도 정서를 강화시키고 싶어했으니까요. 그런데 9 · 11사건 이후 권력을 잡게 된 것은 탈레반과 싸워왔던 북부동맹입니다. 그리고 북부동맹을 무장시키고 지원해준 건 인도, 이란, 러시아, 그밖에 지역 열강들이었죠. 결국 9 · 11사건과 전쟁[아프가니스탄 전쟁]이 끝난 뒤 파키스탄은 다시 아프가니스탄의 탈레반을 지원하게 됐습니다. 테러와의 전쟁을 지지하겠다고 미국에게 약속했지만 말입니다.

파키스탄이 아프가니스탄의 탈레반을 다시 지원하게 된 이유는, 비록 우리가 그들의 패배에 일조하긴 했지만 인도가 아프가니스탄에서 다시 핵심 역할을 하게 되는 걸 우리가 두려워하니 이제 다시 그들이 필요하

_04 Baluchistan. 파키스탄 서부에 있는 주(州). 이곳은 19세기 말 영국 영토가 되어 인도의 일부로 편입됐으나 제2차 세계대전 이후 파키스탄이 독립하면서 다시 그 일부로 편입됐다.

게 됐기 때문입니다. 그런데 현재 군부나 해외 부서에 있는 그 어떤 지도적 인사에게 물어보더라도 그 사람은 이렇게 말할 겁니다. 지금 인도는 아프가니스탄에서 지배적인 역할을 하고 있다고 말이죠. 그러니까 제가 하고픈 말은 이게 완전히 난센스라는 겁니다. 아프가니스탄에 주둔한 미국, NATO 그리고 약 30개국은 인도보다 훨씬 더 중요한 역할을 하고 있거든요. 이들 국가는 더 많은 돈과 더 많은 군대 등을 원조하고 있습니다. 인도도 한몫을 하고는 있지만 그곳에 군대를 보내지는 않았죠. 그저 아프가니스탄 재건프로그램을 갖고 있을 뿐입니다. 그런데도 다시 보복 전쟁이 시작됐죠. 파키스탄은 인도가 내정에 간섭한다며 비난합니다. 탈레반을 계속 지원하는 구실로 군부가 계속 인도를 들먹이고 있는 이유가 바로 여기에 있습니다.

◈ 선생님이 말씀하신 이슬람 세계의 긴장 중 하나는 지역 대 세계, 편협함 대 코스모폴리타니즘입니다. 그리고 저서에서 지적하시길 계획된 내용도 없고, 미래의 이슬람 국가가 어떤 모습이어야 할지에 대한 전망도 없는 전 지구적 지하드가 일어날지 모른다고 했습니다. 이에 대해 좀더 말씀해주시죠.

◈ 1920~30년대에, 특히 이슬람 국가의 등장과 더불어 중동에서 이슬람 근본주의가 영국의 제국주의와 모든 식민주의의 대안으로 여겨진 역사는 상당히 다채롭습니다. 이에 대한 논쟁은 상당히 많았고요. 중동 그리고 당시 영국령이었던 인도의 이슬람 근본주의 집단들은 이슬람 국가를 어떻게 운영해야 하는가를 탐구했습니다. 이슬람식 경제, 소수집단·여성·교육을 처리하는 방안 같은 모든 핵심 쟁점을 말입니다.

아프가니스탄 전쟁 동안, 이슬람 세계에서 벌어진 온갖 사건을 통해 오늘날에는 완전히 새로운 세대의 이슬람 근본주의자들이 등장했습니다. 이들은 20세기 이슬람의 역사와 이슬람 근본주의에 전혀 뿌리를 두지 않고, 게다가 식민주의에 맞서는 해방전쟁에도 전혀 뿌리를 두지 않

5. 제국과 헤게모니

고 있죠. 옛 이슬람 근본주의자들이 뿌리를 두고 있는 그것에 말입니다. 이들은 서구, 미국인들을 향한 맹목적인 증오만을 갖고 있습니다.

그러나 주로 그들을 움직이는 것은 자국 정권에 대한 증오입니다. 왜 냐하면 그들에게는 옛 이슬람 근본주의자들과 같은 지적 배경이 없기 때문입니다. 그들은 이슬람 학자도 아니고, 역사가도 아니죠. 게다가 지난 100년 동안 일어난 일들에 대해 아무런 지식도 없습니다. 그저 '우리'의 정권, 그러니까 사우디아라비아의 정권이나 파키스탄 정권 등을 넘어뜨리고 샤리아, 이슬람 율법을 가져오기만 하면 자기 나라의 모든 문제가 자동적으로 해결되리라는 맹목적인 신념만 갖고 있을 뿐입니다.

하지만 이미 증거가 있지 않나요? 이란은 실패했습니다. 이란 혁명역시 그렇게 하려고 했지만 실패했죠. 탈레반도 아프가니스탄에서 똑같은 일을 하고 싶어했습니다만, 역시 실패했어요. 그들에게는 자신들의 정권을 무엇으로 대체할지, 사람들에게 무엇을 제공할지에 대한 아무런 지적인 관심이 없어요. 제 생각으로는 그들이 이 사회의 주변에 극단적인 테러리스트로 남아 있는 이유는 이 때문입니다. 그들은 결코 대중정당을 만들려고 하지 않습니다. 그들의 행동은 호전적이고 갈아엎으려고만 하죠. 뭔가를 건설한다거나 만들려고 하지 않고 말입니다.

◈ 선생님은 《지하드 : 중앙아시아에서 등장한 군사적 이슬람주의》에서 이렇게 말씀하셨습니다. "초기 이슬람의 아랍 문명이 지닌 정수는 다문화, 다종교, 다인종의 다양성이다. 너무나 충격적이게도 오늘날 이슬람 세계의 수많은 국가들이 실패하는 이유는 바로 저 원래의 길, 저 의도와 영감이 볼품없거나 편협한 신학적 해석을 위해서 모조리 내다버려졌기 때문이다." 이에 대해 말씀해주시겠습니까?

◈ 오늘날의 근본주의자들이 역사를 공부하지 않는다는 것은 문화적 비극 중의 하나입니다. 역사는 마드라사[이슬람교 고등교육 시설]나 종교학교에서 가르치는 과목이 아닙니다. 이들은 스페인의 이슬람 문화에

대해서 모릅니다. 그곳의 이슬람교도들은 유대인들, 그리스도교도들과 함께 900년 동안 스페인을 다스렸죠. 그리고 지금까지도 멀쩡하게 서 있는 웅장하기 이를 데 없는 기념비를 세웠습니다.

물론 이들은 북아프리카, 중동, 심지어는 남아시아를 지배한 다문화적·다인종적 이슬람 제국의 역사에 대해서도 모릅니다. 인도를 400년 동안 통치했던 무굴인들은 중앙아시아 출신입니다. 그들은 중앙아시아의 문화와 함께 아프가니스탄과 페르시아 문화를 들여왔죠. 힌두교도들과 함께 살았고, 힌두교도들뿐만 아니라 페르시아인, 불교도, 기타 인도에 존재했던 다른 종교 분파와도 한데 어울리며 그곳을 다스렸습니다. 바로 이런 것이 남아시아의 특별한 유산입니다. 불행하게도 최근 20~30년 사이에 등장한 근본주의 집단들은 이런 다양성을 확보하는 데 실패해왔습니다. 이런 역사를 공부하지 않았으니까요.

🔰 근본주의의 맥락에서 봤을 때 '지하드'라는 용어는 원래 의미와 완전히 다른 의미를 갖게 됐습니다. 맞나요?

🔰 맞습니다. 지하드는 이슬람의 교리 중 하나입니다. 매우 중요한 교리이긴 합니다만, 이슬람의 다섯 가지 핵심 교리 중의 하나에 불과하죠. 전 세계에 퍼져 있는 지하드 신봉자들이 이런 지하드를 이슬람의 유일한 교리이자 가장 중요한 교리로 승격시킨 겁니다. 아시겠지만 이슬람교도들이 해야만 하는 다른 일들도 있죠. 기도, 자선, 하지[성지순례] 같은 거 말입니다. 이것이 첫번째 쟁점입니다.

두번째 쟁점은 이런 겁니다. 코란은 지하드에 두 가지 측면이 있다는 걸 매우 분명하게 밝히고 있습니다. 확실히 이슬람교도들은 불신자들에게 공격당할 때 스스로를 방어해야만 한다는 게 한 측면을 이루고 있습니다. 이렇게 말해도 된다면 이게 이슬람의 호전적인 면이죠. 그러나 이것은 선지자 모하메드가 더 작은 지하드라고 불렀던 것일 뿐입니다. 더 큰 지하드는 자아를 향상시키고 공동체를 육성하는 것입니다. 모든 위대한 종교에서와 마찬가지로, 이슬람교에도 어떻게 하면 더 훌륭한 인간이 될지, 어떻게 하면 사회의 자산이 될지, 어떻게 하면 다른 이들을 도울 수 있는지 등을 질문하는 어마어마한 유산이 있습니다. 종교는 공동체와 시민사회를 건설하고, 신을 경배하는 와중에 자아를 향상시키는 것이 되어야 합니다. 더 큰 지하드란 이 모든 것을 말하는 거죠. 그러나 쥬마 나만가니,_05 빈 라덴, 물래이슬람 율법학자]인 모하메드 오마르_06 같은 인물들은 이 사실을 완전히 무시하고 있습니다.

◈ 미국의 정책 그리고 특히 아프가니스탄에서 일어난 사건들에 서구가 어떻게 반응해왔는지에 대해 얘기해보도록 하죠. 미국은 파키스탄을 통해 무자헤딘을 지원해왔습니다. 그러다가 의도치 않게 알카에다를 등장시켰습니다. 1990년대 당시 빌 클린턴 대통령은 사우디아라비아와 파키스탄이 아프가니스탄 내전에 관해 주도권을 잡도록 방치했죠. 지금까지 얘기해온 것처럼, 그 뒤로 9·11사건이 일어나면서 부시 행정부는 알카에다에게만 주도면밀하게 관심을 집중할 뿐, 큰 그림을 그리는 데는 사실상 실패했습니다.

◈ 아시다시피, 특히 아프가니스탄인들은 이 점을 매우 비통해합니다. 왜냐하면 그들은 1989년에 이미 미국이 실질적으로 배신했다고 여기고 있기 때문입니다. 당시 소련이 아프가니스탄에서 철수하자 미국 역시 철수하게 되는데 아프가니스탄의 재건이나 정부 구성을 전혀 돕지 않고 떠났죠. 그래서 그 뒤로 1990년대에 내전이 발발했고, 결국에는

_05 Jumma Namangani(? ~ ?). 우즈베키스탄의 군인. 소련 공수부대 출신으로서 아프가니스탄 전쟁에 참여한 뒤 1991년 '우즈베키스탄이슬람운동'이라는 무장단체를 결성해 탈레반의 막대한 지원을 받고 있다.
_06 Mohammed Omar(1959~). 아프가니스탄의 정치가. 탈레반의 지도자.

아메드 라시드

탈레반이 정권을 잡았습니다. 9·11사건 이래로 처음 대두된 문제는 미국이 재건 같은 데는 전혀 신경 쓰지 않은 채 오로지 알카에다에만 집중하고 있다는 것이었습니다. 그러다가 이라크에 뛰어들기로 서둘러 결정했다는 게 두번째 문제였죠. 2002년 3월인가 4월인가, 그러니까 미국이 전쟁에서 이긴 지 12주밖에 안 되어 사람들이 여전히 충격에 빠져 있었을 그 시점에, 아프가니스탄의 미군에게는 별다른 자원이 없었습니다. 특수부대, 위성, 사진, 정찰병 등도 더 이상 없었죠. 미군은 모든 걸 가져가버린 겁니다. 자국에 돌려보내거나 이라크를 재교육하기 위해서 그쪽으로 보내버렸죠. 그다지 제대로 훈련받지 못한 미군만을 아프가니스탄에 남겨놨을 뿐입니다. 아프가니스탄인들로서는 그저 부차적인 끈만을 잡고 있게 된 셈입니다.

이처럼 이라크에 온 정신이 팔린 결과일 텐데, 기본적으로 CIA는 아프가니스탄의 법과 질서를 유지한다는 정책만을 갖고 있었을 뿐입니다. 그들 생각에는 군벌을 통하면 그렇게 될 것 같았겠죠. 요컨대 당시 CIA의 정책은 미국의 돈으로 군벌을 무장시키고 이들을 종속시키는 것이었습니다. 그러나 이 정책은 엄청난 손실을 가져왔을 뿐입니다. 왜냐하면 각지의 군벌들이 탈레반에 의해 모두 쫓겨났기 때문입니다. 더 정확하게 말하면 아프가니스탄인들이 이 군벌들에게 싫증을 느끼게 됐기 때문이죠. 1990년대 내내 이 군벌들은 아프가니스탄을 황폐하게 만들었습니다. 그들은 약탈하고, 괴롭히고, 사람들의 재산을 훔쳤죠. 그런데 바로 그 당시에 아프가니스탄의 해방자라는 미국, 탈레반을 무너뜨리고 아프가니스탄인들을 압제에서 해방시켜줬다는 미국은 이 군벌들을 다시 지원했습니다. 그러니 아프가니스탄인들이 비통해할 수밖에요.

물론 정작 문제는 군벌들이 카르자이[07]를 거역하기 시작했다는 겁니다. 그들은 이렇게 말하죠. "그러니까 무슨 말이냐면, 도대체 당신은 누구지? 당신이 대통령일지는 모르지만 우리는 CIA에게서 돈을 받고 있

5. 제국과 헤게모니

다고. 나한테만 3만 명의 병사가 있어." 아프가니스탄에는 탱크 200대, 300대를 가진 군벌도 있습니다. 요컨대 그들의 화를 돋울 수 없는 상황인 거죠. 이런 의미에서 카르자이의 손은 묶여 있는 셈입니다.

이런 상황은 2004년쯤이 되고서야 멈췄습니다._08 그러나 그때쯤 이 군벌들은 마약 밀매를 하고 있었죠. 그래서 여전히 막대한 부를 소유하고 있고, 정치적으로도 무자비한 힘을 행사했습니다. 지금 이들은 양복을 입고 있습니다. 더 이상 군복을 입지 않죠. 하긴 양복에 넥타이를 매야 했을 겁니다. 의회에 나가야 했고, 대부분 대통령선거에도 나서야 했으니 말입니다.

사실상 이 군벌 정책은 폴 울포위츠의 작품입니다. 그래서 저는 이 양반을 '군벌 울포위츠'라고 부르곤 하죠. 아무튼 울포위츠는 이 정책을 소말리아, 수단 등지에도 팔려고 애썼습니다. 독립된 전투적 군벌들을 무장시키고 지원해서 알카에다를 추적해야 한다고 말하면서 말입니다. 여기서 두번째 문제가 나오는데, 이 군벌들은 알카에다를 사냥하라는 명령을 받았지만 정작 이들 중 절반은 알카에다의 돈을 받았죠. 알카에다의 거물급 인사를 잡아서 미국에 보낸 군벌은 지금껏 단 하나도 없었습니다.

 군벌들의 마약 밀매에 대해 좀더 얘기해보죠. 제 생각으로는 아직 국가가 건설되지도, 재건되지도, 그렇다고 이런 건설과 재건에 필요한 치안도 확보되지 않은

_07 Hamid Karzai(1957~   ). 아프가니스탄의 정치가. 아프가니스탄 역사상 최초로 민주적 선거에 의해 선출된 대통령(제12대)으로서 원래는 탈레반 지지자였으나 1999년 부친이 탈레반의 소행으로 추정되는 암살을 당한 뒤부터 본격적인 반(反)탈레반 활동에 나섰다. 친미적 성격이 강한 것으로 알려져 있다.

_08 카르자이가 '정식'으로 대통령이 된 게 2004년 12월 7일이다. 그 이전에는 과도정부의 수반으로서 아프가니스탄 내의 최대 종족인 파슈툰족 출신이라는 것 외에는 별다른 권력기반이 없었다. 그래서 사람들은 권력 요직을 장악한 북부동맹 세력(군벌)에 의해 곧 자리에서 내려올 것이라고 예측하곤 했다.

상황에서 이것은 매우 중요한 사안인 듯합니다.

◇ 전쟁이 끝난 뒤 저뿐만 아니라 미국의 아프가니스탄 연구자들은 미 국무부와 국제개발처에 말 그대로 간청했습니다. 농업에 투자하라고 말입니다. 아프가니스탄인들의 80퍼센트가 농사를 지어 먹고 삽니다. 파키스탄이나 이란에 가 있던 2500만 명의 피난민들이 몇 달 내로 다시 고향에 돌아올 겁니다. 그러면 이 사람들이 무엇을 하겠습니까? 일자리도 없고, 땅은 초토화됐으니 말입니다. 이들은 모두 고향 마을이나 농장으로 돌아갈 텐데 농업에는 전혀 투자가 이뤄지지 않고 있는 거죠. 이뤄지고 있다 해도 아주 최소한의 투자만 있을 뿐입니다. 새로운 작물, 비료, 농장에서 시장까지를 연결할 도로, 더 나은 배수시설 등 필요한 게 한두 가지가 아닙니다. 게다가 농업은 한두 차례의 수확으로, 한두 차례의 재배 주기로 한 회전이 끝나는 일입니다. 농업을 통해서 전체 경제를 돌릴 수 있는 거죠. 이들에게 작물을 재배하라고 하고 그걸 매수해주면 그리고 더 가치 있는 작물에 더 많은 돈을 주기만 해도 농민들은 혼자 힘으로 설 수 있습니다. 그런데도 농업에는 투자가 이뤄지지 않았고, 결국 사람들은 별다른 기반시설이 필요 없는 것만을 재배하게 됐습니다.

양귀비는 비료 없이도 기를 수 있죠. 물도 필요 없고, 기반시설도 필요 없어요. 별다른 일을 안 해줘도 아무 데서나 잘 자랍니다. 그래서 가난한 농민들은 양귀비를 길렀죠. 결국 양귀비는 아프가니스탄 전역에 걸쳐 농민 수백만 명의 주요 생계수단이 됐습니다. 특히 남부에서 그랬어요.

그 뒤 얼마 되지 않아 탈레반이 돌아왔습니다. 탈레반은 2003년부터 농민들에게 세금을 걷기 시작했습니다. 지역의 마약 밀매업자들에게 세금을 걷기 시작한 지 얼마 안 된 때였죠. 농민들이 아편을 농장 정문 앞에 갖다 두면 마약 밀매업자들은 이것을 들고 나가 더 큰 판매책에게 넘깁니다. 그러면 탈레반은 이 더 큰 판매책에게 세금을 걷죠. 그러다가 지금처럼 발전해온 겁니다.

저는 알카에다와 탈레반이 농부들이 속한 사회의 맨 밑바닥에서뿐만 아니라 맨 위에서도 돈을 걷는 데 강하게 연루되어 있다고 믿습니다. 그리고 그런 마약이 주로 유통되는 곳은 유럽입니다. 그곳에서는 아편 가격이 2~3배, 심지어는 4배나 더 비싸니까요. 알카에다와 탈레반은 그곳에서 더 많은 이윤을 긁어 들이는 겁니다.

오늘날의 파키스탄 탈레반과 아프가니스탄 탈레반을 가만히 살펴보면, 이들은 전장에 나가 있는 수천 명의 병사들을 유지할 수 있을 만큼 어마어마한 액수의 돈을 갖고 있어요. 현재는 병사들에게 월급을 줄 정도입니다. 1990년대에만 해도 탈레반은 병사들에게 월급을 주지 않았죠. 성전을 하는 것이니까요. 그러나 지금은 병사 한 명 당 100~200달러의 월급을 지급하고 있습니다. 이 액수는 아프가니스탄의 병사가 정규군에 있을 때 받는 돈보다 두 배가량 많은 액수입니다. 탈레반은 자살 특공대의 가족들에게도 일정한 액수의 돈을 계속 지급합니다. 그러니까 아들 하나가 폭탄 자살을 시도해 미국인 몇 명을 죽이면, 얼마나 성공적이었느냐에 따라 그 아들의 아버지나 어머니, 혹은 부모가 아들의 목숨에 대한 보상금으로 막대한 돈을 쥘 수 있게 되는 겁니다. 요컨대 오늘날 우리가 목도하는 건 현금을 펑펑 써대고, 마약 거래로 어마어마한 돈을 벌어들이는 봉기와 운동인 셈이죠.

◈ 현재 아프가니스탄은 전 세계 마약 공급량의 몇 퍼센트를 생산하고 있나요?

◈ 음, 헤로인 같은 경우는 93퍼센트입니다. 불행하게도 국제사회는 이에 대처할 수 있는 방법을 전혀 마련하지 못했습니다. 미군 병사들에게 들판으로 나가 양귀비 가지를 모두 쳐내서 농민들의 적대감을 불러일으키라고 부탁할 수는 없는 노릇이죠. 그렇지만 적어도 미군은 마약 수송을 차단하고, 가로막고, 대규모 판매책을 잡아낼 수 있었습니다. 당

아메드 라시드

시 사람들은 누가 판매책인지 다들 알고 있었죠, 지금도 마찬가지입니다. 미국에게는 헬리콥터, 특수부대, 병력이 있습니다. 아프가니스탄 정부에게는 이런 자원이 없죠. 미국은 상당수의 밀매업자들을 잡아들여 아프가니스탄이나 미국, 그도 아니면 다른 나라의 법정에 끌고 갈 수도 있었습니다. 그러나 그렇게 안 했죠. 미국을 대(對)마약작전에 참여시키는 걸 도널드 럼스펠드가 거절했기 때문입니다. 그래서 이 문제를 두고 미 국무부와 럼스펠드가 한참을 싸웠더랍니다. 그러나 결국 미군은 그 어디에도 출동하지 않았습니다. 럼스펠드가 군대를 통제하고 있었으니까요.

◈ 각자가 갖고 있는 저마다의 편협한 이해관계 때문에 모두들 큰 그림을 보지 않으려 한 것 같군요. 그러기는커녕 이들은 포괄적인 방식으로 정치, 경제, 사회 문제를 처리하지 못하고 더욱 더 많은 테러 행위를 양산하는 시스템을 만들어내고야 말았습니다.

◉ 정말 그렇습니다. 무샤라프든 부시든, 혹은 카르자이나 다른 누군가가 됐든 모든 주요 행위자들을 보고 있노라면, 이들은 전체 판을 보기보다는 각자의 협소한 문제만을 다루고 있을 뿐입니다. 그러나 저는 가장 큰 잘못을 저지른 건 미국이라고 생각합니다. 왜냐하면 미국에게는 큰 그림을 봐야 할 의무가 있었기 때문입니다. 미국은 아프가니스탄에서 가장 중요한 행위자였으니까요. 지금 생각해보면 미국이 완전히 실패한 이유 중의 하나는 느닷없이 이라크에 온 정신을 팔았기 때문이죠.

앞으로 미국이 해야만 할 일은 바로 이 사실을 정확하게 보는 겁니다. 미국은 아프가니스탄 지역을 전략적으로 바라봐야 합니다. 예를 들어서 아프가니스탄 문제를 처리하고 싶다면, 파키스탄의 탈레반 피난처를 처리해야만 합니다. 만약 파키스탄 문제를 처리하고 싶다면, 인도를 충분히 설득시켜서 파키스탄 군부가 안심할 수 있도록 해줘야만 합니다. 그리고 카슈미르 분쟁이 해결되도록 도와야 하죠. 만약 아프가니스탄을 안정화시키고 싶다면, 이란과 대화해 그들을 안심시켜야만 합니다.

미국에게는 손이 여러 개 있어야 할 겁니다. 문제 하나를 해결하려고 만 해도 수많은 국가들과 저마다 다른 수준에서, 다각도로 외교를 펼쳐 야만 합니다. 그것도 동시에 말입니다.

◆ 선생님은 방금 말씀하신 문제 말고도 미국이 아프가니스탄에서 정권을 이행 시키는 데 실패했다고 지적하셨습니다. 가지고 있는 자원을 흔쾌히 쏟아 부으려 하 지 않았기 때문에 말이죠. 그런데 미국의 입장에서 보면 제아무리 전략적 관점에서 라도 그런 일을 할 수 있는 기관이 정부 안에 없습니다.

◇ 냉전 시기에 미국은 국가를 건설하는 도구를 갖고 있었습니다. 미 국은 제2차 세계대전 직후 마셜 플랜으로 유럽을 재건했습니다. 세계와 경제 문제 등을 꿰차고 있는 똑똑한 인물도 있었고, 국제개발처 같은 기 관도 있었습니다. 제가 어렸을 적에 국제개발처는 파키스탄에서 활동하 고 있었습니다. 그들에게는 농학자뿐만 아니라 수도, 교량, 도로 전문가 들이 있었죠. 지금의 국제개발처에서는 이런 기술자들을 찾아볼 수 없 습니다. 있는 것이라곤 계약자들에게 줄 수표에 서명하는 한 다발의 관 료들뿐이죠. 한때는 미국보도반도 있었습니다. 미국의 메시지를 정말 멋들어지게 전 세계 각국으로 전달해주고 각지의 언론에 영향을 끼쳤던 기관이었죠. 현재 미국은 이런 일들을 모두 그만뒀습니다. 냉전이 끝난 직후 클린턴 행정부가 이 모든 것을 없애버렸죠. 게다가 천천히 없어진 것도 아니고 느닷없이 정지해버렸습니다. 그 다음에 부시가 등장해서는 국제개발처와 미국보도반을 국무부와 합쳐버렸죠.

미래의 전쟁이 특수부대, 최첨단 기기, 인공위성, 무인항공기 같은 것 들로만 치러지지는 않을 겁니다. 앞으로는 종전 직후에 내놓을 수 있는 것, 그러니까 종전 직후 각국의 정치적 차이와 쟁점을 해결하기 위해

아메드 라시드

제시할 수 있는 일종의 정치적 처리방안을 가지고 전쟁을 치르게 될 겁니다. 우리는 벌써 아프가니스탄과 이라크의 비극을 살펴봐왔지 않습니까.

◈ 만약 젊은이들이 지금까지의 이 흥미로운 얘기를 듣게 된다면, 이들에게 미래를 준비하기 위해서 무엇을 하라고 충고해주시겠습니까?

◈ 사실 제게는 불만이 꽤 있는데, 특히 제 동료인 미국의 대중매체 종사자들에게 불만이 있습니다. 뭐고 하니, 지난 수십 년간 미국의 대중매체들은 대외정책 문제를 끔찍할 만큼 단순화시켰습니다. 미국은 그야말로 엄청나게 무지한 상태에 있어요. 이렇게 된 건 십중팔구 대중매체의 잘못이라고 생각합니다. 어쩌면 정부도 잘못했을 수 있죠. 좌우간 확실한 건 대중매체가 잘못했다는 겁니다. 우리는 대외정책과 관련된 쟁점에 많은 관심을 가져야만 합니다. 미국 정부는 아무것도 안 하거나, 잘못을 저지르거나, 다양한 압력에 처한 상태에서도 지금까지 그럭저럭 무사히 지내왔습니다. 그도 그럴 것이 대외정책을 둘러싸고 자국 내에서 진정한 논쟁을 해본 적이 없으니까요. 대외정책은 특정한 누군가의 의제가 아닙니다. 젊은이들이 대외정책에 관심을 갖고, 자기 주변의 세계를 이해하는 게 대단히 중요합니다.

오늘날의 젊은 세대, 그러니까 저는 이미 늙은이라는 말인데, 아무튼 제가 대학에서 강연할 때 만나게 되는 이 젊은 세대의 수많은 학생들에게서 제가 존경해 마지않는 것은 그들의 접근법이 통합학문적이라는 겁니다. 물론 학생들이라면 학점, 전공, 학과목에 신경을 써야만 합니다. 그러나 이와 동시에 다른 것에도 관심을 가져야만 하죠. 미국에서 모든 것에 관심을 갖고, 모든 것을 궁금해 하면서 대학 밖으로 나온 학생들을 보면 정말 사랑하지 않을 수 없어요. 그건 여행일 수도 있고, 신문을 읽는 것일 수도 있고, 기존과는 다른 텔레비전 프로그램을 보는 것일 수도 있습니다. 뭐든지 상관없어요. 바깥세상에서 도대체 무슨 일이 벌어지고 있는지 궁금해 하기만 한다면 말입니다.

　다시 제 어머님 얘기로 돌아가야겠네요. 어머님과 마찬가지로 저는 여전히 호기심이 왕성합니다. 빈 라덴을 만난 적도 없고, 나만가니를 만난 적도 없지만 저는 무엇이 이들을 화나게 만들었는지가 굉장히 궁금합니다. 왜 이 사람들은 지금과 같은 일을 하고 있는 걸까요? 이 점을 이해한다는 것은 그 사람 개인이나 성격을 이해한다는 말이 전혀 아닙니다. 오히려 역사, 문화, 전통, 지리, 인류, 그밖에 모든 것을 이해해야만 한다는 말입니다. 정말이지 저는 젊은이들에게서 이런 호기심을 봤으면 좋겠습니다.

찰머스 존슨(Chalmers Johnson, 1931~)은 일본정책연구소의 연구소장이다. 뛰어난 사회과학자이자 공적 지식인인 존슨은 15권의 저서를 썼는데 그 중《농민 민족주의와 공산주의 권력》(1962)은 중국연구,《통상산업성과 일본의 기적》(1982)은 일본연구의 고전이다. 캘리포니아대학교 버클리 캠퍼스의 정치학과 교수였던 존슨 교수는 학과장뿐만 아니라 중국연구소 연구소장을 역임하기도 했다. 존슨 교수는 캘리포니아대학교 샌디에이고 캠퍼스의 정치학과 명예교수이기도 하다. 최근 존슨 교수는 세계에서 미국이 갖는 권력을 연구하고 있는데 주요 저서로는《네메시스 : 미공화국의 최후》(2006),《제국의 슬픔 : 군국주의, 비밀주의, 공화국의 종말》(2004), 《역풍 : 미제국이 치른 비용과 귀결》(2000),《오키나와 : 냉전의 섬》(1999) 등이 있다.

| 찰머스 존슨 | 2004년 1월 29일, 2007년 3월 7일

"미국은 지금까지 군산복합체가
주도하는 군국주의 전략을 펼쳐왔습니다.
그러나 이러한 제국은 필연적으로
소련처럼 붕괴되고 말 것입니다."

◈ 사회과학자에서 참여적 지식인으로 바뀐 걸 저희가 어떻게 이해해야 할까요?

◈ 글쎄요, 그 점에 있어서는 일관성을 크게 기대하지는 마십시오. 일관성 없다는 비난을 받았을 때 존 메이너드 케인스는 이렇게 말했습니다. "새로운 정보를 접했고 이에 따라 입장을 수정했죠. 선생님이라면 어떻게 하셨겠습니까?"

제 경우에는 1991년 이후, 특히 소련이 붕괴된 직후 새로운 정보를 얼마간 접하게 됐죠. 그 전까지만 해도 저는 냉전주의자였어요. 소련이 위협적인 존재라고 생각하고 있었던 거죠.

◈ 그래서 선생님은 스스로를 '기수'라고 칭하시곤 했죠.

◈ 예, '제국을 위한 기수'라고요.

◈ 네, 맞습니다. '제국을 위한 기수'였죠.

◈ 이 표현은 제 책《역풍》의 서문 제목이기도 합니다. 베트남전쟁 당시 저는 CIA 국가평가청 자문역이었습니다. 그런데 어떤 계기로 제가 입장을 바꾸게 됐냐 하면 두 가지 계기가 있었죠. 하나는 분석적인 것이고, 다른 하나는 구체적인 계기였어요. 소련 붕괴가 첫번째 계기였습니다. 이를 계기로, 저는 미국이 더 많은 평화배당금-01을 누릴 수 있으리라 기대했습니다. 이제 러시아는 예전의 소련이 아니니까요. 훨씬 작은

나라가 됐죠. 미국에서 전통적으로 그래왔듯이 저도 소련이 무너지면 우리가 빠른 속도로 군대를 축소하리라고 기대했습니다. 국제사회에서 우리가 맡았던 역할을 진지하게 재고하고, 일본의 오키나와 같은 곳에서 철수할 거라고 생각했죠. 그러나 제 기대와는 달리 정부는 아시아와 중남미에서 냉전체제를 지속시키려고 전력을 다했습니다. 새로운 적을 찾아 나서기 시작했죠. 부시 행정부에 있는 신보수주의 세력은 바로 이런 과정에서 생겨난 겁니다. 그런데 이런 상황이 제겐 충격이었습니다. 그렇다면 냉전체제는 더욱 근원적인 무엇인가를 감추기 위한 것이었나, 요컨대 제2차 세계대전 이후 진행되어온 미 제국주의 프로젝트를 감추기 위한 것이었나 하는 회의가 든 겁니다. 저는 이것이 사실이라고 생각하게 됐고요.

1990년대 말 《역풍》을 집필하게 된 두번째 이유는 좀더 구체적인 것인데, 일본 최남단에 위치한 오키나와 현 때문이었습니다. 오키나와 현은 일본에서 가장 빈곤한 지역으로 푸에르토리코와 비슷한 상황이라고 볼 수 있어요. 이 지역은 19세기 말 일본이 중국으로부터 빼앗아온 이후 일본 본토로부터 줄곧 차별받아왔습니다. 아무튼 당시 오키나와 현의 지사가 전직 교수 오타 마사히데였는데, 1996년 2월 마사히데가 저를 초청했어요. 자기 주위 사람들에게 1995년 9월 4일 사건에 대해 연설해달라는 거였습니다. 오키나와 중심부에 위치한 미군 캠프 한센 소속의 해병 두 명과 해군 한 명이 열두 살짜리 여아를 납치해 폭행하고 강간한 사건이었죠. 이 사건 때문에 미일 안보조약이 체결된 이래 단일 사건으로는 최대 규모의 반미 시위가 일본에서 일어났습니다.

_01 peace dividend. 군비축소 등으로 경제발전과 복지 등에 돌릴 수 있게 된 사회적 비용.

그 전까지는 오키나와에 가본 적이 없었어요. 한국전쟁에 해군으로 참전했을 당시 버크너 만으로 불렸던 곳에 배를 정박한 적은 있었죠. 지금은 나카구스쿠 만이라고 불리는 곳인데, 당시 몇몇 동료는 해안으로 가기도 했지만 저는 망원경을 통해 오키나와 현의 풍경을 둘러봤습니다. 그러고는 썩 맘에 드는 곳은 아니라고 생각했죠. 그렇지만 석호(潟湖)가 굉장히 아름다워서 물속에 뛰어들어 수영을 했습니다. 그러니까 오키나와 바다에는 있었지만 그 지역에 가본 적은 없는 셈이죠.

오키나와에 도착해서는 무엇보다 그 작은 섬에, 하와이의 카우아이 섬보다 작은 곳에 미군 기지가 38개나 구축되어 있는 걸 보고 충격을 받았습니다. 주민 130만 명이 전투기와 바싹 붙어살고 있더군요. 미 해병대 제3사단의 본거지도 그곳에 있었습니다. 미국 영토 밖에 있는 유일한 해병사단이죠. 저는 얼른 오키나와 사건을 조사하기 시작했습니다.

당시 사건에 대한 반응은 이랬습니다. 당시 재일 미군 사령관이던 리처드 마이어스 현 합창의장 같은 경우 사건의 가해자들은 일부 미꾸라지 중 하나이며, 정말 비극적이지만 예외적인 사고일 뿐이라는 반응이었죠. 그러나 조사해봤더니 그 지역에서 군사법원에 회부되는 미군 성범죄 비율은 한 달에 평균 두 건이었습니다! 1995년의 사건은 예외적인 사고가 아니었어요. 예외가 있다면 피해자가 굉장히 어렸다는 점, 강간당한 뒤 앞으로 나서지 못한 다른 여성들과는 달리 온전히 사회화되지 못한 이 어린아이가 가해자들의 처벌을 원한 게 달랐습니다. 이것이 계기가 되어 굉장한 영향력을 발휘하는 조직이 구성됐어요. 제가 존경해 마지않는 조직인데, '군 폭력에 반대하는 오키나와 여성행동'이 그것입니다.

오키나와 현을 조사하면서 저는 처음엔 또 다시 미 제국주의의 옹호자가 되어 오키나와 현이 예외적인 지역이라는 결론을 내리고 싶었습니다. 잘 알려지지 않은 지역이고 언론이 취재하러 오지도 않기 때문에 군대로서는 굉장히 편안한 지역이죠. 그런데 세계 도처에 있는 미군 기지를 조사하면 할수록 1995년의 사건은 결코 예외적인 것이 아님을 알 수 있었습니다. 일반적으로 벌어지는 일이었죠. 물론 다른 지역보다 오키나와에 이목이 더 쏠려 있을 수도 있지만 미군에 의한 환경오염, 성범죄, 유흥업소에서의 난동, 음주운전 등은 세계 도처에 존재하는 725개 미군 기지에서 잇달아 발생하고 있습니다. 참고로 미 국방부에서는 세계 각지의 미군 기지 수가 725개라고 밝히고 있지만 실제로는 더 많을 것으로 추정되고 있습니다. 요컨대 이 사건을 계기로 《역풍》을 집필하게 됐습니다. 일단 경종을 울리자는 차원에서 말입니다.

◈ 그런데 그 사건을 계기로 선생님은 또 한 권의 책을 편집해 출간했습니다. 《오키나와 : 냉전의 섬》이라는 책인데, 이 책에서 선생님은 그 사건의 다양한 측면을 다루고 계십니다. 선생님은 그 사건이 사회적 비용을 초래할 뿐만 아니라 민주적으로 살아갈 오키나와 주민들의 실제적 권리를 침해했다고 썼습니다.

◈ 예, 그 점에 대해서는 의심의 여지가 없습니다. 미군의 이라크 주둔을 둘러싸고 진행되는 논의 가운데 가장 터무니없는 것은 제2차 세계대전 직후 미국이 일본에 민주주의를 심어준 것이 얼마나 자랑스러운 일인지를 부시 대통령과 그 측근들이 반복해 연설한다는 것입니다. 마치 미군 선교사들이 민주주의의 전파에 통달한 것처럼 말입니다. 여기서 또 한 가지 짚고 넘어가야 할 것은 미국이 일본을 이용하면서도 오키나와는 항상 배제해왔다는 점입니다. 왜냐하면 제2차 세계대전 최후의 격전지이자 가장 잔혹한 전투였던 오키나와 전투 때부터 1972년까지, 오키나와는 온전히 미 국방부의 식민지처럼 운영됐기 때문입니다. 오키나와는 평화협정에서도 배제됐어요. 그때까지만 해도 미 육군 중장이 오키나와의 수장이었습니다. 오키나와는 외부인의 접근이 거의 없는 미군의 은신처나 다름없었습니다.

5. 제국과 헤게모니

그러다가 1972년 오키나와의 현실에 항의하는 대규모 집회가 일어났고, 결국 오키나와는 일본에 반환됩니다. 그리고 안보조약 아래 놓이게 되죠. 그런데도 불구하고 리처드 닉슨과 헨리 키신저는 미군 기지에 변동사항은 없을 것이고, 오키나와에 계속 주둔할 것이라고 판단했습니다. 오키나와는 본질적으로 일본 본토의 폐기장처럼 이용되고 있습니다. 일본은 안보조약을 원합니다. 그러나 미군이 일본 본토 근처에 주둔하는 것은 원하지 않죠. 그래서 미군을 오키나와에 주둔케 한 겁니다. 앞서 말했듯이 푸에르토리코와 마찬가지죠. 오키나와의 사정은 악화되고 있습니다. 오키나와의 현 지사인 이나미네는 지극히 보수적인데도 늘 이렇게 말합니다. "오키나와 주민들은 화산 근처에 살고 있다. 지표 아래에서 마그마가 끓는 소리를 들을 수 있다. 언젠가 이것이 분출할지 모른다. 그런 일이 정말 발생한다면, 소련 제국의 베를린 장벽에 균열이 생긴 것과 마찬가지로 당신들의 제국에도 마찬가지의 일이 벌어질 것이다."

⬢ 지금까지의 말씀을 요약해보면 두 가지 일이 시너지 효과를 일으켜 선생님을 변화시켰군요. 냉전체제가 여전히 해체되지 않고 있다는 자각이 그 첫번째이고 말입니다.

⬡ 그렇습니다.

⬢ 관심 분야도 다양하고 학문적 조예도 상당하셔서 미국의 대외 경제정책, 즉 냉전 종식 이후에도 한국이나 일본에 대한 미국의 정책은 수정되지 않았다는 걸 말씀해주셨습니다. 오키나와에서의 경험은 선생님으로 하여금 냉전체제의 이런 핵심 부분을 통찰할 수 있도록 해줬고요.

⬡ 옳은 지적입니다. 요컨대 미하일 고르바초프는 실제로 소련을 해체하려고 시도했습니다. 제국이 스스로를 해체하려고 했다는 측면에서

고르바초프는 역사상 예외적인 인물이죠. 해체의 이유는 개혁의 필요성 때문이었습니다. 1989년까지 러시아인들은 동유럽의 빈곤국들이 아니라 프랑스나 독일과 교류하기를 원했습니다. 그런데 소련에서 냉전체제의 수혜를 받고 있던 계층이 고르바초프를 가만두지 않았죠. 저는 당시 소련에 존재했던 냉전체제의 수혜계층이 미국의 국방부, 군산복합체, 정보기관에도 존재함을 깨닫게 됐습니다. 또한 이들의 뜻대로 미국이 움직인다는 걸 깨달았죠.

◈ 선생님이 《제국의 슬픔》의 서문에서 CIA의 자문역으로 여러 분석보고서 등을 검토해왔지만 기억에 남는 보고서는 없었다고 말씀하신 게 기억나는군요. 그리고 바로 이 때문에, 우리에게 전달되는 바로 그 정보 때문에 미국인들은 실제로 어떤 일이 벌어지고 있는지 알 수 없다고 하셨습니다.

◈ 그것이 바로 '역풍'이 의미하는 바입니다. '역풍'은 CIA에서 보복이나 앙갚음으로 통하는 말입니다. 이 표현은 미국이 처음으로 외국 정부를 비밀리에 전복시키고 사후보고서를 작성하는 과정에서 처음 등장했습니다. 1953년 미국은 이란의 모하마드 모사데그02 정권을 비밀리에 전복시켰죠. 석유회사인 브리티시페트롤륨 사의 이해관계를 위해서 말입니다. 모사데그는 영국이 이란의 자원을 강탈하게 놔둘 수 없다고 했고, 이에 미국은 모사데그가 공산주의자라고 주장했죠. 이 사후보고서는 2000년 기밀 해제됐는데, 여기에서 CIA는 "이번 일로 얼마간 역풍이 있을 것임을 예상해야 한다"고 말했어요. 이것이 비밀수행의 첫번째 모델이죠.

_02 Mohammad Mossadegh(1882~1967). 이란의 민족주의 지도자. 1951년 총리가 되어 석유 국유화와 근대화 등을 단행하다가 1953년 8월 19일 미국과 영국의 사주를 받은 쿠데타 군에 의해 실각했다.

역풍은 단지 의도하지 않은 결과만을 뜻하는 게 아닙니다. 국민 모르게 은밀히 수행한 사건에 뒤따르는 의도하지 않은 결과를 뜻하죠. 따라서 보복이 발생하면 국민은 당황할 뿐입니다. 대통령은 9·11 때처럼 "왜 그들은 우리를 증오할까요?"라고 공격합니다. 그러나 공격당하는 쪽은 미국이 증오 받는 이유가 자신들이 저지른 일 때문이라는 걸 잘 알고 있죠. 정작 무지한 쪽은 국민입니다.

◈ 이처럼 현실을 새롭게 인식하고 입장을 바꾸셨기에 선생님은 사회과학자에서 참여적 지식인으로 방향을 전환했습니다. 이 이야기를 잠깐 나눠보죠. 참여적 지식인으로의 전환이 사안의 성격과 새로운 책임감 때문인가요? 그리고 참여적 지식인은 사회과학자처럼 전문용어를 많이 사용할 수 없을 겁니다. 물론 선생님은 전문용어를 많이 사용하시는 것 같지 않습니다만. 이에 대해서도 좀 말씀해주세요.

◈ 전문용어 사용은 자제하려고 합니다. 제가 싫어하는 것 중 하나인데 사회과학계는 자신이 무슨 얘기를 하는지도 이해하지 못한 채 모든 것을 하나의 틀에 끼워 맞추는 경향이 있죠. 제가 캘리포니아대학교에서 은퇴한 때가 1992년입니다. 그러나 종신재직권이 필요해서 《역풍》을 쓴 게 아닙니다. 이 책은 제 전공인 동아시아 정치학과 일본 그리고 일본이 미국의 위성국가라는 새로운 인식에서 나왔죠. 일본의 대외정책이 워싱턴 D.C.를 중심으로 그 주변 궤도를 움직인다는 걸 알게 됐고, 이 점을 설명해보려고 했습니다.

1999년부터 써서 2000년에 책을 출간했는데, 저는 이 책을 미국 대중에게 울리는 경종으로 생각했습니다. 미국의 무수한 비밀활동 수행과정에서 공격 대상이 된 사람들이 언젠가 우리에게 보복할 것을 예상하고 있어야 한다는 경고였습니다. 그 중 최대 규모의 비밀활동은 1980년대경 아프가니스탄에서 사람들을 징집해 무장시킨 뒤 무자헤딘03의 '자유의 전사들'이 치르던 전투에 투입시킨 일입니다. 지금의 알카에다 구성원들은 대부분 이 무자헤딘 출신이죠.

이 경고는 세간의 이목을 끌지 못했습니다. 출간 당시 미국에서의 반응은 싸늘했죠. 반면 독일, 일본, 이탈리아 등지에서는 호응을 일으켰습니다. 그러다가 9·11사건 이후 이제까지 별 관심 없던 미국인들이 불완전한 가설에 기대서라도 오늘날 미국이 처한 현실을 이해하려는 붐이 일어나면서 이 책은 하루아침에 베스트셀러가 됐습니다. 이 책의 발행인은, 참 훌륭한 여성인데, 제게 그러더군요. "책 판매 방식치고는 굉장하네요. 그렇지만 팔리지 않는 것보다는 좋죠." 그 발행인의 사무실이 웨스트 18번가에 있었는데, 세계무역센터가 있던 그라운드 제로에서 멀지 않은 곳이었죠. 2001년 9월 11일 아침에 제게 전화해서는 "선생님, 방금 어마어마한 역풍이 이곳을 강타했습니다. 저는 얼른 대피해야겠어요. 선생님께서는 서부 해안 쪽에 계시니까 텔레비전을 꼭 보세요"라고 하더군요. 저는 그렇게 했죠.

🔖 아주 중요한 문제를 제기하셨습니다. 우리의 정책은 우리 스스로의 행동을 제대로 이해하지 못한 채 정해지는 것 같습니다. 게다가…….

🔖 이해가 결여된 정도가 아니죠. 정책이 베일에 싸여 있습니다. 제가 《제국의 슬픔》의 부제를 "군국주의, 비밀주의, 공화국의 종말"로 단 이유가 이 때문입니다. 저는 비밀주의를 강조하려 했고 한두 마디의 표현이면 좋겠다고 생각했습니다.

_03 mujahideen. 1979년 조직된 아프가니스탄의 반정부 무장게릴라 단체. 무자헤딘은 아랍어로 '성스러운 이슬람 전사'를 뜻한다. 보통 이슬람 국가의 반정부단체나 무장게릴라 조직이 스스로를 지칭하는 말로 쓰인다. 무자헤딘은 1979년 구소련이 아프가니스탄을 침공하자 산악 지역을 중심으로 반정부 게릴라 활동을 펼치면서 널리 알려졌다. 그 뒤 1989년 소련군이 철수할 때까지 10년 동안 미국, 파키스탄, 사우디아라비아 등의 지원을 받으면서 소련군에 대항했고, 결국 소련은 3만 명에 달하는 희생자를 낸 채 아프가니스탄에서 철수했다.

5. 제국과 헤게모니

9 · 11사건이 있은 지 이틀 뒤에 대통령은 의회 연설 중 이렇게 수사적인 질문을 던지더군요. "왜 그들은 우리를 증오할까요?" 제 대답은 이렇습니다. "당신 측근들이 그 이유를 잘 알 겁니다. 체니, 럼스펠드, 라이스, 콜린 파월, 리처드 아미티지 말입니다. 이들이야말로 당신에게 그 이유를 상세히 설명할 수 있을 겁니다." 1980년대 아프가니스탄에서 미국 최대의 비밀활동을 관리한 당사자들이 바로 이들이죠. 1989년 소련이 아프가니스탄에서 철수하고 뒤이어 우리도 철수하자, 우리가 뽑아서 훈련시키고 무장시킨 사람들은⋯⋯.

◈ 스팅어미사일로 무장시켰죠.

◈ 예, 스팅어미사일. 소련의 무장 헬리콥터를 공격하려고 아프가니스탄에서 처음 사용된 게 바로 스팅어미사일입니다. 미국은 아프가니스탄에서 목표를 달성하고 곧 철수했죠. 그런데 고도로 무장한 그곳 젊은이들은 "우리는 이용당했다. 냉전체제, 소련과 미국의 양극화된 경쟁체제에서 벌어진 소규모 전쟁훈련에 총알받이로 세워졌을 뿐이다"라는 걸 깨닫기 시작했습니다. 미국은 상황을 더 악화시켰죠. 예컨대 1991년 사우디아라비아에 이교도의 군대, 즉 미군을 주둔시킨 거죠. 이 때문에 이슬람의 최고 성지인 메카와 메디나를 지킬 책임이 있다고 느낀 수많은 사우디아라비아인들이 모욕감을 느꼈습니다. 오사마 빈 라덴은 미국의 역사에서 흔히 볼 수 있는 그런 인물이었습니다. 마누엘 노리에가, 사담 후세인처럼 한때는 미국의 가까운 우방이었죠. 후세인이 한때 대량살상무기를 보유하고 있었음을 미국은 알 수밖에 없습니다. 왜냐하면 무기대금을 우리 미국이 수령했기 때문입니다.

◈ 정리하면 두 가지로 얘기할 수 있겠습니다. 그런 중소세력, 아니 실제로는 소수세력이 미국이 명한대로 움직이지 않으리라는 점, 이와 동시에 자신들을 만들어

낸 자의 손을 깨물 거라는 점입니다.

　　◎ 확실히 그럴 겁니다. 그들은 철저하게 기억하고 있죠. 빈 라덴은 사우디아라비아의 거대 건설재벌 아들로 태어나 부유하게 자랐습니다. 그슈타드 스키장에서 스위스 아가씨를 품에 안거나 케너벙크포트에 조지 부시 1세나 미국의 악명 높은 '미스터 석유복합체'_04와 함께 손님으로 초대받음직한 사람이죠. 그런 그가 모욕을 당한 겁니다. 빈 라덴은 한때 아프가니스탄에 있었습니다. 빈 라덴이 무자헤딘을 훈련시킨 호스트 기지는 CIA가 구축해준 곳입니다. 따라서 흔치 않는 경우지만 우리는 공격 목표물의 위치를 정확히 알고 있었습니다. 왜냐하면 그 기지를 우리가 구축했기 때문입니다. 그때서야 빈 라덴은 미국에 심한 혐오감을 느꼈고, 1993년 세계무역센터를 공격하겠노라고 당당히 사전에 경고했죠.

　　◈ 선생님의 여느 책과 마찬가지로 이 책에서도 선생님의 박학다식함이 분명하게 느껴집니다. 9·11사건을 설명하시면서 선생님은 세포이 항쟁을 언급하셨습니다. 인상적인 부분이었는데, 이에 대해 말씀해주십시오.

　　◎ 주제에서 좀 벗어납니다만, 관련 있는 이야기입니다. 미국이라는 제국이 현재 직면한 문제는 총알받이 역할을 할 자국인이 부족하다는 점입니다. 지금이 2004년 1월입니다. 그런데 아마 몇 개월 내로 이라크에 주둔 중인 우리 병력의 40퍼센트가 주방위군이나 향토예비군으로 채워질 겁니다. 파견부대를 희망하지 않는 이상, 현지에서 전투할 수 있는 미국인들은 얼마 되지 않을 것이고, 이게 정치적인 난제가 되겠죠.

_04 Mr. petroleum complex. 미국 석유복합기업의 대부라 불리는 체니(Richard 'Dick' Cheney, 1941~)를 말한다.

제국주의 열강은 예전부터 이런 문제로 골머리를 썩였습니다. 그래서 그들은 자국인을 대신해 더러운 임무를 수행할 외국인 용병을 모집하곤 했죠. 베트남전쟁 당시에는 베트남 중부 산악지대에 살던 소수민족, 몬타그나드족이 그 대상이었습니다. 미국은 이들을 조직하려고 애썼죠. 세포이 전략도 이런 맥락에서 언급한 겁니다.

세포이란 인도에 있던 대영제국의 부대로 95퍼센트가 현지 용병이었습니다. 이 용병들은 1857년 영국 부대에 대항하게 되죠. 이로 인해 영국 동인도회사의 활동은 끝이 납니다. 그 뒤 인도는 영국 정부의 직접 통치 아래 놓이게 되고, 이전보다 한층 더 제국주의의 고립된 거점이 됩니다.

◉ 선생님은 빈 라덴과 아프가니스탄에서 그가 맡은 역할을 이 사례와 비교하셨습니다.

◉ 9·11사건이 1857년 세포이 항쟁의 현대화된 사건이라는 주장에는 일면 타당성이 있습니다. 당시 인도인 용병들은 영국인 관리들에게 혹사당하고 있다고 생각했습니다. 당시 엔필드소총의 초기 모델이 보급됐는데 이 총은 윤활유에 절인 탄환을 사용했어요. 그래서 탄환을 싸고 있던 종이 탄피를 입으로 뜯어내야 사용할 수 있었죠. 그런데 힌두교도인 용병들은 이 윤활유가 쇠기름이라 생각했고, 이슬람 용병들은 돼지기름이라고 생각했습니다. 양측 모두 영국인들이 자신의 종교를 모욕하도록 강요한다고 생각했죠. 게다가 영국은 기독교 선교단을 이용해 용병들을 개종시키려 했습니다. 이것이 엄청난 항쟁을 촉발시킨 거죠. 인도인들은 세포이 반란이라는 표현을 쓰지 않아요. 그 대신 인도의 궁극적인 독립을 이끈 첫번째 혁명이라고 부릅니다. 저는 이와 비슷한 일이 오늘날 미국에게도 닥칠 수 있다고 생각합니다.

◐ 이런 맥락에서 선생님은 최근 《제국의 슬픔》을 출간하셨습니다. 이 책을 통해 미 제국주의의 본질이 무엇인지 보여주고 계신데요.

◑ 네, 그렇습니다.

◐ 이 책의 핵심은 군대가 무엇이고, 군국주의가 무엇이며, 제국주의가 무엇인가 하는 점일 겁니다. 이것들을 짧게 설명해주셨으면 좋겠습니다.

◑ 이 책에서 얘기하고 싶었던 것은 제가 '군사기지의 제국'이라고 부른 것입니다. 미 국방부가 매년 발간하는 기지 현황 보고서에 따르면, 2002년 기준으로 전 세계에 725개의 미군 기지가 있습니다. 그런데 이 수치는 과소평가된 겁니다. 예를 들어 이 수치에는 영국 요크셔 주의 맨위드힐에 위치한 영국 공군 기지 같은 미 국가안전보장국(NSA)의 첩보 기지는 전혀 포함되어 있지 않죠.

◐ 도청설비를 갖춘 기지들이 있는 겁니까?

◑ 거대한 기지들이 있죠. 맨위드힐에서는 미국과 유럽 간에 오가는 모든 이메일, 전화, 팩스를 다운로드받아 해독 기능을 갖춘 대형 컴퓨터로 전송합니다. 이런 기지가 수백 개 있습니다. 그런데 공식 보고서에는 영국 공군 기지로 위장한 영국 내의 주요 기지들 정보가 누락됐죠. 거기에 영국인들이 전혀 없는데도 말입니다. 우즈베키스탄, 키르기스스탄, 아프가니스탄 그리고 이라크에 구축 중인 기지 네 곳의 정보가 모두 누락되어 있습니다. 오키나와의 주요 해군 기지 중 한 곳은 언급하고 있습니다만, 그건 주요 해군 기지 열 곳 중 한 곳일 뿐이죠. 아무튼 상황이 이렇습니다. 게다가 이 보고서에는 잘못된 정보도 상당히 많습니다. 실제로는 약 1000개의 기지가 있는 것으로 추정되지만, 700여 개 정도라도 상당히 많은 거죠.

이 군사기지의 제국은 은밀히 움직입니다. 미국인들은 여기에 대해서 전혀 모릅니다. 의회도 책임을 방기하고 있어요. 방위예산의 40퍼센트가 베일에 싸여 있음을 우리는 알아야 합니다. 의회에서는 아무도 이를 신경 쓰지 않아요. 정보 관련 예산은 100퍼센트 베일에 가려져 있습니다.

◐ 공론화되지도 않습니다.

◑ "미국 국민은 세금이 어떻게 쓰이는지 매년 보고받아야 한다"는 헌법 제1항의 규정에 어긋나는 일이죠. 제2차 세계대전 당시의 맨해튼 프로젝트 이후 미국에서는 이 규정이 지켜지지 않고 있습니다. 이 조항에 따르면 의회는 국가예산에 대한 권한, 감독 권한을 갖고 있는데도 말입니다.

이 군사기지 제국은 일종의 복합체입니다. 전용 항공노선을 갖추고 있고, 세계 도처에 234개의 골프 코스를 보유하고 있죠. 리어젯 호화여객기 같은 것이 70대 정도 있어 군 장성들을 골프 코스로 실어 나르고, 병력을 바바리안 알프스의 가르미슈 스키장으로 실어 나르고 있습니다. 기지 내부가 아예 작은 미국처럼 보이게 조성되어 있어요. 바그다드 국제공항에는 버거킹 체인점이 갓 개장했죠.

군대 내부에는 많은 여성들이 있습니다. 그러나 해외의 국군병원에서는 낙태수술을 받을 수 없죠. 부대 내부에서의 성폭행은 결코 예외적인 일이 아닙니다. 만일 부대 내에 있는 여성이라면, 이라크에 거주하는 여성이라면 어느 날 아침에 자신이 임신했음을 알게 될지도 모릅니다. 그러나 그 여성들에게는 선택권이 없어요. 낙태수술을 받기 위해 바그다드의 중개시장으로 가야만 합니다. 불행한 일이죠.

군국주의는 국방이 아닙니다. 제가 말하는 군국주의는 군대식 생활방식과 얽혀 있는 기업의 이해관계를 뜻합니다. 군복무가 더 이상 시민의 의무가 아니게 된 현실에서 도출된 표현이죠. 1973년 이후 군복무는 직업적 선택이 됐습니다. 언젠가 이라크 나시리아에서 부상당한 제시카 린치 일병에게 기자들이 입대 동기를 묻자 그녀는 이렇게 대답했죠. 자기는 웨스트버지니아 주의 팔레스타인 출신인데 월마트에서 일자리를 구하지 못해 입대했노라고요. 참 인상적인 장면이었습니다. 그녀 입장에서는 지극히 온당한 답변이죠. 그녀뿐만 아니라 오늘날 대다수의 병역복무자들도 마찬가지일 겁니다. 그들은 총에 맞으리라는 생각을 조금도 안 합니다. 군복무가 직업적 선택이라는 점을 직시해야 합니다. 마치 학생들이 지역 대학을 거쳐 버클리대학교로 편입할지 국립대로 진학할지 망설이다가 마지막에 진로를 결정하는 것처럼 말이에요.

이 이면에는 군산복합체가 있습니다. 여기서 우리는 미국 역사상 가장 존경할 만한 두 장군이 우리에게 던진 강력한 경고 메시지를 다시 되새겨야 합니다. 조지 워싱턴은 퇴임사에서 상비군의 존재가 자유, 특히 공화국의 자유에 위협이 될 수 있음을 경고했습니다. 그렇다고 워싱턴이 고립주의자는 아니었습니다. 워싱턴은 권력이 제왕적 대통령이나 국가가 되게 만드는 게 무엇인지를 지적한 겁니다. 이를 위해서는 더 많은 과세가 요구되죠. 워싱턴의 경고는 점차 현실화됐어요. 더 유명하다고 할 수 있는 드와이트 아이젠하워 장군은 아예 퇴임사에서 처음으로 '군산복합체'라는 표현을 썼습니다. 실제로는 '군-산-의회복합체'를 지적하려고 했는데 '의회'는 빼는 게 좋겠다는 주위의 조언을 따랐죠.

🔲 지금까지 선생님의 생각이 어떻게 발전되어왔는지 얘기해봤는데요, 선생님은 오키나와 시스템의 본질이 무엇인지를 불현듯 깨닫게 됐다고 말씀하십니다.

🔲 네, 옳은 지적입니다. 그 시스템이 바로 군사기지의 제국이지요.

🔲 군사기지의 제국 안에 우리는 여러 기지를 구축합니다만, 그 기지의 목적은 언젠가는 또 변하겠죠.

5. 제국과 헤게모니

◇ 그래서 우리는 기지를 절대 폐쇄하지 않을 겁니다.

◈ 절대 폐쇄하지는 않고 새로운 종류의 기지를 건설……

◇ 독일의 일부 기지는 폐쇄할 가능성이 있습니다. 미국이 게르하르트 슈뢰더 총리에게 단단히 화가 나 있기 때문이죠. 어쩌면 한국에 있는 일부 기지도 폐쇄할 겁니다. 한국의 경우에는 그럴 가능성이 매우 높은데, 왜냐하면 한국은 오늘날 반미 민주주의의 열기가 가장 뜨거운 곳이기 때문이죠. 현재 101개의 기지가 있는데, 한국 국민들은 미군 기지에 넌더리치고 있고 더 이상 필요하지 않다고 생각하죠.

◈ 이런 기지 내부에서 군 복무 중인 미국 시민권자들은 꽤 괜찮은 생활을 누리고 있습니다. 마치 컨트리클럽처럼 말이죠.

◇ 이들은 자원입대한 사람들이죠. 그래서 꽤 훌륭한 생활을 누리고 있습니다. 일종의 국가사회주의라고나 할까요. 봉급은 많지 않지만 주거, 의료, 자녀교육서비스를 무상으로 제공받거든요. 그 외에도 많은 혜택이 제공됩니다. 오키나와에 있는 미 해병대 제3사단도 예외가 아니죠. 펜들턴 기지 부근에 있는 캘리포니아 주의 오션사이드 같은 곳에서보다 그곳에서의 생활이 훨씬 윤택할 겁니다. 이들을 보면서 저는 동독에 주둔한 소련군들이 베를린 장벽이 무너진 뒤에도 4년간 귀향하지 않았다는 사실이 떠올랐어요. 그들도 독일에서의 생활이 본국으로 돌아갔을 때의 생활보다 훨씬 낫다는 것을 알고 있었던 겁니다.

◈ 선생님의 글을 잠시 인용해보겠습니다. "제국은 고유한 삶의 방식을 갖춘 물리적 실재이자 미국의 기업체, 대학, 지역사회와 복잡하게 얽혀 있는 경제적·정치적 이해관계의 네트워크다. 그러나 정작 우리의 일상과는 동떨어져 있다. 이것이 바로 미국이다. 그러나 제국을 확장하는 이 미국식 방식에서 가장 흥미롭고도 신기한

점은 다음과 같은 점이다. 즉, 그 현대적 단계에서 이것이 영토의 제국이 아니라 단지 군사기지의 제국이라는 점이다. 현재 이런 기지들이 전 지구를 에워싸고 있다."

🟡 오늘날의 기지는 과거의 식민지라고 보면 됩니다. 미군 기지는 그린란드에서 호주에 이르기까지, 일본에서 중남미에 이르기까지 세계 도처에 존재합니다. 제2차 세계대전, 한국전쟁, 베트남전쟁에 참전한 퇴역 군인의 눈으로 본다면, 저는 한국전쟁에 참전했습니다만, 군 생활이 이전과는 같지 않을 겁니다. 이제는 식사당번이 필요 없죠. 화장실 청소 당번도요. 이런 일은 체니가 경영자로 있었던 헬리버튼의 계열사, 켈로그브라운앤루트 같은 민간 기업이 위탁을 맡아서 하고 있거든요. 코소보의 본스틸 기지에서도 이들 민간업체가 활약하고 있습니다. 심지어 세탁도 해줍니다. 본스틸 기지에서는 제복에 "'켈로그브라운앤루트의 서비스 제공'이라는 작은 패치를 부착해야 한다"는 얘기가 나오고 있습니다.

🟢 발칸 반도의 본스틸 기지에 대해서 좀더 설명을 부탁드립니다.
🟡 미 국방부의 기지 현황 보고서에도 관련 정보가 누락되어 있기 때문에 저도 아는 바가 없습니다.

🟢 그러나 이 기지는 명백하게 인도주의적 개입을 목적으로 하고 있습니다. 그리고…….
🟡 코소보에서 평화유지군 활동을 수행하고 있죠.

🟢 네, 맞습니다. 그런데 선생님은 구조적인 측면에서 보면 이 기지가 석유 확보를 위한 기지처럼 보인다고 설명하셨습니다.
🟡 맞습니다. 잘 지적해주셨어요. 그쪽 부대에는 이런 우스갯소리가 있습니다. 지구 밖에서 볼 수 있는 인공 건축물이 두 개 있는데, 중국의

5. 제국과 헤게모니

만리장성과 본스틸 기지라고. 이 기지는 1999년 켈로그브라운앤루트에서 건설했습니다. 베트남전쟁 이후 건설된 미군 기지 중 최대 비용이 투입된 곳이죠.

빌 클린턴 대통령은 여섯 달 내로 코소보에서 철수할 거라고 말했습니다. 부시 대통령은 미군이 코소보에 주둔해서는 안 되고 철수해야 한다는 캠페인을 펼쳤습니다. 이 기지는 코소보에서의 평화유지 활동 이상의 다른 목적을 위한 요충지입니다. 그 다른 목적이란 카스피 해 유역의 석유를 흑해를 거쳐, 그러니까 다르다넬스 해협을 거치지 않은 채 발칸 반도를 가로질러 아드리아 해로 수송하고, 다시 알바니아를 거쳐 전 세계 시장에 수송하려는 미국의 야심찬 계획 때문입니다. 현재 건설 중인 트랜스발칸 송유관이 지나는 자리에 본스틸 기지가 위치하고 있습니다. 이것은 고대 로마 제국의 군사경로이기도 했죠.

제가 주목하는 점은 오늘날 미국이 말기의 로마 공화정과 상당히 유사하다는 점입니다. 로마 공화정은 여러모로 우리 공화국의 모델이 됐죠. 로마군이 권력을 장악한 이후 군사독재주의로 변질되어버린 이른바 로마 제국과도 상당히 유사한 상황이 연출되고 있고요. 로마 공화정 말기에는 군인 출신 대중추수주의자의 등장이 요구됐습니다. 단적인 예로 율리우스 카이사르를 꼽을 수 있죠. 그러나 기원전 44년 카이사르 암살 이후 어린 옥타비아누스가 그의 뒤를 이어 '새로운' 아우구스투스 카이사르가 됩니다. 옥타비아누스와 오늘날 우리의 황제인 부시 2세의 행보가 그다지 달라 보이지 않습니다.

◆ 선생님은 '제국을 위한 기수' 셨다가 이제는 제국에 창을 던지는 입장에 서 계시는데, 그런 방향 전환 이후 선생님이 보여주신 행보가 참 인상적입니다. 선생님은 정부에 비판적인 인사들 중에서도 정부의 보고서를 검토해왔고, 그 보고서를 근거로 미군 기지와 미군의 규모를 대중에게 설명해주는 몇 안 되는 분입니다. 그간

의 보고서에서 봤던 모든 비용을 합치면 총자본 투자액이 어림잡아 1180억 달러에 이를 것인데, 이것조차 실제보다 적은 액수일 거라고 말씀하셨는데요?

◎ 이른바 '설비 대체 가치'라고 합니다. 미 국방부에서 널리 쓰이는 전문용어죠. 국방부는 모든 측면을 고려해 설비 대체 가치를 산출합니다. 그런데 사실 그 수치가 타당하다고 볼 수는 없어요. 그러나 그 가치를 어떻게 평가했는지에 대한 정보는 제공합니다. 가데나 미 공군기지는 열핵전쟁을 대비해 오키나와 중심부에 구축된 기지인데, 동아시아에 있는 기지 중 최대 비용이 투입됐죠. 독일의 람슈타인 공군기지에도 막대한 비용이 투입됐습니다. 여기서 다시 한 번 명심해야 할 것은 이 기지들이 60년 전부터 유지되어왔다는 사실입니다. 제2차 세계대전 종전 무렵부터 존재했다는 거죠. 한국에 기지를 구축한 시기도 그 당시고요.

이와 마찬가지로 걸프 지역에서 벌어진 일련의 전쟁, 즉 제1·2차 이라크전쟁을 기점으로 미국은 대단히 불안정하고 반민주적이며 이슬람 독재가 만연한 걸프 지역 주변에 기지를 과다하게 구축했습니다. 체니의 석유 전략이 실행되고 있는 중앙아시아에서는 우즈베키스탄과 키르기스스탄에 막대한 투자를 하고 있습니다. 키르기스스탄에 있는 기지 이름이 '피터 간시 공군기지'입니다. 피터 간시는 2001년 9·11사건 당시 숨진 뉴욕소방대장이죠. 그런데 이들 국가는 소련 독재의 잔재가 남아 있는 곳입니다. 지구상에서 민주주의가 가장 덜 발달한 국가에 속하죠. 북한과 비슷한 수준이라고 보시면 돼요.

◈ 선생님은 "9·11사건 이후 우리는 아프가니스탄과 이라크에서 전쟁을 수행했고 동유럽, 이라크, 걸프 지역, 파키스탄, 아프가니스탄, 우즈베키스탄, 키르기스스탄에 14개의 기지를 새로 건설했다"라고도 썼습니다.

◎ 옛 남부 유라시아 국가들 중에서 유일하게 배제된 곳이 이란입니다. 아프가니스탄과 이라크 양쪽에서 미국은 이란을 압박하고 있습니다.

여기서 저는 두 가지를 강조하고 싶습니다. 하나는 선생님이 이미 말씀하셨듯이, 선생님이 이런 기지들을 설명하실 때 대중은 사우디아라비아에 미군 기지를 새로이 건설한다든지 제1차 이라크전쟁 이후 건설된 기지를 재구축한다고 했을 때 사우디아라비아 국민들이 보인 것과 비슷한 반응을 보인다는 겁니다.

이런 기지들은 미국인들로서는 이해할 수 없지만 제 기능을 발휘하고 있는 문화에 들러붙은 외래의 항체 같은 겁니다. 세계 각지에 주둔 중인 미군들은 구조적으로 현지의 문화를 멸시하도록 길들여지죠. 미국인들이 교육받아온 방식, 미국인들이 이런 나라들에 갔을 때 하는 행동에 딸려 나오는 이런 인종차별주의와 오만함을 피해갈 방도가 지금으로서는 없습니다.

과장하고 싶지는 않습니다만, 저는 정말 미국의 미래가 걱정됩니다. 사실상 우리는 소련이 갔던 길을 가고 있어요. 국내적으로는 경제제도가 이데올로기적으로 경직되어 있고, 우리가 지금 논의하고 있듯이 제국주의적 확장이 무리하게 진행되고 있습니다. 게다가 미국이 세계 도처에 항상 존재해야 한다고 생각하죠. 소련보다 부유하기 때문에 미국은 소련보다 그 수명을 오래 유지할 것입니다. 그러나 우리는 지나치게 몸을 부풀려왔습니다. 스스로 감당할 수 없을 만큼 말입니다.

제가 책 말미에서 언급한 네 가지 '제국의 슬픔' 중 하나가 바로 재정 파산입니다. 군대는 생산적이지 않습니다. 특정 부류의 일자리를 제공하고는 있죠. 미국 내에서 기지 폐쇄 운동을 펼치면 의원들은 정치적 성향에 상관없이 기지가 유지될 수 있도록 기를 쓰고 달려듭니다. 군산복합체는 B-2 스텔스 폭격기용 기지를 전국에 구축하는 문제를 영악하게 이끌고 있죠. 캘리포니아 주의 엘세군도에 있는 노스롭 사에만 그런 기지가 있는 것이 아닙니다.

설령 다음번 선거에서 공화당이 지더라도, 부시 대통령을 잇는 차기 대통령이 누가 되든지 간에 미 국방부, 비밀정보기관, 군산복합체를 정부의 권한 아래 두는 것은 굉장히 어려울 겁니다. 오늘날 미 국방부는 국방을 위한 기관이 아닙니다. 포토맥 강 남쪽 제방에 위치한 또 하나의 백악관이죠. 게다가 우리의 전통적인 정치철학적 입장에서 볼 때 민간 부문으로 여겨지는 일상에조차 군국주의가 광범위하게 침투하고 있습니다. 예컨대 국내 정책을 시행하는 데 군국주의가 점차 영향력을 행사하고 있어요.

오늘날 미국 정부 내에서 가장 치열하게 각축전을 벌이는 기관은 미 국방부의 특수부대와 CIA일 것입니다. 비밀수행에 대한 권한을 두고 말입니다.

◈ 이쯤에서 이제까지 선생님이 설명하신 것을 하나의 맥락에 담아봤으면 좋겠습니다. 선생님의 요지는 이런 것 같습니다. 보시라, 우리는 군사기지의 제국, 즉 이전의 제국과는 다른 형태의 제국을 건설하고 있으며 이로 인해 우리의 정체성과 우리 정부의 활동방식이 변하고 있다.

◇ '보시라'라는 표현이 정확한 것 같습니다. 여기서 우리는 로마 공화정을 떠올릴 수 있습니다. 로마 공화정은 말기 2세기 동안 오늘날과 상당히 유사할 만큼 시민권을 보장했습니다. 《연방주의자 논고》에 헌법을 옹호하는 글을 실을 때 제임스 메디슨과 그 동료들은 '푸블리우스'(Publius)라는 필명을 사용했죠. '푸블리우스'는 최초의 로마 집정관입니다. 말로 다 설명하기에는 역부족입니다만, 권력의 분립이 이렇게 시작됐죠.

그러나 기원전 1세기 말에 이르자 로마는 '어떻게 하다 보니' 지중해 전체를 에워싸는 제국으로 발전했습니다. 그때가 되어서야 로마인들은 피할 수 없는 현실, 즉 제국주의와 군국주의가 샴쌍둥이라는 현실에 직면했죠. 상비군의 필요성을 깨닫기 시작하고, 평생을 군 복무에 바친 뒤 퇴역한 군인들이 늘어남을 깨닫게 됩니다. 이들에게 들어가는 비용이 만만치 않죠. 로마 제국에서는 퇴역 군인들에게 농장 등을 제공해야 했습니다. 그러니 군인들 사이에 정부에 대한 불만이 쌓여갈 수밖에 없습니다. 이런 상황에서 군인 출신 대중추수주의자, 즉 이렇게 얘기하는 인물이 나오게 되는 거죠. "여러분의 문제를 잘 압니다. 원로원을 향해 여러분의 목소리를 대변하겠습니다. 단, 제게 모든 권한을 위임하십시오." 율리우스 카이사르가 그 대표적인 인물입니다. 보나파르트 나폴레옹, 후안 페론 역시 이런 유형이죠.

여기서 혹자는 이렇게 질문할지도 모릅니다. 그렇다면 미국은 이미 루비콘 강을 건넌 건가요, 아니면 아직은 돌아갈 수 있을까요? 저도 알 수 없습니다.

저는 웨스트버지니아 주의 상원의원 로버트 버드가 텅 빈 의회실에서 한 주도 거르지 않고 외치던 그 명쾌한 연설에 크게 감동했습니다. 마치 키케로의 연설 같았습니다. 우리의 헌법과 그것이 담고 있는 정신에 대한 뜨거운 애정이 그대로 느껴집니다. 그러나 아무도 경청하지 않죠. 언론에 보도되지도 않습니다. 결국 키케로는 젊은 옥타비아누스에 의해 공공 광장 벽에 머리와 양손을 못 박혀 죽음을 맞이하죠.

○ 선생님은 미국이 현재 어디를 향하고 있는지, 혹은 이미 발 디딘 그곳에 대해 조목조목 비판하고 계십니다. 미국은 현재의 상황을 감당할 수 없다, 시간도 충분하지 않다고 말이죠. 그러나 더 본질적인 것은 군국주의적 사고방식에 젖은 민간 부문에서 의사를 결정한다는 것입니다. 예컨대 국방부가 행정부의 기능을 대신하고 있고, 모든 정책을 군사정책처럼 인식하고 있죠. 그러니까 모든 측면에 거슬러서……

○ 전 세계인들은 군인을 만남으로써 미국인을 만나고 있습니다. 이것이 국외에 비쳐지는 미국의 모습입니다. 로마 부대가 로마 제국을 대표한 것처럼 말이죠. 따라서 미국과 군사적 충돌이나 무력 충돌을 빚지

않더라도 전 세계인들은 이런 것이 미국의 사고방식이라고 판단할 수밖에 없습니다. 이것이 오늘날의 미국입니다. 더 이상 해외원조를 제공하는 국가가 아닙니다. 외교정책이나 풀브라이트 장학프로그램이 아니라 군대가 우리를 대표하고 있어요. 군복을 입은 열여덟, 스물네 살 정도의 청년과 여성이 말입니다.

◈ 정부로 눈을 돌려 다른 얘기를 해보죠. 물론 못 다한 이야기가 많은데요, 존슨 선생님의 책을 꼭 사 보시길 바랍니다. 이제부터는 군의 사유화 문제, 지역사령관 확대 문제에 대해 얘기하려 합니다.

◈ 지역사령관들은 흔쾌히 스스로를 '고대 로마의 지방총독'이라 부릅니다. 물론 그들은 지방총독이 아닙니다. 그러나 기존의 명령체계에서 벗어나 대통령과 국방장관과 직결되어가고 있죠. 상당 규모의 측근들이 있고 전용항공기 등도 있고. 그들은 현지의 대사에게 보고받기까지 합니다.

◈ 게다가 이들은 9·11사건 발생 직후, 도청 및 국내에서의 군 병력 활용에 대한 법을 개정하기 위해 미국으로 돌아왔습니다. 이미 말씀하신 것처럼 선생님은 이 일을 두고 미국 공화제의 근간을 무너뜨리는 짓이라고 비판하셨습니다. 우리의 인식 체계를 뒤흔드는 짓이라고 말입니다. 제가 이해한 바로는 우리에게는 한편으로 지배를 위해 군 병력을 활용하려는 측과 다른 한편으로는 "우리는 정의의 용사다. 인도주의적 개입을 위해 군 병력을 활용하자"라고 주장하는 측이 있습니다. 그러나 선생님은 양측 간의 차이가 없다고 보십니다. 즉, 양측 모두 그 기저에는 제국의 시스템이 놓여 있다는 겁니다.

◈ 지난 수년 동안 레이건 행정부와 부시 1세 행정부에 몸담았던 지식인 집단이 현재는 미 국방부를 대표하고 있습니다. 폴 울포위츠나 리처드 펄 등이 그렇죠. 그런데 저는 이들이 소련 붕괴 이후 잘못된 판단

을 내렸다고 생각합니다. 즉, 우리가 냉전에서 승리했다고 결론지었죠. 그러나 우리가 승리한 게 아니에요. 다만 소련이 몰락한 방식으로 몰락하지 않았을 뿐이죠. 그러나 그들은 우리가 새로운 로마 제국이 됐다고 생각했습니다. 우리 미국은 선악을 초월한 존재이고, 우리의 정책은 로마의 그 유명한 문구대로 "그들이 우리를 두려워하는 한, 그들이 우리에게 우호적인지 아닌지는 중요하지 않다"는 식이 되어버렸습니다. 부시 1세 행정부 말기에 울포위츠는 이렇게 답한 바 있죠. 우리의 정책은 적이든 우방이든 우리의 군사력을 넘볼 수 없도록 전 지구적 군사 지배를 목표로 해야 한다고요.

한편, 질문하신 것처럼 클린턴 행정부에는 사람들이 위험에 처한 지역 등에 미군이 개입할 의무가 있다고 주장하는 제국주의자들이 있었습니다. 여기서 문제는 그런 의무나 책임이 존재하지 않는다는 게 아니라 그것을 어떻게 합법화하느냐죠. 체첸이나 팔레스타인, 동티모르 등 우리가 개입하고 싶어하지 않는 곳이 아니라 유독 코소보에 미군을 파견해 유고슬라비아로부터 인도주의적 해방을 실현하겠다는 결정은 우리가 자의적으로 할 수 없습니다. 합법화 없이는, 인도주의적 개입이란 제국주의의 완곡한 수사에 불과합니다(현재 우리가 할 수 있는 합법적인 개입방식으로는 UN 안전보장이사회의 제재조치가 유일합니다). 우리는 선의를 위해 움직인다고 주장하지만 그 누구도 우리를 막을 수 없게 됩니다.

◈ 선생님에게는 이라크전쟁이 그다지 놀라운 일이 아니었을 듯합니다. 대량살상무기는 존재하지 않았습니다만 의회는 결의안을 통과시켰고, UN의 의견을 무시했죠. 지금은 대 이라크 목표 수정을 하고 있습니다. 그곳에 끝내 민주주의를 도입하지 못할 수도 있겠죠. 그러나 네다섯 개의 미군 기지는 건설될 겁니다.

◈ 이라크 문제 역시 연장선상에 있습니다. 미국 국민들은 클린턴 행정부가 아프가니스탄에서 탈레반을 키워주기 위해 얼마나 애썼는지 모

릅니다. 미국의 목적은 아프가니스탄에 안정된 정부를 수립하는 것이었습니다. 그 목적은 캘리포니아유니언석유회사의 이익을 위해서인데요, 타지키스탄에 가스와 석유 수송관을 구축해 아프가니스탄과 파키스탄을 거쳐 아라비아 해로 수송하는 거죠. 유명한 전임 국무장관 짐 베이커의 법률회사 베이커보트는 아제르바이잔의 수도 바쿠에 다섯 명의 변호사를 두고 있습니다. 무슨 말이 하고 싶은 거냐면, 최근 들어 바쿠에서 진행되는 임무 중 합법적인 것이 별로 없다는 점입니다. 그곳에서 군대-석유복합체가 움직이고 있습니다. 여기에 키신저-브레진스키-스코우크로포트 같은 정부기관의 최고위 자문위원들이 석유회사의 자문위원으로서 장소를 불문하고 개입하고 있어요.

이제 미국인들은 폴 오닐 전 재무장관과 콘돌리자 라이스를 통해서 자원 강탈을 목적으로 한 이라크 공격이 부시 정부 초기에 이미 결정됐다는 사실을 알고 있습니다. 이라크는 세계 2위의 석유보유국이죠. 게다가 그 공격은 발칸 지역의 본스틸 기지, 카스피 해를 둘러싼 기지들, 페르시아 만을 따라 원을 형성하고 있는 미군 기지를 아우르는 계획의 일부였습니다. 우리의 서투른 개입정책으로 1979년 이란을 잃은 것처럼 사우디아라비아를 잃을지도 모른다는 불안감 증폭이 이 계획이 배경이었습니다.

확실히 당시 체니 부통령의 입장은 우리에게 석유가 필요하다는 것이었겠죠. 그런데 이제 우리는 깨닫고 있습니다. 오늘날의 최신 기술로 에너지 절감 제품을 생산한다면, 페르시아 만 석유에 대한 미국의 수요는 없을 것임을요. 그런데 9·11사건 이후 미국의 이미지는, 최소한 국내에서의 이미지는 대형 SUV인 시보레 서버번의 안테나에 성조기를 부착하고 고속도로를 질주하는 것입니다. 대형 SUV의 판매량이 9·11사건 이후 두 배로 증가했습니다. 이들 차의 연비는 엄청나죠.

세계를 지배하기 위한, 그러니까 중국 같은 국가를 지배하기 위한 미국의 전략 역시 결정과정에 포함되어 있었습니다. 중국은 세계 제일의 고속 성장 국가입니다. 지난해 경제성장률이 9.1퍼센트였어요. 미국 경제력의 쇠퇴는 되돌릴 수 없습니다. 손 쓸 여지가 없죠. 우리는 더 이상 제품을 생산하지 않습니다. 단지 전 세계를 대상으로 안보를 팔고 있을 뿐이죠. 이런 상황에서 미국이 석유를 지배하지 못하면 중국을 견제하기 힘들겠죠. 중국 역시 주요 석유수입국이 됐으니 말입니다. 이런 식의 전략지정학적인 사고방식이 부시 1, 2세 행정부 아래서 권력 위에 군림하던 신보수주의자들의 계산입니다.

♦ 혁명과 사회변혁을 연구하는 학자로서, 이런 일들이 일어날 만한 희망의 거점 같은 게 미국의 시스템 내부에 있다면 무엇이 될까요?

♦ 최근 들어 가장 큰 희망의 불씨가 2003년 3월에 생겨났습니다. 2월 15~16일에 전 세계 도처에서 1000만 명이 이라크전쟁 반대 의사를 표명했습니다. 뉴욕에서 40만 명, 런던에서 200만 명, 로마에서 100만 명, 또한 마드리드와 베를린에서는 대략 80만 명이 반전의 목소리를 높였습니다. 이 불씨는 사라지지 않았습니다. 이들은 세계에서 어떤 일이 벌어지고 있는지 촉각을 곤두세우고 있죠.

요컨대 미국의 상황은 급속도로 악화되고 있습니다. 이라크에서도 고전을 면치 못하고 있어요. 아프가니스탄에서는 우호적인 체제 수립에 실패했습니다. 아프가니스탄의 상황은 9·11사건 이전과 마찬가지로, 여전히 세계 최대의 아편 생산국이자 테러리스트들의 주요 본거지가 되고 있습니다.

♦ 선생님은 아시아 정치경제학의 연구자로서, 일본 통산산업성에 대한 명제[《통산산업성과 일본의 기적》]를 집필하셨습니다. 이 책의 마지막 장에서 선생님은 미국이 정치적으로뿐만 아니라 재정파산으로도 고통당할 거라고 분석하셨는데요?

ⓥ 미국의 미래를 어떻게 예측했느냐는 말씀이죠? 저는 미국이 지금처럼 재정파산 직전에 이를 때까지 외관상의 입헌정부 아래서 휘청거릴 거라고 생각합니다. 우리는 현재의 상황을 감당할 수 없습니다. 우리의 국가재정은 주요 채권국인 일본과 중국에서 매일 막대한 차관을 끌어들임으로써 유지되고 있죠.

이런 시스템은 임시변통입니다. 허브 스테인이 경제자문위원장을 역임하고 있을 당시에 했던 유명한 말이 떠오르네요. "지속가능하지 않은 것은 언젠가는 멈춘다." 이것이 바로 오늘날 미국이 안고 있는 문제입니다. 현재 미국은 막대한 외채를 안고 있고, 생산 수준이 이전 같지 않습니다. 여러 국가에서 어마어마한 자금을 끌어들여 현재의 생활방식을 유지하고 있는데, 이들 국가는 자국의 경제성장이 유지되고 미국인들에게 자금을 제공할 수 있는 동안은 단기적이고 사소한 환율 변화에 신경 쓰지 않을 겁니다. 그런데 20~25년 이내에 중국은 세계 최대이자 최고의 생산시스템을 구축할 겁니다. 이변이 생기지 않는다면 말이죠.

재정파산이 문자 그대로 미국의 붕괴를 의미하지는 않습니다. 1923년의 독일, 1948년의 중국, 바로 얼마 전의 아르헨티나가 붕괴하지 않은 것처럼 말이죠. 그러나 파산이 재앙 수준의 경기침체를 초래할 것은 명백합니다. 주식시장이 붕괴되고 현재의 생활수준도 더 이상 유지할 수 없을 겁니다. 빈곤국에 어울림직한 태도들도 생기겠죠. 제가 존경하는 금융분석가 마샬 오엘바흐는 미국을 '블랑쉬 뒤보아 경제'라고 칭합니다. 아시겠지만, 블랑쉬는 테네시 윌리엄스의 희곡《욕망이라는 이름의 전차》에 나오는 여주인공으로 "이방인의 친절에 늘 기대왔다"고 얘기하죠. 미국도 마찬가지입니다. 점점 더 외부의 도움에 기대고 있습니다. 그런데 블랑쉬가 그랬듯이 우리에게도 도움의 손길을 내미는 이들이 얼마 남지 않았습니다. 따라서 우리가 일단 추락하기 시작하면 소련 연방의 몰락과 마찬가지의 길을 걷게 되리라 봅니다.

◈ 그렇다면 일본이나 중국, 또는 유럽연합 같은 외부 세력이 우리와 대치하면서도 도움을 주고받는 견제세력이 된다면 이들이 우리 미국과 자국을 더 나은 방향으로 이끌 가능성이 있다고 보시는지요?

◈ 일단 제국의 궤도에 진입하게 되면 과도한 확장과 국가 파산이 진행되는 걸 막을 수 없습니다. 세계의 나머지 지역에서는 이런 제국주의에 대항해 결속하려는 움직임도 나타나죠. 이는 단지 제국의 숙명일 수도 있지만 무능한 제국이기 때문에 그럴 수도 있습니다. 한때 미국은 마샬 플랜과 해외 원조 등을 통해 세계인들의 신뢰를 얻었습니다. 어떻게 보면 우리가 베풀었던 것 이상의 신뢰를 얻었죠. 그런데 오늘날 이 신뢰는 2000년에 미 연방대법원이 현 정권을 승인하면서부터 거의 사라졌습니다. 우리는 조만간 세계 도처에 퍼져 있는 737개의 군사기지 제국을 37개로 축소해야 할 것입니다. 물론 모두 폐쇄하는 것이 최선이죠. 그렇지 않으면 우리는 소련이 갔던 길을 따라 걷게 될 것입니다.

찰머스 존슨

타리크 알리(Tariq Ali, 1943~)는 소설가, 역사가, 활동가이자 《신좌파평론》의 편집자 중 하나이기도 하다. 르네상스형 인물인 알리는 행동주의와 분석을 독특하게 결합해 정치적 반대의견뿐만 아니라 제국의 정치, 불평등과 저개발의 귀결, 종교의 역할, 해방과 자치를 추구하는 민족주의 투쟁의 재침묵, 지역정치의 역학 등에 관한 우리의 이해를 고취하고 풍요롭게 만들어줬다. 알리가 쓴 수많은 책들 중에는 《소돔 노인들의 관습》(2009), 《격돌 : 미국 권력의 계획서 위에 놓인 파키스탄》(2008), 《근본주의의 충돌 : 십자군, 지하드 그리고 근대성》(2002) 등이 있다.

"주류 언론이 전하는 것을 늘 의심하고,
스스로의 눈으로 세계를 이해하려고
노력하고, 행동하고 참여하십시오."

◈ 태어나 자라신 곳이 어디입니까?

◈ 1943년 파키스탄의 라호르에서 태어났습니다. 당시의 라호르는
영국령 인도에 속해 있었습니다. 제가 네 살 때 신생독립국인 파키스탄
의 영토가 됐는데, 파키스탄의 수립은 생각하지도 못했죠.

◈ 돌이켜보실 때 부모님이 선생님의 세계관 형성에 어떤 영향을 끼쳤는지요?

◈ 두 분 모두 유서 깊고 엄격한 봉건가문 출신이셨습니다. 아버님은
학창 시절에 집안의 정치적 이데올로기를 깨고 인도 내 대영제국에 대
항하는 민족주의자, 공산주의자가 되셨습니다. 같은 가문 출신의 어머
님은 아버님을 만나 급진적으로 바뀌셨죠. 외할아버지는 펀자브 지역의
총리셨는데, 우리 아버님과 같은 가문 출신인데도 불구하고, 다시 말해
명문가 출신인데도 참 의아하게도 당신의 딸을 절대로 아버님 같은 공
산주의자와 결혼시킬 수 없다고 말씀하셨다고 합니다.

이 때문에 집안에서는 한바탕 소동이 일어났습니다. 이 어린 커플은
사랑에 단단히 빠져 있었고, 결국 이런 상황에서 외할아버지는 우리 아
버님이 절대로 받아들일 수 없는 사항을 결혼조건으로 제시하셨습니다.
"내 딸과 정녕 결혼하려거든 입대해야 한다"고 하셨던 겁니다. 영국령
인도부대에 말입니다. 그런데 당시에 변수가 발생했어요. 아돌프 히틀
러가 소련을 침공했고 이런 상황에서 전 세계의 공산주의자들이 전쟁을

타리크 알리

지원하고 나선 거죠. 부모님의 결혼사진을 보면 아버님이 대위 복장을 갖춰 입으시고 의기양양하게 서 계십니다.

◆ 정치적 기회가 두 분의 결혼을 성사시킨 거군요. 아버님이 기꺼이 입대하셨으니 말입니다. 선생님의 학창시절에 대해, 파키스탄에서의 초기 학창시절과 그 이후의 학창시절에 대해 잠깐 말씀해주십시오.

◇ 당시에는 선택지가 거의 없었습니다. 첫번째 선택지는 엘리트 학교에 입학하는 것이었습니다. 명문가 자녀나 부유층 자녀들이 다니는 곳이죠. 제 사촌들은 모두 엘리트 학교에 다녔는데, 부모님은 이렇게 말씀하셨어요. "그 학교는 인생을 망치는 곳이다. 그곳에 보낼 생각 없다." 또 하나의 선택지는 아일랜드 가톨릭 선교단에서 운영하는 학교였습니다. 당시에는 가톨릭 학교들이 파키스탄 전역에 퍼져 있었는데, 다양한 계층의 아이들이 모여 있다는 점에서 훨씬 더 민주적이었습니다. 저는 여기를 다녔습니다. 그런 이유로 이슬람 국가에 살면서도 가톨릭과 가톨릭 교육에 호의를 갖고 있었죠.

◆ 선생님은 《근본주의의 충돌》에서 이렇게 말씀하셨습니다. "미신에 사로잡힌 멍청이들, 종종 우리 친척도 여기에 포함됐는데, 자신도 알지 못하는 악마를 증오하면서 자신이 숭배하는 신에 대해서는 한 치의 의심도 품지 못하는 이들에 대한 이야기를 우리 집에서 얼마나 많이 들었던가?" 이에 대해서 잠깐 말씀해주시죠. 겉으로는 아버님이 종교적 가르침을 받도록 허용하신 것 같지만, 제 생각에는 실제로 선생님과 아버님 모두 앞서 말한 점을 깊이 인식하고 있었던 것 같습니다.

◇ 네, 이슬람 국가에서 살았으니까요. 이슬람 문화권에 있었던 겁니다. 도시 곳곳에서 이슬람 문화를 느낄 수 있었습니다. 그러나 다양한 사람들, 신봉자가 아닌 사람들 역시 있었죠. 아버님은 친척들의 끊임없는 잔소리, "자식들에게는 기회라도 줘! 네 인생을 망쳤듯이 아이들 인

5. 제국과 헤게모니

생까지 망치진 마"라는 말에 한때 걱정하기도 하셨다고 합니다.

아버님은 편견이 없는 분이셨기에 이렇게 말씀하셨습니다. "내 생각에는 네가 이슬람 근본주의를 공부한 뒤에 무엇이 문제인지를 논의하는 것이 좋을 것 같구나." 이렇게 해서 이슬람교를 배우기 시작했죠. 그런데 저를 가르치는 사람들이 이슬람교를 온전히 이해하지 못했다는 생각이 종종 들었습니다. 어린아이의 눈으로도 그들의 위선이 실제로 보였습니다. 많은 사람들이 코란을 온전히 이해하지 못한 채 코란에 대해 토론했습니다. 이런 광경은 비아랍권의 이슬람 지역에서 흔히 볼 수 있는 광경입니다.

이런 이유로 이슬람교 학습은 실패했고 저는 무신론자가 됐죠. 저는 제가 무신론자임을 숨기지 않았습니다. 모두 받아들이는 분위기였고요. 사실 그 시절을 돌이켜보면 친구들도 모두 무신론자였습니다. 종교를 가진 친구들이 없었죠. 물론 몇몇은 있었겠지만. 그러나 평균적으로 종교를 가진 친구는 거의 없었습니다.

◆ 선생님의 인생에서 중요한 일부를 이루고 있는 세계시민주의를 어떻게 보십니까? 다시 말해, 저는 세계시민주의가 파키스탄인으로서의 민족성과 어떻게 조화를 이루는지, 또한 선생님이 파키스탄인으로서의 정체성을 강하게 자각하고 계신지 궁금합니다.

◇ 제가 자란 라호르는 인도 내에서 가장 국제적인 지역이었습니다. 그러다 인도에서 분리됐는데 대량학살이 일어났죠. 근래에 발생한 일은 아닙니다만, 200만 명 가까이 학살당했습니다. 힌두교, 이슬람교, 시크교도가 서로 이 나라를 수립하려고 학살을 자행한 겁니다. 어릴 때 기억이 나네요. 저는 차 뒷좌석에 앉아 있고 부모님이 운전하곤 하셨는데, 파키스탄 수립 초기에는 거리를 지나칠 때면 뭐랄까, 계속되는 슬픔이랄까요? 그런 슬픔이 느껴졌습니다. 사람들은 "신이시여, 이곳에 '아

무개'가 살았다는 것을 기억해주십시오"라고 외쳤죠. 그 '아무개'는 늘 시크교식 이름이거나 힌두교식 이름이었습니다. 제가 어릴 적에는 그 지역에 이런 혼령들이 많았습니다. 그 뒤에야 저는 무슨 일이 벌어졌던 것인지, 얼마나 많은 사람이 희생당했는지를 알게 됐고 이렇게 자문했습니다. '그게 그렇게 중요한 일이었나?'

게다가 당시의 또 다른 문제는 파키스탄의 지배엘리트층이 불만이 많았다는 점입니다. 제 눈에 그들은 벗어날 수 없는 열등의식에 시달리는 소수 엘리트로 보였습니다. 이 지배엘리트들은 파키스탄 국민들의 국민의식을 함양시키지 못했습니다. 1956년 영국, 프랑스, 이스라엘이 이집트를 침공했을 때 파키스탄은 이 전쟁을 얼마간 지지했습니다. 지배엘리트층은 서방에 협력했죠. 그래서 이집트는 파키스탄을 처음에는 대영제국의 교두보로, 나중에는 미국의 교두보로 인식했습니다. 이런 상황이니 파키스탄의 발전은 결코 가능하지 않았죠. 지배층이 국가를 발전시키지 못했기 때문에 국민들은 이들을 전혀 존경하지 않았습니다.

따라서 우리는 국가나 국가의 역할에 대한 소외감을 느꼈습니다. 제 경우에는 어린 시절부터 이런 소외감이 굉장히 컸습니다. 당시에 친구들과 저는 인도의 자와할랄 네루 수상이 우리의 수상이었으면 좋겠다고 말하곤 했습니다. 네루는 중립을 신뢰했고 개혁적인 정책을 시행하는 등, 아무튼 매우 흥미로운 인물이었죠. 혹은 이집트의 가말 압델 나세르 대통령이 우리의 수상이었으면 좋겠다고 생각했습니다. 우리는 파키스탄의 외부에서 지도자 모델을 찾았지, 내부에서는 찾으려 하지 않았습니다.

파키스탄은 정부 수립 초기에, 즉 건국한 지 3년 뒤에 미국과 영국이 주도하는 안보조약에 동참하기로 했습니다. 그 첫번째가 바그다드 조약이었는데, 나중에 중동협약기구가 됐죠. 이는 국제사회 참여를 위한 파키스탄 지배층의 전략이었습니다. 그러나 인도는(우리보다 훨씬 더 큰 국가이기는 하죠) 자신감을 갖고 러시아나 미국과 대등한 위치에서 대화하고 있었습니다. 네루 수상은 매우 유능한 정치인이었고, 백악관과 크레믈린 양측에서 존경받는 인물이었습니다. 파키스탄인들은 이렇게 말했습니다. "왜 우리는 네루 수상 같은 인물이 없나? 왜 우리는 서방 강대국의 바지자락을 붙들고 있어야 하나?" 그러나 이것은 파키스탄의 지배층이 선택한 길이었고, 그들은 그 길에서 옴짝달싹 못하고 있었습니다. 파키스탄 군대는 지금도 여전히 권력을 행사하고 있는데, 당시에도 권력의 핵심 도관이었습니다.

◈ 선생님은 옥스퍼드대학교에 진학하셨고, 당시 옥스퍼드유니언01의 의장을 맡기도 하셨습니다. 그곳에서의 교육이 선생님의 의식체계에 어떤 영향을 미쳤는지 말씀해주십시오.

◈ 옥스퍼드대학교에 가기 전에 저는 파키스탄의 한 대학에 다니고 있었습니다. 그런데 운이 아주 좋았던 것이, 라호르의 국립대[펀자브대학교에 다니고 있었는데 총장님이 매우 계몽적인 분이셨습니다. 총장님은 "이 대학의 울타리 안에 있는 한 자유롭게 사고하고, 자유롭게 행동하고, 자유롭게 독서하십시오. 제가 권력으로부터 여러분을 지키겠습니다"라고 말씀하셨습니다. 당시는 파키스탄이 군부독재로 접어든 시기로, 정치란 것이 실종된 시대였습니다. 따라서 우리는 매우 운이 좋았다고 할 수 있습니다. 당시에는 거리로 뛰어갈 수 없었습니다. 종종 집단행동을 하기도 했습니다만. 그러나 학내 분위기는 아주 계몽적이었

_01 The Oxford Union Society. 1823년 영국 옥스퍼드에 위치한 회원제 토론클럽. 주로 옥스퍼드대학교 출신에게 회원의 자격이 주어지지만 꼭 그런 건 아니다. 정치, 종교, 사회운동, 문화 등 다방면에 걸친 유명 인사를 연사로 초청하는 것을 클럽의 오랜 전통으로 이어오고 있다.

고, 학생들은 스터디그룹을 만들어 마르크스주의나 이슬람교 등 원하는 주제에 대해 자유롭게 토론할 수 있었습니다. 이 과정을 통해 저는 이미 훌륭한 훈련을 받고 있었다고 할 수 있죠.

그런데 제가 당시에 아주 적극적으로 정치활동에 가담하고 있었던지라 어느 지방의 주지사가 제 연설을 금했습니다. 심지어 학내 연설까지 말입니다. 총장님은 손 쓸 여지가 없는 현실에 매우 분개하셨고, 부모님은 제가 국내에 있다가는 영원히 제한된 생활을 해야 하는 것은 아닌가 하고 불안해 하셨죠. 그래서 국외로 나갈 것을 재촉하셨습니다. 그러나 저는 파키스탄을 떠나기 싫었습니다. 돌이켜보면 그랬던 제가 기특하기는 합니다만. 아무튼 저는 떠나기 싫었습니다. 그러나 부모님이 말 그대로 쫓아내셨죠.

이렇게 옥스퍼드대학교에 진학했습니다. 대학에 갔더니 파키스탄에서는 접할 수 없던 책이나 금서가 된 책을 볼 수 있었습니다. 학내 분위기는 굉장히 개방적이었고, 저는 초창기의 학내 좌파 그룹에 가입해 아주 적극적으로 활동했습니다. 그러던 중 베트남전쟁이 일어났죠. 저는 이 전쟁에 꽤 촉각을 세우고 있었습니다. 베트남전쟁은 제가 있던 대륙에서 발발한 전쟁이었으니까요. 전쟁을 막기 위해 무엇이라도 해야 한다고 생각했습니다. 초기에는 학내 반전운동 조직에 가담했고, 뒤에는 전국적인 반전운동 조직에 동참했습니다.

마지막 기말고사 기간에 저는 친구와 내기를 했습니다. 모든 답안에 '베트남'을 쓰고 나오겠다고요. 그 친구는 말했죠. "불가능해." "아니, 난 할 거야." 그랬더니 그러더군요. "학점을 받지 못할 걸." "상관없어." 그때 시험과목이 철학, 정치학, 경제학이었습니다. 경제학 시험 문제가 "세계 각국의 정부 보조 교통수단 중 가장 질 낮은 수단이 무엇인지 논하라"였습니다. 제 답안이 경제학 시험 감독관을 골치 아프게 했죠. 베트남의 사이공에서 출발해 정글로 들어가는 헬리콥터가 가장 질 낮은 정부 보조 교통수단이라고 적었거든요. 덧붙여, 그로 인한 큰 비극은 이용객이 귀환하지 못하는 사태가 종종 발생하는 것이라고 했죠.

♥ 선생님이 보시기에 1960년대가 선생님께 준 가장 큰 교훈은 무엇입니까?

♡ 당연한 말이지만 저는 제 뿌리로부터 그리고 제가 태어난 대륙으로부터도 영향을 받았습니다.

버트런드 러셀과 장-폴 사르트르가 미국을 전범으로 기소하려고 국제전범법정을 조직했죠. 그때 저는 몇몇 사람들과 베트남 현지로 가서 증거를 수집하는 역할을 맡게 됐습니다. 1967년의 일인데 제가 스물세 살 때쯤이었습니다. 미국이 베트남을 폭격할 당시 저는 북베트남에 있었어요. 전쟁을 실감할 수밖에 없었습니다. 매일 사상자를 목격하게 됐죠. 우리도 두 번 정도 폭격당할 뻔했고요. 이때의 경험이 제게 큰 영향을 주었습니다. 아주 큰 영향을요.

유럽으로 돌아와 저는 국제전범법정에서 진술했고, 그 뒤에 베트남인들과 연대하는 거대한 운동이 프랑스와 영국을 비롯해 세계 각지에서 시작됐습니다. 이런 경험을 통해 제가 절실히 깨달은 바는 우리가 발 딛고 있는 곳에서 좌시만 하고 있을 때 바뀌는 것은 아무것도 없다는 겁니다. 자리에서 일어나 뭔가를 해야 합니다. 설령 초기에는 함께 할 사람이 얼마 없다고 해도 말입니다. 그런데 1980~90년대의 세대는 수동성에 압도된 세대인지라 참 슬픕니다.

물론 지금은 상황이 변했죠. 오랫동안 젊은 층의 사회참여가 사회적으로 용인되지 않았습니다만, 지금은 다시 용인되고 있습니다.

최근에 있었던 거대한 규모의 이라크전쟁 반대시위에 런던에서만 150만 명이 참가했는데, 학교에서 뛰쳐나온 젊은이들을 많이 볼 수 있었던 소중한 순간이었습니다. 아이들이 슬로건을 직접 제작해왔더군요. 그 문구를 어디서 인용했는지 전 잘 몰랐는데요. "누가 개를 풀어났니?"

타리크 알리

라는 대중가요를 아이들은 가사를 바꿔 이렇게 노래했습니다. "누가 폭탄을 터트리니? 부시와 블레어지." 저는 아이들에게 물어봤습니다. "이 문구를 어디서 따온 거니?" "이 노래에서요"라고 답하더군요. "무슨 노래?!"

1960년대와 같은 역사의 주기가 돌아왔다고 볼 수 있습니다. 저는 종종 이런 생각을 합니다. 저와 동시대를 공유했던 이들 중 얼마나 많은 이들이 유럽 정부의 내각에서 활동하고 있으며, 모든 희망을 저버린 채 "세상은 바뀌었다. 역사는 종말을 맞이했고, 우리도 변했으며, 대안이란 존재하지 않는다"고 생각하는지 말입니다. 그런데 제가 궁금한 것은 이들이 미국, 호주, 유럽에서 일어난 일련의 거대한 반전시위를 보고 무슨 생각을 했을까 하는 겁니다. 그들 중 일부는 분명 양심의 가책을 느꼈을 겁니다. 전쟁을 준비하고 있었을 거니까요. 1960년대의 세대는 오늘날 세계 대부분의 영역에서 영향력을 행사하고 있습니다. 이들이 거리로 나온 수백만 명의 사람들을 보고 무슨 생각을 할까요? 저는 이것이 궁금합니다.

제게 있어 1960년대가 주는 교훈은 행동하라, 참여하라, 세계를 이해하려고 노력하라는 것입니다. 절대로 잊을 수 없는 교훈입니다.

◈ 《근본주의의 충돌》에서 선생님은 당시의 시를 자주 인용하셨습니다. 선생님이 보시기에 이런 시에는 핵심을 좀더 설득력 있게 전달하는 통찰이 녹아 있습니까?

◈ 그렇습니다. 그리고 그보다 더 중요한 점이라면 시가 이슬람 문화권에서든 비이슬람 문화권에서든 아주 중요한 역할을 해왔다는 것입니다. 러시아혁명 당시 그리고 그 전후로 요시프 스탈린은 시인들을 사형에 처했는데, 살아남은 시인들은 이렇게 말했습니다. "이 체제는 시인의 능력을 과소평가하지 않았다." 서구 문화권에서는 시가 사람의 마음

을 달래는 일종의 진정제 역할을 해왔습니다. 물론 매우 뛰어난 시도 있지만 시가 그 문화권의 핵심은 아니었습니다. 그러나 아랍권에서는 시가 핵심적인 역할을 했어요. 인도와 파키스탄에서도 시인의 역할이 매우 중요했습니다. 아마도 구전 문화의 전통이 강한 지역이라서 그럴 겁니다. 기록 문화가 분명히 지배적이었지만 문맹이 매우 많았죠. 따라서 위대한 시인들이 시를 낭송할 때면 시를 읽고 쓰지 못하는 사람들도 깊은 감동을 받았죠. 이런 시들은 종종 유명한 대중가수의 노래로 재탄생되어 많은 이들에게 큰 울림을 전달했습니다.

이런 전통이 제게는 아주 깊이 박혀 있습니다. 어렸을 적에 저희 집이 시인과 문필가들의 교류의 장이었기 때문이죠. 이들이 우리 집을 드나들 때면 아주 꼬마였던 저는 바닥에 앉아 낭송되는 시를 듣곤 했습니다. 특권을 누렸던 셈이죠. 대형 옥외공연장에서도 낭송회가 펼쳐졌습니다. 시 낭송회는 저녁 식사 이후인 9시에 시작되어 이른 아침까지 이어지곤 했죠. 낭송회가 막바지에 이르면 시인들은 즉석에서 즉흥시를 낭송했고 청중들은 어떤 시가 가장 좋은지 얘기했습니다. 시인들 중 과도하게 친정부적인 모습을 보이는 이들은 대개 조롱과 야유의 대상이 됐죠. 따라서 서구와는 매우 다른 전통이 형성되어 있다고 볼 수 있어요.

◉ 저항의 표현으로서의 시 그리고 현대 자본주의 사회에서 그런 저항의 표현이 부정되는 현실을 어떻게 보시는지 말씀해주십시오.

◈ 1990년대는 영국을 포함한 대다수 선진 자본주의 사회에서 대중을 상대로 한 단순화가 진행된 시기입니다. BBC가 아직까지는 미국의 방송사들보다 조금 낫다고 할 수는 있죠. 그러나 '조금'이라는 수식어를 붙일 수밖에 없는 상황입니다. 영국인이라면 매일 체감하고 있듯이 BBC는 크게 후퇴하고 있습니다. 혁신적이고 비판적인 방송을 목적으로 1982년 영국 의회에 의해 설립된 채널4조차 1990년대 중후반에 이르러

방향을 잃었죠. 매우 실험적이고 훌륭한 프로그램들이 많이 제작되다가 맥이 끊긴 상황입니다. 혹자는 이 상황을 공산주의의 몰락과 비교할지도 모릅니다. 아니면 마치 승리한 자본주의 사회의 지배계층이 이 채널의 몰락을 결정지은 것처럼 볼 수도 있겠죠. "시민을 과도하게 교육시킬 필요는 없다. 시민들이 걱정할 문제는 없다. 시민들을 과도하게 교육시키면 너무 많은 선택지에 혼란해 할 것이고, 무슨 사안에든 촉각을 세울 것이며, 우리에게 반항할지도 모른다"고 말입니다. 물론 권력층이 구체적으로 그런 생각을 했다는 것은 아닙니다만, 그 방향으로 끌고 가려고 하는 건 분명해 보입니다. 대중을 상대로 한 단순화 경향은 갑자기 나타나는 듯합니다. 그러니까 매우 이성적이던 방송사들이 단 6개월 만에 완전히 변하곤 하죠. 할리우드의 명작 중 피터 핀치가 출연한 〈네트워크〉(1976)라는 영화가 있는데 이 영화는 미국 방송사들의 우민화를 보여주고 있죠. 영국에서 일어났던 변화는 여러모로 볼 때 재앙이라고 할 수 있습니다.

냉소적으로 말하면 이 사회의 지배계층이 생각하는 시민을 원한다고는 결코 생각하지 않습니다. 그들은 노예 기질이 얼마간 있는 대중, 요컨대 자신들의 말을 듣기만 하고 전적으로 수용하는 대중, 혹은 소비와 우상숭배에 탐닉하는 대중을 원하고 있고, 또 대중이 계속 그렇게 남아 있기를 원합니다. 여기까지는 좋습니다. 그런데 지배계층의 영향력을 능가하는 것이 나타났고, 이에 지배계층의 힘은 얼마간 약화됐습니다. 그것이 현재의 텔레비전과 심지어 영화의 콘텐츠까지 지배하고 있습니다. 제 기억으로는 1960~80년대의 BBC나 채널4의 연출자는 자신이 원하는 방향으로 연출할 수 있었습니다. 연출자의 본능을 따를 수 있었죠. 그런데 1990년대가 되자 포커스그룹과 마케팅이란 것이 등장합니다. 이제 연출자들은 최고의 시청률을 보장하는 프로그램만을 제작해야 합니다. 이처럼 최고의 시청률이라는 최소의 공통분모를 바탕으로 그들은 모두가 유사한 프로그램을 제작하고 있습니다. 프로그램의 다양성이 사라지기 시작했죠.

❖ 이 시대의 젊은이들에게 미래에 관해 조언해주시다면 어떤 말씀을 해주시겠습니까?

❖ 정치인을 신뢰하지 말라고 조언하고 싶습니다. 주류 언론을 통해 접하는 모든 것을 의심하라는 것도요. 주체적으로 생각함으로써 주류 언론이 명백한 사실로 보도하는 것을 전적으로 수용하지 말 것을, "정말 사실일까?"라고 항상 자문할 것을 조언하고 싶습니다. 늘 질문하고 의심하라는 것을요.

그 확실한 사례가 버젓이 존재하죠. 미국 정부는 주권국가인 이라크 점령을 위해 전쟁을 시작했습니다. 그때 자국 국민들에게 뭐라고 설명했습니까? 이라크에 대량살상무기가 있고, 사담 후세인이 이를 알카에다에 넘길지도 모른다고 말했습니다. 미국인의 60퍼센트가 알카에다와 후세인이 모종의 관계에 있다고 생각합니다. 실상은 그렇지 않죠. 관련 지식이 조금이라도 있다면 후세인이 이슬람 근본주의자와는 결코 화합할 수 없는 인물임을 알 것입니다. 그들은 서로를 증오하고 있죠. 미국을 제외한 나머지 세계에서는 대량살상무기의 존재를 미국인들만큼 믿지 않습니다. 이제 대량살상무기의 존재는 거짓임이 드러났습니다. "대량살상무기는 없었다"고 말입니다. 그러자 미국의 신보수주의자들과 부시는 이렇게 응수했습니다. "대량살상무기를 발견하지 못했으니 어쩌라고? 이제 우리는 후세인을 축출하고 이라크 국민에게 자유를 선사할 것이다." 그런데 이 '어쩌라고' 식의 태도가 오늘날 미국 정치의 품위를 크게 훼손하고 있습니다. 미국 국민들이 정부를 주시하지 않는다면 이런 일이 계속 벌어지겠죠. 젊은이들이 이런 거짓말에 저항하지 않는다면 이 사회를 사는 것이 무슨 소용이 있겠습니까?

타리크 알리

◈ 선생님의 지적 여정을 돌이켜볼 때, 천착하고 계신 생각을 하나로 묶어주는 큰 주제는 무엇인가요?

◈ 그런 주제를 만들어가는 과정에서 어린 시절에 접한 마르크스, 레닌, 트로츠키 등 다양한 이들의 영향이 컸다고 봅니다. 그들의 생각을 접하며 제가 깨달은 점은 자본주의 체제에 내재된 불공정함입니다. 자본주의 체제 안에서 최선을 다한들 공정한 체제를 구축할 수는 없습니다. 왜냐하면 소수에 의한 다수의 착취가 자본주의의 토대이기 때문입니다. 오늘날 우리는 미국 내에서 그리고 전 지구적으로 소수에 의한 착취가 천문학적인 수준에 이르렀음을 목도하고 있습니다. 따라서 대안적인 체제가 절실하게 요청되고 있습니다.

저는 1956년부터 소련에 대단히 비판적이었습니다. "소련 체제는 제대로 작동할 수 없다"고 떠들고 다녔죠. 꽤 어릴 때이긴 했지만 그 체제가 지속될 수 없다는 것이 빤히 보였습니다. 소련 체제의 실패와 몰락을 통해 저는 책임이 결여된 경제 모델, 그런 정치경제학은 작동하지 않음을 깨달았습니다. 그래서 저는 이른바 '사회주의적 민주주의'를 지지합니다. 저는 민주주의만이 자본주의와 양립할 수 있다는 입장을 지지하지 않습니다. 게다가 지금 우리는 민주주의와 자본주의가 양립하기 어려움을 점점 깨닫고 있죠. 민주주의는 착취에 토대하지 않는 체제와 양립가능할 겁니다. 이것이 제가 오랫동안 지켜오고 있는 신념이죠.

6

예술을 통한 저항

한 편의 소설, 한 편의 영화, 한 편의 회고록은 전쟁, 혁명, 인간이 수행한 투쟁의 정수를 뽑아낼 수 있다. 예술작품은 인류와 각 국가들이 서로에게 무슨 짓을 저지르고 있는지에 대해 중대한 문제를 제기하고, 사람들에게 파괴·억압·전쟁을 보여주고 이해시켜주며 그것에 저항하도록 함으로써 저항의 형식이 된다.

이란 혁명 당시 십대였던 로야 하카키안은 이란 혁명에 대한 환상이 어떻게 깨졌는지, 어떻게 자신이 진정한 자유의 의미를 이해하게 됐는지를 들려준다. 영화감독인 올리버 스톤은 해병대로 베트남 전쟁에 참전하면서 정치에 눈을 떴다. 그 역사적 순간을 겪음으로써 스톤은 갈등의 근원이 무엇인지를 계속 이해하려고 노력했고, 리더십·정책·전쟁의 희생자에 대한 통찰을 영화에 담아낼 수 있었다. 노벨문학상 수상자인 오에 겐자부로는 히로시마를 처음 방문하게 됐을 때 우연히 원폭 희생자를 만나면서 정치에 눈을 떴다. 그곳에서 일하던 어느 비상근 의사의 현명한 조언을 듣고 갓 태어난 아들에 대해 다시 생각하게 된 겐자부로는 인간의 조건을 더 깊이 이해할 수 있게 됐고, 그 깨달음을 자신의 작품 속에 고스란히 담았다.

로야 하카키안(Roya Hakakian, 1966~)은 이란계 미국인 작가이자 다큐멘터리 감독이다. 《거절의 땅에서 시작된 여정 : 혁명기 이란에서 보낸 소녀시절》(2004)은 혁명 직후 이란에서 자란 십대 유대인의 회고록이다. 하카키안은 이란어로 두 권의 시집을 출간하기도 했는데 첫번째 시집 《물을 위해》(1993)는 출간된 해에 이란 뉴스가 선정한 올해의 시집이 됐다. 《옥스퍼드 현대 이슬람세계 백과사전》은 하카키안을 이란 문학계를 이끌어갈 차기 시인 중 하나로 꼽고 있다. 최근 유니세프의 의뢰로 제작한 다큐멘터리 〈무장과 순수〉(2002)는 세계 도처에 있는 소년병 문제를 다루고 있다.

💭 태어나 자라신 곳이 어디입니까?

💬 이란의 테헤란에서 태어나 거기서 자랐습니다. 그러다 열아홉 살
이 되던 1985년에 미국으로 건너왔죠.

💭 그때를 돌이켜 볼 때 부모님이 선생님의 세계관 형성에 어떤 영향을 미쳤는
지요?

💬 제 아버님은 시인이셨습니다. 아버님이 제게 많은 영향을 끼쳤고,
글쓰기를 사랑할 수 있도록 해주셨죠. 유년 시절을 돌이켜보면 아버님
에게는 늘 도피처가 있는 듯했습니다. 집에 계시든, 주위에서 무슨 일이
일어나든 당신만의 성스러운 안식처를 갖고 계셨죠. 당신만의 공간에서
아버님은 공책과 펜을 집어들 수 있었습니다. 그래서인지 저도 글쓰기
에서 안식처를 찾았던 것 같습니다.

💭 어머님은 어떤 분이셨습니까?

💬 제가 아는 한, 제 어머님만큼 자상한 분은 없었습니다. 저는 어머
님을 통해 일찍부터 제 스스로가 나중에 어떤 여성이 되면 좋을지를 생
각하게 됐죠. 어머님을 보면서 저는 결혼하지 않으리라 다짐했습니다.
왜냐하면 가족을 꾸리는 데 모든 것을 헌신해야 하니까요. 아이도 갖고
싶지 않았습니다. 어머님이 하셨던 일을 하는 데는 전혀 관심이 없었어

로야 하카키안

요. 이런 식으로 저는 어머님이 하던 일에 근거해 나중에 어떤 사람이 되고 싶은지를 생각하기 시작했습니다. 여러모로 어머님이 당신의 자상함으로 했던 일, 여러모로 어머님이 자아계발을 하지 못하게 방해한 그런 일 말이죠. 저는 그런 일을 하고 싶지 않았습니다.

◈ 이란에서 유대인으로 살았던 것이 뭔가 영향을 끼쳤나요? 선생님 가족은 분명 유대인으로서의 정체성을 유지했겠지만, 그와 동시에 이란인인 것도 틀림없지 않습니까.

◈ 그렇습니다. 우리가 지금 이런 이야기를 나누는 이유는 제가 현재 미국에 있기 때문일 테죠. 벌써 30년이나 됐네요. 그러니 이 이야기를 하려면 옛 기억을 더듬어봐야겠습니다.

제가 열두 살이 되던 해에 이란 혁명이 일어났죠. 제가 정확하게 기억하기로 그 이전까지는 그 누구도 종교가 쟁점이 되리라고는 생각하지 않았습니다. 제가 자랐던 그 시기에, 그보다 좀더 앞선 1960~70년대에도 이란은 종교적으로 아주 평등한 곳이었어요. 특히 제가 자란 테헤란 같은 대도시에서는 더욱 그랬죠. 아버님이나 어머님과는 달리, 저는 제가 유대인이라는 사실을 그리 절실하게 느끼지 못하고 자랐습니다. 아버님은 이란 중부의 아주 작은 마을에서 유년 시절을 보내셨는데 사람들의 편견에 시달렸다고 하더군요. 어머님도 그런 일을 꽤 많이 겪으셨고요. 그러나 제가 자랄 때는 그런 편견이 이미 케케묵은 것이 되어버렸습니다. 당시 우리는 근대화를 열망하는 근대적인 이란인이었고, 서로의 종교에 대해 왈가왈부하는 것은 그리 세련된 행동으로 보이지 않았죠.

게다가 이란 외부, 특히 미국인들이 그렇게 생각하는 것과는 달리 대도시에 살던 저희 같은 교육받은 도회지 이란인들에게 이란 혁명은 종교 혁명이 아니었습니다.

우리에게 이란 혁명은 역사에 혁명을 불러왔던 모든 거대한 일들에 관한 것이었습니다. 요컨대 이란 혁명은 자유, 민주주의, 여성의 권리 등 우리가 근대화된 이란이 갖춰야만 한다고 생각해온 모든 것에 관한 혁명이었습니다. 그러니 거기서 종교를 논하는 사람은 없었죠. 오히려 혁명 때문에 종교는 뭔가 기대를 걸거나 논의하기에는 너무 케케묵은 것이 되어버렸습니다. 제가 그런 문제에 대해 생각하거나 토론하면서 자라지 않은 게 이런 이유 때문입니다.

그러다 제가 십대로 접어들 때쯤 물라들(이슬람교 율법학자)이 정권을 잡게 되면서 상황이 달라졌던 거죠.

◈ 이란에서 세속화된 유대인으로 살아오셨다고 하더라도, 유대인들의 전통을 따르면서 유대인으로서의 정체성을 일면이나마 유지하고 계시지 않았나요?

◈ 그렇죠. 제게 "당신은 어느 쪽입니까? 개혁파? 보수파? 정통파?" 라는 식으로 묻는 이들은 미국계 유대인밖에 없었습니다. 그런 질문을 받고나서야 저는 "내가 정말 누구지?"라는 생각을 하게 됐어요.

그러다 깨달았죠. 그들이 그렇게 구분할 수 있는 것도 모두 다 유대인으로서 서로의 차이를 충분히 생각할 자유가 있는 민주주의 사회에서 살고 있기 때문이라는 사실을 말입니다. 그래서 그들은 유대인 집단 내에서도 분파를 만들고, 각자 자신이 속한 분파에서 더 편안함을 느끼는 거죠.

이란에 살던 유대인으로서의 우리에게는, 뭐랄까 설명하기 힘든 면이 있어요. 물론 우리는 유대교 의식을 따랐습니다. 어릴 적의 가장 좋은 기억 중 하나는 예배당에 관한 기억입니다. 특히 다른 아이들과 함께 어울리고 유대인 공동체에서 다 같이 식사하던 기억이 떠오르네요. 물론 그게 종교 의식의 일환은 아니었습니다만. 우리는 함께 어울렸고, 그렇게 어울림으로써 같은 공동체의 일원이라는 동질감을 느꼈던 겁니다.

정확히 말하면 저는 그런 분위기가 좋았고, 지금도 그 분위기를 동경하고 있고, 그걸 자녀들에게 물려주고 싶습니다.

◉ 선생님은 책에서 레자 팔라비 국왕 시절에 한 친구가 보던 여성잡지에 대해 언급하신 바 있습니다. 거기 실렸던 여성 트럭운전자의 사진, 그러니까 이제까지와는 다른 역할을 하고 있는 그 여성의 이미지가 당시 십대였던 선생님의 마음을 사로잡았다고 말이죠. 이 이야기를 꺼낸 이유는 팔라비 국왕이 이란의 근대화에 기여한 측면이 있기 때문입니다. 물론 결국에는 자유의 침해로 이어졌습니다만. 팔라비 왕조가 친유대적 성향을 보인 측면도 존재하는데, 어땠습니까? 여기에 대해서 잠깐 말씀해주십시오.

◉ 맞습니다. 팔라비 국왕이 이란에 종교적 평등주의를 가져온 막후 세력이었죠. 저는 이게 종교적 경계를 완화하고 종식시켜서 이란을 근대화하려던 더 큰 전략의 일부였다고 생각합니다. 확실히 먹혀들었죠.

이란에는 유대인 거주지가 따로 없었습니다. 특정 동네를 가리키며 여기가 유대인 거주지라고 말할 수가 아예 없었죠. 물론 유대인들이 모여 사는 지역이 있었긴 합니다. 주로 부촌이었는데, 그것도 어쩌다 보니 유대인들이 밀집하게 된 겁니다. 당시는 굉장히 좋았던 시절이고 사는 것도 재미있었죠. 이란인뿐만 아니라 이란 내의 다양한 소수집단에게도 평등이 보장됐거든요. 종교적 차이에 관한 쟁점이 문화적으로 희미해진 이란 근대사의 절정기라고나 할까요. 간혹 저를 막아 세운 채 이렇게 말하는 이란인들이 있습니다.

"미국에 와서야 이란계 유대인들은 '저는 이란계 유대인입니다'라고 말하게 됐죠. 이란에서는 '저는 이란인입니다'라고만 말하면 끝이었는데 말이에요."

맞는 말입니다. 그러나 곧 대가를 치르게 됐다고 생각합니다. 이란의 유대인들이 어떤 유대교 관례를 따랐든지, 유대인들의 전통을 얼마나 체험했든지 간에 그건 모두 유대인 공동체의 경계 내부에서만 이뤄졌습니다. 이슬람교도들과 유대인들이 서로를 잘 이해하게 되어서 그렇게 된 게 아니라는 말입니다. 이슬람 공동체는 우리를 잘 몰랐죠. 이란의 시민으로서도, 유대인 시민으로서도 말입니다. 우리는 제 아무리 유대인으로서의 자각이 있었던들 닫힌 문 뒤에서만 유대인으로 행동하고, 집 밖이나 공동체의 경계 외부에서는 유대인으로서의 정체성을 공공연히 드러내지 않는 것을 대가로 치른 셈입니다.

저는 그러고 싶지 않았습니다. 우리가 이란인으로서 인식되기를 더 바랐고, 앞으로는 지금까지보다 훨씬 더 공개적이고 과감하게 페르시아 문화를 풍요롭게 만드는 데 기여할 수 있기를 바랐던 겁니다.

◈ 그렇다면 이슬람교도들과의 관계는 어땠습니까?

◈ 당시는 저와 다른 사람들이 있다는 걸 아주 어렴풋하게만 알고 있었습니다. 이슬람교도들이 제 주변에 있을 때조차도 저는 그들이 외부인이라고 늘 생각했죠. 그러니까 악한 외부인이냐 선한 외부인이냐는 식으로 구분한 게 아니라 그저 외부인이라고 생각했습니다. 그래서 그들과 있을 때는 말쑥한 옷차림을 하고서 최대한 예의를 갖춰 행동했어요.

이와 달리 친척이나 유대인 친구들과 있을 때는 편하게 행동했죠. 말할 때 제가 무슨 말을 하고 있는지 조심할 필요도, 어떤 말로 상대방을 놀리든 걱정할 필요도 없었으니까요.

유대인이 아닌 이웃을 외부인으로 생각하긴 했습니다만, 제게는 외부인 그 이상도 이하도 아니었습니다.

◈ 선생님은 열아홉 살 때 미국으로 건너 오셨을 때 영어를 전혀 못했습니다. 그러나 지금은 영어로 된 굉장히 아름다운 작품을 쓰고 계십니다. 이란에서의 유년기

가 선생님의 작품에 어떤 영향을 끼쳤는지요?

◈ 제게는 이야기하려는 열망이 있습니다. 제가 작가가 된 건 이란 혁명 때문이죠. 저와 우리 세대에게 그리고 우리의 바로 앞 세대에게 이란 혁명은 문학 혁명이었습니다. 이란에서 1970~80년대를 살아간 위대한 시인들이 저를 이끌어줬어요. 저는 그들의 작품에 푹 빠져들었고, 결국 당시에 그들이 납득시키려던 바, 즉 혁명에 푹 빠져들게 됐습니다.

가장 위대한 시인이자 제 삶에 가장 큰 영향을 미친 시인은 몇 해 전에 작고한 아마드 샴루[01]입니다. 샴루의 시를 온전히 이해하기까지는 몇 년이나 걸렸죠. 그러나 샴루가 말하려던 바를 이해하게 되자 결국 제 삶은 돌이킬 수 없을 만큼 완전히 바뀌었어요.

그래서 작가가 됐습니다. 시와 문학이 변혁의 개념뿐만 아니라 이란에 대한 공동의 확신과 공동의 참여의식과 긴밀히 얽혀 있었던 바로 그 시기에 말입니다.

◈ 이란 혁명이라는 역사적 맥락에서 볼 때 시의 인기가 산문으로 옮겨간 데는 어떤 의미가 있을까요?

◈ 이란에서뿐만 아니라 전 세계적으로도 시는 여러모로 고전 중입니다. 이란에서 시가 힘을 잃게 된 것은 시가 대도시에 살며 교육받고 근대화된 도회지 사람들을 위한 혁명의 언어였기 때문입니다. 일단 혁명의 약속이 실현되지 못하자 사람들은 혁명의 모세혈관이었던 언어, 즉 시에 등을 돌렸죠. 이란의 역사에 근거해 본다면 바로 이것이 시의

_01 Ahmad Shamlou(1925~2000). 이란 현대시의 아버지. 이란인들에게 익숙한 일상적 이미지를 모순되게 병치해 당대의 정치적 쟁점, 자유, 인간의 조건 등을 성찰하는 시를 발표했다.

6. 예술을 통한 저항

쇠퇴에 얼마간 영향을 끼쳤어요.

몇 마디 덧붙이면, 저는 우리 이란인들에게 시 쓰기의 강력한 전통이 있었다고 생각합니다. 우리에게는 루미_02가 있었고, 하피즈_03가 있었고, 그밖에도 위대한 시인들이 부지기수였습니다. 그래서 산문은 역사적으로 오랫동안 고전을 면치 못했습니다. 30년 전까지만 해도 그랬죠. 그러다가 혁명에 환멸을 느끼면서 사람들이 영화와 회화뿐만 아니라 산문 같은 다른 매체를 찾게 된 겁니다. 이런 일이 일어났다니 생각만 해도 정말 끔찍합니다.

최소한 혁명기 이란의 신진 작가였던 제게 시란 들끓는 감정에 관한 것이었습니다. 흔히 "나 좀 우울해"라고 말하는 것과 같은 그런 일상적인 감정이 아니라 "모조리 불살라버리자" 같은 격정적인 감정 말입니다. 따라서 이란의 현대시는 한동안 이런 감정을 담아내는 서정적인 작품을 내놓아야만 했죠.

그러나 이처럼 강렬한 감정만으로는 문학을 통해서 해야만 하는 모든 일을 다 해낼 수가 없습니다. 감정을 덜어내야 합니다. 예컨대 그런 감정을 주전자에 집어넣은 뒤 난로에 올려 부글부글 끓이는 겁니다. 그러고는 휘휘 저으며 상태를 확인하고, 살펴보고, 맛보고, 양념해야죠. 그렇게 하다 보면 다른 무언가를 만들어낼 수 있습니다. 그런데 계속 격정적인 감정에 대해서만 쓰다 보면 절대 그런 작품을 써낼 수 없습니다.

_02 Jalāl ad-Dīn Muḥammad Rūmī(1207~1273). 페르시아의 시인. 절대적인 신의 사랑과 그것을 갈구하는 인간의 모습을 비유·우화·전설의 형식으로 노래한 것으로 유명하다. 루미의 시는 '페르시아어의 코란'으로 불린다.

_03 Hāfez-e Šīrāzī(1325~1389). 페르시아의 시인. 당대 최고의 서정시인으로 서구 문학에도 큰 영향을 끼쳤다. 특히 괴테가 하피즈의 시에 감명해 《서동시집》(West-östlicher Divan, 1819~1827)을 지은 것은 유명하다.

로야 하카키안

저는 산문이 우리에게 기회를 줬다고 봅니다. 가령 이렇게 말해준 거죠. 자, 좋아. 강렬한 감정도 괜찮지. 훌륭해. 그런데 잠깐 그걸 제쳐두고 예전에는 거들떠보지도 않은 방식으로 한번 해보자고.

◈ 선생님은 영어로 작품을 쓰실 때 작품의 구상을 이란어로 하십니까? 머릿속에서 무슨 일이 벌어지나요?

◈ 《거절의 땅에서 시작된 여정 : 혁명기 이란에서 보낸 소녀시절》의 초안을 처음 작성하고 편집자에게 보냈을 때는 주로 이란인의 머리로 글을 썼죠. 원고를 읽은 편집자가 일주일 뒤쯤 전화를 해왔는데 이렇게 말하더군요.

"로야 선생님, 매우 아름다운 글이네요. 그런데 무슨 말인지 잘 모르겠습니다."

저는 단번에 그 말이 비난이 아님을 알아차렸죠. 제가 시를 쓰듯이 그 원고를 썼던 겁니다. 시를 쓸 때는 마음껏 모호한 표현을 써도 되죠. 그러나 산문을 쓸 때는 마음껏 할 수 없습니다. 영어로 쓴다면 이란어로 쓸 때보다도 훨씬 더 자유가 허용되지 않습니다. 스트런크와 화이트_04에 따르면 영어를 쓸 경우에는 간단명료해야 하고, 가능한 한 간결해야 하니까요. 이란에서 산문을 쓸 때는 그리 권장되는 규칙이 아니죠. 우리는 가능한 한 복잡하고, 불분명하고, 다의적으로 표현하려고 애씁니다.

아무튼 저는 곧 제 정체성의 두 측면을 결합시켜야 한다는 걸 깨달

_04 미국의 두 작가 스트런크(William Strunk, Jr., 1869~1946)와 화이트(Elwyn Brooks White, 1899~1985)를 말한다. 스트런크와 화이크는 미국을 대표하는 영작 교본 《스타일의 요소》(The Elements of Style, 1918)를 공저했다.

았습니다. 이란인으로서의 정체성과 미국인으로서의 정체성을, 아름다운 은유를 만들고픈 욕구와 간단명료하고 간결하게 쓰고픈 욕구를 말입니다.

◈ 선생님은 유대인 학교에 다닐 당시 일어난 어느 사건을 책에서 언급하신 바 있습니다. 혁명이 일어난 바로 다음날, 근본주의적이고 전체주의적인 신임 여자 교장이 갑자기 부임한 사건 말입니다. 그 교장은 유월절 휴일이 취소됐다고 통보했죠. 그때 어린 혁명가였던 선생님은 혁명에 맞서는 혁명을 이끌어야 할 임무를 맡게 됐다고 하셨는데요, 좀더 말씀해주시죠.

◈ 제 생애를 통틀어 저는 그때 처음으로 이슬람교와 유대교의 대립을 체감했습니다. 왜냐하면 신임 교장이 부임한 이유는 전교생을 개종시키기 위해서였거든요. 유대인 여학생들을 이슬람교로 개종시키려는 목적을 갖고 부임했던 겁니다. 제가 유대인임을 깨달은 것도 그때가 처음이었습니다. 저는 저에 대해 다른 계획을 만들어놓은 채 저로 하여금 제가 하고 싶어하지 않는 일을 하게 만들려는 이란인 근본주의자가 있음을 깨달았습니다. 제게는 당시의 모든 상황이 한 편의 코미디였어요. 그리고 이란 혁명을 통해 배운 교훈, 즉 반란을 조직하라는 교훈을 직접 써 먹어볼 최초의 기회이기도 했습니다. 저는 반란을 계획한 이들 중 하나였고 유월절에 봉기를 일으켰습니다. 우리는 8일간의 휴일을 다 누리고 싶었죠. 그래서 봉기를 조직했고, 학교 창문을 몇 개 깨뜨렸고, 학교 밖에서 날뛰며 휴일 기간이 끝날 때까지 돌아가지 않았습니다.

그런 일이 있는 뒤 신임 교장은 가담자 모두를 조사해 파일을 만들었죠. 그 파일은 제가 이란을 떠난 12학년 때까지 계속 저를 따라다니며 괴롭혔습니다. 대가를 톡톡히 치러야 했습니다만 굉장한 경험이었죠.

🔷 혁명이 한창 중일 때 신진 작가가 된다는 건 어땠나요?

🔶 하루는 학교에서 돌아왔더니 아버님이 제 책이며 일기를 모조리 없애버리셨더라고요. 아버님을 용서하기까지 몇 년이나 걸렸던 건 아닙니다. 바로 다음날 용서해드렸죠. 이란 현대사에서 가장 위험했던 시기가 1981~85년이었는데, 사실 아버님은 저를 보호하려고 그러셨던 겁니다.

당시는 혁명 정국이 갓 시작되어 지금보다 훨씬 더 무자비하고 잔인했던 시절이었습니다. 그 체제는 존립기반이 굉장히 불안정했기 때문에 그 어떤 때보다도 훨씬 잔인하게 권력을 행사했습니다. 운동화를 신거나 안경을 쓰고 있으면, 뭐 안경이 박학다식함의 상징이기는 합니다만, 지식인층으로 간주해 감옥으로 끌려갔죠. 왜냐하면 지식인층이 거리로 쏟아져 나오는 걸 원치 않았기 때문입니다. 제가 살았던 시기가 이랬습니다.

사실 저는 제가 이제껏 써온 일기나 읽던 책을 계속 간직하고 있는 게 얼마나 위험한 일인지를 잘 알고 있었습니다. 그래서 조만간 누군가가 그것을 없애버릴 거라고 예상하고 있었죠. 혁명수비대가 집 안으로 들이닥쳐 제 물건을 찾아내든지, 아버님이 찾아내시든지 말입니다. 결국 아버님이 그렇게 하셨는데, 저는 혁명수비대가 아니라 아버님이 그렇게 하셔서 무척 기뻐했어요.

잘 아시겠지만 14살, 15살, 16살, 17살쯤에 이처럼 엄청난 일을 당하면 당연히 크나큰 정신적 충격에 빠질 겁니다. 그러나 운 좋게 제정신을 유지하고, 그 상황을 견뎌낼 능력을 잃지 않은 채 정신적 충격에서 벗어날 수 있다면 통찰력과 이해력을 가질 수 있게 되죠. 지금 돌이켜보면, 그 날의 사건은 이란에서 반복적으로 벌어지고, 일상적으로 볼 수 있는 일이었습니다. 당시 십대였던 저는 스스로의 기억을 철저하게 잊거나 지워야만 했던 일련의 경험을 끊임없이 목격했습니다. 그러나 저는 제

6. 예술을 통한 저항

자신과 거리를 둔 채 이렇게 물었습니다.

"이 상황을 어떻게 받아들여야 할까? 여기서 나는 무엇을 얻을 수 있을까?"

제가 좋아하던 책과 제가 썼던 글들이 모조리 불살라지는 광경을 보게 된 걸 비롯해 제가 그때까지 겪었던 모든 일에서 무엇을 얻을 수 있을지 저는 생각하고 생각했습니다. 그러고는 깨달았죠. 제가 그 당시에 남은 인생 내내 글을 쓰리라고 다짐하기도 했다는 걸 말입니다. 제가 본 진실이 어떠한 것이든 계속 얘기하겠노라고 말이죠. 어떤 점에서는 그때의 경험이 있었기에 계속 글을 쓸 수 있었던 겁니다.

◈ 당시에 그런 다짐을 끌어낼 수 있었던 원천은 무엇이었나요?

◈ 그건 제 상담치료사에게 물어봐야겠네요!

제 역할 모델을 꼽으라면 제가 사랑한 두 시인, 샴루와 포루흐 파로흐자드_05입니다. 저는 "이 두 분이였다면 이 상황에서 어떻게 했을까?"라고 자문해보곤 했죠. 대답은 항상 같았습니다. 그 분들이라면 삶의 경험을 아름답고 영원히 기억되도록 담아내셨을 거라고요. 저 역시 그 길을 가려고 했습니다.

◈ 선생님이 자유에 대해 뭐라고 말씀하실지 궁금합니다. 그리고 자신이 살던 고국을 떠나온 사람들이 이 자유를 어떻게 가꿔나갈 수 있다고 생각하시는지도 궁금하네요. 이란에서 갖가지 일을 겪으시고 미국에 계신 지금, 선생님에게 자유란 무

_05 Forugh Farrokhzād(1935~1967). 이란의 시인. 20세기 이란의 가장 영향력 있는 여류 시인으로서, 여성의 목소리를 전면에 내세운 논쟁적이고 우상파괴적인 작품으로 유명하다. 이란 혁명 직후 그녀의 시는 모두 판금됐다.

엇입니까?

◇ 음, 열여덟 살 때까지 제가 아는 사회라고는 이란밖에 없었습니다. 제가 주로 십대 시절에 겪은 사회, 혁명 직후 수립된 체제에 의해 잔인하게 지배당한 바로 그 사회 말입니다. 그러다 미국에 오게 됐는데, '자, 이제 나는 자유다'라는 것을 그 다음날 문득 실감하거나 하지는 않았죠. 정맥에 투여하는 진정제 주사를 느끼듯이, 또는 꿀꺽꿀꺽 마시는 음료수의 달달함을 느끼듯이 그렇게 자유를 느낄 수는 없습니다. 자유를 이해하기까지는 몇 년이 걸립니다. 자유에 대한 의식이 자리 잡죠. 제 경우에는 미국에 온 지 몇 년이 지나서야 이제 이란으로 돌아가더라도 예전처럼 살지는 못하겠구나라고 생각하게 됐습니다.

미국에 온 지 1년쯤 됐을 때 대학에서 한 남학생을 만났는데 그를 좋아하게 됐죠. 하루는 같이 길을 걷는데 제 손을 잡고 싶다고 그러더군요. 그런데 제 대답이 이랬습니다.

"손잡으면 안 돼. 우리는 길거리에 있다고."

그러자 그가 말하더군요.

"괜찮아. 여긴 뉴욕이야."

그런데 제가 다시, 손을 잡으면 연행될지도 모른다는 식으로 말했습니다. 그렇게 말하면서도 저는 그 말이 얼마나 어리석게 들릴지 잘 알고 있었어요. 맨해튼 거리에는 당연히 혁명수비대가 없다는 것을 머리로는 알면서도 감정적으로는 그 사실을 받아들이지 못했던 겁니다. 그로부터 몇 년이 지나서야 누군가 항상 저를 미행한다는 생각에서 벗어날 수 있었습니다. 이란으로 돌아가 예전처럼 살 수 없을 거라고 생각한 날, 저는 이렇게 생각하기도 했습니다. 이제 더 이상은 누군가가, 예컨대 AK-47 소총을 어깨에 멘 열일곱 살의 청년이 제 가방을 뒤지거나 몸수색을 하게 놔두는 일은 없을 거라고요. 그 날에서야 저는 온전한 자유의 의미를 어렴풋이나마 실감했습니다. 저는 가끔 엉뚱한 상상을 하기도 합니다. 1984년 8월의 어느 날 이란을 떠나는 비행기를 타지 않았다면 제 인생은 지금과는 굉장히 달라졌을 거라는 생각 말이죠.

지금 이란에는 불의가 넘쳐납니다. 물론 저는 이란뿐만 아니라 세계 도처에 존재하는 불의에 맞서야 할 책임이 우리 모두에게 있다고 생각합니다. 우리가 세계시민이라면 응당 해야 할 일 중의 하나가 바로 이것 아닐까요.

로야 하카키안

올리버 스톤(Oliver Stone, 1946~)은 영화제작자, 시나리오 작가, 감독으로 활동하고 있다. 〈살바도르〉(1986), 〈플래툰〉(1986), 〈7월 4일생〉(1989), 〈JFK〉(1991), 〈닉슨〉(1995), 〈하늘과 땅〉(1993) 등 스톤의 영화들은 어떤 의미에서 역사와의 대화이다. 강렬하고 도발적이며 진지한 이 영화들은 자기 정체성을 둘러싼 우리의 망상을 그대로 보여줌으로써 우리의 감각을 자극하고 상상력을 확장시킨다. 스톤은 아카데미상 후보로 열 차례 지명됐는데 〈미드나잇익스프레스〉(1978)로 각본상을, 〈7월 4일생〉과 〈플래툰〉으로 감독상을 수상했다. 베트남전쟁에 참전해 두 차례 부상당한 스톤은 상이군인훈장과 청동성장을 받았다.

| 올리버 스톤 | 1997년 4월 17일, 6월 27일

"삶을 견디며 살고 있는 사람이라면 누구나
결국엔 자신의 역사를 다뤄야 합니다. 공적인
역사와 상호작용하는 자신의 역사를요."

🎲 훌륭한 영화를 만드는 비결이 무엇이라고 보십니까?

⬦ 사실 아주 프랑켄슈타인적인 마술이 발생합니다. 영화감독은 프
랑켄슈타인 박사입니다. 훌륭한 감독이라면 말이죠. 영화감독은 화학약
품을 가지고 놀고 실험하며 그것들이 적절히 조합되는 지점, 즉 서로를
보완해주는 지점에서 일종의 상호작용을 이끌어내려고 노력합니다. 이
프랑켄슈타인 박사는 자신이 마련한 화학실험실에서 모든 사람이 최상
의 능력을 발휘하도록 만들어야 되죠. 최고의 촬영기사, 최고의 디자이
너, 최고의 배우, 최고의 각본. 그리고 어떤 실수가 필요합니다.

과학자는 모든 화학약품을 정량대로 사용하지 않으면 실험을 망쳐버
릴 수 있다고 생각합니다. 우리에게는 화학약품과 신체가 있지만 딱히
설명하기 힘든 전기불꽃, 그러니까 글루텐 덩어리를 생명체로 전환시켜
줄 전기불꽃이 있어야 합니다. 언제, 어디서, 어떤 각도와 방향에서, 아
니면 그저 우연으로 그 불꽃이 점화될지 안 될지, 그것이 생명을 꽃피우
기에 충분할 만큼 나올지 안 나올지 등등 영화를 만드는 데는 이런 마술
적인 것들이 필요하죠. 그러나 그 바탕에는 기본적으로 좋은 각본, 드라
마, 배역이 있어야 한다고 생각합니다.

신체와 화학약품으로는 다음과 같은 것들이 있습니다. 사회적 깊이,
자극적인 흥분, 열렬한 헌신, 위대한 정도는 아니더라도 잘 쓰인 각본,
너그럽지만 끈질긴 연출, 몸과 그림자 모두에 빛을 던져 완벽한 인간을

올리버 스톤

그려내는 조명, 누군가의 시선으로 보는 카메라, 태피스트리 속의 신, 형언하기 어려운 무언가를 각본에 덧붙인 뒤에 그렇게 덧붙인 것을 각본 밖으로 끄집어내서 관객들로 하여금 그들 삶 속의 사람들보다는 이 특별한 얼굴에 더 관심이 있다고 느끼게끔 만드는 배우들……. 그리고 등장하기에 딱 좋은 시간, 그 시간에 정확하게 등장하기 등도 있습니다. 이건 마케팅과 관련된 부분이기도 하지만 대체로 형용하기 어려운 어떤 시대정신의 순간, 다른 말로 하면 '운명'이기도 하죠. 모든 영화감독에게는 저마다의 운명이 있는데, 우수한 감독이라면 운명에 조응하는 몇 편의 영화를 만들어낼 수 있을 것입니다.

끝으로 무엇보다도, 영화는 자궁관을 거슬러 올라가 수정에 성공하는 정자 같은 것입니다. 말하자면 역경은 길지만 삶을 향한 열망이 강력하다면 어느 정도는 실현될 거라는 말입니다.

◈ 예술형식으로서 영화는 어떤 특이점을 가지고 있습니까?

◈ 영화는 편집을 통해 시간을 가로지를 수 있다는 점에서 특이합니다. 몽타주는 3차원적인 공간감과 엄청난 관능을 창조해낼 수 있습니다. 영화에는 전기(電氣) 같은 게 있어요. 저는 제가 감독할 수 있는 각본을 많이 써왔고, 그것이 어떻게 작동하는지 보면서 끊임없이 놀라워했기 때문에 이 사실을 깨달았죠. 종이 위에서는 제대로 작용했을 것들이 영화에서는 작용하지 않는 경우가 종종 있습니다. 모순처럼 들리겠지만, 때로는 종이 위에서 별로였던 것들이 영화에서는 굉장히 멋지게 드러나기도 하죠. 그것이 전기적인 것입니다. 제가 마술이라고 부르는 것들, 즉 배우의 표정이나 접촉의 관능성, 애무, 각도, 카메라가 어느 특정 순간에 잡아내는 빛 같은 것들이죠. 이런 것들이 아주 전기적이고, 격정적인 요소들입니다.

제가 늘 염두에 두는 것은 종이 위의 이야기를 읽는 데는 필시 어느

6. 예술을 통한 저항

정도의 시간이 소요된다는 점입니다. 이야기에는 길이가, 일종의 실질적인 시간이 필요합니다. 그러나 영화에는 시간에 대한 초월성이 있습니다. 제가 항상 경이로워하는 부분인데, 엄청난 압축이 있죠. 읽고 이해하기 위해 수 페이지가 소요되는 것도, 눈으로 본다면 이해하는 데는 정말로 기껏해야 30~60초밖에 걸리지 않습니다. 갑자기 당신은 역사의 현장에 존재하게 되기 때문입니다. 예컨대 〈마이클 콜린스〉(1996)를 보면 당신은 아일랜드에 있는 겁니다. 1920년대의 더블린으로 가 그들의 상황을 이해하게 되는 거죠. 당신은 모든 인류가 이와 비슷한 방식으로 투쟁해왔으며, 진정한 고전적인 진실이라는 게 있다는 것도 이해하게 됩니다.

영화는 삶의 리얼리티를 낙관적으로 보이도록 만드는 경향이 있습니다. 〈플래툰〉에 나오는 전쟁이든 〈불을 찾아서〉(1981)에 나오는 원시인들의 존재이든, 혹은 역사든 현실은 영화보다 훨씬 가혹하죠. 〈사계의 사나이〉(1966) 같은 경우도 겉보기엔 괜찮아 보이지만, 당시 사람들에게선 아마 지독한 악취가 났을 겁니다. 그들의 구취는 지독했고, 치과진료나 치료도 형편없었고, 사람들은 죽어나갔죠. 영화에는 나오지 않는 그런 종류의 온갖 것들이 있지요. 우리는 중세시대의 악취를 맡지 못합니다. 그리스를 예로 들어봐도 영화에서 그들의 관능성과 동성애가 정직하게 표현된 적은 결코 없죠. 당신은 대부분의 영화에서 이런 진실을 보지 못합니다. 스크린 뒤편까지 꿰뚫어보는 일은 굉장히 어렵습니다. 그러나 스크린이 살아 움직이는 순간 당신은 그렇게 할 수 있습니다.

바라건대 그리고 진정으로 믿건대 칼 융이 원초적인 무의식이라고 불렀던 것 안에서 우리 모두가 역사로부터 인지하는 순간들이 있습니다. 우리는 정말로 그것을 느낍니다. 인류가 지닌 집단무의식의 기억을요. 가령 우리를 위협하는 대상에게로 돌진할 때 우리 모두가 경험하는 공포를 생각해보세요. 공포는 아마도 포식동물이나 자신을 쫓는 거대한 도

올리버 스톤

마뱀에 대한 원시인들의 공포와 같을 것입니다. 스티븐 스필버그가 〈쥬라기 공원 2: 잃어버린 세계〉에서 멋지게 연결시켜 보여준 것이 어쩌면 이 사실일 겁니다.

우리 모두는 악몽을 꾸고, 정말로 소름끼치는 공포를 느낍니다. 제 악몽은 거대한 뱀이나 다른 생물체에게 잡아먹히는 것입니다. 어쩌면 저는 고대에 살았던 것도 같습니다. 어쨌든 저는 공포영화를 잘 보지 못합니다. 너무 쉽게 겁에 질려버리죠. 제 아들은 자신이 보는 그런 영화들 중 몇몇을 제가 보지 못하니까 놀라더군요. 아마도 그건 부분적으로는, 거대한 도마뱀에게 잡아먹히는 데 대한 두려움 때문일 겁니다.

◈ 때때로 특정 영화 속에 사람들이 기억하고 몇 번이고 다시 보고 싶어하는 장면들이 있는 건 왜 그럴까요?

◈ 영화에서는 일 초 동안, 한 프레임 안에서 무언가가 우리에게 성스럽거나 천재적인 느낌을 불러일으킬 수 있습니다. 그런 것이 바로 제가 생각하는 위대한 예술입니다. 잘 아시겠지만 그것은 아주 대단한 경험이 될 수 있죠. 그러나 어떤 형태로든 의식에 각인되지 않는다면, 제가 의미한 바대로 성공한 것은 아닙니다. 당신이 무언가를 파악하려고 열심히 노력하고 있는데 갑자기 20초짜리 장면이나 3분짜리 장면에서 그것이 완벽하게 이해된다면, 영화 속에서 일어난 그런 일들은 과연 뭐라고 해야 할까요? 바로 그것이 모든 사람이 기억하게 될 장면인 겁니다.

◈ 그런 위대한 장면에서도 사람들마다 각기 다른 것을 볼까요?

◈ 물론이죠. 장님과 코끼리 얘기처럼 말입니다. 저는 100만 개의 해석이 가능한 게 영화라고 생각합니다. 모두가 평론가이며, 평론가보다 더 잘 할 수도 있어요. 제 아버님은 이렇게 장난을 치곤 했습니다. 제가 어릴 적에 함께 영화를 볼 때마다 아버님은 이렇게 말씀하셨죠. "얘야,

6. 예술을 통한 저항

우리가 더 잘 만들 수 있겠다." 모든 사람이 각자의 마음속에서는 이미 영화감독인 것입니다.

사람들의 반응은 각기 다릅니다. 저는 제가 도저히 견딜 수 없는 영화를 보러가는 사람들을 만난 적이 있습니다. 심지어 그들은 제 영화를 열 번이나 봤다고 했습니다. 저는 모르겠지만, 그 영화에는 그들이 좋아하고 동일시하는 무언가가 있었던 것입니다. 그 반대도 마찬가지로 사실입니다. 그렇다면 영화평론이라는 것은 그것이 누구의 견해인가 하는 것에 따라서 위험한 것이 될 수도 있지 않을까요? 그러니 출처가 어딘지 유념해야 합니다. 또 우리는 영화의 '성취'나 '목적'을 인정한다는 측면에서 어떻게 영화를 평가할까요? 우리가 "이 영화에 관해서는, 나로선 영화의 목적에 동의할 수는 없지만, 이것이 바로 그 목적이라는 점과 영화감독이 이를 위해 노력하고 있다는 점은 인정할 수 있어"라고 말할까요? 제게는 이런 게 솔직한 비평으로 보입니다. "역겨워, 이건 끔찍한 주제야"라거나, "어느 누구도 이걸 보도록 허용해서는 안 돼"라고 말하는 것보다 말입니다. 실제로는 이런 식의 검열이 계속되고 있는데, 이건 진정한 비평이 아니죠.

◈ 영화를 볼 때 우리에게 어떤 일들이 일어나는 걸까요?

◈ 우리는 영화를 볼 때 분명 우리가 꿈꿔온 삶과 만난다고 생각합니다. 그게 아니라면 집단적으로 꿈꿔온 삶을요. 때때로 당신은 배우로부터 발산되는 어떤 아우라를 발견하거나 공감대를 느낍니다. 그래서 영화배우가 있는 거라고 생각합니다. 그들이 무슨 역을 맡든 문제가 되지 않습니다. 사람들은 단지 그들을 보고 싶어하지요. 여기엔 아마도 뭔가 근원적인 게 있습니다. 제가 말하고자 하는 것은 머리로 생각하기 이전에 존재하는 그 무엇, 삶을 꿈꾸는 인류의 두뇌 속에 존재하는 그 무엇입니다.

올리버 스톤

◆ 늘 궁금했던 건데, 베트남에서 겪은 경험 때문에 선생님은 역사를 재료로 영화를 만들 수밖에 없는 건가요?

◇ 삶을 견디며 살고 있는 사람이라면 누구나 결국엔 자신의 역사를 다뤄야 합니다. 그리고 자신의 역사는 때때로 공적 사건들과 상호작용하거나 반작용하죠. 제 삶을 생각해보면 종종 제 사적 영역은 공적 영역과 어느 정도 충돌해왔습니다. 제 삶을 되돌아봤을 때, 그 시대를 헤쳐 나가기 위해 저나 제 세대가 치러야만 했던 비용은 불필요한 것이었죠. 그 모든 것은 린든 B. 존슨과 리처드 닉슨 두 대통령이 편의적으로 내린 정치적 결단의 연속이었기 때문입니다. 그리고 그것은 우리의 인생행로와 시대를 영원히 바꿔놓았습니다.

잃은 것을 되찾기란 어렵습니다. 아마도 존 F. 케네디가 암살당하고 닉슨이 자기 배역과 온갖 사악한 계획을 수행하게 되자 우리가 그동안 지녀왔던 순수함을 잃어버렸기 때문일 겁니다. 이 모든 것이 지금 우리가 살아가는 방식을 만들어버렸고, 지금의 우리를 만들어버렸죠. 이 모든 것의 결과로 미국에서 벌어진 일들이 바로 우리의 삶이 되어버린 겁니다. 바로 이 점이 매혹적인 것입니다. 우리는 어떻게 하면 그것을 피할 수 있을까요? 역사적 시대에 관한 영화를 만듦으로써 피할 수 있습니다. 어떠한 사회적 상호작용도 없는 코미디를 만들 수도 있겠죠. 하지만 〈에이스 벤츄라〉 같은 영화조차도 경제적 계층을 설정합니다. 짐 캐리도 특정한 경제적 수준에서 존재해야 하기 때문입니다. 그에겐 결코 돈이 떨어지는 일이 없죠. 케이블 설치공-이일 때조차 말입니다. 어떤 영화든 늘 역사적 함의를 담고 있습니다.

_01 짐 캐리가 〈케이블 가이〉(1996)에서 맡은 역할을 지칭한다.

6. 예술을 통한 저항

🔷 〈플래툰〉과 〈7월 4일생〉에서 아주 놀라운 점은 그것이 두 대통령의 정치적 결단이 편의적이라는 것을 저 밑바닥에서 느꼈던 사람들, 군인들의 실제 경험담이라는 사실입니다. 이에 대해 말씀해주시겠어요?

◇ 제가 베트남에서 배운 가장 중요한 것 중 하나는 이겁니다. 우리의 의식이 고양될 때 비로소 알게 되는 일종의 지각된 삶이 있다는 것이죠. 대학생들은 그것을 알고 있습니다. 책에서 읽었죠. 그러나 그들의 생각은 그저 배운 것일 뿐입니다. 일종의 조건반사처럼 말이죠. 보병으로 있을 때 저는 정말이지 삶이 제 면전을 철썩철썩 때리는 걸 겪었어요. 전혀 머리로 안 게 아니었습니다. 눈앞 6인치 떨어진 곳에서 일어난 일이죠. 살아남아라! 그러려면 감각, 후각, 시각에 의존해야만 합니다. 모든 감각을 다 동원해야 하죠. 촉각까지요. 그렇게 되면 절대 원래대로 돌아올 수가 없게 됩니다. 결국 무엇이 삶에서 진정한 것이냐의 문제예요. 무엇이 진정한 감각인가? 당신이 당신인 것을 어떻게 정말로 느끼는가? 당신이 어떻게 살아 있는지, 무엇 때문에 여기에 있는지? 모두 소크라테스적인 질문들일 텐데, 이런 질문들을 스스로에게 던진 뒤 전장에 발을 들여놓는다면, '그들'이 말하는 것을 어떻게 다시 믿을 수 있겠습니까?

🔷 선생님은 관객들이 카타르시스를 느끼게 만드는 진입로로 고통과 괴로움을 기록한다고 생각하십니다. 선생님의 영화에서는 미국인들이 베트남이라는 트라우마를 경험하도록 만들기 위해서 그렇게 하시는데요.

◇ 잘 아시겠지만, 처음부터 그런 의도를 갖고 시작하는 건 아닙니다. 자신에게 진실한 것, 자신이 느끼고 알고 해석하는 방식을 보여줄 뿐이죠. 그러면 때로는 다른 이들이 열쇠를 찾아내 그 내용을 이해합니다. 그러나 많은 사람들이 제 영화를 보고 그것을 즐겼다거나 즐기지 않았다고 말할 뿐, 더 깊이 분석해 들어가지는 않습니다. "아주 감동적인 영화

었어요"라고 말하는 사람들도 있겠지만, 그들은 대체 어떤 감정이 자신들에게 영향을 끼쳤는지조차 이해하지 못할 수 있습니다. 예컨대 〈내츄럴 본 킬러〉(1994)는 사람들에게 대단히 부정적인 감정을 불러일으켰습니다. 하지만 저는 그것이 긍정적인 반응이나 똑같은 것이라고 생각했어요. 왜냐하면 그들이 영화를 보면서 계속 되풀이했을 그 감정을 표출한 것뿐이니까요. 〈7월 4일생〉을 보고 자신들이 바뀐 것 같은 느낌을 받아서 치유됐다고 말하는 사람들도 있었습니다. 정말인지는 잘 모르겠습니다. 그러나 영화는 정서적인 측면에 영향을 주고, 자신이 할 수 있는 걸 생각하게 만들죠. 이런 영화는 그리스 희곡 같습니다. 오래 지속될 그리스 화병의 조각 같기도 하죠. 영화도 오래 지속되길 바랍니다.

◈ 우리의 감정에 다가설 수 있는 영화감독으로서의 능력이 국가적 경험에 대해서 말할 수 있도록 해주는 건가요?

◉ 예, 그렇게 생각합니다. 대공황 시기에 프랭크 카프라의 영화가 그랬죠. 물론 당시에는 텔레비전이 없어서 사람들이 영화에 정말 관심이 많긴 했습니다만. 더 일찍이는 데이비드 와크 그리피스, 찰리 채플린 그리고 그들이 찾아낸 스타들이 그랬죠. 열망이 응답을 받은 겁니다. 그러나 어쩌면 많은 사람들이 그렇게 믿기를 바랐던 것일 수도 있죠. 경제적으로 힘든 시기에, 많은 사람들이 자유주의를 받아들인 시기에 그랬다는 건 흥미로운 일입니다. 그러나 그 뒤 카프라는 이 자유주의를 통제하지 못할까봐 두려워한 지배계급의 공포를 맹렬하게 다뤘죠. 이런 관점 때문에 늘 비판받긴 했지만, 전쟁이 끝난 뒤까지도 카프라는 사랑을 받았다고 생각합니다.

제2차 세계대전 이후에 카프라는 미국과의 관계를 끊었습니다. 어쩌면 닉슨과 매카시가 등장하면서 미국 스스로 자신과 단절한 것인지도 모르겠습니다. 아무튼 더 이상 카프라를 위한 장소는 없었어요. 흥미롭

6. 예술을 통한 저항

게도 1940년대에 카프라가 만든 걸작 영화 〈멋진 인생〉은 거의 1930년 대 영화 같습니다. 사람들이 서로를 돌봐줬던 시절의 낙관주의에 귀를 기울이는 그런 작품이었죠. 그러나 〈멋진 인생〉에 당시 사람들은 없었 습니다. 은행은 점점 거대해지고, 사람들의 삶을 사실상 파탄시켰죠.

◈ 어떻게 보면 선생님은 급진적이면서도 보수적입니다. 선생님의 영화들은 사 람들을 일깨워놓지만 그 목표는 공동체를 그 자체로, 원래의 진실된 모습으로 회복 시키는 데 있는 듯이 보입니다.

◈ 영화는 돈을 벌어야만 합니다. 흥미진진하고 확 끌리도록 만들어 보고 싶게끔 만들어야죠. 그런데 그렇게 만들기가 굉장히 어렵습니다. 텔레비전 보는 시간이 많아지고, 현대의 삶 자체가 너무 빨라져서일 겁 니다. 그렇다면 어떻게 이야기를 흥미롭게 들려줄 수 있을까요? 우선 강렬한 등장인물을 만들어서 사람들이 따라올 수 있도록 해야 합니다. 사람들이 알아볼 수 있는 사회적 상황을 배경 삼아 그 안에 녹아들 수 있으면 더할 나위 없겠죠. 저는 역사영화를 더 많이 만들고 싶지만, 그 럴 수 있을지는 잘 모르겠습니다. 제 인생의 판타지 중 하나는 카메라를 들고 과거로 돌아가는 겁니다. 그래서 알렉산더 대왕이 이란과 페르시 아를 지나 인도를 횡단하는 실제 출정을 영화화하는 것이죠. 장담하건 대, 만약 제가 그런 영화를 갖고 돌아와서 세상에 내놓으면, 진실을 왜 곡했다며 역사가들이 사방에서 저를 공격해댈 겁니다. 제가 보장하죠. 만약 제가 그곳에 다녀왔다면, 진짜로 그런 일이 벌어졌을 겁니다.

◈ 선생님이 사적인 이야기와 역사적인 이야기 사이에서 작업을 하시니 그 점에 대해서 얘길 해보죠. 〈닉슨〉을 보는 사람은 선생님이 들려주는 닉슨의 사적인 이야 기와 선생님이 창조하신 '닉슨'이라는 캐릭터 사이에서 영원히 문제에 빠질 수 있 습니다. 게다가 영화 속에는 나중에 틀린 것으로 입증될지 모를 역사적 '사실'도 있

죠. 훗날 선생님의 영화를 볼 관객들이 사적 이야기와 역사적 사실을 어떻게 구별하길 바랍니까?

◈ 제가 사실에서 완전히 틀렸다고 가정해보죠. 그리고 시간이 흐릅니다. 좋아요. 그러나 아시겠지만 저는 결코 역사를 제시한 적이 없습니다. 단지 '드라마틱한' 역사만을 제시하죠. 그렇게 딱지를 붙였습니다. 제겐 극작가로서 해석할 권리가 있습니다. 그리고 연구합니다. 조사하는 것은 제 의무이기도 합니다. 조사하고 연구한 것을 요약해 제가 할 수 있는 한 최선의 것을 만들어내는 것 역시 제 의무입니다. 어떤 시점에서는 해석하는 게 임무가 되기도 하죠. 그 다음에는 비공개 미팅으로 넘어가 대사를 만듭니다. 역사적 드라마의 구조를 창조해내는 겁니다. 그러고는 제 해석을 발표합니다. 제가 틀렸다고 해도 좋습니다. 그건 역사의 파편 중 일부가 될 것이고, 양자 간에 주고받는 것이 있을 겁니다. 아시다시피 영화는 2100년이 되도 드라마로서 있는 그대로 영향을 미칠 겁니다. 게다가 역사적 통찰력을 제시한다고 여겨질 수도 있겠죠. 하나님께 감사하게도, 윌리엄 셰익스피어의 희곡들은 역사극이라기보다는 희곡으로서 더 잘 전해져 내려왔습니다. 그렇지 않습니까? 그러나 오늘날 그것이 잘못됐다고 말할 수는 없을 겁니다.

◈ 어떤 사람들은 젊은이들이 역사를 알지도 못하고 역사책을 읽지도 않으면서 선생님의 영화를 보고 그 내용이 틀림없는 사실이라고 믿게 되는 데 우려를 표합니다.

◈ 늘 그런 얘기를 듣고 있습니다. 제게 그건 놀라우리만치 아주 얄팍한 주장일 뿐입니다. 왜냐하면 첫번째로 그런 주장은 교육계가 학생들과 함께 역사의식을 공유하는 데 완전히 실패했다는 것을 뜻하기 때문입니다. 그러나 두번째로, 영화는 언제나 제게 환영으로서 존재해왔습니다. 저는 영화를 늘 그런 식으로 받아들였죠. 어렸을 적에 저는 영

화를 영화 자체로 보고 즐겼습니다. 만약 제가 영화 내용을 믿었다면, 아마도 그에 대해서 더 많이 알고자 했을 겁니다. 〈아라비아의 로렌스〉를 보고 나서 저는 로렌스의 자서전인 《지혜의 일곱 기둥》을 샀습니다. 〈사계의 사나이〉를 봤을 땐 로버트 볼트의 원작 희곡을 읽었어요.

분석 그리고 그 분석에 대한 다른 견해는 매우 빨리 바뀌죠. 당신이 영화를 본 뒤 어떤 주제에 관심을 갖게 됐다면 그 주제에 대해서 더 많이 배우려고 하는 것은 당연한 일입니다. 그게 무엇이 됐든 당신이 누군가로 하여금 어떤 것에 관심을 갖게 하고 신나도록 만든다면, 그건 대단한 일입니다. 논쟁을 할 수 있도록 해주고, 정당한 질문을 던졌다고 칭찬을 받아야 할 일이죠.

지금까지 만들어진 모든 역사영화는 어떻게든 의문을 제기해왔습니다. 글을 몰라도 영화를 즐겨보는 사람은 대개 영화를 초고처럼 보는 경향이 있으며, 관련 자료를 읽으면서 자신의 인식을 심화시킬 것입니다. 그러니까 책은 또 다른 매체라는 겁니다. 책은 더 깊이 들어갈 수 있습니다. 그러나 책을 쓰는 사람이 영화를 만드는 사람보다 더 객관적이라고는 조금이라도 말하지 마십시오. 저는 그런 말을 믿지 않습니다. 너무도 많은 역사가들이 딴 속셈을 가지고 있으며 그들 자신의 인식과 주관, 경우에 따라서는 파벌에 의한 판단에 따르기 때문이죠. 언제나 그랬습니다. 어느 역사에나 끼워 넣기엔 너무나 많은 사실이 존재하기 때문에, 실상 모든 역사는 진실의 누락인 셈입니다. 대부분 역사가들은 책 모양새를 다듬고 분량을 조절하려고 생략해야만 하는 사실들을 신중히 골랐다고 하겠지만 말입니다.

저는 해석하기 위해서 역사를 공부합니다. 모든 것을 다 알고 있더라도 하나의 역사물 안에 포함시키기에는 너무도 많은 사실이 있습니다. 저는 역사가이자 극작가가 되려고 하는 게 아닙니다. 저는 극작가, 극적인 역사가, 그도 아니라면 역사를 극적으로 해석하는 사람이니까요.

올리버 스톤

◈ 정치에 대해서 말해보죠. 선생님의 정치철학을 어떻게 특징지을 수 있을까요?

◈ 정치에서 중요한 것은 우리가 각자의 삶을 살았다는 겁니다. 저라면 자신의 삶을 살았고, 다른 직업을 가졌고, 세상 밖으로 나와서 살아가면서 가족을 부양하려고 싸워온 사람, 삶 자체를 위해 싸워온 사람에게 투표할 겁니다. 요컨대 경험, 그것도 정직한 경험에 투표하겠다는 말입니다. 저는 늘 그런 타입의 지도자들을 편하게 느꼈어요. 그래서인지 로마의 정치철학도 편안하게 느끼죠. 그러나 빌 클린턴이나 닉슨 같은 직업정치인들에 대해서는 얼마간 우려를 하고 있습니다. 제 생각엔 경험이야말로 우리에게 자유주의와 보수주의의 조화를 가르쳐주기 때문입니다. 우리는 진보적인 동시에 기존의 가치를 계속 간직해야 합니다. 우리는 과거를 견지함과 동시에 미래를 향해 나아가야 합니다. 이것은 아주 까다로운 균형이죠. 그것이 바로 존재의 본성입니다. 저는 에드먼드 버크의 영향을 많이 받았어요. 그리고 저를 단순화하고 분류하고 싶어하는 사람들이 말하듯이 저는 골수 자유주의 좌파가 아닙니다. 저는 좌도 우도 믿지 않습니다. 자유주의와 보수주의도 믿지 않죠. 저는 오히려 그 둘을 다 믿습니다.

◈ 선생님은 '역사상의 위인들' 같은 이론에 동의하십니까?

◈ 망설여지는군요. 저는 등불 같은 리더가 있으며 그들이 나타나 앞장선다는 건 믿습니다. 에이브러햄 링컨이나 알렉산더 대왕 같은 사람이 존재하는 거죠. 율리우스 카이사르도 그렇고요. 그들은 그 당시에 꼭 맞는 사람들이었습니다. 가장 최근 사람으로는 샤를 드골이 떠오르는군요. 그러나 제가 살아오는 동안 만나본 정치인들 중에서라면 저는 단연코 케네디를 꼽고 싶습니다.

그러나 다른 한편으로는 존 스타인벡이 〈비바 자파타!〉의 시나리오에 쓴 말과 똑같은 생각을 갖고 있기도 합니다. 스타인벡은 인질로 잡거나

6. 예술을 통한 저항

살해해야 될 만큼 강한 리더는 어디에도 없다, 모든 사람은 자기 안에 리더를 갖고 있다고 썼습니다. 모든 사람에겐 힘이 있기 때문이라는 거죠. 게다가 스타인벡은 《분노의 포도》에서도 전 국토를 이동하는 모든 이들을 멈출 수는 없다는 주인공 톰 조드의 생각에 경의를 표했습니다. 멋진 말이라고 생각하는데, 저는 그 생각을 정말 좋아합니다.

◈ 선생님의 영화에 늘 등장하는 또 다른 존재가 있습니다. 〈닉슨〉 중 링컨기념관에서 어느 젊은 여성이 '야수'라고 부른 존재 말입니다. 저는 그것을 모든 것이 긴밀하게 밀착되어 있는 방식이자 사람들을 억눌러 마멸시키는 '시스템'이라고 생각합니다.

◈ 저 역시 '야수'가 본질적으로는 대문자 'S'로 시작되는 '시스템'이라고 봅니다. 시스템은 개인들을 무의미한 존재로, 알베르 카뮈가 말하는 하찮은 존재로 짓이겨버립니다. 그건 일종의 견제와 균형의 체제로서, 다음과 같은 것들에서 동력을 얻고 있죠. 자본과 시장의 권력, 국가권력과 행정권, 국가권력보다 더 거대할지도 모르는 기업의 권력, '시스템'에 인계되는 자본을 통한 정치과정이나 선거, 주로 현상을 유지하고 자신들의 소유권과 이해를 보호하는 마치 도베르만 같은 미디어.

저는 이것들 모두가 야수를 비호하고 있을 거라고 생각합니다.

◈ 지금까지의 짧은 대화를 통해 선생님은 그동안 해온 일, 예술가로서 맡은 역할을 말씀해주셨습니다. 선생님은 이야기꾼이며 어떤 면에서는 역사가이기도 합니다. 게다가 사회의 치유과정에도 관계하고 계십니다. 영화를 만드실 때, 예술가, 치유자, 역사가 같은 이런 역할들이 서로 충돌하진 않습니까?

◈ 그렇진 않습니다. 애초부터 우리는 그런 부족이었습니다. 안 그런가요? 동굴 주변에 사람들이 둘러앉으면 몇몇 사람이 얘기를 꺼냈을 겁니다. 호메로스도 그곳에 있었죠. 거기서 이런 엄청난 전쟁이 있었어,

하고 얘기했을 겁니다. 그 다음에는 그의 가족이 얘기하고요. 아마도 절반은 허튼소리였겠지만 말입니다. 그러나 그 이야기가 극화된 최초의 역사였기 때문에 역사책에 실렸겠죠. 소포클레스, 아이스킬로스, 유리피데스는 모두 그들이 살던 시대의 여러 왕과 통치자들을 해석했습니다. 소크라테스는 플라톤에 의해서 해석됐습니다. 그렇다면 우리는 어디서 선을 넘어야 할까요? 우리 최초의 역사는 어디에서부터일까요? 우리의 모든 역사는 논쟁을 겪어왔습니다. 일종의 해석 전쟁이죠. 지금 여기에 사실들이 그리고 메모들도 있습니다. 그러나 심지어 종이 위라 하더라도 사람들은 자신들이 쓰는 것에 매우 조심스러워합니다. 제 생각엔 역사가들이 그 점을 경시하는 것 같습니다. 역사가들은 허영과 허식에 굴복하기 마련이니까요.

◈ 이제껏 영화와 그밖에 것에 대해 나눈 모든 이야기를 감안할 때 영화감독의 사회적 역할 그리고 역사적 사료를 다루는 영화의 능력은 무엇이 되어야 할까요?

◈ 저는 뭔가 규정된 역할이 있다고 보지는 않습니다. 왜냐하면 규정된 역할은 의무를 부과하기 마련이고 영화감독들이 봉사를 한다거나 '반장' 역할을 해야 한다고는 생각하지 않기 때문입니다. 다른 사람들은 잘 모르겠지만 최소한 극작가들은 반항적이고, 시류를 거스르는 경향이 있습니다. 인디언 종족에서라면 거꾸로 걷는 사람의 역할이 될 수도 있겠군요. 샤머니즘의 용어에 '헤요카'라는 특별한 이름이 있는데, 이들은 자신들을 먼저 해방시키는 데 관심이 있으며, 그리고 나서는 다른 이들이 해방되도록 돕는 '성스러운 광대'입니다. 의식을 고양시키는 거죠. 대문자 A로 시작되는 권위를 공격하는 것은 단지 공격자나 반대자가 되는 것뿐만 아니라 그 자체로 긍정적인 작품을 창조하는 일이기도 합니다. 그게 창조적인 일이죠.

아버님은 늘 이렇게 말씀하시곤 했습니다. "그들에겐 이따위 학교가

6. 예술을 통한 저항

필요 없어. 그저 각자의 삶을 살아야만 한단다. 자기 목적을 달성하고, 나무 밑에 학교를 열고, 만약 누군가가 가서 그들에게 귀 기울이기를 원한다면, 그들이 그쪽으로 가서 귀를 기울이지. 그들은 그들 자신의 길을 찾을 거란다."

◈ 미래를 대비하려 할 때 영화가 어떤 역할을 할 수 있을까요?

◈ 영화는 정말로 창의적인 장치가 될 수 있습니다. 그것들은 영적인 삶, 고결한 이상 그리고 부정적이기도 하고 긍정적이기도 한 본보기를 일깨울 수도 있고, 이 사회를 움직일 패러다임을 불러일으킬 수도 있습니다. 말하자면, 영화는 단지 만화책인 것만이 아니라 거울이기도 하다는 것입니다. 저는 항상 삶이 어떤 영화보다도 훨씬 더 복잡하다고 생각하고 있습니다. 삶은 혼돈이지요.

저는 삶의 복잡성을 정말로 잘 포착해낼 극작가를 기다리고 있습니다. 위대한 영화일수록 그 수가 많지는 않겠죠. 극작품은 본래 한정된 것입니다. 우리의 삶은 길고 긴 세월입니다.

오에 겐자부로(大江健三郎, 1935~)는 장편, 단편, 평론, 정치 에세이 등 수많은 작품을 써왔으며 주요 문학 관련 국제 시상식을 모두 휩쓸었다. 문학과 인도주의의 대의 모두를 추구하는 겐자부로의 노력은 1994년 노벨문학상 수상을 통해 인정받은 바 있다. 《조용한 생활》(1990), 《만엔원년의 풋볼》(1967), 《히로시마 노트》(1965), 《개인적인 체험》(1964) 등의 작품을 통해 겐자부로는 삶의 비극에 직면한 개개인이 굴욕감과 수치심을 극복하고 "인생을 즐기게" 되는 과정, 이를 통해 개인의 존엄을 발견하고 동시대인에 대한 책임감을 새롭게 깨닫게 되는 과정을 담아내고 있다. 이로써 겐자부로의 작품은 개인적인 것에서 정치적인 것으로 나아가고 있다.

"너무 많이 희망하지도, 너무 많이
절망하지도 않으면서 우리가 할 수 있는 일을
하는 것, 이것이 오늘날의 휴머니즘입니다."

🎲 태어나고 자라신 곳은 어디입니까?

🎲 1935년 일본 군도의 자그마한 섬에서 태어났습니다. 이 점은 반드시 강조해야겠는데, 제가 여섯 살이 되던 해에 미국과 일본 사이에 전쟁이 시작됐습니다. 그리고 열 살이 됐을 때 전쟁이 끝났지요. 그래서 제 유년시절은 전시였습니다. 이 점이 아주 중요하지요.

🎲 가족 중에서 작가가 된 것은 선생님이 최초입니까?

🎲 아주 미묘한 질문이군요. 제 가족은 그곳에서 200년 이상 살았습니다. 제 선조들 중에는 저널리스트들이 많이 있었어요. 만약 그 분들이 출판하기를 원했다면 그 분들이야말로 최초의 작가가 됐을 수 있었을 거라 생각합니다. 그렇지만 불행하게도, 혹은 행운일지도 모르겠는데, 그 분들은 출판하지 않았고, 그래서 제가 제 글을 출판한 첫번째 사람이 됐습니다. 그러나 제 어머님은 항상 이렇게 말씀하셨죠. "우리 가족 중에 너 같은 이들은 언제나 같은 것만 쓰더구나."

🎲 젊었을 때는 어떤 책들을 읽었습니까?

🎲 아홉 살이 되기 전까진 책을 많이 읽지 않았습니다. 저는 할머니가 들려주시는 이야기에 푹 빠져 있었죠. 할머니는 제 가족과 제가 살던 지역에 관해서 거의 모든 것을 들려주셨을 겁니다. 그래서 이야기를 들

는 것만으로도 충분했지요. 당시에는 어떤 책도 필요 없었어요. 그런데 어느 날 할머니와 어머님이 뭔가 의논을 하셨습니다. 어머님은 아주 이른 아침에 일어나시더니 쌀 1킬로그램을 포장하고 숲을 가로질러 우리 섬의 작은 읍내에 가셨습니다. 그러고는 아주 늦은 밤에 돌아오셨죠. 어머님은 제 여동생에게 작은 인형을 주었고, 제 남동생에게는 작은 떡을 줬습니다. 그러곤 두 권의 책을 꺼내셨죠. 두꺼운 책이 두 권이었습니다. 저는 마크 트웨인의 《허클베리 핀》을 발견했습니다. 저는 마크 트웨인이나 톰 소여, 허클베리 핀 같은 이름을 몰랐지만 어머님이 말씀하셨습니다. 이것이 저와 어머니가 문학에 대해서 나눈 첫 대화이자 거의 마지막 대화입니다. "이것은 아이나 어른 모두에게 최고의 소설이야. 네 아버지가 그렇게 말씀하셨지." 제 아버님이 돌아가시기 바로 전 해였습니다. "이 책을 네게 주려고 샀단다. 하지만 쌀을 가지고 물물교환을 한 여자가 이렇게 말하더구나. '조심하세요. 그 작가는 미국인이에요. 지금은 미국과 일본이 전쟁 중이잖아요. 선생님이 아들한테서 책을 빼앗을 거예요. 그러니 만약 선생님이 이 책의 작가가 누구냐고 묻는다면, 반드시 마크 트웨인이 독일 작가의 필명이라고 대답해야 한다고 말해주세요.'"

◈ 선생님의 노벨문학상 수상소감에 따르면 《닐스의 대모험》도 읽으셨더군요.
◈ 예, 아주 유명한 스웨덴의 여성작가 셀마 라게를뢰프가 그 책을 썼지요. 스웨덴의 아이들이 자기 나라의 지도를 공부하게 만들려고 쓴 책입니다. 책 속에서는 장난꾸러기 난쟁이 소년이 작은 거위의 등에 타고 스웨덴 곳곳을 여행합니다.

◈ 특히 한 문구가 선생님의 눈에 띄었다고 말하셨습니다. 책 속의 꼬마 방랑자가 집에 돌아왔을 때 한 말이었죠. "제가 다시 인간이 됐어요."

6. 예술을 통한 저항

◇ 예, 주인공은 요정의 마법에 걸려서 아주 작은 소년이 된 상태였죠. 소년은 다시 보통 크기의 인간으로 돌아갈 가능성을 믿지 않았어요. 소년은 집에 돌아와 조심조심 부엌으로 들어가는데, 그때 아버지에게 발견됩니다. 그러자 아주 친절하고 인간적인 열정이 주인공에게서 생기죠. 그러고는 아주 자연스럽게 보통 남자아이 크기로 자랍니다. 그러자 이렇게 소리치죠. "오, 엄마, 제가 다시 인간이 됐어요."

그 이야기는 제게도 매우 중요합니다. 그래서 제 유년시절엔 단지 두 권의 책만이 소중했고, 저는 그 책들을 읽고 또 읽었어요. 저는 그 두 권의 책에 있는 모든 말을 거의 다 기억합니다.

◐ 선생님은 스스로를 주변부 작가라고 불러왔습니다. 어느 정도는 선생님의 출신과 관련 있는데, 그것 이상을 의미하고 있는 것 같기도 합니다. 선생님이 뜻하는 바가 무엇인지 설명해주시기 바랍니다.

◇ 저는 그 자체가 아시아의 주변부인 일본의 작은 섬에서 태어났습니다. 이 점은 아주 중요합니다. 우리의 아주 뛰어난 동료들은 일본이 아시아의 중심이라고 믿고 있습니다. 그들은 은밀하게 일본이 세계의 중심이라고 생각하고 있어요. 저는 언제나 제가 주변부 작가라고 말하고 다닙니다. 주변부 구역, 아시아의 주변부 일본, 이 행성의 주변부 나라. 저는 자부심을 가지고 이렇게 말합니다. 문학은 주변부에서 중심부를 향해 쓰여야만 하며, 우리는 그 중심부를 비판할 수 있어야 합니다. 우리의 신념, 우리의 주제, 혹은 우리의 상상력은 주변부적인 인간 존재의 것입니다. 중심부에 위치한 인간은 아무것도 쓸 것이 없습니다. 주변부에서야 우리는 인간에 대한 이야기를 쓸 수 있고, 이런 이야기가 중심부의 인간성을 표현해낼 수 있는 겁니다. 그래서 제가 '주변부'라는 말을 쓸 때, 이것은 제 가장 중요한 신념인 것입니다.

오에 겐자부로

◆ 《회복하는 가족》(1995)에서 당신은 미국의 작가 메어리 플래너리 오코너가 소설가들의 습관, 즉 축적된 행위에 대해 말한 것을 인용합니다. 그게 뭐죠?

◇ 우선 '습관'이라는 단어는 예술가들에게 그리 좋은 단어가 아닙니다. 그래서 저는 '습관'이라는 단어를 오코너가 사용한 의미에 따라서 정확하게 사용해야만 했습니다.

'습관'은 이런 것입니다. 작가로서 저는 10년 혹은 30년 동안 매일 글을 써왔는데, 그러자 작가의 습관이란 게 점점 생겨버렸습니다. 저는 그것을 의식하지 못합니다. 혹은 의식하지 않을 수 없습니다. 어쨌든 저는 저를 작가로서 다시 태어나게 해준 습관을 갖게 됐죠. 그래서 제가 단한 번도 겪어보지 못한 위기에 빠져 있음을 깨닫게 된다면, 저는 습관의 힘에 따라 뭔가를 쓰거나 해서 다시 태어날 수 있을 겁니다.

심지어 군인, 농부, 어부도 살아가면서 엄청난 위기에 맞닥뜨렸을 때 자기 자신이 지닌 습관의 힘에 의해 다시 태어날 수 있습니다. 우리가 인간이 되는 습관을 만들어낸다면 우리는 태어나고 또 다시 태어날 수 있습니다. 그렇다면 우리는 예전에 겪어보지 못한 위기조차 대면할 수 있을 거라고 생각합니다. 이것이 오코너의 견해인데 저는 오코너의 충실한 학생이죠.

◆ 아드님의 출생이 작가로서 선생님의 목소리를 찾는 데 전환점이셨죠. 선생님은 이렇게 썼습니다. "24년 전 나의 첫 아들이 뇌 손상을 입은 채 태어났다. 말 그대로 엄청난 충격이었다. 그러나 작가로서 나는 그 사실을 인정해야만 했다. 내 경력의 상당 부분을 통틀어 시종일관 내 작품의 핵심 주제는 나의 가족이 이 장애를 가진 아이와 함께 살아온 삶의 방식이 됐다."

◇ 제가 스물여덟 살일 때 아들이 태어났습니다. 당시 저는 프랑스 문학을 공부하는 학생이었고, 일본 문단에서는 꽤 알려진 작가였죠. 저는 장-폴 사르트르나 모리스 메를로-퐁티의 목소리를 빌려 얘기하고 있

었습니다. 저는 늘 이들의 작품에 대한 얘기하고 있었죠. 그런데 제 아들이 뇌에 심각한 손상을 입은 채 태어났다는 것을 알게 된 어느 날 밤, 저는 뭔가 격려될 만한 걸 찾게 됐고, 그래서 제 책을 읽고 싶어졌습니다. 제가 처음으로 제 책을 읽은 게 그때입니다. 이 책은 그때까지 제가 쓴 유일한 단행본이기도 했죠. 아무튼 며칠이 지나자 저는 제 책을 통해서는 제 자신을 격려할 수 없다는 걸 깨달았습니다. 즉, 제 작품이 어느 누구도 격려할 수 없다는 걸 알게 된 거죠. 그래서 생각했습니다. "난 아무것도 아니야, 내 책도." 저는 아주 깊은 절망에 빠져버렸습니다.

그때 일본에서 정치 잡지를 편집하던 기자 한 분이 원자폭탄이 투하된 곳인 히로시마에 가보지 않겠느냐고 물어왔습니다. 그 해[1963년]는 히로시마에서 반핵운동 단체가 회의를 가졌던 평화운동의 해였습니다. 회의 중에 중국 단체들과 러시아 단체들이 크게 싸웠는데, 저는 그곳에서 유일한 독립 저널리스트였습니다. 그래서 저는 그 둘 다를 비판했습니다.

저는 히로시마 원폭 생존자들을 위한 병원을 찾았는데, 거기서 아주 훌륭한 시게토 후미오 박사를 알게 됐습니다. 병원에서 시게토 박사나 환자들과 대화하면서 저는 뭔가 저를 격려한다는 것을 점차 알게 됐어요. 그래서 그 느낌을 좀더 뒤좇길 바랐죠. 도쿄로 돌아와서는 새로 태어난 제 아들이 있는 병원으로 갔습니다. 의사들에게 제 아들을 구할 수 있는 방법을 물어봤어요. 그러고 나서 히로시마에 대한 이야기를 쓰기 시작했습니다. 그리고 이것이 제 인생의 전환점이 됐어요. 일종의, 제 자신의 재탄생이었던 겁니다.

⬙ 선생님 자신의 비극을 다른 식으로 대하게 만든 게 있었던 겁니까?

⬗ 그렇습니다. 시게토 박사가 제게 말했죠. "우리는 생존자들을 위해 할 수 있는 게 아무것도 없습니다. 심지어 지금도 생존자들이 겪고

있는 병의 특성에 대해 아무것도 알지 못합니다. 폭탄이 투하된 직후나 지금이나 우리는 아는 게 아무것도 없어요. 하지만 우리는 우리가 할 수 있는 일을 했습니다. 매일 천 명의 사람들이 죽어나가지만, 저는 죽은 시체들 가운데서도 계속할 겁니다. 겐자부로 씨, 사람들에게 우리의 도움이 필요한데 제가 그들을 돕는 것 외에 무엇을 할 수 있겠습니까? 지금 당신의 아들에게는 당신이 필요합니다. 이 행성에 당신 아들 말고는 당신을 필요로 하는 사람이 아무도 없다는 걸 깨달아야만 합니다." 그러자 저는 이해가 됐습니다. 저는 도쿄로 돌아와 제 아들, 제 자신, 제 아내를 위해 뭔가를 하기 시작했습니다.

◈ 장애를 지닌 아드님의 탄생에 관한 소설은 《개인적인 체험》으로, 히로시마에 대한 글들은 《히로시마 노트》로 나왔습니다. 훗날 선생님은 이렇게 말하셨죠. "머릿속 상상으로 원폭으로 인한 재앙을 뒤좇을 때, 히로시마의 의사들은 자신들을 너무나도 사로잡아버린 지옥의 깊이를 한층 더 깊이, 뚜렷이 보려고 애쓰고 있었다. 자신과 타인을 향한 이런 이중의 관심과 염려 속에는 페이소스가 있다. 그러나 그것은 단지 우리가 느끼고 있는 성실성과 진정성을 증가시킬 뿐이다." 선생님은 의사들의 이런 이중성을 봄으로써 소설 속의 주인공인 버드가 가진 딜레마의 복잡성을 깨닫는 데 도움을 받았다고 말하고 있습니다.

◈ 예. 그때까지 제가 다룬 작은 주제는 인간의 이중성 혹은 양가성이었습니다. 프랑스 실존주의의 개념이죠. 저는 진정한 이중성을 발견했고 어떻게 하면 제가 소위 말하는 진정한 상태가 될 수 있을까 생각했습니다. 그러나 '진정성'이라는 단어는 제 경우엔 딱 맞지 않는 것이었습니다. 저는 사르트르의 단어를 사용했습니다만, 지금이라면 다른 단어를 사용하고 싶군요. 그건 아주 간단합니다. 저는 완전히 올바른 사람이 되고 싶었습니다. 아일랜드 시인인 예이츠는 자신의 시에서 이렇게 말했죠. "똑바로 서 있는 저 젊은이." 똑바름, 정립. 제가 되고 싶은 건

6. 예술을 통한 저항

이런 젊은이였지만, 그때 저는 '진정한'이라는 단어를 사용했죠.

◆ 라이오넬 트릴링은 자신의 감정에 고백하는 것이 작가가 할 수 있는 가장 용기 있고 가치 있는 일 중의 하나라고 썼습니다. 바로 선생님이 《개인적인 체험》에서 한 일 말입니다.

◇ 전 그렇게 하고 싶었습니다. 당시에 저는 올바른 사람이 된다는 것의 가치를 전혀 몰랐죠. 저는 제가 반드시 제 자신에 대해서 써야만 한다고 느꼈습니다. 그렇게 하지 못할 이유가 있나요? 만약 제가 그렇게 하지 않는다면, 저는 다시 태어날 수 없고 제 아들도 다시 태어날 수 없다고 느꼈죠. 그래서 바닷가에 갔을 때 저는 제 자신과 제 아들을 구해내기로 결심했습니다. 그래서 그 책을 썼다고 생각합니다.

◆ 선생님의 아드님은 작곡가가 됐습니다. 선생님의 부인, 아이들 그리고 선생님 자신까지, 선생님의 가족은 장애를 지닌 아드님을 계속 돌보면서 아드님의 소통할 수 있는 능력을 확인하셨죠. 어떻게 그런 능력을 발견하게 됐는지 말씀해주세요.

◇ 네 살인가 다섯 살 때까지 제 아들은 우리와 소통하기 위해서 아무것도 한 게 없습니다. 우리는 아들이 가족의식을 가질 수 없다고 생각했죠. 그래서 제 아들은 풀밭 속의 조약돌처럼 아주, 아주, 고독해 보였습니다. 그런데 어느 날, 라디오에서 들려오는 새 소리에 관심을 보이더군요. 그래서 저는 일본의 야생새 소리가 녹음된 디스크를 사왔죠. 저는 50종류의 새를 골라 새소리를 테이프에 녹음했습니다. 새소리가 나오면, 여자 성우가 아주 따분한 목소리로 새의 이름을 말해주었습니다. "타다-다다" 그러고 나선 "나이팅게일." "타다-다" "참새." "저것은 나이팅게일이고, 이것은 참새입니다." 우리는 3년 동안 그 테이프를 계속 들었습니다. 그 3년 동안, 우리가 새의 노래 소리를 틀 때면, 제 아들은 아주 조용해졌습니다. 그래서 제 아들을 조용하게 만들려면 그것이 필

오에 겐자부로

요했습니다. 제 아내도 자기 일을 해야만 했고, 저도 제 일을 해야만 했으니까요. 그래서 우리 세 사람은 새소리와 함께 살게 됐던 겁니다.

아들이 여덟 살이 되던 해의 여름날, 우리는 산장에 갔습니다. 제 아내가 집을 청소하는 동안 저는 아들을 어깨에 태우고 작은 숲을 산책하고 있었죠. 근처에는 작은 호수도 있었습니다. 한 쌍의 새가 노래를 시작했습니다. 갑자기, 분명하고 단조로운 목소리가 들렸습니다. "이것은 흰눈썹뜸부기입니다." 그때 저는 충격을 받았습니다. 숲 속에는 정적만 흘렀습니다. 우리는 5분간 아무 말 없이 있었고, 저는 머릿속으로 뭔가를 위해 기도를 했습니다. "이게 나의 환상이나 꿈이 아니라면, 제발, 새가 한 번 더 울어주길, 제발 우리 아들이 한 번 더 말을 하길." 5분쯤 지나니까 그 새의 짝이 울었습니다. 그러자 제 아들이 말했죠. "이것은 흰눈썹뜸부기입니다." 저는 아들과 함께 집으로 돌아와서 제 아내에게 말했습니다.

오랫동안 우리는 그 다음 목소리를 기다렸습니다. 그러나 그날 밤에는 아무런 목소리도 들을 수 없었죠. 우리는 잠을 자지 않았습니다. 그러나 다음날 아침 일찍 작은 참새 한 마리가 우리 집 창문 앞에 있는 작은 나무에 왔습니다. 그 새가 작게 지저귀었고, 제 아들이 말했습니다. "이것은 참새입니다." 그로부터 모든 것이 시작됐습니다. 우리가 새소리를 틀면 아들이 대답할 것이었습니다. 우리는 새소리를 더 많이 녹음했습니다. 심지어 미국과 유럽에 있는 새들까지도. 제 아들은 두세 번들어본 새의 이름을 매우 조용하게 그리고 정확하게 대답했습니다. 우리는 그 단어로 소통하기 시작했죠.

"푸짱." 제 아들을 《곰돌이 푸》의 주인공에서 따와 '푸짱'이라는 애칭으로 불렀죠. "이 새는 뭐지?" 아들은 제가 테이프를 재생시킨 다음에 대답했습니다. "참새." "푸짱, 너 뭘 듣고 싶니?" 그러면 잠깐 생각하고 말했죠. "흰눈썹뜸부기." "나이팅게일." 그러면 저는 그것을 재생시켰습

6. 예술을 통한 저항

니다.

그렇게 우리는 소통하기 시작했고, 제 아들은 정신지체아들을 위한 학교에 입학했습니다. 그들은 항상 헨델이나 바흐의 FM방송을 틀어놓았습니다. 그러자 제 아들은 음악을 듣기 시작했습니다. 음악에 관심을 갖게 된 뒤부터 아들은 갑자기 거의 모든 새소리 이름을 잊어버렸습니다. 제 아들이 열여섯 살이 됐을 때 아주 강한 발작을 일으켰고 두 눈의 시력을 잃어버렸습니다. 각각의 눈을 통해서는 볼 수 있지만, 양쪽 눈을 통해서는 볼 수 없었죠. 그래서 피아노나 악보를 볼 수도 없었습니다. 음들이 계속 틀리자 아들은 무척 거북해했죠. 그래서 피아노를 포기했고 애 엄마가 작곡하는 법을 가르쳤습니다. 5주 만에 아들은 바흐의 음악을 연필로 적을 수 있게 되더군요. 처음에는 아주 간단한 음악이었습니다. 그러다가 일 년 만에 혼자서 음악을 작곡하기 시작했습니다.

◈ 이곳 버클리 캠퍼스 텔레그래프 애비뉴에 가면 아드님이 낸 두 장의 CD를 살 수 있어요.

◈ 예. 타워레코드에서 아르헨티나의 탱고음악가 아스토르 피아솔라의 CD 몇 장을 샀는데, 그 레코드가게에 제 아들의 CD 두 장이 있더군요. 오늘 아침에 들어봤습니다.

◈ 아드님은 닐스의 꿈을 실현한 것 같습니다. 새의 날개 위에 올라타서, 아니 아드님의 경우엔 새소리를 타고 날아가는.

◈ 예, 닐스처럼 새한테서 배웠을 뿐만 아니라 "그래, 나는 인간이야, 나는 사람이라구"라고 말할 수도 있게 됐죠. 제 아들의 CD를 옆에 둔 채 저는 생각했습니다. "나는 인간이야."

◈ 《회복하는 가족》에서 선생님은 아드님이 음악을 통해 스스로를 표현하는 모

습을 보여줬다고 쓰고 있습니다. "치유하는 힘, 마음을 고치는 힘." 이어서 이렇게 말하셨죠. "비록 우리가 절망, 즉 통과해야만 하는 영혼의 검은 밤을 알게 된다고 하더라도 우리는 우리가 창조하는 음악이나 문학 속에서 실제로 그 절망을 표현함으로써 우리가 치유될 수 있고 회복의 기쁨을 알 수 있게 된다는 사실을 발견한다. 그리고 고통과 회복의 경험이 연관된 이런 경험이 하나하나 층층이 덧붙여짐에 따라서 예술가의 작품이 풍성해질 뿐만 아니라 그것의 혜택 역시 다른 이들과 함께 나누게 된다."

◈ 거기 제 의견에 약간 좀 덧붙이려고 합니다. 그 에세이를 쓰고 나서 저는 많은 지적을 받았어요. 비평가들은 이렇게 말하더군요. "오에가 이제는 굉장히 보수적이 되어버렸다. 아주 조용한 사람이 되어버린 셈이다. 오에는 아들의 음악이 자신을 치유했고, 그 CD 덕택에 자신이 치유될 수 있었다고 한다. 이는 매우 부정적이자 매우 보수적이다." 저는 여기에 답해야겠습니다. 저는 일본어로 '치유되다'라고 말하지 않았습니다. '치유하다'라는 동사는 능동태로 쓰여야만 합니다. 저는 제 자신을 치유했습니다. 인간은 뭔가에 의해서 치유됩니다. 그것은 인간의 아주 긍정적인 행위인 것입니다. 아들의 음악을 들을 때 저는 수동적인 행위를 일절 겪지 않습니다. 저는 제가 아들과 함께 뭔가 능동적인 일을 하고 있다고 느꼈어요. 우리는 같은 방향을 바라봤죠. 그래서 누군가가 제 아들의 음악을 듣고 치유됐다고 느낀다면, 저는 그 사람이 제 아들과 같은 장소를 바라보고 있다고 믿을 것입니다. 그는 제 아들과 함께 자신을 적극적으로 치유하고 있는 겁니다.

아들의 음악은 제 문학의 모델입니다. 저는 그런 것을 하고 싶습니다.

◈ 선생님은 작가가 주제를 정한다고 보십니까, 아니면 우연히 찾아온다고 보십니까?

◈ 나딘 고디머는 우리가 주제, 상황, 이야기를 선택하지 않는다고

썼습니다. 주제가 우리를 고르는 것이고, 그것이 작가의 목표라는 겁니다. 때와 날들이 우리를 작가로 선택해줍니다. 우리는 우리 시대의 요구에 응답해야만 합니다. 제 경험상 저 또한 고디머와 같은 말을 할 수 있겠군요. 저는 장애아들의 이야기를 선택하지 않았고, 우리는 장애소년의 가족에 관한 주제를 선택하지 않았습니다. 저는 가능하다면 그로부터 도망가고 싶었지만, 뭔가가 그것을 쓰도록 저를 선택했습니다. 제 아들이 저를 선택했습니다. 이것이 제가 계속해서 글을 쓰는 분명한 이유 중의 하나입니다.

◈ 선생님은 또 다른 에세이에서 이렇게 썼습니다. "내 글쓰기의 기본 스타일은 내 개인적인 문제로부터 시작해 그것을 사회와 국가, 세계에 연결시키는 것이다."

◇ 저는 저 자신과 제 가족을 사회나 우주와 연관시키기 위해서 작품 활동을 하고 있다고 생각합니다. 저를 제 가족이나 우주와 연관시키는 것은 쉽습니다. 모든 문학은 어느 정도 신비한 경향이 있으니까요. 그래서 우리 가족에 관해 쓸 때 우리는 우리 스스로를 우주에 연결시킬 수 있습니다. 그러나 전 제 자신과 제 가족을 사회와 연결시키고 싶었습니다. 우리가 스스로를 사회에 연결시키면, 우리는 아주 사적인 얘기를 쓰는 게 아니라 하나의 독립된 소설을 쓰는 게 됩니다.

◈ 《회복하는 가족》에서 선생님은 이렇게도 말했습니다. 장애아를 가족의 활발한 구성원으로 만들면서 얻은 교훈은 사회가 장애인들을 어떤 식으로 대해야만 하는가, 그들로부터 어떻게 배워야 하는가를 보여주는 사례였다고 말입니다. 본질적으로 치유하는 가족을 창조함으로써 치유하는 사회를 만들 수 있다는 거죠.

◇ 그렇습니다. 저는 그렇게 되기를 바랍니다. 그러나 장애아 가족의 역할이 강조되는 것은 원하지 않습니다. 저는 개인을 강조하고 싶지 않습니다. 개별 가족이 사회에 연관되면 늘 사회적 가치를 지니게 됩니다.

그렇지 않다면 우리는 우리가 겪은 지극히 사적인 문제에 대해서만 쓸 수 있을 뿐입니다. 제가 제 아들에 관한 첫 소설의 제목을 《개인적인 체험》이라고 붙였을 때, 저는 제가 가장 중요한 것을 알고 있었다고 생각합니다. 사적인 체험이란 아무것도 없다는 겁니다. 우리는 우리 자신, 우리의 '개인적 체험'과 사회 사이의 연관을 찾아야만 합니다.

◈ 일본 작가들이 일본에 관한 기존의 이야기들에 덧붙일 필요가 있는 건 무엇입니까?

◉ 패전 직후 일본에서 우리는 진실로 새로운 국가적 태도를 창조하고 싶었습니다. 수년간 우리는 민주주의, 민주적인 사람들, 민주적인 국가를 창조하고 싶어했죠. 제가 보기엔 이제 포기한 것 같습니다. 50년이 지났습니다. 이제 일본에 반민주주의적인 기운이 있습니다. 그래서 오늘날 저는 아주 양가적인 느낌을 받습니다. 민족주의의 위험한 기운이 우리 사회 속으로 불어들고 있습니다. 그래서 지금 저는 이런 경향을 비판하고 싶고, 일본 사회에 파시즘이 발전하는 것을 막기 위해 무엇이든 하고 싶습니다.

◈ 선생님의 소설과 선생님이 주목하는 인간적인 주제들이 파시즘의 가능성을 줄이도록 사람들의 사고방식에 기여할 수도 있을까요?

◉ 제가 히로시마에 있을 때, 시게토 박사가 말했습니다. "아무것도 할 수 없다고 생각할 때 무엇이든 해야죠." 만약 젊은 지식인들에게 영향을 미칠 힘이 제게 있다면, 우리는 다른 권력을 조직할 수 있다고 말하렵니다. 왜냐하면 지금의 위기는 일본에 퍼진 무의식적인 초민족주의적 감정에서 비롯된 것이기 때문입니다. 아주 거대한 감정, 분위기죠. 만약 우리가 이에 대해 자세하게 쓴다면, 만약 우리가 그것을 공격한다면, 그땐 젊은 지식인들이 이런 감정에 대해 자각할 수 있게 될 것입니

6. 예술을 통한 저항

다. 처음에는 이것이 매우 중요하죠. 저는 일본의 젊은이들, 젊은 지식인들에게 현실을 직면하라고 요구하고 싶습니다.

🔹 선생님의 몇몇 작품은 젊은이들에게 초점을 맞추고 있습니다. 예를 들어 《나쁜 싹은 어릴 때 제거하라》(1958)는 어떤 가치도 없이 황폐화된 마을에 살고 있는 젊은 깡패들 이야기입니다. 우리의 세계관을 형성하는 데 있어서 젊은이들이 맡아야 할 특별한 역할 같은 게 있을까요?

🔹 새로 발표한 소설[01]의 마지막에서 제 주인공은 기독교식도, 불교식도 아니지만, 집합해 있는 젊은이들의 영혼을 위해 뭔가를 할 수 있는 새로운 자비를 만들어내려고 합니다. 어느 날 리더가 사람들 앞에서 성경의 에베소서를 읽습니다. 거기엔 두 단어가 있습니다. "새로운 인간." 예수 그리스도가 십자가 위에서 새로운 인간이 됩니다. 우리는 노인들의 오래된 코트를 벗어버려야만 합니다. 우리는 새로운 인간이 되어야만 합니다. 오직 새로운 인간만이 뭔가를 할 수 있으니, 당신은 반드시 새로운 인간이 되어야 합니다. 제 주인공은 미래에 대한 계획이 없지만, 우리가 새로운 인간을 창조해야만 한다는 것을 믿습니다. 젊은이들은 반드시 새로운 인간이 되어야 합니다. 노인들은 새로운 인간을 창조하는 일을 중재해야 합니다. 그것이 제 신념입니다. 저는 항상 일본에서 젊은이들의 역할에 대해 생각하고 있습니다.

🔹 젊은이들이 새로운 인간을 규정하기 위해서 어떻게 준비해야 합니까?

🔹 첫째로 저는 젊은이들이 똑바르고, 독립적이기를 바랍니다. 둘째

_01 1995년 일본을 떠들썩하게 만든 옴진리교 사건을 소재로 한 소설 《공중제비》(1999)를 가리킨다.

로 그들이 상상력을 가지고 있기를 바랍니다. 상상력이라는 것은 타인의 이미지를 수용하는 것이 아니라 우리 자신의 이미지를 창조하는 것이며, 더 정확하게 말하면 우리에게 주어진 상상력을 바꾸는 것입니다. 올바르기 그리고 상상력 갖기. 그것이면 훌륭한 젊은이가 되기에 충분합니다.

◈ 선생님은 시게토 박사에 대해 이렇게 말했습니다. "너무 많은 희망과 절망 없이, 그는 단지 자신이 할 수 있는 한 최선을 다해 고통을 상대하고 있었다." 그리고 덧붙입니다. "그는 진실로 진정한 인간이다."

◈ 제 지도교수는 프랑스 휴머니즘 전문가였습니다. 교수님은 제게 늘 이렇게 말씀하셨죠. "휴머니즘이 뭔가? 오늘날 그것은 너무 많이 희망하지도, 너무 많이 절망하지도 않는 거라네." 너무 많은 희망과 너무 많은 절망 없이. 그것이 오늘날 휴머니스트의 모델인 겁니다. 그것이 제 스승의 말씀이었다고, 시게토 박사에게 말했습니다. 그러자 이렇게 말하더군요. "그렇죠. 저는 제 삶을 통해서 알고 있어요."

7

인권과 법

법은 정의를 실현하고, 도덕적 행위를 규정하고, 법을 위반하는 정부에 맞서는 강력한 도구가 될 수 있다. 선례나 전통에서부터 국제조약이나 증거 모으기에 이르기까지, 법이라는 도구는 개인의 존엄과 권리를 보장하거나 법치 행위의 가면을 뒤집어 쓴 권력 남용을 폭로할 수 있다.

앨비 삭스 판사는 법을 활용해 남아프리카공화국의 아파르트헤이트와 싸웠고, 이런 투쟁을 통해서 몸소 인간애의 승리를 목격했다. 노벨평화상 수상자인 시린 에바디는 정도를 넘어서고 있던 이란 혁명, 특히 여성과 아이들의 인권 침해에 맞설 수 있는 도구를 법에서 발견했다. 필립 샌즈 역시 법을 자신의 무기로 삼아서 부시 행정부의 고문체제가 어떤 대가를 치르도록 만드는지를 국제 공동체와 미국 의회가 볼 수 있도록 일깨웠다.

앨비 삭스(Albie Sachs, 1935~) 판사는 남아프리카공화국 인권투쟁의 지도자
이자 아프리카민족회의의 투사다. 아파르트헤이트 체제 아래에서 두 차례나 비밀경
찰에 의해 재판 없이 구금되기도 한 삭스는 당시의 경험을 《앨비 삭스의 옥중 일기》
(1966)에 묘사해놓았는데, 이 책은 런던에서 연극으로 만들어지기도 했다. 삭스는
젠더, 법, 인권 등의 주제로 수많은 책을 썼으며, 최근에는 자신을 암살하려던 남아
프리카공화국 보안대 때문에 입은 부상에서 어떻게 재활했는지를 밝힌 《자유의 투
사의 관대한 복수》(1991)를 발표했다. 현재 삭스는 남아프리카공화국 헌법재판소에
서 일하고 있다.

| 앨비 삭스 | 1998년 2월 2일

"늘 싸울 필요는 없습니다. 용서하고, 화해하고, 경청하고, 다른 사람의 입장에 서보는 것도 우리에게 상당한 힘을 줍니다."

◆ 선생님이 자라오신 곳, 부모님, 가족 얘기부터 해주시지요.

◇ 저는 남아프리카공화국에서 자랐습니다. 케이프타운의 클리프턴이라는 아름다운 곳에서 해변 위를 달리다가 "아버지 오신다"라는 말을 듣는 것이 제 첫 기억입니다. 그리고 커다란 하얀색 테니스화를 보죠. 그게 아버님이었습니다. 당시 부모님은 별거 중이었어요. 저는 위를, 위를, 위를 올려다봤습니다. 한참 위쪽에는 저한테 말을 하는 머리와 몸이 있었죠. 풍채가 컸습니다. 아버님 솔리 삭스어는 노동조합 지도자였고, 논쟁을 아주 좋아하는 사람이었습니다. 늘 다툼에 연루됐죠. 사장과도 싸웠고, 정부와도 싸웠고, 어머님과도 싸웠고, 두번째 부인과도 싸웠습니다. 더 이상 싸울 사람이 없어지자 자기 아이들과도 싸웠죠. 1970년대 런던에서 치러진 아버님의 장례식에서 연사 한 사람이 이렇게 말하더군요. "만약 신이 존재한다면 솔리는 저 위에서 지금 이 순간에도 신과 논쟁하고 있을 거라고 확신합니다."

저는 그런 배경에서 자랐습니다. 떨어져 지낸 굉장히 강한 아버지 그

_01 본명은 에밀 솔로몬 삭스(Emil Solomon Sachs)다. '솔리'(Solly)는 가운데 이름인 솔로몬의 애칭이다. 에밀은 리투아니아계 유대인으로서 차르 정권의 탄압을 피해 남아프리카공화국으로 이주했고, 남아프리카공화국공산당에 가입해 노동조합 지도자가 됐다. 그러나 1931년 당에서 축출됐다.

리고 어머님은 모임에 나가셔도 남자들이 카드게임을 하는 동안 타이핑을 하는 사람이었습니다._02 게다가 늘 투쟁 중이셨죠. 자신의 능력이나 역량에 관해서는 아주 겸손했지만, 늘 어려운 일을 많이 하셨습니다. 일을 처리해놓고 두 아이를 돌봤죠. 개성이 강하고 활발하고 재미있고 잘 웃는 사람들에 둘러싸여 지냈습니다. 대부분 혼자 사는 여성들이었고, 때때로 아이들이 있거나 없기도 했습니다. 중요한 건 이상(理想)이었죠.

저는 제 생일이 언제인지 몰랐습니다. 지금도 생일에 신경 쓰지 않지요. 아무튼 아버님은 제 생일에 작은 카드를 보내주셨습니다. "사랑하는 앨버트, 여섯번째 생일을 맞아 많은 행복이 함께 하길. 그리고 네가 자라서 자유를 위해 싸우는 투사가 되길." 당시는 제2차 세계대전 중이었습니다.

💬 그렇다면 아주 어린 시절부터 정치와 투쟁이 선생님의 핏속에 흐르고 있었군요.

💬 그렇습니다. 저는 정치라고 부르고 싶진 않습니다만. 그건 생활이었죠. 파업이 열리고, 포스터를 그려 붙이고, 모든 일에 활기가 넘쳐흘렀습니다. 미래에 대한 기대와 희망이 굉장했죠. 사람이 중요했습니다. "사장이 이렇게 했다" "정부가 저렇게 했다" "이건 심하지 않나" 하는 식으로 분개하기도 했습니다. 물론 우리는 아주 큰 관심을 갖고 제2차 세계대전의 추이를 주시했습니다. 나치 군대가 어디까지 진군했는지, 동유럽과 북아프리카에서 그들이 패배한 지점이 어디인지 작은 깃발로

_02 삭스의 어머니 레이(Ray Ginsberg)는 남아프리카공화국 혁명가 코타네(Moses Kotane, 1905~1978)의 비서로서 직업의식 투철한 타이피스트였다.

벽에 표시해두기도 했습니다.

공적인 것과 사적인 것이 상호작용하는, 공적 행사가 펼쳐지는 그런 세계였죠. 아버님은 자신이 관련된 사건들 때문에 신문에 나곤 했습니다. 굉장히 격렬하고, 활기에 차고, 활발한 세상, 그것이 제가 가지고 있는 기본적인 기억입니다.

꿈 많은 아이였던 저에 대해서 학교성적표에는 이렇게 기록되어 있습니다. "앨버트는 꿈이 많은 아이입니다." 지금 저는 꿈 많은 어른입니다. 평생 이럴 거 같아요.

💠 당시에 어떤 책들이 선생님에게 영향을 주었나요?

💠 두 종류의 책, 동화와 전설, 특히 고난에 관한 책들이 기억나네요. 얼음에 의한 고난, 산을 오르는 사람들. 인내와 사랑. 훗날 독방에 감금됐을 때 저는 위대한 고전문학보다도 그런 책들, 유년시절에 읽었던 동화를 더 많이 떠올렸습니다.

이런 이야기들을 통해 밀리고 밀리다가 굴복시키려는 압력을 견뎌내는 느낌을 받은 기억이 납니다. 그리고 결국엔 이기죠. 이런 이야기들 말고 다른 것들도 있었어요. 전쟁 이야기, 하늘로 날아올라 메서슈미트_03를 격추시킨 파일럿 이야기 등. '돌주먹 로건'_04이라 불리는 젊은 이가 있었는데, 비행기를 타고 올라가서 나치의 비행기들을 격추시키죠. 로건은 파일럿이자 권투선수이기도 합니다. 독일 헤비급 챔피언을 나가떨어지게도 하고, 비행기를 훔쳐서 영국으로 귀환하기도 하죠. 남

_03 Messerschmitt. 제2차 세계대전 당시 독일군이 사용하던 주력 전투기.

_04 Rockfist Rogan. 영국의 만화가 코완(Ted Cowan, 1915~1987)의 《챔피언》(1922~55)에 나오는 주인공 중 하나. 코완은 공군으로 제2차 세계대전에 참전했다.

자들을 위한 일종의 무용담인데, 제 상상 속에서는 아주 중요한 역할을 했어요.

🔲 선생님이 어렸을 때 부모님들이 아파르트헤이트 문제에 대해서 뭐라고 하시던가요?

🔲 부모님이 그런 문제로 고심하셨다고는 말할 수 없겠네요. 우리는 달랐어요. 다르게 살았죠. 어머님은 모제스 코타네의 비서였습니다. 코타네는 아프리카민족회의와 남아프리카공화국공산당의 전도유망한 지도자였는데, 어머님이 야간학교에서 그를 가르쳤죠. 코타네는 이렇게 말하곤 했어요.

"래[레이]가 내게 읽고 쓰는 법을 가르쳤지만 지금은 내가 보스야."

그러곤 그걸 아주 재미있어 했습니다. 그러나 저는 어머님의 말이 더 흥미로웠죠.

"쉿, 조용히 해라! 모제스 삼촌이 오신다."

'모제스 삼촌'을 위해서 어머님은 늘 뭔가를 준비해놓았고, 그러면 그가 집으로 왔어요. 그러니까 저는 백인 여성이 엄청난 존경심을 가지고 아프리카의 흑인 남성을 위해 일하는 것이 완전히 정상적으로 받아들여지는 분위기 속에서 자랐습니다. 코타네는 정말로 아주 존경받을 만한 인물이죠. 이 뛰어난 정치적 인물이 집에 온다는 사실이 중요했습니다. 어머님은 자신이 타이핑해놓은 걸 가지러 코타네가 우리 집에 오면 늘 들뜨곤 했죠.

🔲 투쟁에 가담하셨다는 사실 말고, 부모님의 정치적 가치관이나 이데올로기는 무엇이었는지요?

🔲 음, 이데올로기는 삶이 어떠해야 하는가와 관련이 있는 것 같습니다. 우리는 세상을 좀더 살 만한 곳으로 만들기 위해서, 인류를 직

7. 인권과 법

접 해방하거나 이 해방의 과정에 참여하기 위해서 살아왔죠. 이데올로 기는 실체가 있는 것이 아닙니다. 아주 특별한 종류의 것이죠. 이에 대해 부모님으로부터 뭔가 교훈적인 가르침을 받은 건 없어요. 제게 정말로 관건이 됐던 건 그 분들이 중요하다고 생각한 본보기와 사건 이었습니다.

틀림없는 것은 훗날 제가 인권과 인간의 존엄성 그리고 그밖에 다른 중요한 것들에 다가가게 된 건 어릴 적 집에서 겪은 경험들 때문이라는 겁니다. 저희 집에서는 이런 가치들이 추상적인 이상이 아니었죠. 이것 들은 인간 그리고 인간의 품위를 깎아내리거나 고상하게 만드는 모든 것에 관한 것이었어요.

◈ 젊었을 적에 선생님과 친구 분들은 갈등이란 이쪽이 아니라 저쪽에서 일어나 는 일이며, 그저 견뎌내야만 하는 무엇이라는 생각에 젖어 있었다고 하셨는데요.

◈ 당시는 신념이 중요했고, 신념에 목숨을 걸고, 운명과 실존의 문 제가 대단히 중요하다고 믿었던 시절이었죠. 신념은 서로를 돕고 살면 서 늘 최종 결과를, 그러니까 어느 날 국가가 붕괴됐다면, 어느 날 위험 이 닥친다면 우리가 그 시련을 견뎌낼 수 있을까를 예측하던 공동체에 속하는 것이었습니다.

갈등이 있었습니다. 삶은 갈등을 수반하죠. 그렇다면 어떻게 그런 삶 과 관계를 맺을까요? 이런 고민은 국제적일 수도, 지역적일 수도 있었 어요. 가령 로젠버그 부부의 사형집행은 제가 속한 공동체를 들끓게 만 든 사건이었죠. 그래서 우리는 항의했습니다. 끔찍한 일이라고 느꼈죠. 미국과의 연계는 아주 강했습니다. 가령 폴 로브슨05은 엄청난 영웅이 었죠. 우리는 로브슨의 목소리를 사랑했고, 그의 사진을 벽마다 붙여놓 았죠. 그러나 이 연계는 주로 남아프리카공화국의 아파르트헤이트, 억 압, 통행법, 피부색 때문에 범죄에 희생된 사람들, 기회의 부족 등에만 중점을 두었습니다. 그것이 우리의 중점이기는 했지만, 우리는 우리가 전 세계 어디에서나 벌어지는 자유를 향한 투쟁의 일부라고 느끼고 싶었습니다.

◉ 당시 선생님은 법학 학위를 받기 위해 학업 중이셨죠? 그 뒤에 민권운동을 하게 된 거구요?

◐ 대학에서 저는 아주 괴로웠습니다. 5년 과정이었죠. 우리는 몇몇 저명한 헌법학자들에게 배웠습니다. 남아프리카공화국에 헌정 위기가 닥치고 판례가 서로 부딪히던 시기였어요. 이때가 1950년대 초반입니다.

저는 호기심도 있었지만 소외감을 느꼈어요. 모두 탁상공론이고, 너무나 추상적인 관념뿐이라고 생각했죠. 그때까지 저는 군구(郡區)_06 내의 공부방에 참여하면서 사람들을 만났습니다. 밤에는 조용히 말해야만 했고요. 사람들이 있어 달라고 부탁하더군요. 종종 그곳엔 촛불뿐이었습니다. 아주 이상한 일입니다만, 촛불에 비친 상대방의 눈과 광대뼈밖에 못 보면서 얘기하다 보면 그 얼굴이 아주 강해 보이고, 인간적인 경험이라는 것도 강하게 느껴집니다. 제겐 이것이 진짜 세상이었고, 진짜 지식이었죠. 이것이야말로 진정 중요한 것이었습니다. 저는 대학의 모든 것에 등을 돌렸습니다. 말 그대로 대학은 언덕 높은 곳에 있었고, 군

_05 Paul Robeson(1898~1976). 미국의 베이스-바리톤 가수이자 사회운동가. 흑인 영가를 대중화시킨 뛰어난 음악인인 동시에 민권운동, 반전운동, 반식민주의운동에도 뛰어든 열성적 활동가이기도 했다. 남아프리카공화국의 아파르트헤이트 정책을 미국의 '짐 크로우' 법과 다를 바 없다고 생각한 로브슨은 1952년 이 정책을 격렬히 비판하는 연설을 남기도 했다. Paul Robeson, *Paul Robeson Speaks: Writings, Speeches, Interviews, 1918-1974*, ed. Philip Foner, New Jersey: The Citadel Press, 1978, p.307.

_06 township. 옛 인종차별 정책에 따른 흑인 거주지역.

구는 저 아래 평야에 있었죠.

수년 뒤 새로운 헌법의 초안을 작성하게 됐을 때, 사실 저는 법학교수들이 가르쳐준 원대한 관념과 개념에 생생한 경험의 활력을 덧붙였습니다. 이제는 오히려 저를 가르치고 있는 사람들의 생생한 경험 말입니다. 이것들이 하나로 합쳐졌을 때 우리는 새 헌법을 갖게 됐습니다. 일련의 지식이 다른 지식들과 충돌하지 않는다는 걸 알게 된 것은 제게 중요했습니다. 그것들은 본래 적대적인 것이 아닙니다. 사실 변호사, 헌법학자, 과학자에게 가장 중요한 것은 그 두 가지를 연결시키는 것입니다.

⬡ 두 집단의 분명한 차이를 다루는 것이 실제로는 서로를 더 풍요롭게 하는 것이겠군요.

⬡ 그게 요점입니다. 단지 위험한 여울들 사이를 무사히 통과해 지나가는 것뿐만이 아닙니다. 그것들이 다 함께 흐르는 시내를 찾아내는 일, 그래서 새로운 종류의 격류를 만들어내는 게 중요합니다.

⬡ 그래서 선생님은 변호사, 그것도 민권변호사가 됐습니다. 이에 대해 말씀해주시죠.

⬡ 저는 좀 양가감정을 느낍니다. 법복을 입고 법정에 성큼성큼 걸어 들어가는 건 좋아요. '변호사 삭스.' 저는 활발한 논쟁을 좋아하고, 반론을 펼치는 걸 좋아하고, 그 긴장감을 사랑합니다. 판사가 질문하고, 증인을 반대심문하고, 빈틈없이 전략을 짜는 일. 이런 일은 사람을 몰입하게 만들죠. 무척 흥분되는 일입니다.

그러나 저는 이 일을 혐오하기도 합니다! 우리는 돈 받고 일하는 용병일 뿐이기 때문이죠. 단지 누군가를 대신해 논쟁하기 위해서 고용될 수 있는 겁니다. 여기에는 정의감과 권리의식의 핵심이 없습니다. 그래서 변호사 일에는 온갖 혼란스럽고 복잡한 감정이 섞여 있어요. 그러나 이것조차 최악은 아닙니다. 세상 어디에서든 법조계에는 늘 있는 일이니까요.

최악은 법, 법정이 사람들을 보호하는 대신 억압하는 데 이용되는 겁니다. 판사들은 모두 백인이고, 지시를 내리는 경찰도 백인이고, 검사도 백인이죠. 법은 백인들에 의해 만들어졌습니다. 형사사건으로 제가 변호한 사람들, 민사사건으로 출정한 사람들은 대부분 흑인이었습니다. 그들은 법에 대해서 할 말이 없었죠. 이것이 법을 관통하는 불의입니다.

우리는 법정의례를 따라야만 하죠. "예, 존경하는 판사님," "아닙니다, 존경하는 판사님." 심지어 우리는 진술할 때도 곡예를 해야만 했습니다. 법정에서는 살면서 많이 봤을 법한, 백발이 성성한 고령의 아프리카 여성을 그냥 '로지'라고 부르는 반면, 젊은 백인 여성은 '스탠더 양'이나 '스미스 부인'이라고 부르죠. 판사가 그냥 '로지'라고 부르는 흑인 여성을 우리가 '셸벨릴라 부인'이라고 부른다면, 그건 판사의 뺨을 때리는 것과 같아요. 의뢰인 역시 고통스러워할 겁니다. 그렇게 한다는 건 도발하는 것이고, 분위기를 싸하게 만드는 일이니까요. 지나치게 모욕적일 수 있는 아파르트헤이트의 용어법에 빠져들지 않으면서, 다른 한편으로 쓸데없이 법정과 대립각을 세우지 않으려면 엄청나게 노력해야 합니다. 꼭 곡예를 부리는 것 같죠.

◈ 언제 처음 아프리카민족회의에 관여하게 되셨나요?

◈ 원래는 제가 법대생일 때였습니다. '불공정한 법에 대한 저항'이라는 캠페인을 진행하는 동안, 저는 '비백인 전용'이라고 표시된 의자에 앉아 있었죠. 연좌시위였습니다. 미국에서 그 멋진 운동이 시작되기 전인 1950년대 초반에 이미 시민불복종 운동을 벌인 셈이죠. 저는 주로

학생인 소수의 백인들을 이끌고 우체국 안으로 들어가, 전국 도처의 편의시설을 백인들과 동등하게 함께 사용하지 못해온 흑인들의 투쟁을 지지했어요. 당국은 우리를 체포하지 않았습니다. 일종의 부끄러운 짓이 될 테니까요. 우리는 용감하게도 투쟁적으로 앉아 있었고, 경찰들은 우리를 체포하지 않았습니다. 그 대신 백인 전용이라고 표시된 의자에 앉아 있던 흑인들을 갑자기 끌어냈죠. 결국 우리 모두 체포됐습니다. 저는 법정으로 소환됐고요. 치안판사는 제가 열일곱 살인 걸 알고는 이렇게 말했죠.

"이런, 어린애잖아."

그때부터 제 이름은 언급조차 되지 않았습니다. 판사는 제 어머님이 법정에 와 있는지 물었습니다. 어머니는 초조하게 일어섰고, 판사가 말했죠.

"엄마의 보살핌을 받으라고 널 보내주는 거란다."

어머님의 보살핌을 받으라고 방면되는 것은 젊은 전투적 혁명가에게는 뺨을 얻어맞는 것만큼이나 끔찍한 일이었습니다. 제가 법대생이던 당시의 그 일이 제 최초의 행동이었고, 뭐랄까 제가 처음으로 국가와 대결한 일이었습니다.

🔷 구금당하신 경험과 그 뒤에 출간된 책 《앨비 삭스의 옥중 일기》 얘기를 해보겠습니다. 선생님은 무슨 이유로 체포됐고, 얼마나 오랫동안 독방에 감금되어 있었나요?

🔶 저는 '90일 법'이라고 불리는 것 때문에 구금됐습니다. 구금하는 구실 같은 건 필요 없었습니다. 비밀경찰이 보기에 자신들의 조사에 도움이 될 것 같은 정보를 가졌다고 의심되면 그것으로 충분했죠. 그러면 그들은 아무나 90일간 독방에 감금할 수 있습니다. 변호사, 가족, 그밖에 누구도 만날 수 없죠. 저는 수감되고 90일이 다 된 마지막 날에 풀

려났고, 모든 짐을 챙겨서 밖으로 나왔습니다. 저는 굉장히 의심받았죠. 그때까지 제 삶에서 그토록 힘든 시기는 없었습니다. 감옥 사무실 앞에 다다르기도 전에 그곳에 있던 경찰이 제게 악수를 청하더니 이러더군요.

"당신을 다시 체포하겠소."

그리고 저는 다시 안으로 돌려보내졌어요. 막 쌌던 얼마 안 되는 짐을 다시 풀어놔야 했고, 제 시계를 맡기면서 소지품 영수증에 다시 서명했죠. 그리고 감방으로 돌아갔습니다. 그렇게 다시 78일을 보냈죠. 독방에서 총 168일을 보낸 겁니다.

◈ 선생님의 말씀처럼, 당국이 가장 중요하게 생각한 것은 선생님의 의지와 인격을 무너뜨리는 거였습니다.

◈ 저를 파괴하고, 제게서 정보를 얻어내고, 저를 밀고자로 만들고, 이런 일이 자신들에게도 일어날 수 있음을 다른 사람들에게 보여줘 겁에 질리도록 만들려는 거였죠.

◈ 결국 선생님은 이겨냈습니다. 《앨비 삭스의 옥중 일기》는 이에 대해 자기 자신이 누구인지 받아들여야 했다고 말하는 것 같습니다. 이렇게 쓰셨죠. "나는 도전보다 화해를 추구한다. 내 태도는 온화하고, 처신은 조용하다." 그런데 다른 한편으로 선생님은 당국에 전혀 협조하지 않았습니다.

◈ 좀 걱정했죠. 저는 훌륭한 혁명가라면 분노하고, 이 바스티유를 급습하길 바라고, 압제자를 죽이고 싶어해야 한다고 생각했거든요. 그런데 제게는 그런 격한 감정이 없다는 걸 깨달았습니다. 저는 제가 뭔가 잘못됐고, 정신분석가나 "진정한 분노가 표출되도록 해줄" 무언가가 필요한 게 아닐까 생각했죠. 그러나 그냥 있었습니다. 저는 간수들을 증오하지 않았습니다. 단도를 뽑아들어 그들의 등에 꽂기를 바라지도 않았

고요. 심지어 제게 캐묻고 저를 심문하는 사람들에게조차도 곧장 흉포한 사적 분노를 가져본 적이 없었습니다. 결국 저는 결심했죠. 그래, 이게 바로 나다.

'영웅'이라는 말도 싫어하고 영웅이라고 불리는 것도 혐오합니다만, 그 표현을 그대로 쓰면 제 위대한 영웅들 가운데, 제가 나중에 읽은 것들 가운데 제가 가장 동일시했던 것은 간디와 그가 고난과 감옥에서 자신이 한 일에 대해 쓴 글들이었습니다. 그리고 여성참정권론자들도 있습니다. 저는 이들을 사랑합니다. 특히 자기 자신과의 투쟁을 만들어냈다는 점에서 무척 좋아하죠. 이들 역시 감옥에 갇혔죠. 그리고 단식투쟁 중 강제로 음식을 먹이는 데 저항했고, 적을 죽이려들지도 않았고, 폭동을 일으키거나 파괴를 일삼지도 않았습니다. 전혀 물리적이지 않았죠. 그들이 가진 것은 자기 자신, 자신의 의지, 결단력, 용기, 인격적 존엄, 아름다움의 감각이었습니다. 저는 그들과 저를 동일시했어요.

◈ 선생님은 간수들, 교도소장과 아주 인간적인 대화를 나눴습니다. 그리고 그들의 가치관을 수용하지 않고도, 결국 그들의 인간성을 믿으셨죠.

◈ 그렇습니다. 끝에 가서만 그런 게 아닙니다. 처음부터 그랬죠. 제게 누군가와 인간적으로 교제한다는 것은 아주 중요한 일이었습니다. 저는 그런 것이 필요했습니다. 어느 교도서장은 죄수들에게 고함지르고 욕하곤 했습니다. 모든 사람이 내심 그 사람을 극도로 싫어했죠. 그가 말을 하고 그의 말을 들어주는 유일한 사람이 바로 저였습니다. 그 일이 제겐 안성맞춤이었습니다. 침묵을 깨뜨리는 일이었지요. 그가 말한 것 중 일부는 굉장히 놀랍고도 대단한 것이었습니다. 그는 마치 제 안의 작가처럼 보였어요. 저쪽에 누군가가 앉아 있습니다. 그것이 그의 세계관이고, 그가 보는 방식이고, 그가 생활하는 방식입니다. 이렇게 말할 수 있다면 저와 마찬가지로 그 역시 자신의 틀 안에서 충분히 진

앨비 삭스

실했습니다.

◈ 그러나 이런 상황에서 중요한 것은 결국 인간의 행동입니다.

◈ 그렇죠. 저는 몇 차례나 양보했습니다. 그들이 때를 잘 맞췄다면 제가 지금 여기 없었을 겁니다. 아마도 저는 주저앉은 채 협조했을 겁니다. 사기가 꺾여서 또 다른 피해자가 됐을지 모르죠. 어딘가에 틀어박혀 망가진 제 삶을 추스르면서 말입니다. 하지만 그들은 결코 때를 잘 맞추지 못했습니다.

◈ 훗날, 거의 20년 뒤에 선생님은 남아프리카공화국 보안대의 폭탄공격을 받았습니다. 거의 죽을 뻔하셨죠. 선생님은 《자유의 투사의 관대한 복수》에서 회복과정을 묘사했습니다. 이 뛰어난 책에서 선생님은 "나는 나의 상상력을 이용해야만 한다"고 말씀하셨습니다. 또 회복과정에 대해서는 이렇게 얘기했죠. "회복과정은 상당한 용기가 필요한 과정이었다. 물리적 용맹함이 아니라 신념의 용기 말이다."

◈ 저는 용기를 어릴 때부터 쭉 이렇게 생각해왔어요. 남아프리카공화국에서 자라나는 어린이들, 어린 소년들을 위한 용기는 전투적인 용기였죠. 우리가 마음속에 품고 있던 용감한 사람의 원형은 누군가를 죽이거나, 죽임의 위협을 받는 사람이었습니다. 그래서 우리는 육체적으로 용기를 표출했죠. 훗날 우리는 이처럼 해롭고, 편협하고, 억압적인 용기의 개념과 어떤 방식으로든 싸워야만 했습니다.

저는 지금 어마어마한 사랑과 지원을 받고 있습니다. 세계 도처에서, 저와 친한 사람들뿐만 아니라 제가 한 번도 들어본 적 없는 사람들로부터 말입니다. 이 모든 게 다 제가 폭탄 속에서 살아남았기 때문이죠. 저는 무척 고무되어 침대에 앉아서 글을 쓰는 등 제가 하고 있는 일들을 생각해봤어요. 저는 그게 용기라고는 생각하지 않았습니다. 용기가 무엇을 의미하든 간에, 저로서는 그게 용기가 아니었죠. 그동안 제가 알고 있는 용기란 무언가에 맞서고, 결단을 내려야만 하고, 무엇에 도전할지를 아는 데 있었습니다. 역경에 굴하지 않고, 앞으로 나아가는 것 말입니다. 지금 생각해보면, 이런 용기를 지니고 있던 제 유년시절의 위대한 영웅들은 대부분 사이코패스였을 겁니다. 그게 용기였는지는 모르겠습니다. 차라리 문제이면 문제였겠죠. 이런 용기는 종종 비뚤어지기 마련인데, 상황에 내몰려 그렇게 되기도 합니다. 이것은 진짜, 명백한, 열린 용기가 아닙니다.

인용문에서 제가 말한 용기란 극적인 것도, 눈에 보이는 것도 아닙니다. 강한 사람, 심지어 더 강한 무엇조차 견뎌내는 사람이 제가 말하는 용기의 원형은 아닙니다. 제가 말하는 용기는 머릿속에 있는 것이죠. 무언가를 충분히 생각하고 난 뒤에 해결하는 용기, 생각을 발전시키는 용기, 끝까지 다하는 용기 그리고 게으르지 않는 용기입니다.

❖ 선생님은 영웅시된다는 것에 양가감정이 있다고 하셨습니다. 선생님은 운동과 아파르트헤이트 투쟁을 위해 기꺼이 영웅적인 일을 하셨는데, 그것조차 선생님의 생각에 별다른 영향을 못 끼친 것 같습니다.

❖ 저는 그때도 영웅시되는 것을 싫어했습니다. 지금도 그렇죠. 딱지고 짐이니까요. 때때로 저는 이렇게 농담하곤 합니다. 영웅이 되면 처신을 바르게 해야 할 거라고 말입니다. 보통사람들이 하는 일을 하도록 허용되지 않죠. 게다가 보통사람들이 저지르는 작은 과오조차도 용납되지 않습니다. 상당히 거슬리는 일 아닌가요. 제 자신, 제 공간, 세상과 저의 관계에 너무 간섭하는 겁니다.

물론 저는 영웅들을 사랑하곤 했습니다. 레지스탕스의 영웅들, 투쟁의 영웅들에 대해서 읽곤 했고 그것이 저를 격려해줬죠. 그러나 나중에는 이런 것을 별로 믿지 않게 됐습니다. 왜냐하면 우리가 그런 상황에서 얼마나 나약해지는지, 얼마나 무너지기 쉬운지 알게 됐기 때문입니다.

앨비 삭스

실제로 무너진 사람들이 있었습니다. 우리 모두 어느 시점에서 뿔뿔이 흩어졌죠. 이렇듯 영웅에 관한 관념은 실제로 우리가 성취하고 싶어하는 것들에 해로웠습니다.

누군가 독방에 감금되면 바깥사람들은 말합니다. "샘은 그녀가 결코 무너지지 않을 거라고 했어. 그녀는 영웅이야." 그러나 3일간 잠도 못 자고 발목이 풍선처럼 부풀 때까지 강제로 서 있게 되면 그녀는 무너질 겁니다. 바깥사람들은 무너지는 사람이 없을 거라고 생각했기 때문에, 실제로 그런 일이 발생하면 투쟁에 상당히 해가 됩니다. 순전히 도구적인 관점에서 일부러 이뤄진 일이라도 말이죠. 제가 롤 모델, 롤 모델이라는 관념 자체, 다른 사람처럼 되려고 애쓴다는 생각 자체를 좋아하지 않는 이유가 바로 이 때문입니다. 우리 모두는 좀더 우리 자신에 가까워지도록 해야 합니다. 다른 사람들과 나누려면, 다른 사람들로부터 뭔가를 얻으려면 우리 스스로 자신이 누구인가를 발견하는 일에, 자기 자신처럼 되는 데 자신감을 가져야 합니다. 훌륭한 사람이나 남들처럼 되는 게 아니라, 우리 스스로가 훌륭해지기 위해서 말입니다.

어떤 면에서 저는 우리가 벌이던 투쟁의 대사(大使) 같은 존재였어요. 그런 식으로 제 자신을 비인격화하고 일종의 전시물처럼 보는 일이 제겐 쉬웠습니다. 제 팔과 트라우마는 전시될 수 있습니다. 제 팔과 트라우마는 수만 명의 사람들이 겪고 있는 고통을 보여주는 일종의 물리적 상징이고, 그런 의미에서 제가 기꺼이 전시물로서 사용하도록 허락했던 겁니다. 전혀 가공하지 않은 날것의 전시물이 아니라 아파르트헤이트 반대투쟁에 참여해 활동한 생생한 전시물로서 말입니다.

지금은 그것을 더 이상 좋아하진 않습니다. 이제 우리는 온전한 각자의 삶을 살아가고 있죠. 제 몸은 제 것이고 제게 속해 있습니다. 투쟁에 속해 있는 건 아니죠. 저는 그 사건을 책으로 썼고, 사람들은 저 하면 그 사건을 떠올립니다. 그건 공공기록을 위한 거였죠. 하지만 전 다시 제 자신에게 돌아가렵니다.

🔷 선생님은 《자유의 투사의 관대한 복수》가 이런 회복에 관한 설명이라고 말했습니다. '관대한 복수'란 무엇을 의미합니까?

🔷 제 차에 폭탄을 설치한 사람을 잡았다고 들었습니다. 지금도 저는 그게 진실인지 아닌지 모릅니다만, 당시 저는 이렇게 말했죠.

"굉장하군요, 그를 만나고 싶습니다. 정말 면담하고 싶군요."

인간적인 관계를 맺기 위해서 말입니다. 저를 제거대상으로서 사진으로만 본, 저를 모르는 누군가 때문에 제가 흔적도 없이 사라질 뻔했다고 생각하니 무척 견디기 힘들었습니다. 단지 그와 얘기하고 싶을 뿐이었죠.

그 뒤에 그가 재판받고, 당연한 의심을 넘어서 유죄를 입증할 증거가 충분하다면 그가 죗값을 치르도록 해야 한다고 생각했습니다. 증거가 불충분하다면 무죄 방면되어야겠죠. 그게 제가 말한 관대한 복수입니다. 그가 무죄 선고 받는 게 말입니다. 왜냐하면 그것은 우리가 법의 원칙과 정당한 법적 절차가 작동하는 나라에 살고 있고, 이런 가치가 승리했음을 의미하기 때문입니다. 그것이 바로 저의 관대한 복수입니다. 책에서도 그렇게 말했죠. 제 기억으론 그 대목에서 20쪽 정도 앞쪽에 이렇게 썼습니다.

"그게 저의 관대한 복수입니다. 민주주의가 저의 관대한 복수가 될 것입니다."

저는 그것이 바로 그 책이 말하고자 한 바라는 것을 깨달았습니다.

🔷 남아프리카공화국에서 진행되는 이런 변화에 참여하는 심정은 어떠십니까?

🔷 당연한 말이겠는데, 자신의 신념과 자신이 겪어야 했던 소외를 위해 위험을 감수했고, 그런 결단이 옳았음을 알아서 상당히 만족스럽습

니다. 제가 겪어온 고통, 불편, 공포가 확인되고, 제가 살아온 삶 전체의 정당성이 입증된 것이니까요. 모든 일이 이해됐고 정당화됐습니다. 정말 굉장히 짜릿한 일이죠. 개인적으로 떨리는 일이긴 하지만, 이런 일이 누군가에게 세상에 대한 용기를 준다면 인간의 선함, 삶을 바꾸고 변혁시키는 사람들의 능력을 복잡하지 않게, 있는 그대로 믿는 일이 가능해집니다. 그것이 산 경험입니다.

물론 당시에 회의주의도 있었습니다. 도중에 배신이 있었음을 떠올리는 것은 생각만큼 쉬운 일이 아니었죠. 모든 게 위태롭고, 모두들 상황이 어떻게 해결될지 잘 몰랐죠. 답도 없었고 확실하지도 않습니다. 불안감만 계속되고. 그런 경험 역시 소중하긴 합니다.

그러나 투쟁을 통해서 얻는 건 기본적으로 강한 낙관주의죠.

◈ 더 큰 투쟁과 관련된 이야기, 선생님을 뒷받침해준 조직의 중요성에 관해 좀 듣고 싶습니다.

◈ 시험에 들 때는 이런 경험이 굉장히 주관적이 됩니다. 독방에 감금되면 말 그대로 혼자죠. 폭탄공격을 받아 반죽음에 이를 때도요. 그래도 어렴풋이 무의식이 들락날락하는 순간이 있습니다. 다른 사람과 소통하고, 목소리를 듣는 순간이죠. 아무튼 그 느리고 기나긴 회복은 아주 개인적인 겁니다. 그러나 제가 공동체, 집단의 일부임도 알게 해줍니다. 자신을 그 지경으로 만들어놓은 것이 완전히 개인에게 유별난 것은 아니라는 인식 말입니다. 저는 역사 속에 있는 겁니다. 수천 명의 사람들이 저 밖에서 저를 위해 울고, 웃고, 응원하고 있었습니다. 저는 그들을 위해 회복되려는 겁니다. 그것은 무언가에 관한 것, 그러니까 저 밖의 세상에 관한 것이었죠. 단지 유명해지거나, 부유해지거나, 유력해지거나 섹스를 즐기려고 하는 게 아니었습니다. 이 세상에서 자신이 누구인가에 관한 것이었습니다. 그래서 정말로, 정말로, 기운을 얻었죠.

7. 인권과 법

독방에 있으면 바깥세상을 잊은 채 정말로 자신에만 몰두하기 때문에 더욱 힘듭니다. 지금 뭐하고 있나, 왜 그래야 할까 정말 모르게 되죠. 그 순간에 저를 지탱해준 건 투쟁과 전혀 상관없는 것이었습니다. 점점 이데올로기와 지식 같은 건 고민하지 않고 명예라는 관념에 기대게 됐습니다. 이놈저놈이 내게 이래라저래라 말하게 놔두진 않을 거다, 이런 강렬한 관념에 말입니다. 저는 제가 왜 버티는지 몰랐습니다. 제가 알고 있는 건 제가 버티고 있다는 사실뿐이었어요. 때때로 저는 권투선수들이 왜 저 지경이 될 때까지 계속 싸울까 궁금해 했죠. 그들은 계속해야 하는 이유를 알지 못합니다. 그저 계속 싸울 뿐이죠. 그들 속에 있는 뭔가가 그들을 계속하게 만듭니다. 확신컨대 그렇게 되려면 상당한 훈련과 준비가 필요합니다.

결국 저는 외모, 배경, 언어가 모두 다른 이 멋지고 거대한 남아프리카공화국 가족의 일원이 됐습니다. 서로 어울리려면 장벽을 극복해야 했기 때문에 우리는 아주, 아주 강렬한 것들을 굉장히 많이 공유했어요. 저는 아프리카민족회의를 통해서 노래하는 법을 배웠습니다. 내면적으로 저는 경직되고, 백인 같고, 융통성이 없었죠. 따로 노래를 배우러 가야겠다고 생각할 정도였습니다. 그러다 연단에 올랐는데 모두가 노래를 하는 거예요. 거리를 행진하면서도 노래를 하더군요. 저는 느슨해지는 법을 배웠고, 그 흐름에 몸을 맡기는 법을 배웠습니다. 노랫말을 몰라도 그건 중요하지 않았습니다. 저는 제 몸과 함께 노래를 불렀으니까요. 저는 즐겁게 음악을 느끼며 참여했습니다. 이런 경험 역시 정말로, 정말로 저를 고무시켜줬어요.

우리는 정치, 공직, 권력, 수상이나 대통령이 되는 일 따위에 관심이 없었습니다. 그런 것을 경멸했죠. 투옥되거나, 고문당하거나, 추방되거나, 지하에 숨어들어야 하는 게 뻔했습니다. 우리가 앞질러 볼 수 있던 유일한 것은 인류, 세상, 사람이었고, 이 모두의 해방이었습니다. 참으로 강렬한 삶이었죠. 우리가 그 일부임을 느끼게 해주고 그 느낌을 더 강화시켜주는 삶, 일상에 근거한 아주 생기 넘치고 진정한 삶 말입니다.

천국은 우리 안에 있습니다. 우리는 투쟁의 일부이고, 우리는 다른 사람들과 함께하고, 우리는 강렬한 신념을 가지고 있습니다. 그러다가도 우리는 우리가 믿은 사람이 밉살맞게 행동하고, 압박감을 느끼고, 정신적으로나 육체적으로 무너지고, 나이 먹어가고, 이탈하는 모습을 보게 됩니다. 온갖 일이 일어나죠. 그러나 바로 거기에 흐름이 있고 핵심이 있습니다. 이런 일은 늘 반복됩니다. 종종 저는 제 자신에게 전체가 부분보다 크다고 말하곤 합니다. 개인은 아주 연약하고 끔찍할 수 있지만, 어떻게 해서든 상호작용을 합니다. 거기엔 뭔가 일관되게 유지되는 훌륭한 뭔가가 있었습니다.

우리는 결코 근본적인 이상을 놓아버릴 수 없습니다. 그것은 그저 이상인 것만이 아니기 때문입니다. 아파르트헤이트는 끔찍한 것입니다. 우리는 이 나라에서 모두 평등하게 함께 살 수 있습니다. 이런 종류의 애국심이나 시민의식을 공유했을 때 우리는 해결책을 내놓을 수 있었습니다. 우리는 결코 그런 이상들을 그냥 포기한 채 내버려둘 수 없습니다. 우리가 일상의 활동 속에서 그 이상들을 이뤄냈을 때, 뭔가가 우리에게 용기와 힘을 줬습니다. 그것을 우리 내부의 시민사회라고 부를 수도 있겠죠. 그런 공동체감, 즐거움, 함께한다는 재미. 그런 것들이 도중에 아주 격려가 되고, 우리를 흥분시킵니다.

돌이켜볼 때 어쩌면 우리는 조금 오만하고 냉혹했는지도 모릅니다. 우리에게 진실이 있다고 생각했으니까요. 우리는 어느 정도 그랬고, 그것이 우리를 지탱해줬습니다. 그러나 지금은 이렇게도 말하고 싶습니다. 단지 조금만 다른 이들을 수용하라고, 다른 이들에게서 좋은 점을 발견하도록 노력하고, 다른 이들의 말을 들으려고 노력하라고, 그들에게 굴복하지 않으면서도 그들의 입장을 이해하라고 말입니다. 늘 싸울

7. 인권과 법

필요는 없습니다. 용서하고, 화해하고, 경청하고, 다른 사람의 입장에 서보는 것도 우리에게 상당한 힘을 줍니다. 그런다고 나약해지는 것도 아니고, 약해지는 것도 아닙니다. 그것은 실제로 좋은 점을 아주, 아주 강화시키는 것입니다.

앨비 삭스

시린 에바디(Shirin Ebadi, 1947~)는 2003년 노벨평화상 수상자다. 이란의 인권변호사인 에바디는 테헤란대학교에서 학생들을 가르치고 있으며, 아자데 모아베니와 함께《깨어나는 이란 : 혁명과 희망에 대한 비망록》(2006)을 저술하기도 했다. 이란어로 쓴 에바디의 법률 논문은 주로 여성의 권리, 아동의 권리, 망명자의 권리 등을 다루고 있다.

| 시린 에바디 | 2006년 5월 10일

"여성과 아이들, 정치범은 우리 사회의
가장 약한 고리입니다. 그들을 보호하지
못한다면 우리 사회는 무너지고 맙니다."

◎ 돌이켜 보실 때 부모님이 선생님의 세계관 형성에 어떤 영향을 끼쳤다고 생각하시는지요?

◎ 저는 교육적인 집안 출신의 부모님 밑에서 태어났습니다. 저희 아버님은 남녀의 권리가 평등하다는 사실을 굳게 믿으셨고, 이 믿음을 일상생활 속에서 실천하셨죠. 아버님에게는 매우 큰 서재가 있었는데, 책을 빼놓고는 아버님을 떠올릴 수조차 없습니다. 일 때문에 바쁘시거나 여가시간에도 아버님은 책을 읽으셨거든요.

◎ CIA의 개입에 따른 모하마드 모사데그의 실각이 가족에게 큰 영향을 미쳤는데, 이 부분에 대해서 좀 얘기해주시겠습니까?

◎ CIA가 쿠데타로 이란의 민족적인 영웅 모사데그 박사를 끌어내려 했을 때 전 아직 어렸습니다. 결국 모사데그 박사는 체포됐고, 그를 따르던 수많은 사람들 역시 체포됐죠. 몇몇은 직업을 포기한 채 억지로 집에 있어야 했어요. 아버님 역시 몇 년간 직업을 포기해야 했으니 당연히 저희 생활에 영향을 끼쳤죠.

◎ 어머님은 선생님께 어떻게 영향을 끼쳤고, 선생님이 어떻게 자라도록 해주셨나요?

◎ 저희 어머님은 아주 다정하셨고, 당신의 온 관심을 아이들 키우

는 데 바치셨습니다. 그것이 엄마의 가장 중요한 일이라고 생각하셨죠. 제가 아이를 가졌을 때에도 역시 그 가르침을 제 가정에 적용했고, 좋은 엄마가 되는 것이 모든 여성에게 가장 중요한 역할이라고 믿고 있습니다.

⬢ 변호사가 되기로 결심한 이유는 무엇이었나요?

⬡ 저는 법과대학을 졸업하자마자 판사가 됐습니다. 저는 법과대학에 들어가 판사가 된 최초의 여성들 중 하나였죠. 그리고 법원장이 된 첫번째 여성이기도 했습니다._01

그런데 이란 혁명 직후 저는 더 이상 판사 일을 할 수 없었습니다. 제가 여자였기 때문이죠. 그래서 이란변호사협회에 참여하고 변호사 일을 하기로 결심했던 겁니다.

저는 직업을 잃고 깨달았습니다. 이건 단순히 제 직업을 잃은 게 아니라 시스템이 사실상 여성과 사회를 공격한 일이라는 것을요. 그리고 실제로 그런 일이 발생했죠. 여성에 대한 공격이 시작됐고, 결국 굉장히 차별적인 일련의 법들이 통과됐습니다. 그래서 저는 제 모든 관심을 여성인권 신장과 여성문제에 집중하기로 결심했죠. 저에게 법의 실천은 정의를 구현하기 위한 도구입니다.

⬢ 이란 혁명 직후 선생님에게 일어난 삶의 전환점 중 하나가 시동생의 죽음이라고 알고 있습니다. 그 일이 체제 속에 새로운 정의의 의미가 필요함을 민감하게 인식하도록 만들어준 것 같은데요.

_01 1970년 스물세 살에 이란 최초의 여성 판사가 된 에바디는 1975년 테헤란 지방법원장이 됐다.

◈ 시동생의 사형 집행은 정말 슬픈 일이었습니다. 하지만 더 슬펐던 것은, 아마 일주일 동안이던가, 3000여 명의 젊은이들이 단지 정치적으로 활발하게 활동했다는 이유만으로 사형당한 사실입니다.

변호사로서 저는 정의가 큰 위기에 처해 있고, 제 관심이 온통 제가 변호를 맡고 있던 피고들에게 쏠려 있고, 그들이 우리 사회의 가장 억압받는 사람들이라는 것을 깨달았습니다. 왜냐하면 그들은 무고하게 체포됐을 뿐만 아니라 감옥에 있는 다른 보통 범죄자들보다 더 나쁜 대우를 받았기 때문입니다.

◈ 선생님이 책에서 말한 이야기가 떠올랐습니다. 이란 혁명 직후 남편분과 '결혼 후 계약서'에 합의한 것 말입니다. 그 부분에 대해 얘기해주시겠어요? 그 일이 선생님에게 법이 어떤 의미인지 그리고 법이 없는 사회가 줄 수 없는 게 무엇인지 우리가 잘 이해할 수 있게 해주는 듯합니다만.

◈ 저는 항상 법이 정의에 기여한다고 믿었고, 그렇지 않을 때라도 법이 우리를 더 정의에 가깝게 해줌을 확신시켜줄 방법을 찾으려고 애썼습니다.

이란 혁명 직전에 남편과 저는 법적으로 아주 공평하고 평등한 조건 아래 결혼했습니다. 그렇지만 혁명이 일어난 뒤에는 제 모든 권리를 잃었죠. 혁명 전에는 평등한 동반자였는데도 저는 사실상 노예로 전락한 겁니다. 제가 이렇게 부당함을 느끼니 집에서의 행동도 달라졌죠.

하루는 남편과 얘기하다가 제가 이 법적인 부당함에 고통 받고 있다고 말했고, 당신이 나의 동등한 권리를 회복시켜줄 새로운 합의서에 서명하자고 제안했습니다. 남편은 동의했죠. 실제로 계약에 사인할 때 사무실에 있던 서기관이 남편에게 꽤 흥미로운 말을 던졌습니다.

"이런 짓을 하다니 선생 미쳤소?"

남편은 이렇게 대꾸했죠.

"글쎄, 내 가족의 삶을 구하려면 이걸 해야겠소."

그 이후에 저는 정의가 이뤄진다는 것을 느꼈습니다. 그리고 다행히도 지금껏 우리는 함께 지내고 있습니다.

◆ 이란에서 정의가 어떻게 흘러가고 있는지 우리에게 좀 가르쳐주십시오. 한편으로 선생님은 이슬람 법, 전통적인 텍스트, 해석 사이에서 길을 찾아야 하고, 다른 한편으로는 국제법에 대한 감각을 갖고 계십니다. 예를 들어 여성의 권리 같은 경우에 말이지요.

◊ 정부는 이란에 퍼져 있는 불만족스러운 법을 정당화하고 있습니다. 그게 바로 이슬람법이라고 주장하면서 말입니다. 그러나 이슬람 텍스트와 법을 매우 세세히 공부해봤더니 정부는 잘못 해석된 이슬람법 위에 자신들의 법을 놓았더군요. 그래서 저는 정부에게 이 사실을 증명하려고 노력했습니다. 실제로 다른 해석도 있다는 것을 말이죠.

저는 주로 사람들에게 법의 실제적인 결과를 보여줄 수 있는 사안에 집중하고 있어요. 재판을 맡으면 저는 해당 사건에 대해 써달라고 기자들을 불렀습니다. 대중들이 재판 결과를 자각할 수 있도록 말이죠. 일단 자각이 생겨나면 사람들은 정부에 압력을 가하고 법의 변화를 요구하게 됩니다.

이런 방법을 통해 저는 실제로 몇몇 법을 바꾸는 데 성공했습니다.

◆ 책을 보니 의회에서 새로운 법안을 다룰 여성회의를 권고한 적도 계시더군요. 이 이야기를 좀 들려주시죠. 선생님의 주장은 이슬람법이 다양하게 해석되고 있고, 그것이야말로 논점이라는 점을 보여주는 것 같습니다.

◊ 몇몇 개혁적인 의원들의 요청으로 저는 가족법 초안을 작성한 적이 있습니다. 그건 이슬람법과 양립하는 동시에 정의를 구현하는 것이었죠. 의원들과 가진 회의에 일군의 성직자도 있었는데, 그들 대부분은

근본주의자들이었고 초안에 강하게 반발했습니다. 저는 종교문헌을 들고 회의에 참석했습니다. 그러고는 뭔가를 주장할 때마다 관련 문헌을 사람들에게 보여줬죠. 그 종교문헌들이 제 입장과 초안을 옹호해주고 있다는 걸 입증하기 위해서 말입니다.

그런데 거기 앉아 있던 성직자 중 하나가, 엄청난 근본주의자였는데 제 말을 더 이상 듣고 싶지 않다고 했어요. 저는 그 양반이 차 시중을 들던 사람에게 뭔가 귓속말하는 것을 눈치 챘습니다. 시중꾼이 나갔다 들어오더니 제게 "전화가 와 있습니다"라고 하더군요. 회의실에서 나오고서야 제게 아무도 전화한 사람이 없다는 걸 알게 됐죠. 제가 다시 회의실에 들어가려고 하니 시중꾼이 이렇게 말하더군요. 저는 더 이상 그 방에서 환영받지 못하는 사람이라고.

제가 말하던 것들이 진실과 정의에 근거한 것이었기 때문에 그들은 그걸 더 이상 받아들이지 못했고, 다른 주장을 정당화시키지도 못했습니다. 그래서 저를 회의실에 들이지 않기로 결정한 겁니다. 사실 이슬람 근본주의자들에 관한 문제는 매우 중대한 사안입니다. 그들은 그저 다른 사람들이 하는 말을 듣고 싶어하지 않습니다.

저는 늘 권력의 남용을 막으려고 애써왔습니다. 그게 정치적 이익을 추구하는 것이든, 대중들의 종교나 종교적 감정을 이용하는 것이든, 부를 추적하기 위해 권력을 사용하는 것이든 말입니다.

◈ 이런 법의 움직임이나 선생님이 해야만 했던 진정 힘든 일들을 되돌아봤을 때, 그 해야만 했던 일들을 도대체 어떻게 다 해내신 거죠? 선생님은 여전히 어머니였고, 가족을 부양하고 있는데도 말입니다. 그것도 세간의 주목을 받는 매우 어려운 사건들만 다루셨으니.

◈ 젊을 때부터 하루에 12~13시간씩 일하곤 했어요. 그런 식으로 일하게 되면 24시간은 실제로 굉장히 많은 시간이라는 걸 깨닫게 됩니다.

저는 제 상황을 배에 탄 사람과 비교합니다. 난파사고가 발생하면 승객은 바다로 빠지게 되고 계속 수영하는 것 외에는 달리 방법이 없죠. 이란 사회에서 법이 여성이 가진 모든 권리를 뒤집어놓는 일이 발생했습니다. 저에겐 다른 선택의 여지가 없었습니다. 피곤해 할 수도 없었고, 희망을 놓을 수도 없었습니다. 제겐 그럴 여유가 없었어요.

혼히 말하듯 사슬의 강도는 사슬에서 가장 작고 약한 부분에 달려 있습니다. 따라서 사슬이 끊어지지 않게 하려면 그 부분을 항상 보호해야만 합니다. 여성과 아이들 그리고 정치범들은 우리 사회의 가장 약한 구성원들이고, 그렇기 때문에 우리의 보호가 필요합니다.

◈ 정보기관의 암살대상 목록에 들어가 있다는 사실을 알았을 때의 상황을 좀 말씀해주셨으면 합니다.

◈ 일단 놀랐죠. 정부를 약화시키려는 정치적 의제에 참여한 적이 한 번도 없었고, 무보수로 사람들을 돕고 있었으니 말입니다. 그런데도 정보당국은 저를 암살하라고 명령할 만큼 저를 증오했다니. 우리 정부에게 친구와 적을 분간할 수 있는 능력이 없다는 것을 깨닫고는 정말 슬퍼졌죠.

◈ 선생님의 용기는 어디서 비롯되는 겁니까?

◈ 자신이 걷는 길이 정당하다는 걸 믿는다면 더 힘차게 발걸음을 내딛을 수 있습니다. 이와 동시에 저는 이슬람교도이고 신을 믿습니다. 그것 역시 저를 강인하게 만들어주죠. 제 길을 선택했을 때 저는 그게 올바른 길이라 확신했고, 성공하기 위해 최선을 다했습니다. 일단 최선을 다 하고 나서는 신에게 맡기죠. 신이 그 나머지를 제 앞에 보여주게끔 말입니다.

용기는 자신감에서 비롯됩니다. 자신의 결정이 옳다고 확신하면, 그것을 실현하기 위해 최선을 다하게 될 겁니다. 용기가 부족한 사람들은 종종 자신들의 결정이 옳은지 그렇지 않은지에 대해 확신이 충분하지 않은 사람들입니다.

필립 샌즈(Philippe Sands, 1960~) 칙선변호사는 매트릭스체임버_01의 법정변호사이자 런던대학교의 법학 교수이며 국제재판소ㆍ법정연구소의 소장이다. 유럽사법재판소, 국제사법재판소, 시에라리온 특별재판소 등 수많은 국제법정에 서기도 한 샌즈는《고문팀 : 럼스펠드의 메모와 미국의 가치관의 배신》(2008),《무법천지 : 미국은 어떻게 지구적 규칙을 만들고 깨뜨렸는가》(2005) 등을 저술하기도 했다.

_01 Matrix Chambers. 2000년 영국의 총리 토니 블레어의 부인인 부스 여사(Cherie Booth Blair, 1954~)가 런던에 세운 법률자문회사. 샌즈는 이 회사의 창립멤버 중 하나다.

| 필립 샌즈 | 2008년 11월 18일

"미국은 자신에게 유리한 국제법은
좋다고 하고, 거추장스러운 법은 나쁘다고
합니다. 그것이 아부 그라이브와 관타나모에서
고문을 정당화한 이데올로기입니다."

◈ 태어나고 자라신 곳은 어디입니까?

◈ 1960년 런던에서 태어났습니다.

◈ 돌이켜보셨을 때, 부모님이 선생님의 세계관 형성에 어떤 영향을 끼쳤는지
요?

◈ 엄청난 영향입니다. 제 어머님은 난민이셨습니다. 1938년 빈에서
태어나셨죠. 그리고 바로 빈을 떠났습니다. 유대인이었기 때문에 곤경
에 처할 게 뻔했으니까요. 파리에 도착한 어머님은 가톨릭계 고아원에
서 성장했고 전쟁 속에서 살아남으셨습니다. 그러고는 젊은 여성이 되
어 아버님을 만났고 영국의 런던으로 이주했죠. 그래서 국제적인 감각,
투쟁과 고통의 맥락, 사람들이 수십 년 전에 입은 피해에서 여전히 벗어
나지 못하고 있다는 생각, 이런 것들이 제 삶에 존재하고 있다고 말할
수 있겠습니다.

◈ 가족끼리 이런 경험들에 대해 많은 얘기를 나눴요?

◈ 제 경험에 의하면 사람들은 두 분류로 나뉩니다. 그런 이야기를
하고 싶어하는 사람들과 그렇지 않은 사람들. 저는 이런 일들에 대해서
정말로 말하길 원하지 않은 가정에서 자랐습니다. 저는 제 할아버지와
아주 가까웠습니다. 전쟁을 모두 겪으시면서 살아남은 할아버지는 1930

년대 빈의 젊은 사회주의자였고, 아주 훌륭한 분이셨죠. 저는 할아버지와 정치 얘기를 많이 나눴습니다. 할아버지는 제 성장기에 상당한 영향을 끼쳤습니다. 그러나 할아버지가 말하지 않은 것들도 있었죠.

👤 지금까지 걸어오신 길을 스스로 규정하자면 뭐라고 할 수 있을까요?

💬 저는 우리 가족에서 첫번째 변호사입니다. 제 어머님은 대학에 가지 않으셨어요. 아버님은 치과의사셨지만, 정치에 그다지 관심을 갖지 않으셨습니다. 그러나 저는 '이국성'에 영향을 받은 가정에서 자랐기 때문에 늘 국제적인 것에 흥미를 느꼈죠. 유년시절에 학교에서 있었던 일 중 기억나는 한 순간이 뭐냐고 물으신다면, 열네 살 때 우리를 탄광에 데리고 들어갔던 경제과목 선생님이라고 말하겠습니다. 런던 북부의 중산층 소년이었던 제게 그 경험은 굉장히 강렬한 것이었습니다. 그 뒤 저는 케임브리지대학교에 진학해 그곳에서 처음으로 국제법을 접하고는 그 주제에 빠져들었습니다. 게다가 로비 제닝스라는 요크셔 출신의 훌륭한 스승도 만났죠. 1980년 10월 제닝스 선생님이 교단에 서서 학생들 300명이 가득 찬 강의실을 둘러보며 이렇게 말한 것이 기억납니다. "나는 다음 한 해 동안 너희들에게 국제법을 가르치려고 한다. 아마도 이 300명 중 몇 명은 그 수업을 듣게 되겠지. 만약 너희들 중 누구라도 살아오면서 국제법 관련 문제를 한 번이라도 접해본 적이 있다면 괜찮은 결과를 얻을 수 있을 거다."

👤 국제법이 어떻게 돌아가는 건지 설명 좀 해주시죠.

💬 제가 국제법을 공부할 때만 해도 기본적으로 국제법원은 국제사법재판소뿐이었습니다. 우리 스승님은 기본적으로 이렇게 말하는 분이었죠. "너희들은 아마도 흥미로운 점을 발견할지도 모른다. 그러나 현실적인 연관성은 제한되어 있다는 것도 알게 될 거다." 저는 우연히 국

7. 인권과 법

제법에 빠져들었습니다. 케임브리지대학교에서 국제법으로 석사학위를 받은 뒤 수년간 그 분야에서 전문가로 활동할 수 있었는데, 당시 제게는 같은 대학교에서 의학-이학박사 복합학위 과정을 밟고 있던 미국인 여자친구가 있었습니다. 그녀는 마셜 장학생이기도 했죠. 학위를 받자 그녀는 하버드대학교로 돌아갔고, 저도 그녀를 따라갔습니다. 저는 직장도, 입지도, 아무것도 없었습니다. 돈이 좀 필요했고 살 곳도 필요했죠. 그래서 하버드 로스쿨의 국제법학과에 있던 데이비드 케네디라는 젊은 교수 밑에서 일 년간 연구조교로 일하게 됐어요. 동시에 하버드 로스쿨의 방문연구원이 됐죠. 그것은 대단한 경험이었습니다. 법과 현실 정치가 분리된 것이라고 가르쳤던 케임브리지대학교의 답답함에서 벗어나 미국식 변론 방법을 접할 수 있었고, 여기서 뜻밖에도 비판법학계와 당시 하버드 로스쿨에서 진행된 온갖 법리 전쟁들을 접하게 된 겁니다.

케임브리지대학교에서 국제법을 공부할 때는 정치와 법의 연관관계를 찾는 일 같은 건 장려되지 못했죠. 그러나 미국에서 보낸 일 년은 모든 게 정반대였어요. 법과 정치를 분리시킬 수 없었죠. 법은 정치과정에 아주 깊이 연관되어 있었고, 그것들을 동전의 양면처럼 바라봐야 했습니다. 그것이 저로 하여금 법을 훨씬 더 정책지향적인 것으로 보도록 북돋워줬어요. 그게 중요한 발전이었습니다. 제가 미국에서 그 해를 보내지 않았더라면, 저는 매우 다른 길을 걸었을지도 모릅니다. 나중에는 연구장려금을 받아 국제변호사가 됐고, 법정변호사 자격도 취득하게 됐죠. 저는 항상 배우고 실천해왔습니다.

🎲 국제법을 잘 적용하는 데 필요한 기술에는 어떤 것들이 있습니까?

🎲 가장 중요한 능력은 자신이 속해 있는 사회에서 스스로를 분리하지 않는 능력입니다. 자신이 관심 갖고 있는 사안에 대해 다른 문화와 사회, 다른 정치적 신조를 가진 이들이 어떻게 생각하는지 이해하는 것

도 중요하고요. 다른 이들이 동일한 사실과 상황에 어떻게 반응할지 보기 위해서 타자의 입장에 스스로를 위치시켜보도록 노력하는 겁니다. 아마도 그들은 다른 식으로 반응할 겁니다. 제가 국제사법재판소에 출두해 15명의 국제법관 앞에서 변론을 할 때, 저는 법정 안의 그 15명이 모두 다른 국적이라는 것을 유심히 살폈습니다. 그들 모두 각자의 정서적, 지적, 정치적 짐을 함께 안고 왔다는 걸 인정하고, 우리 모두가 바라보고 있는 그 일련의 동일한 문제에 어떻게 다다르게 됐는지를 이해하려고 노력하면서 말입니다.

◆ 국제법은 어떤 특정한 국가적 배경에서 판결을 내리는 것보다 한 차원 높은 수준에서 시행되는 것입니까?

◇ 국제법은 국가들간의 관계를 다스리는 법이라고 정의할 수 있습니다. 그때부터 서서히 발전해왔죠. 국가와 개인, 국가와 기업 그리고 OECD나 UN, 그밖에 다른 단체들과 같은 국제조직이 연관된 관계에도 적용됩니다. 그러나 본질적으로 지구를 한데 묶는 법이라고 할 수 있죠. 국제법은 국제적 차원에서의 역할도 하지만, 수많은 나라에서 국내적 차원에서의 역할도 합니다. 저는 요즘 영국의 국내법원에서 국제법을 논의하고 있죠. 현재 영국 법원은 국제법적 논거를 꽤 심각하게 받아들이고 있습니다.

◆ 국제법 전체에 적의를 품고 있는 네오콘의 의제에 대해서는 어떻게 생각하십니까? 이런 의제가 혼자서도 잘 진행될 거라고 생각하십니까?

◇ 복잡한 질문이군요. 이런 질문에 답하려면 복잡한 이론과 개인들의 공포를 살펴봐야 합니다. 네오콘의 눈에는 국제법이 어떻게 국내적 차원에도 효과를 끼치느냐에 의문을 제기하는 것이 완전히 합리적으로 보일 겁니다. 하지만 그 반대편에는 개인적 복지에 대한 염려가 있죠.

　　　　　　　　　　　　　　　　　　　　7. 인권과 법

예컨대 우리는 도널드 럼스펠드가 국방부로 돌아왔을 때 다양한 국제 규범의 검토에 착수했다는 사실을 다양한 문서들을 통해서 알고 있습니다. 헨리 키신저 같은 사람들은 이런 국제 규범 때문에 조사받지나 않을까 불시에 체포되지나 않을까 두려워해서 해외여행도 가지 못했죠. 럼스펠드는 국제법의 규범들이 특정한 방향을 선택할 수 있는 미국의 능력을 약화시킨다고 봤습니다. 그래서 각국을 동등하게 대하며 각종 제약을 부과하는 규범들을 국제법에서 제거하고 싶어했죠. 무력 사용, 해외여행, 특수한 가치의 조장 등을 규제하는 규범들을 말입니다. 일종의 '선택적 다자주의'를 주장한 것이었죠.

미국이 국제 규칙에 반대한다고 말한다면, 그건 틀린 말입니다. 미국은 자유무역규정, 해외투자보호법, 지적재산권법, 그밖에 경제적 목적에 따른 많은 규칙들에 근거해 경제적으로 번영했고, 그렇게 일궈낸 경제적 번영을 기반으로 자국의 경제사상을 수출하고 자국의 경제적 안녕을 발전시킬 수 있는 뛰어난 능력을 얻게 됐다는 건 이미 판명된 사실입니다. 과거에 부시 대통령이 한 것은 본질적으로 좋은 국제법(경제적인 것)과 나쁜 국제법(경제 외적인 것)이 있다고 말한 것입니다. 자기가 선호하는 국제법을 엄선하고 나머지는 제거해버린 거죠.

이런 질문에 간단한 답은 존재하지 않는다고 생각합니다. 저는 다른 사람들이 매우 다른 고려에 따라서 동기화된다고 봅니다. 네오콘이 뭉친 것은 국제법의 본질 자체가 민주주의와 개인의 자유라는 미국적 가치의 핵심에 상반되는 것이라는 믿음 때문이었을 겁니다. 그러나 그건 틀린 생각이죠. 사실상 국제법은 핵심적인 미국적 가치들을 요약한다고 할 수 있습니다. 하지만 이제 추는 다른 방향으로 흔들릴 겁니다.

🔹 선생님의 책 《고문팀》 얘기를 해보죠. 이 주제를 좇기로 결심했을 당시의 창조적 순간에 대해 말씀해주세요.

ⓥ 저는 2005년에《무법천지》를 출간했습니다. 이 세상과 국제 규칙들을 미세하게 묘사해보려고 쓴 책이죠. 그때 다음번엔 무슨 책을 쓸 계획이냐는 질문을 받곤 했어요.《무법천지》를 읽은 사람들 말로는 자신들 생각에 그 책 중의 한 챕터가 가장 흥미롭고 귀중한 것이라고 하더군요. 그게 바로 관타나모에 관한 장이었습니다. 저는 그 이야기를 책 속에서 다루긴 했지만 아주 일반적인 얘기를 문헌에 근거해서만 다뤘을 뿐이었죠.

2006년 여름 몇몇 사람들과 그런 대화를 나눴을 무렵 우연찮게도 오랫동안 보지 못한 옛날 영화〈뉘른베르크 재판〉(1961)을 보게 됐습니다. 당시 아마도 감기나 뭔가에 걸려 있었던 것 같은데, 아파서 침대에 누운 채 텔레비전 채널을 계속 돌리고 있었죠. 그러다가 독일 나치 정권의 악질 판사 몇몇을 기소한 미군 이야기를 다룬 이 놀라운 영화의 도입부 장면을 보게 된 겁니다. 그것은 당시 제가 가지고 있던 관심사와 일치했습니다. 이라크 아부 그라이브 수용소 사건에 이어 알베르토 곤살레스02와 짐 헤인즈03의 기자회견을 포함해 몇몇 문서자료들을 보며 저는 그 어떤 나라들보다 더 제네바협정이나 고문방지협약에 참여해온 미국에서, 미국의 변호사들이 도대체 어떻게 바로 그 국제법에 상반되는 심문기술이 정당하다고 인정할 수 있었는지를 자세히 살펴봤습니다. 그래서 저는 평상시의 일처리 방식을 버리기로 결심했죠. 문서자료에 근거해 일하는 것 말입니다. 그리고 생각했습니다. "가서 이 사람들을 만나자.

_02 Alberto Gonzales(1955~). 미국의 제80대 법무장관. 최초의 히스패닉계 법무장관이라는 영예를 누렸으나 알카에다와 탈레반들에 대한 제네바협약 적용을 거부하고, 기본권 침해 논란을 빚은 애국법 입법에 관여하고, 부시 정부에 비판적인 연방검사들을 무더기로 해임했다가 결국 의회의 사퇴 압력으로 사임했다.
_03 William James Haynes, Jr.(1958~). 미국의 변호사. 아부 그라이브 사건 당시 미 국방부 법률자문으로 있다가 포로들의 고문 문제가 불거지자 사임했다.

그들과 얘기를 나눠보고 싶다. 그들의 이야기를 직접 듣고 싶다. 열린 마음으로 시도해보자. 그들에게 동기를 부여하는 것이 무엇인지 보고 싶다. 진실된 이야기가 무엇인지 알고 싶다." 그리고 다른 방법론을 도입하기로 결심했습니다. 그들에게 편지를 쓰고, 찾아가고, 나랑 얘기하려고 할지 알아보자. 기본적으로는 대부분의 사람들이 저와 얘기하는 데 응해줬습니다.

◆ 이제 럼스펠드의 메모가 무엇이었는지 설명해주시죠. 그 메모에 뭐라고 적혀 있었습니까?

◇ 그 메모는 럼스펠드의 변호사이자 국방부 법률자문이던 헤인즈가 2002년도 11월 27일에 쓴 것이었습니다. 며칠 뒤에 럼스펠드가 거기에 사인했죠. 거기에서 럼스펠드는 관타나모 수용소가 물고문을 포함해 열다섯 가지의 고문기술을 쓰도록 포괄적으로 승인해줬습니다. 서명 아래에는 이렇게 적혀 있었죠. "나는 하루에 8시간에서 10시간 동안 서 있습니다. [포로들이] 서 있는 시간을 4시간으로 제한하는 이유가 뭡니까?" 이것은 1863년 이래로 자국의 이익을 보호하려고 저지른 잔인한 행위에 대해 미국이 정식화해온 내용을 거스른 최초의 글귀일 겁니다. 이제는 예전에 베트남과 한국에서, 1980년대 중앙아메리카에서 잔학행위를 한 적이 없다고 말할 수 없게 됐죠. 그러나 이 메모와 다름없는 당시의 기록은 발견되지 않을 겁니다. 국방장관만큼 중요한 누군가가 서명한 한 장의 문서로 잔혹행위를 합법화하고 제도화한다는 것은 아주 중대한 변화입니다. 요컨대 이런 일은 미국을 완전히 다른 장소로 옮겨다놓는 행동이었던 셈이죠.

◆ 법무부와 다른 정부기관 도처에서 심문정책을 적법화하기 위해 나선 변호사들이 몇몇 있었습니다. 이 법조인들과 그들의 역할 그리고 그들이 무엇을 잘못한

것인지 설명해주시기 바랍니다.

◈ 이 변호사들은 뚜렷한 이데올로기에 동조하고 있었고 특수한 일을 하도록 의뢰받았습니다. 그들이 추진한 법률자문과 절차는 독립적인 생각에 의한 것이라고 볼 수 없죠. 그래서 도움이 안 되는 기관들은 무시됐고, 반대되는 결정들도 피해가거나 제기되지 않았습니다. 그러니까 변호사들이 이미 결정된 행정정책에 단지 [승인하는] 고무도장만 찍는 상황이었던 거죠. 담당변호사에게 가면서 그 변호사가 당신에게 이렇게 말하리라고는 예상하지 못하겠죠. "자, 당신은 내게 무엇을 하고 싶은지 말했습니다. 제가 그것을 정당화할 법적 논거를 찾아드리죠." 이것이 바로 이 사건에서 발생한 일입니다. 그들은 그렇게 함으로써 법이 요구하는 역할을 저버렸고, 나쁜 자문과 좋은 자문을 구별하는 선을 넘어선 것입니다. 또한 직업상의 규칙에 위반되는 자문과 형사책임을 초래하는 자문을 나누는 경계를 넘어선 것이기도 합니다. 고문행위에 공모하고 참여하는 것을 법률로 금하고 있는 고문방지협약 4조를 잊어선 안됩니다.

◈ 이 사건은 어느 정도 권력이 연루된 문제였을까요? 아니면 자기기만이었을까요?

◈ 이런 행동을 이끈 첫번째 근원은 이데올로기입니다. 이 방향으로 추동된 개인들은 미국이 제약받지 않고 자유롭게 활동할 수 있어야 한다는 특정한 관점을 갖고 있고, 헌법을 해석할 때도 특정한 이데올로기에 따라 접근하죠. 두번째로는 무능력입니다. 국제법 관련 문제를 자문해주는 사람들이 실상 이쪽에 대한 배경지식이 없어요. 그래서 무능한 자문을 해주는 것이죠. 세번째로는 오만입니다. 더 잘 알고 있을지도 모를 다른 사람들의 의견에 귀를 기울이지 않는 겁니다. 결국 이 모든 게 우리를 아주 최악의 상황까지 몰고 가는 거죠. 게다가 동맹국들과 함께

7. 인권과 법

일할 수 있는 우리의 능력까지 무너뜨리죠. 동맹국들이 심문기술을 남용하는 나라에 억류자들을 넘겨주지는 않을 겁니다. 이와 마찬가지로 중요한 건데, 이런 상황이 직원채용 과정에도 영향을 끼치고 있어요. 제가 누차 말했듯이, 아부 그라이브 사진과 관타나모 이야기는 사람들을 격분시켰죠. 아부 그라이브와 관타나모는 우리가 직면한 실제적이고 현실적인 위협을 억제하고 그에 대응하는 걸 더욱 어렵게 만들 겁니다.

◈ 마지막 질문입니다. 버락 오바마 대통령이 미국의 정당성을 회복시키기 위해서라도, 우리가 저지른 이런 실수를 반성하고 속죄하려면 무엇을 해야 한다고 생각합니까?

◈ 오바마 대통령은 굉장히 어려운 과제를 맡은 거 같아요. 우선 군사위원회법 전체를 폐기해야 하고, 이런 관련된 각종 군사위원회를 없애야 합니다. 게다가 다양한 사람들에게 부과되는 사법체계 절차를 원래대로 적법하게 되돌려놔야죠. 오바마 대통령은 미국이 더 이상 고문하지 않을 거라는 신호를 분명하게 보낼 필요가 있습니다. 그리고 국방부에서부터 CIA에까지 고문기술을 사용하지 말라고 해야죠. 물론 부시 대통령은 거부했지만 말입니다. 만약 오바마 대통령이 그렇게 하지 않는다면 국민들은 염려하기 시작할 겁니다. 제 생각에 오바마 대통령은 상당히 멀리까지, 상당히 빨리 갈 것 같습니다. 오바마 대통령에게 더욱 복잡한 일은 과거를 되돌아보는 일입니다. 지금껏 저질러진 범죄에 관해서 오바마 대통령이 무엇을 할 수 있을까요? 첫 걸음은 사실을 구별해내는 것입니다. 행정부가 두려워하지 않고 사실을 분간해야 미국이 다음 단계로 움직일 수 있을 것이고, 우리 모두 앞으로 나아갈 수 있도록 해줄 겁니다.

8

역사를 통한
급진적 통찰

역사는 과거가 주는 강렬한 교훈을 들려줌으로써 젊은 세대를 정치적으로 각성시킬 수 있다. 그러나 불행하게도 기존의 전통적인 역사학은 불의와 억압, 저항과 불복종, 소수자·여성·가난한 이들의 경험까지 포괄해 종합적으로 들려주지 못했다. 전통적인 역사학의 이런 실패 탓에 역사를 새롭게 바라보는 접근법이 필요하게 됐는데, 이 장에서 소개할 두 명의 뛰어난 역사학자는 훌륭하게 이 요청에 부응했다.

조앤 월락 스콧과 하워드 진은 그동안 역사학이 빠뜨렸던 모든 사람의 역사를 살펴봄으로써 기존 역사서술의 편견을 바로 잡는 엄청난 임무를 수행해왔다. 민권운동, 반전운동, 여성운동은 역사 분석의 새로운 범주를 만들고, 지난 과거의 중요한 진실을 밝혀내 우리의 미래를 바꿀 수 있도록 이 두 역사학자를 북돋웠다.

조앤 월락 스콧(Joan Wallach Scott, 1941~   )은 프린스턴대학교 부설 고등연구소 사회과학 분과의 '해롤드 F. 린더' 교수로 재직 중이다. 자신의 저서를 통해 스콧은 역사학의 전통적 관행이 발 딛고 있는 토대에 도전했고, 비판적 역사학이라는 영역을 개척하는 데 공헌했다. 이제는 고전이 된 스콧의 20여 년 전 논문 「젠더 : 역사적 분석의 유용한 범주」는 오늘날까지도 여성학과 젠더 연구를 혁신할 만한 영감을 제공하고 있다. 최근 스콧은 차이가 민주주의적 관행에 문제를 제기하는 방식에 관심을 갖고 연구 중이다. 《베일의 정치학》(2007),《동등함 : 성적 차이와 프랑스 보편주의의 위기》(2005),《줄 수 있는 건 오직 역설뿐 : 프랑스 페미니스트들과 인간의 권리》(1996) 같은 최근의 저서들도 이 문제를 다루고 있다.

"차이를 불쾌한 것이라 여기지 말고,
차이가 위계질서로 변하게 하지 않고, 차이가
권력의 차이를 발생시키지 않게 하면서
협력하는 것이 중요합니다."

◈ 선생님이 태어나고 자란 곳은 어디입니까?

◈ 뉴욕 주의 브룩클린에서 태어났고 거기서 자랐습니다.

◈ 그 시절을 돌이켜볼 때, 부모님이 선생님의 세계관 형성에 영향을 주었다고 생각하십니까?

◈ 제 부모님은 모두 고등학교에서 역사를 가르치셨습니다. 그 때문에 제가 역사학자가 됐다고 생각하지는 않습니다만. 아무튼 저희 집에서는 사상이나 정치가 중시됐죠. 두 분 모두 좌파였고요. 사실 아버님은 1953년에 뉴욕시 교사직에서 해고당했습니다. 꼭 조셉 매카시 같은 뉴욕시 조사위원회에 협조를 거부하셨거든요.

◈ 식사 시간의 화젯거리는 어떤 것들이었습니까? 정치적인 쟁점이 주된 화제였나요?

◈ 정치나 당시 쟁점에 대한 분석, 역사에 대한 토론 등이었죠. 어머님은 그때도 계속 역사를 가르치셨기 때문에 학생들 얘기도 하셨고, 남북전쟁이나 기타 미국사의 갖가지 사건을 당신들이 어떻게 가르치셨는지 등을 들려주시기도 했습니다. 어머님은 아이들이 이해하는 것을 왜 어른들은 이해하지 못하는지 골똘히 생각하곤 하셨어요. 가르침에 대한 이해, 가르침의 중요성에 대해서도 많이 얘기했습니다.

❖ 대학에 진학하시기 전부터 방법론에 대해 숱하게 토론하신 것 같네요. 대학에 입학하시기 전, 선생님에게 큰 영향을 미친 고등학교 선생님이나 환경이 있었는지요?

◈ 있습니다. 대학영어 선이수 과목을 가르치던 선생님이셨는데, 제게 읽는 법을 가르쳐주셨죠. 우리는 클리언스 브룩스와 로버트 펜 워런이 오래전에 쓴《시의 이해》와《문학의 이해》를 읽곤 했는데, 선생님이 시를 읽는 법과 문학에서 행간을 읽는 법을 가르쳐주셨죠. 당시에는 잘 몰랐는데, 제가 언어와 문학적 재현 방식과 푹 빠지게 된 게 그때였습니다.

❖ 학사 공부는 어디서 하셨습니까?

◈ 브랜다이스대학교에서 했습니다.

❖ 브랜다이스대학교 시절에 선생님의 지적 사고방식을 형성해준 건 무엇이었나요?

◈ 제가 신입생 때 헤르베르트 마르쿠제가 예비 신입생들을 대상으로 '교육의 방해효과'라는 주제로 강연한 적이 있습니다. 강연의 요지는 배운 바를 활용해 무엇인가를 해야 한다고, 비판정신을 기르고 정치에 참여해야 한다는 것이었습니다. 절대 잊을 수 없는 메시지였죠. 그 다음으로 영향을 준 것은 '서구문명 입문'이라는 강의의 후반부를 맡은 프랭크 마누엘의 가르침이었습니다. 이 수업을 계기로 제가 역사학자가 된 것이 아닌가 생각합니다. 당시 친구 얘기로 마누엘의 수업을 듣고 전공을 역사학으로 바꾼 경우가 많았다고 하네요. 특히 마누엘의 관심 분야는 관념사와 지성사였는데 우리는 원문을 읽고 그에 대해 토론했습니다.

❖ 브랜다이스대학교 시절에 행동주의에 대한 이해의 폭이 넓어졌다고 보십니까?

◈ 예. 저는 1958년 가을 브랜다이스대학교에 입학해 1962년에 졸업했습니다. 1960년은 노스캐롤라이나 주의 그린즈버러에서 연좌시위.01가 있었던 해입니다. 바로 몇 년 전[1956년]에 졸업한 마이클 왈저가 그

린즈버러와 남부 전역을 돌고 와서는 우리에게 자신이 본 일들을 알려 줬고, 학생들에게 울월스 식당으로 가 항의할 것을 촉구했죠. 이것이 제가 받은 또 하나의 영향이었습니다. 그러나 당시는 사회참여를 할 수밖에 없던 때였죠. 당시 브랜다이스대학교에서 학생정치에 관여하지 않기란 힘든 일이었습니다.

 브랜다이스대학교 시절에 여성운동을 발견하신 건가요? 아니면 그 뒤에 알게 되신 것인지요?

그 점에 있어서는 가족의 영향을 받았다고 늘 이야기합니다. 아버님은 정치적으로 활동적일 뿐만 아니라 종교도 믿지 않으셨습니다. 어린 저희에게 성경은 신뢰할 만한 책이 아니라고 항상 말했죠. 왜냐하면 성경에서는 조물주가 남성의 갈비뼈에서 여성을 창조했다고 하는데, 이런 설명은 여성이 태생적으로 열등한 존재임을 가정하는 것이기 때문이라고 말이죠. 그래서 의심해야 한다고. 게다가 제가 자라는 동안 어머님은 계속 일을 하셨기 때문에 남녀가 할 수 있는 일에 차이가 없음을 보고 자라기도 했어요. 부모님의 친구분들도 남녀를 막론하고 대부분 교사였기 때문에 어린 저희에게는 본보기가 있는 셈이었다고나 할까요. 그런데 브랜다이스대학교에 다닐 때는 다른 종류의 정치, 예컨대 반핵과 민권운동의 정치가 있었습니다. 위스콘신대학교에 다닐 때_02는 민권운동, 즉

_01 Greensboro sit-ins. 1960년 2월 1일 당시 노스캐롤라이나농업기술대학교의 흑인 대학생 4명이 그린즈버러 시내에 위치한 울월스 식당의 백인 전용 좌석에 앉아 커피와 음식을 주문했으나 주인이 이를 거절하면서 시작된 연좌농성. 당시 남부 11개 주에서는 화장실, 레스토랑, 호텔, 극장, 기차 등 공공시설에서 흑백을 분리하는 인종차별법 '짐 크로우'가 시행돼 흑인들은 식당 내 간이의자에 앉아 샌드위치나 햄버거 등을 사먹을 수 없었다. 이 식당의 흑백차별에 항의하는 연좌농성은 5일째 되던 날 1000여 명에 이를 정도가 됐고, 민권단체와 백인 대학생들까지 가세한 가운데 6개월간 지속됐다. 결국 7월 말 식당 내 좌석의 흑백분리는 폐지되어 민권운동 승리의 상징적인 곳이 됐다.

1964년의 '자유의 여름'_03이 먼저 있었고, 그 뒤에 베트남전쟁 반대운동이 등장했죠. 페미니즘은 그 다음에야 등장했습니다. 페미니즘은 1970년에야 비로소, 제가 일리노이대학교에서 강의하기 시작하고, 동료들이 여성사 과목을 개설할 때쯤에야 등장한 것이죠. 당시는 페미니즘이 막 태동할 무렵이었고, 저는 여성 교직원 모임의 일원이었습니다. 저희 모임이 학내 보육시설과 여성학 강좌를 만들었어요. 여성학 강좌는 이후 정규 과목으로 자리 잡았죠. 제가 여성운동과 여성사에 관심을 갖기 시작한 것은 그곳에서였습니다. 더 정확하게는 여성사 강의를 맡기로 하고 노스웨스턴대학교에서 가르치기 시작한 2년 뒤부터였습니다. 제 수업을 듣는 학생들은 뭔가 영감을 얻고, 과거에 여성들이 어떻게 살았는지 알고 싶어했습니다. 저는 이렇게 여성사학자가 됐어요. 강의를 해야 하니 여성사를 공부해야 했고, 그러다가 여성사와 관련된 문제에 빠져들게 된 거죠. 특히 저는 노동사학자로 출발했기 때문에 더 큰 흥미를 느꼈어요.

 대학원 시절은 어땠습니까?

위스콘신에 입학한 건 1962년 가을이었습니다. 대학원생들이 많았죠. 학과장이던 메릴 젠슨은 여학생이 대학원 세미나에 참여하는 걸 반기지 않았습니다. 남학생들 간의 동지애가 깨진다고 생각했거든요.

위스콘신대학교의 대학원에 입학하면 학과장을 만나서 일생을 결정지을 세미나를 배정받게 됩니다. 학과장에게 갔더니 이렇게 말하더군

_02 스콧은 위스콘신-매디슨대학교에서 석사학위(1964년)와 박사학위(1969년)를 받았다.

_03 Freedom Summer. 1964년 6월, 당시까지 정치적으로 철저하게 배제되어 온 미시시피 주의 흑인 유권자들을 선거인 명부에 등록시키기 위해 조직된 캠페인. 이 캠페인이 진행되는 동안 민권운동가와 자원봉사자를 대상으로 한 폭력사태가 숱하게 벌어지기도 했지만 이를 통해 1964년의 민권법이 통과되어 민권운동이 진일보할 수 있었다.

요. "구사할 수 있는 언어가 뭔가? 어떤 역사를 전공할 생각이지?" 저는 프랑스어라고 답했습니다. 중학교 때부터 공부했기 때문이죠. 그랬더니 이러더군요. "그러면 프랑스사 세미나가 좋겠군." 이것이 제가 프랑스사 전공자가 된 과정입니다.

그 뒤에 몇몇 교수들이 사회사 세미나를 조직했습니다. 사회사를 연구하려는 움직임이 꿈틀대던 무렵이었죠. 저희는 E. P. 톰슨의《영국 노동계급의 형성》을 비롯해 저뿐만이 아니라 모든 세대의 사회사학자들에게 영감을 주는 다양한 책들을 탐독했습니다. 특히 저는 노동사에 관심이 있었습니다. 그래서 논문 주제로 프랑스 남부의 유리 제조공들을 골랐죠.

◈ 당시는 베트남전쟁을 비롯해 권력에 대한 문제제기가 전면적으로 이뤄지던 때 아닙니까?

◇ 맞습니다. 권력에 대해 심층적으로 고민할 기회가 생긴 시기였죠. 학부생 때에도 나름대로 정치활동을 하고 역사를 공부했지만 양자가 동일선상에 있다고 생각하지는 못했습니다. 그러다 여성사를 공부하면서부터 제가 하고 있는 연구 작업과 주류적인 사고방식에 도전하는 작업이 서로 맞물릴 수 있음을 깨닫게 됐죠. 게다가 제가 하는 학문에 정치적 효력이 내재되어 있다는 것도 알게 됐습니다.

◈ 학자로서의 훈련과정에 대해 몇 말씀해주십시오. 가장 큰 영향을 받은 사회이론가는 누구인가요?

◇ 무엇보다 저는 미셀 푸코 같은 포스트구조주의자들의 영향을 많이 받았습니다. 이들을 통해 역사를 한다는 것, 특히 역사의 주된 흐름에 덧붙는 부록 취급만 받았던 '여성' 중의 한 명으로서 제가 돌파구를 찾지 못하고 있었을 때 여성사를 한다는 것에 대해 다른 방식으로 생각할 수 있었어요. 푸코는 현재의 시점에서 과거에 대해 던지는 물음은 순

수하거나 객관적이지 않다고 했습니다. 그런 물음은 우리가 살아가고 있는 현재, 오늘날의 정치적 정당화나 정치적 도전과 관련되어 있다고 본 거죠. 예컨대 여성사를 공부한다는 것은 단지 과거에 여성이 무슨 일을 했느냐를 묻는 것이 아닙니다. 그보다는 우리로 하여금 기존의 방식대로 남녀 간의 젠더 관계를 생각하도록 만드는 것이 무엇인지, 사람들이 항상 남녀 차이가 전적으로 자연적인 것이라고 생각해왔는지, 만약 말 그대로의 의미에서 남녀라는 범주가 계속 변해왔다면 도대체 이 차이라는 것은 무엇인지 등을 묻는 것입니다. 우리는 이런 차이를 알아야 할 필요가 있습니다. 그저 과거를 이해하는 데 도움이 되기 때문만이 아니라 현재에 사물이 변할 수도 있음을, 즉 사물이 기존에 이해되던 방식대로 항상 존재하지 않을 수도 있음을 깨닫게 해주기 때문입니다.

◈ 푸코를 읽으면서 교육과 배움에 대한 선생님의 인식도 전반적으로 달라졌나요?
◈ 제게는 늘 약간의 반골 기질이 있었습니다. 그런데 브랜다이스대학교에서 배운 것이 뭐냐 하면, 작문시험의 가장 좋은 답안은 문제의 전제에 도전하는 답안이라는 겁니다. 남북전쟁이 노예제도 때문에 일어났느냐는 문제가 작문시험에 나왔다고 가정해보죠. 그때 '예'라고 생각하고 그 이유를 적는 것만으로는 좋은 답안이라고 할 수 없습니다. 남북전쟁이 노예제도 때문에 일어났다는 전제는 당대의 경제와 정치뿐만 아니라 각 주의 이해관계 같은 문제를 간과하는 것이라고 쓴다면 A학점을 받을 수 있었죠. 이런 식으로 저희는 비판적으로 생각하고 주어진 모든 것의 가정을 문제 삼는 법을 배웠습니다.

그래서 푸코를 읽는 것도 또 다른 방식의 비판적 도전을 배우는 것이었습니다. 푸코는 역사가 계속 단선적으로 발전한다는 식으로 생각할 필요가 없다고 말했죠. 그보다는 어디서 단절이 발생했는지, 그런 단절이 왜 생겼는지를 질문할 수 있어야 한다고 했습니다. 게다가 '여성'

8. 역사를 통한 급진적 통찰

'남성' '이성' '열정' 등 똑같은 단어를 사용하더라도 시대에 따라 의미가 달라진다고 설명했죠. 그렇다면 이처럼 의미가 달라지게 만드는 건 도대체 무엇일까요? 그리고 새로운 의미는 어떤 효과를 끼칠까요? 이렇게 묻기 시작하면 역사에 대해 그리고 우리가 과거에 대한 지식을 갖고 할 수 있는 일에 대해 기존과는 완전히 다를 뿐만 아니라 더욱 더 흥미롭기까지 한 시각을 갖게 됩니다.

🔖 선생님의 저서 《베일의 정치학》 얘기를 해보죠. 선생님은 동시대의 정치적 담론에서 역사가 중요한 역할을 하고 있다는 전제를 깔고 출발하십니다.

💬 제가 비판적 역사라고 부르는 것이지요. 푸코는 이것을 '현재의 역사'라고 규정했는데, 동시대의 쟁점을 제기한다는 의미입니다. 협의의 정치적 쟁점, 예컨대 경기부양 대책 같은 쟁점이 아니라 우리가 당면 문제를 생각할 때 사용하는 언어 같은 쟁점 말입니다. 지금으로서는 '시장'이 그런 언어 중 하나일 텐데 과연 자유시장 같은 것이 존재하는지 안 하는지, 시장이라는 관념의 역사가 어떻게 되는지 같은 쟁점이죠. 우리는 애덤 스미스의 시장 개념을 그대로 적용할 수 있는 시대에 살고 있을까요? 아니면 뭔가 완전히 다른 일이 벌어지고 있거나, 그런 개념을 사용하기는 하지만 완전히 다른 쟁점을 다루고 있는 걸까요?

이렇듯 사람들이 생각할 때 사용하는 개념적 범주에 민감하게 반응하고, 그 개념들을 비판적으로 바라보면서 그 개념이 지닌 힘을 건드리는 것, 그것이 바로 역사입니다. 《베일의 정치학》에서 다룬 사례를 살펴보자면, 제가 베일의 문제에 처음 관심을 갖도록 만든 것은 프랑스의 보편주의 개념입니다. 프랑스에서 보편주의란 모든 사람이 개별재[개인]이고, 모든 개별자는 동등하다는 개념입니다. 그리고 차이를 인정한다는 것은 단일한 민족국가라는 건물, 만인에게 똑같이 적용되는 보편적 원리에 균열이 있음을 인정하는 것이라는 점을 가리키는 개념이죠. 그런데 현재의 프랑스 사회에서 제기된 몇몇 쟁점을 보면서 저는 이 개념이 뭔가 잘못됐다고 생각하게 됐습니다. 그 계기 중 하나가 이슬람 이민자들에 대한 대우였는데, 사실 그들 중 일부는 대대로 그곳에서 살아왔기 때문에 이민자가 아니죠. 공립학교에 머리스카프를 쓰고 오는 이슬람 여학생들을 대하는 방식도 계기가 됐습니다._04 그래서 저는 제가 방금 언급한 이야기를 되풀이하는 책을 쓰기보다는 다음과 같은 질문을 던졌습니다. 이슬람교도들에 대한 프랑스인들의 생각을 만들어주는 게 무엇일까, 무엇이 프랑스인들로 하여금 머리스카프 착용은 용납될 수 없는 행위라고 생각하게 만들었을까, 왜 머리스카프일까, 왜 여성일까? 왜 뒤이어서 이슬람 성직자들에 대해서는 논의하지 않았을까? 프랑스 사회에서 이 사건이 이슬람교도들이 저지르는 잘못의 상징이 되도록 만든 건 무엇일까?

◆ 그렇다면 사건의 추이를 제대로 이해할 수 있기 위해서는 그 전에 다른 쟁점들, 예컨대 세속주의나 개인주의 같은 쟁점들을 역사적으로 고찰할 필요가 있다고 보십니까?

◇ 제가 말씀드리고 싶은 것은 어떤 쟁점이 시대를 막론하고 동일한 방식으로 계속된다는 것이 아닙니다. 그보다는 프랑스에서 머리스카프와 관련해 발생한 논쟁에는 일련의 개념이 존재했다고 말씀드리고 싶습니다. 공립학교에서 문제를 일으킨 것은 머리에 스카프를 두른 이슬람 여학생들이 아니었습니다. 600만 명 정도로 추정되는 프랑스 내 이슬람 인구 중 여학생들은 고작 수천 명 정도에 불과합니다. 그러니 공립학교

_04 여기서 스콧이 말하는 '머리스카프'는 이슬람 여성들이 머리에 두르는 '히잡'(hijab)을 말한다. 지난 2004년 3월 15일 프랑스 공립학교에서 모든 종교적 상징물의 착용을 금지하는 법안이 공표됨으로써 이슬람 여학생들의 히잡 착용 문제가 세인들의 관심을 집중시킨 바 있다.

의 교실을 느닷없이 압도하는 뭔가 커다란 위협이 문제가 되는 게 아닙니다. 문제는 이슬람교도라는 존재에 대한 인식이 예민해졌다는 것이죠. 특히 9·11사건 이후에 말입니다.

사실 이슬람교도들에 대한 최초의 공격은 프랑스 혁명 200주년이던 1989년에 일어났습니다. 한 중학교 교장이 머리스카프를 쓰고 오는 여학생들을 더 이상 용인하지 않겠다는 공문을 띄웠죠. 여학생들은 예전부터 쭉 그래왔는데 말입니다. 유대인 소년들은 야물커를 쓰고 시크교도들은 터번을 쓰고 왔지만 그건 쟁점이 되지 않았습니다. 그러다 논란은 잠잠해졌습니다. 협상이 오고 갔죠. 그런데 1994년에 다시 이 문제가 폭발했고 2003년에 재차 폭발합니다._05 이건 뭔가 지나친 반응이라고 할 만하죠. 머리스카프에 대한 히스테리, 사람들이 이에 대해 떠드는 말, 신문기사, 여학생들이 계속 머리스카프를 쓰고 등교하는 것을 용인할 경우 궁극적으로 모든 것이 파멸될지도 모른다는 걱정 등은 이슬람 여학생들이 머리스카프를 쓰고 등교한다는 현상 자체에 비해 상당히 과도한 것이었습니다. 여기에서 이런 문제가 제기됩니다. 왜 이런 일이 발생하고 있는 걸까? 프랑스에서 이민자 문제를 거론해 중도파를 자기 진영으로 끌어들이려 한 건 늘 극우파였습니다.

_05 1989년 당시에는 학교 측과 가족의 중재로 교실 안에서만 히잡을 벗는 조건으로 여학생들의 퇴학 조치가 취소됐고, 최고행정재판소 역시 여학생들의 히잡 착용이 종교적 의미를 띠더라도 다른 학생들의 권리를 침해하거나 수업활동을 방해하지 않는 한 정교분리 원칙의 정신에 위배되지 않는다는 판결을 내렸다. 1994년에는 당시 교육장관 프랑수아 베루가 "어떤 학생이 너무 노골적인 종교적 상징물을 착용, 학교 내의 규범을 따르지 않을 때 이를 학교가 받아들이는 것은 불가능하다"라는 내용의 공문을 각 학교에 전달했다. 이때 역시 최고행정재판소는 '노골적인 상징물'에 대한 명확한 규정이 없을 경우 자의적으로 해석될 여지가 있으므로 히잡 착용의 금지를 거부하는 기존 입장을 재확인했다. 그러던 것이 2003년 공화국 내 정교분리 원칙의 적용을 재고하기 위한 대통령직속 특별위원회(위원장 베르나르 스타지)가 결성되면서 사태가 일변했고, 결국 최고행정재판소 역시 히잡 착용을 법으로 금지했다.

◐ 그렇다면 선생님이 보시기에 프랑스인들이 왜 이 특정한 쟁점에 그토록 주목한 겁니까?

◑ 프랑스는 오랫동안 이민을 받아들였던 국가였습니다. 단 프랑스의 문화에 동화되어야 한다는 조건이 있었죠. 그래서 포르투갈, 이탈리아, 스페인 등지에서 온 이민자들은 프랑스어를 배우고, 프랑스인처럼 행동하고, 프랑스인처럼 보이려고 노력했죠. 그런데 이슬람교도들에게는 세 가지 문제가 있습니다. 첫번째 문제는 이들의 피부색이 좀더 까맣다는 것이고, 두번째 문제는 이들이 프랑스의 옛 식민지 출신이라는 점입니다. 따라서 프랑스의 지배적인 인구계층은 사회적으로 이들을 열등한 존재로 규정해왔죠. 1830년 프랑스가 알제리를 처음 식민화한 이후 수십 년에 걸쳐 말입니다. 그러니까 이런 사람들을 열등함과 결부시켰던 오랜 역사가 있었던 겁니다. 마지막 세번째 문제는 이슬람교도들이 자신들의 종교 관행을 공적으로 고수하려 한다는 점입니다. 프랑스에 동화되려면 종교를 사적인 문제로 대해야 하는데 말이죠. 집에서 사적으로 종교활동을 한다면 문제가 되지 않습니다. 그러나 머리스카프를 쓴다든지, 매일 다섯 번 기도를 한다든지, 교내식당에서 특정 음식을 거부한다든지 하는 방식으로 자기 종교를 드러낸다면 이는 규칙을 위반하는 것이고, 사적이어야 할 것을 공적인 영역에 가지고 오려 한다는 것을 의미하게 됩니다.

◐ 이런 종교적 표현은 세계화가 초래한 쟁점에 대한 젊은 세대의 대응이자 자신을 더 큰 공동체의 일부로 만들어주는 정체성의 표명 아니겠습니까?

◑ 맞습니다. 프랑스만의 문제가 아니라 국제적인 문제죠. 머리스카프 착용을 불법화하거나 이슬람 국가들에서의 이민을 금지하고 싶어하는 사람들이 무시무시한 방식으로 말하는 것과는 달리, 이 아이들은 전혀 정치적이지 않지만 말입니다. 지금이 1970년대라면 일부 이슬람 여학생들

은 마오쩌둥주의자가 됐을 겁니다. 지금은 21세기이니까 물질만능주의, 서구 제국주의, 전 세계적 차원의 경제적 변동 등에서 근본적으로 이탈할 수 있도록 해주는 다른 무엇인가가 있을 텐데 그 여학생들에게는 이슬람교가 바로 그것인 셈이죠. 게다가 그들에게 이슬람교는 하찮기보다는 훌륭한 명분입니다. 이슬람교는 종교의 언어이자 저항의 언어입니다. 저는 이슬람교가 단순히 종교에 관한 것이라고 말하기보다는 사람들이 견지할 수 있는 급진적 입장의 유효한 언어라고 말하고 싶은 겁니다.

게다가 프랑스에서 심각하게 차별받는 많은 이슬람권 아이들이 그런 상황에서 벗어나 자신에 대해 생각할 수 있게 해주는 방법이라는 점에서, 저는 이슬람교가 일종의 정체성이기도 하다고 생각합니다. 이 아이들은 프랑스에서 소수자이자 극빈층입니다. 대다수의 이슬람 이민자들이 중산층에 속하는 전문직 종사자인 미국의 상황과는 아주 다르죠. 프랑스 같은 나라들에서 이슬람교도들은 제가 '인종'이라 부르는 기준에 근거해 경제적으로 가장 불이익을 받는 동시에 차별받고 있는 사람들입니다.

◈ 이슬람에 대한 서구의 인식이 어떤지 간단히 말씀해주십시오.

◈ 음, '서구' 대 이슬람 같은 식으로 생각할 수는 없습니다. 이런 범주는 양측에 수없이 존재하는 사회적·종교적 다양성을 은폐합니다. 제 생각으로 이슬람 대 '서구'라는 쟁점은 최근 정치적으로 이용되고 있습니다. 그 방법 중 하나가 젠더 불평등을 이슬람 문화의 특성으로 귀착시켜 서구에 존재하는 젠더 불평등 문제를 은폐하는 것이죠. 따라서 서구인들은 자신들이 '그들'[이슬람교도]을 반대하는 이유는 이슬람권 여성들이 차별받고 있기 때문이라고 말합니다. 머리스카프 착용이 그런 차별의 상징이라고 말하면서 말입니다. 이슬람 여성들이 "아니, 우리가 머리스카프를 착용하는 것은 신을 경배하는 방식일 뿐이다. 유대인 남성들이 야물커를 쓰면서 자신은 신에게 경배를 바치는 것이라고 말하듯

이 우리 역시 그런 이유로 머리스카프를 착용하는 것이다. 아버지, 오빠, 다른 누군가의 강요로 착용한 것이 전혀 아니다"라고 말하는 데도 말입니다. 물론 이슬람 여성 모두가 그런 목적으로 머리스카프를 착용한다고 말하려는 건 아닙니다. 그저 단 한 가지 이유만을 지목할 수는 없다는 것이죠. 그러니까 우리는 평등을 누리고 있는 반면에 저들은 평등을 누리지 못한다고 자동적으로 가정할 수는 없다는 겁니다.

'그들'과 '우리'라는 첨예한 대립구도를 전제로 머리스카프 착용이라는 문제에 접근한다면 서구 사회에서 지속되는 일체의 불평등 문제를 간과할 우려가 있습니다. 프랑스나 미국의 경우 선출직 여성 의원의 비율은 고작 16퍼센트에 불과합니다. 서구에서 여성들이 온전하게 평등을 누리고 있다면, 공직에 대한 이런 불평등한 접근 기회나 임금 차별 등 페미니스트들이 정치적으로 관여해왔던 다른 여러 문제를 어떻게 설명할 수 있을까요? 일단 이런 문제를 '우리 대 그들'이라는 구도로 접근하게 되면 불평등에 관한 일체의 쟁점이 희석되고, 페미니스트들은 '그들'이 머리스카프를 착용하지 않게 만드는 것에만 골몰하게 되겠죠. 그러면 우리는 우리 사회의 당면 문제를 모조리 잊게 됩니다.

◈ 그러니까 이 문제는 권력에 관한 문제, 즉 언어와 상징이 당면한 상황을 다루고, 어떤 면에서는 전혀 다루지 않음으로써 권력의 도구가 되는 방식에 관한 문제라는 것이군요.

◉ 네. 바로 그렇습니다. 언어가 권력관계를 구조화하면 권력관계가 실제로 어떻게 작동하는지 전혀 인식할 수 없게 되죠. 아프가니스탄 전쟁 초기에 로라 부시는 아프가니스탄에서 억압받아 고통받는 여성들을 어떻게 해방시킬지에 대해 언급했습니다. 자신의 남편이 이끄는 행정부가 낙태권을 없애려 하고, 여성의 의무란 가정을 지키며 아이들을 양육하는 것이라고 믿는 기독교 근본주의자들의 지지를 받고 있으면서 말입

니다. 로라 부시의 미사여구를 믿는 사람들은 아프가니스탄의 여성들을 '해방'시키려 하면서도 정작 자국에서는 이런저런 방식으로 여성을 억압하는 데 골몰하는 미국인들이 있다는 사실을 모르는 것 같습니다.

◈ 프랑스인들은 젠더 평등이라는 토대 위에서 성적 차이의 문제에 어떻게 접근하고 있나요?

◈ 늘 그랬듯이 프랑스의 정치이론은 한 손에는 평등, 다른 손에는 성적 차이를 거머쥔 채 고전 중입니다. 성(sex)처럼 추상화될 수 없는 일련의 특성이 존재합니다. 자연적인 차이이기 때문에 피해갈 수 없다고 여겨지는 그런 특성 말입니다. 그런데 이런 입장은 우리 모두가 일체의 사회적 특성이 추상된 개인06으로서 똑같다는 생각과 모순됩니다. 우리 모두는 개인으로서 동등합니다. 그런데 성차는 이런 추상적 개인주의에 문제를 일으키죠. 프랑스 혁명 당시 국가의 이념으로 자유 · 평등 · 우애가 선포됐지만 여성들은 1944년이 되어서야 투표권을 갖게 됐습니다. 그리고 2000년이 되어서야 여성들이 남성들과 동등하게 선출직에 접근할 수 있도록 보장하는 법이 통과됐죠. 저는 이렇게 자문해봤습니다. 그렇다면 이 시기에 여성들에게 보장된 평등이란 도대체 무엇이었을까? 당시에 평등을 규정한 개념은 무엇이었을까? 개인의 평등을 약속한 동시에 여성의 온전한 시민권을 부정한 이 외관상의 모순을 어떻게 설명할 수 있을까?

_06 '추상된 개인'(individuals by being abstracted)이란 가족, 직업, 종교, 재산, 지역 등 구체적이고 상이한 사회적 특성이 소거된 개인을 말한다. 이처럼 추상된 개인은 합리적 · 자율적 존재이자 국가의 대표로서 동질적이고 국가(혹은 인민)의 일반의지를 실현한다고 여겨졌다. 그런데 여성은 자연적 성차로 인해 추상된 개인이 될 수 없고, 그래서 대표자의 자격이 없다고 간주됐다. 조앤 W. 스콧, 국미애 외 옮김, 《성적 차이, 민주주의에 도전하다》, 인간사랑, 2009. 특히 3장과 4장을 참조하라.

저는 《베일의 정치학》에서 평등의 토대인 추상적 개인주의와 이른바 자연적인 차이 사이에는 긴장이 존재한다고 말했습니다. 프랑스인들은 성적 매력, 성적 유혹, 남녀 간의 꼬드김 같은 관념을 사용하면서 이런 긴장을 일종의 국민성으로 설명하곤 합니다. 역사학자 모나 오주프는 이를 '프랑스의 독특성'(la singularité française)이라고 말했죠. 이슬람권은 이와 다른 방식으로 젠더 관계를 재현하고 관리합니다. 이들은 이성관계가 문제의 근원이니 남녀를 떼어놓아야만 한다고 말하죠. 그래서 여성이나 남성이나 성적 특성과 성적 매력을 부각시키지 않는 정숙한 옷을 입어야만 합니다. 남녀관계를 재현하는 방식에 있어서도 두 가지 스타일의 사고방식이 충돌하죠. 프랑스인들은 젠더가 문제되지 않는다고 주장합니다. 물론 실제로는 문제가 되지만 말입니다. 이와 달리 이슬람교는 젠더가 고심해야 할 문제라고 생각합니다. 제 생각으로는 이슬람에 대한 프랑스인들의 불안이 가중되고, 이슬람 여성의 머리스카프와 옷차림이 그토록 뜨거운 정치적 쟁점이 된 이유 중의 하나가 여기에 있습니다.

◈ 날로 세계화되는 세계에서 살고 있는 우리 모두에게 일어나는 이런 문제를 해결하려면 우리 모두 어떻게 노력해야 할까요? 국내외의 다양한 집단들과 어떻게 절충점을 찾을 수 있을까요?

◈ 차이를 불쾌한 것이라 여기지 말고, 차이가 위계질서로 변하게 하지 않고, 차이가 권력의 차이를 발생시키지 않게 하면서 협력하는 것이 중요합니다. 실상 차이가 인간의 조건임을 인정하는 과정이 필요합니다. 프랑스 철학자 장-뤽 낭시는 공통된 존재(a common being)에 대해서 생각하지 말라고 말한 바 있습니다. 그러니까 우리 모두는 어쨌건 똑같다고 생각하지 말라는 것이죠. 그보다는 '공동으로 존재하기'(being in common)를 생각할 필요가 있다고 말합니다. 즉, '존재'를 차이의 상태로 이해하라는 것이죠. 개인이나 집단이나 서로 다르기 마련입니다. 이

처럼 차이가 인간의 조건이라면, 또 그렇게 생각할 수 있다면 우리는 차이가 권력관계를 발생시키지 않는 사회에 살게 되겠죠. 물론 이상적인 생각이지만 말입니다.

◈ 이처럼 정치적인 논쟁에 적용되는 역사 연구가 실생활의 담론에 즉각적으로 영향을 미친다고 보십니까?

◈ 글쎄요, 그렇기도 하고 아니기도 합니다. 우리의 사고방식을 뒤흔든 몇몇 책을 떠올릴 수 있겠지요. 그러나 회고적으로만 그럴 수 있습니다. 예컨대 시몬 드 보부아르의 《제2의 성》이 핵심적인 텍스트가 됐다고 말하기는 쉽습니다. 그러나 그렇게 말할 수 있기 위해서는 이 책이 출간되고 이삼십 년이 흘러야 했죠. 여성운동이 등장해 이 책을 언급하면서 말입니다. 따라서 저는 이론적 사유와 비판적 사유가 꼭 즉각적으로 정치적 효과를 일으킨다고 생각하지는 않습니다. 그러나 저는 이런 비판적 연구를 통해서 많은 이들이 당면 문제를 다른 관점에서 생각하게 되고 일부 견해의 견고한 토대가 뒤흔들리기를 바라고 있습니다. 저는 지배적인 관념의 확실성을 의심할 수 있도록 하고 싶습니다. 만약 그럴 수 있다면, 우리는 사람들의 통상적인 사고방식을 달라지게 만들 수 있고, 궁극적으로는 정책 영역도 달라지게 만들 수 있을 겁니다.

이 세상에는 숱한 사회운동이 있고, 숱한 개인적 경험이 있고, 숱한 책과 영화가 있습니다. 다시 말해서 이런 식으로 역사학자, 철학자, 이론가들이 각각 일부를 담당하며 다양한 목소리로 모두 대화에 참여하고 있습니다. 저는 사회변혁이 이런 과정을 통해 이뤄진다고 생각합니다. 동시대의 비판적 대화에 참여하고 있는 일원으로서 저는 몇몇 사람들이 이런 대화를 자기 것으로 만들어 널리 퍼뜨릴 것이라고 봅니다. 이것이 제가 저술 작업을 통해 기대하는 바입니다.

조앤 월락 스콧

하워드 진(Howard Zinn, 1922~2010)은 활동가, 역사학자, 작가, 극작가로 활동했다. 진은 《하워드 진 선집》(1997/개정판 2009), 《미국 민중사》(1980/개정4판 2003)을 비롯해 자서전 《달리는 기차 위에 중립은 없다》(1994) 등 많은 저서를 남겼고 세 편의 희곡 《소호의 마르크스》(1999), 《비너스의 딸》(1985), 《엠마》(1976)를 발표한 바 있다. 보스턴대학교의 역사학 명예교수였던 진은 토머스 머튼상, 유진 V. 뎁스상, 업튼 싱클레어상, 레넌 문학상을 수상한 바 있다.

"역사를 통해 사람들을 기만하는
주된 방식은 거짓말을 하는 게 아니라
역사적 사실을 누락하는 것임을
명백히 알게 됐습니다."

⬡ 유년 시절 환경이 선생님의 세계관 형성에 어떤 영향을 미쳤나요?

⬡ 모든 역사학자가 답해야 할 질문이군요. 저는 노동자계급의 가정에서 태어나 열여덟 살에 조선소에 취업했습니다. 3년간 그곳에서 일하며 고된 공장생활을 겪었고, 그러면서 우리가 살아가는 방식이 영화나 잡지에서 봐왔던 사람들이 살아가는 방식과는 다르다는 것을 알게 됐죠. 일종의 계급의식이 생겼다고 할까요. 이때의 일이 훗날 역사를 가르치고 글을 쓸 때 영향을 주었습니다. 그 뒤 공군에 입대해 공군 폭격수로 참전했고, 전쟁이 끝날 무렵에는 아주 강한 반전의식을 갖게 됐습니다. 사람들이 '최고의 전쟁,' 이른바 '좋은 전쟁'이라고 불렀던 전쟁에 참전했는데도 말입니다. 그 뒤 스펠먼대학교에서 가르치기 시작했습니다. 처음 얻은 교직이죠. 남부, 그러니까 조지아 주 애틀랜타에 있는 흑인여성대학이었는데 그곳에서 7년을 가르쳤죠. 그리고 민권운동에 가담했고요. 이 모든 경험이 제 역사관을 형성해줬습니다.

⬡ 특별히 부모님이 선생님의 인격 형성에 영향을 끼쳤다고 생각하십니까?

⬡ 부모님은 전혀 정치적인 분들이 아니셨습니다. 평범한 분들이셨죠. 유대인 이민자로 미국에 건너와 의류공장에서 일하셨죠. 그러다가 아버님이 웨이터가 되셨습니다. 신분상승으로 볼 수도 있죠. 공장노동자였다가 웨이터가 됐고 수석웨이터까지 됐어요. 두 분이 제게 정치적

으로 영향을 끼치지는 않았습니다. 두 분이 제 인생에 영향을 끼친 것이 있다면 당신들의 삶을 통해서였습니다. 아버님은 정말 열심히 일하셨습니다. 근면 성실한 분이셨어요. 어머님도 네 자녀를 키우며 정말 열심히 일하셨습니다. 그런데도, 어쩌면 당연하게도 돌아오는 건 거의 없었습니다. 당신들의 인생은 호레이쇼 앨저01가 들려준 신화, 즉 이 나라에서 열심히 일하면 출세한다는 신화에 대한 정확한 반증이었던 셈이죠. 이런 경험이 경제체제가 불공정하다는 제 느낌을 강화해줬다고 봅니다. 이 나라의 경제체제가 우리 부모님처럼 정말 열심히 일하는데도 그에 상응하는 대가를 전혀 누리지 못하는 사람들을 도처에서 만들어내고 있다는 생각 말입니다.

◈ 선생님의 부모님이 찰스 디킨스 전집을 구입해주셨다고 들었습니다. 독서는 선생님에게 아주 중요한 것이었고 통찰력을 주었을 겁니다. 어떻습니까?

◈ 어릴 때부터 읽고, 읽고, 또 읽었죠. 부모님은 제가 독서가임을 아셨습니다. 정작 당신들은 독서가가 아니셨습니다만. 어머님은 얼마간 교육을 받으셨지만 아버님은 거의 교육을 못 받으셨죠. 그렇지만 제가 책에 빠져 있던 건 아셨습니다. 부모님은 디킨스가 누군지도 모르셨죠. 그런데 책 광고를 보셨던 겁니다. 그래서 쿠폰과 푼돈을 모아 책을 계속 주문하셨죠. 그런 식으로 저는 디킨스 전집을 갖게 됐고 디킨스를 통해서 세상을 알아가게 됐습니다.

디킨스를 읽으며 저는 근대 산업체제가 얼마나 잔인한지, 그 체제가

_01 Horatio Alger(1832~1899). 미국의 작가. 비천한 태생의 아이가 근면함, 용기, 결단, 타인에 대한 배려 등 '훌륭한 도덕적 행위'를 통해 부와 성공이라는 아메리카드림을 이룬다는 줄거리의 통속소설로 유명하다. 대표작으로는 《누더기 차림의 딕 : 혹은 구두닦이와 함께 한 뉴욕의 거리생활》(1868) 등이 있다.

사람들에게 어떤 일을 저질렀는지, 그 체제 속에서 가난한 사람들이 어떻게 살아가고 희생되는지, 법원은 어떻게 기능하는지 등을 배웠습니다. 정의가 가난한 이들을 어떻게 배반하는지 말입니다. 예, 제 계급의식을 강화시킨 것은 디킨스의 계급의식이었습니다. 이미 얼마간 자리잡고 있던 제 믿음을 디킨스가 정당화해준 겁니다. 책을 읽다보면 종종 얻게 되는 경험이죠. 그러니까, 마음 깊숙이 이런 생각을 하는 사람이 비단 너 혼자만은 아니라는 이야기를 듣게 되는 겁니다. 얼마 전에 읽었던 내용인데 누군가 커트 보네거트에게 "왜 글을 쓰십니까?"라고 물었다고 합니다. 그러자 이렇게 답했다는군요. "여러분은 혼자가 아니라고 말하기 위해 글을 씁니다."

♦ 선생님에게 삶과 학문은 별개의 것이 아닌 듯합니다. 삶이 학문에 대해 뭔가를 알려주고, 또 학문이 살아가는 방식에 대해 뭔가를 알려주고 하는 것 같습니다.

♢ 옳은 말씀입니다. 이 둘은 서로 밀접하게 맞물려 있지요. 아마도 학계로 들어오기 전에, 가르침의 세계로 들어오기 전에 굉장히 강렬한 삶을 살아왔기 때문에 그렇게 된 것 같습니다. 제가 제대군인원호법[02]을 이용해 대학에 진학한 것은 스물일곱 살 때였습니다. 그 이전에 저는 조선소에서 일했고, 참전했고, 그 외에도 다양한 일을 했죠. 그래서 역사를 읽을 때 저는 이런 경험을 반추했습니다. 제 경험을 통해서 한층 더 포괄적인 어떤 것, 즉 제 자신의 삶에서 체득한 생각을 강화해주는 역사적 관점을 배운 셈이죠.

_02 GI Bill. 제2차 세계대전 참전 군인들을 지원하기 위한 법. 주로 퇴역 군인들이 대학교육이나 직업교육을 무료로 받게 하고, 싼 이자로 주택구입 자금을 대출받을 수 있게 한 제도였다.

하워드 진

◈ 대학에 들어가기 전, 그러니까 조선소에서 일하실 당시 선생님은 타임스퀘어 시위에 참여하셨고, 거기서 경찰에게 공격당했습니다. 자서전에 이렇게 쓰셨더군요. "이제부터 나는 급진주의자다. 이 나라의 토대 어딘가가 잘못됐다고 확신하는 급진주의자. 엄청난 부 한가운데 빈곤이 존재하고, 흑인들이 끔직한 대접을 받기 때문만이 아니다. 근본부터 무엇인가가 썩었고, 그래서 기존의 질서를 뿌리째 뽑아야 하기 때문이다. 새로운 사회를 가져와야 한다. 서로 협력하고, 평화롭고, 평등한 사회를." 타임스퀘어에서의 경험은 이처럼 선생님의 생각을 바꿔준 사건 중의 하나입니다. 이런 경험은 선생님이 계속 주장하셨듯이 사람들은 자신에게 닥친 사건으로 인해 바뀔 수 있고, 그에 따라 행동한다는 것을 보여줍니다.

◐ 그렇죠. 흔히 그런 사건은 아주 생생한 경험으로 다가옵니다. 물론 애초부터 그렇지는 않습니다. 이미 형성되어왔으나 절반쯤만 인식하고 있던 생각이 그런 사건을 통해 확고해지면서 생생해지는 것이죠. 열일곱 살 때 제게 그런 일이 일어난 겁니다. 경찰에 맞아 의식을 잃었을 때 말입니다. 정신을 차렸을 때 저는 이렇게 생각했죠. 오, 신이시여, 이것이 미국입니까? 악의 무리가 있고 선의 무리가 있지만 정부는 중립적이라던 바로 그 미국입니까? 그러나 타임스퀘어에서의 광경을 보고 저는 깨달았습니다. 아니, 경찰은 중립적이지 않고, 정부도 중립적이지 않다는 사실을요. 이것이야말로 제가 얻은 근본적인 통찰이었습니다.

◈ 선생님은 애틀랜타의 흑인여성대학인 스펠먼대학교에서 처음 교직 활동을 시작하셨습니다. 당시의 경험과 그때 일어난 놀라운 사건들에 대해 말씀해주십시오. 거대한 역사적 사건 아니었습니까?

◐ 스펠먼대학교에 있던 7년간은 제게 가장 흥미롭고 역동적이며 배운 것도 많았던 시기였습니다. 학생들이 제게 배운 것보다 제가 학생들에게 배운 것이 더 많았죠. 1950년대 말부터 1960년대 초까지, 즉 거대한 민권운동이 태동하기 직전이자 그 운동이 진행되던 시기에 남부에서

살았던 것은 무척 특별한 일이었습니다.

우선 역사를 보는 관점이 달라지기 시작했습니다. 흑인들의 관점에서 역사를 보게 된 거죠. 흑인들의 눈으로 본 역사는 매우 달랐습니다. 역사의 영웅도 달랐고, 역사적 시기의 명칭도 달랐죠. 예컨대 이른바 '진보의 시기'_03는 더 이상 진보의 시기가 아니었습니다. 왜냐하면 미국 역사상 그 시기만큼 흑인들이 린치를 당한 적이 없었으니까요. 저는 흑인 역사학자들을 읽기 시작했습니다. 레이포드 로건, W. E. B. 듀보이스, 존 호프 프랭클린, 에드워드 프랭클린 프레이저 등의 책을 읽었습니다. 그리고 당시에 읽지 못한 책은 컬럼비아대학교의 대학원에 진학하면서 읽었죠.

이렇듯 역사에 대한 배움이 그곳에서 얻었던 것 중 하나입니다. 제가 더 중요하다고 생각하는 또 하나는 운동에 참여함으로써 얻은 배움입니다. 저는 애틀랜타에서부터 올버니에 이르기까지 조지아 주에서 일어난 운동에 참여한 뒤 앨라배마 주의 셀마, 미시시피 주의 해티스버그 · 그린우드 · 그린빌 · 잭슨 등지에서 일어난 시위에도 참여했습니다. 이처럼 운동에 참여하는 작가가 되면서 저는 민주주의에 관한 아주 중요한 사실을 배웠습니다. 중학교 때 배우는 민주주의, 고등교육 과정에서 배우는 민주주의에 대해서 말입니다. 제도, 헌법, 견제와 균형, 투표, 그밖에 정치학자들이 집중하는 모든 것에 대해서요. 저는 그런 것들이 민주주의가 아니라는 사실을 명확히 깨달았습니다. 그것들은 흑인들에게 평등을 가져다주지 못했습니다. 흑인들의 공민권과 투표권을 보장하는

_03 The Progressive Era, 1890년대부터 1920년대에 이르는 시기를 말한다. 이 시기에 미국은 정계의 '기계'(한 명의 보스를 중심으로 한 일군의 당파체제)를 제거해 기존의 부패구조를 일소했고, 여성의 보통선거권을 인정했고, 연방준비제도를 정비해 근대화와 민주주의를 진전시켰다.

수정헌법 제14조와 제15조를 집행하지 못했죠. 지난 100년 동안 미국 대통령들은 수정헌법 제14조와 제15조를 집행하지 않음으로써 취임 선서를 위반해왔습니다.

결국 민주주의는 흑인들이 거리로 나와 집회와 연좌시위를 벌이다 수만 명이 체포되어 전 세계가 알게 될 만큼 떠들고 나서야 살아났습니다. 저는 그때서야 예전에 몰랐던 것을 홀연히 깨달았습니다. 정부가 무슨 일을 한다고 해서 민주주의가 살아나는 것이 아님을 훨씬 이전에 깨달았어야 했는데 말입니다. 심각한 불의를 바로잡는 일을 정부에 맡겨둘 수는 없으니까요. 민주주의는 사람들이 조직되어 민주주의를 위해 무엇인가를 할 때 살아납니다. 남부의 흑인운동이 이 사실을 제게 알려줬죠.

◈ 자서전에서 선생님은 "그 어떤 소규모의 파업이나 참여자가 거의 없는 집회라도, 한 명의 청중이나 한 명의 개인에게 건네는 문제제기라도 무의미하다고 깔볼 것이 아님을 깨달았다"고 말씀하셨습니다.

◈ 사회운동에 참여한다면, 특히 초기에는 무력하고 불가능해 보였지만 점차 힘을 얻게 되어 변화를 이끌어내는 것을 지켜볼 수 있을 만큼 오랫동안 운동에 참여한다면 누구나 이 사실을 깨달을 겁니다. 저는 민권운동과 반전운동에서 이 과정을 목격했죠. 왜냐하면 두 운동 모두 초기에는 아무런 영향력도 발휘할 수 없을 것처럼 사소했고, 또한 이길 수 없는 힘에 저항하는 것 같아 보였기 때문입니다.

민권운동의 경우, 변화는 이 나라에서 가장 위험한 지방인 최남부 지방에서 일어났습니다. 그곳에서는 백인들의 권력구조가 모든 것을 지배했기 때문에 흑인들의 수중에는 아무것도 없었는데 말입니다. 흑인들이 가진 것이라고는 자신의 몸뚱이, 결단력, 단결심, 위험을 무릅쓰겠다는 의지뿐이었습니다. 물론 시작은 미미했습니다. 뭔가 얻어낼 거라고 생각한 사람은 아무도 없었습니다. 1950년대 말, 심지어 1961년에도 거대한 무엇인가가 일어날 거라고는 아무도 몰랐습니다. 그러나 결국 일어났죠.

반전운동 역시 초기에는 전국 도처에서 소규모 반전집회가 조직되는 식으로 미약하게 시작됐고 실현 불가능한 운동으로 보였죠. 세계 최강의 군사력을 무슨 수로 저지해 잔인한 전쟁을 지속하지 못하게 막을 수 있겠습니까? 그러나 이 소규모 집회와 시위는 수년이 흐르는 동안 점차 강력한 운동으로 발전했고, 전쟁을 계속 수행할지에 대해서 정부를 고민하게 만들었습니다.

◆ 선생님은 본인의 역사철학에 대해 이렇게 쓰신 바 있습니다. "변화 불가능해 보이는 것을 변화시킴에 있어서 나는 역사의 불확실성, 뜻밖의 가능성, 인간 행동의 중요성을 확신한다." 선생님은 베트남전쟁 초기에 보스턴의 커먼공원에서 있었던 최초의 반전 토론집회에 참여하셨습니다. 선생님이 엄청난 대중을 그곳에 모이게 하신 건 그때로부터 몇 년이 지난 뒤였습니다.

◇ 맞습니다. 1965년 봄에 처음으로 보스턴 커먼공원에서 반전집회가 열렸습니다. 린든 B. 존슨 대통령이 폭격을 시작하고 대규모 병력을 파견하는 등 전쟁을 확대하기 시작한 때였죠. 그래서 우리는 보스턴 커먼공원에서 최초의 반전집회를 조직했고 100명가량 모였습니다. 헤르베르트 마르쿠제, 저 그리고 또 몇몇 분들이 연설했죠. 초라해 보이는 집회였습니다. 이것이 1965년의 상황이었죠. 그런데 1969년의 보스턴 커먼공원 집회는 10만 명이 함께 했습니다. 몇 년 사이에 아주 중요한 일이 일어나고 있었던 겁니다. 꾸준하게만 한다면 변화의 가능성이 나타남을 보여준 사례죠.

◆ 선생님이 참전병으로서 겪었던 경험을 보면 선생님의 반전운동 참여가 당연한 것 같습니다. 공군 폭격수인 선생님이 마지막으로 수행한 임무가 역사상 최초로 네

이팜탄을 투하해 루아양이라는 프랑스의 무고한 마을을 폭격하는 것이었으니 말입니다. 당시의 경험을 들려주십시오. 이때의 경험이 선생님에게 무엇을 가르쳤는지, 선생님의 반전운동 활동이나 전쟁에 대한 시각에 어떤 영향을 미쳤는지 말입니다.

◎ 저는 공군에 자원입대했습니다. 의욕이 넘치는 폭격수였죠. 제게는 모든 게 간단했습니다. 파시즘에 반대하는 전쟁이었으니까요. 파시스트는 악의 무리이고 우리는 선한 무리였습니다. 그때 배운 것 중 하나가 이런 겁니다. 일단 그들은 악하고 우리는 선하다고 생각하기 시작하면, 군인으로서는 어떤 결정이 내려질 경우 아무것도 생각할 필요가 없어집니다. 이런 관점에서 모든 것이 굴러가죠. 이런 관점에서는 어떤 임무라도 가능합니다. 제 아무리 잔혹한 행위일지라도 말입니다. 왜냐하면 나는 이미 선한 무리에 속해 있으니까요. 고민하고, 고민하고, 또 고민할 필요가 없습니다. 우리는 계속 고민하는 요사리안 대위_04가 아닙니다.

이런 식으로 저는 의욕 넘치는 폭격수가 됐습니다. 아마 종전 무렵이었을 겁니다. 종전을 몇 주 앞둔 때였어요. 유럽에서 전쟁이 막바지에 이르렀음을 모두 알고 있었죠. 더 이상 비행 임무는 없을 것이라고 생각했습니다. 그럴 이유가 없었으니까요. 우리는 프랑스를 거쳐 독일로 향하고 있었습니다. 러시아군과 미군이 독일의 엘베 강에서 대치하고 있는 상황이었습니다. 몇 주만 버티면 되는 상황이었죠. 그런데 이른 아침에 누군가가 우리 모두를 깨워서는 임무를 지시하는 겁니다. 이른바 정보부원들이 우리가 전투기에 오르기 전에 상황을 설명했는데, 루아양이

_04 Yossarian. 미국의 작가 조셉 헬러(Joseph Heller, 1923~1999)가 1961년 발표한 소설 《캐치-22》의 주인공. B-52폭격기 폭격수로서, '정신이 온전하지 못한 자는 전투에서 제외한다'는 규칙을 이용해 전투에서 빠지려고 자신이 미쳤다고 주장한다.

8. 역사를 통한 급진적 통찰

라는 프랑스 대서양 연안의 작은 마을을 폭격할 것이라고 하더군요. 보르도 근처의 마을인데 그곳에 수천 명의 독일군이 있다는 이유였습니다. 그런데 독일군은 거기서 아무것도 하지 않았습니다. 아무도 괴롭히지 않았죠. 그들은 종전을 기다리고 있었습니다. 그저 우회하고 있었던 것이죠. 그런데 우리는 그들을 향해 폭격해야 했습니다.

나중에 돌이켜보니 그때 상황실에서 벌떡 일어나 "지금 뭐하는 겁니까? 왜 그래야 합니까? 전쟁이 거의 끝나갑니다. 그럴 필요가 없지 않습니까?"라고 말하지 못한 이유가 궁금해지더군요. 그때는 그런 생각을 전혀 못했죠. 지금까지도 저는 잔혹한 행위가 어떻게 저질러지는지, 군인들이 어떤 식으로 생각하는지 잘 알고 있습니다. 군인들은 훈련받은 절차에 기계적으로 따르도록 훈련받는 겁니다.

그래서 우리는 루아양으로 향했죠. 상황실에서 이번에는 다른 폭탄을 투하한다는 말을 들었습니다. 일반적인 파괴용 폭탄이 아니라 소위 젤리화한 가솔린으로 만든 3000파운드짜리 산탄이라더군요. 그게 네이팜탄이었습니다. 유럽 전쟁에서 최초로 투하된 네이팜탄이었죠. 우리는 명령을 따랐습니다. 독일군을 전멸시켰고 프랑스의 마을 루아양을 초토화시켰습니다. '아군 사격,' 그 폭탄으로 아군 사격을 했던 겁니다.

지금도 이 나라의 지도자들은 이렇게 말합니다. "우리 미군은 정밀 투하를 할 것이고, 매우 신중하게 움직일 것이며, 군 병력만을 폭격할 것입니다." 말도 안 되는 얘기죠. 폭격 기술이 제아무리 정교하더라도 일단 폭탄을 떨어뜨리면 민간인들을 죽일 수밖에 없습니다. 저는 전쟁이 끝난 다음에야 비로소 그때의 일을 되돌아보게 됐습니다. 더 정확하게는 히로시마와 나가사키에 원자폭탄이 투하된 이후에야 당시의 일을 되돌아본 것이죠. 처음에는 히로시마와 나가사키에 원자폭탄이 투하됐을 때, 당시 모두가 그랬듯이 저 또한 "드디어 종전이다!"라며 그 사실을 반겼습니다. 그러다 존 허쉬의 책《히로시마》를 읽게 됐고 제가 미처 생각하지 못했던 것, 그러니까 폭탄 투하가 인류에게 초래할 수 있는 결과를 통감하게 됐어요. 3만 피트 상공에서 폭탄을 투하하면 비명소리를 전혀 듣지 못합니다. 유혈이 낭자한 광경도 볼 수 없죠.

저는 히로시마에 투하된 폭탄이 어떤 결과를 초래했는지 불현듯 깨닫게 됐습니다. 그래서 '좋은 전쟁'이라는 문제를 근본적으로 다시 고민하기 시작했습니다. 제 결론은 좋은 전쟁이란 존재하지 않는다는 것이었어요. 선의를 갖고 시작하는 전쟁이 있을 수도 있겠죠. 적어도 선의를 갖고 싸우는 사람의 입장에서는요. 그러나 일반적으로 결정을 내리는 사람들은 전혀 그렇지 않습니다. 저는 그들에게 선의라는 게 있을까 미심쩍습니다. 훌륭한 대의명분을 위해 전쟁을 하는 것이라고 확신하는 미군의 입장에서는 선의가 존재할 수 있습니다. 그렇더라도 그 선의는 곧 변질되죠. 선한 무리가 악의 무리가 됩니다. 따라서 저는 전쟁이 근본적으로 아무런 문제도 해결할 수 없다고 확신합니다. 전쟁이 해법, 미봉책, 일종의 치료제처럼 보일 수도 있습니다. 전쟁을 통해 히틀러나 무솔리니 같은 독재자들을 축출하기도 합니다. 그러나 근본적인 문제를 해결할 수는 없어요. 그 와중에 우리는 수천만 명을 살상하게 될 뿐입니다.

◈ 선생님은 어떤 역사적 사실이 선택되고 누가 선택하느냐가 아주 중요한 문제라고 말씀하셨습니다. "과거를 지배하는 자가 미래를 지배하고, 현재를 지배하는 자가 과거를 지배한다"는 조지 오웰의 말을 인용하시면서 말입니다. 스스로 살아오면서 얻게 된 경험과 통찰이 어떻게 선생님으로 하여금 대안적인 미국사에 집중하도록 만든 겁니까?

◈ 앞서 얘기했듯이 자라온 환경과 노동자로서의 삶이 제게 계급의식을 심어줬습니다. 그 뒤로는 대학에 입학해 역사책을 읽으며 제 자신의 삶을 통해 배운 것을 찾아보게 됐죠. 조선소에서 일하는 동안 저는 그곳의 젊은 노동자들을 조직하면서 노동사에 관심을 갖게 됐습니다.

이 나라에서 벌어진 노동자 투쟁의 역사를 제 나름대로 읽어나가려 했죠. 그래서 대학에 비치된 역사책을 뒤적였습니다. 1912년 방직공장 노동자들이 일으킨 대규모 파업, 1913년의 콜로라도 탄광 노동자 파업, 마더 존스, 엠마 골드먼, 빌 헤이우드 같은 인물을 찾아보려고요. 그런데 기존의 책에는 이런 사건과 인물이 없었습니다.

이 일로 저는 역사를 통해 사람들을 기만하는 주된 방식은 거짓말을 하는 게 아니라 역사적 사실을 누락하는 것임을 명백히 알게 됐습니다. 거짓말은 진위 여부를 확인할 수 있지요. 그러나 어떤 사실이 빠진다면, 우리는 그것이 빠졌다는 것조차 알 길이 없습니다. 역사를 살펴보고, 유색인과 여성이 어떤 대접을 받았는지 살펴볼 때마다 저는 이렇게 자문해봤습니다. 이 이야기에서 빠진 사실은 무엇일까? 그래서 제 책을 쓰기 시작할 때 저는 크리스토퍼 콜럼버스에서부터 이야기를 시작해야 한다고 생각했습니다. 왜냐하면 미국의 모든 역사가 콜럼버스로부터 출발하기 때문이죠. 그리고 "무엇이 배제됐을까?" 자문해봤어요. 원주민의 관점이 빠져 있었습니다. 그래서 라스 카사스05를 등장시켜 미국사의 이면을 서술했죠.

아서 슐레진저는 앤드류 잭슨과 잭슨 민주주의를 극찬하는 책을 쓴 적이 있습니다. 그런데 당시에 과연 무슨 일이 있었을까요? 잭슨 대통령은 원주민들을 가혹하게 탄압해 남동부에 살던 원주민들을 미시시피 강 저편으로 강제 이주시켰고, 그 과정에서 수천 명이 사망했습니다. 잭슨 대통령은 인종차별주의자입니다. 게다가 노예소유주였죠. 그리고 잭

_05 Bartolomé de las Casas(1484~1566). 스페인의 도미니크회 선교사. 선교를 목적으로 아메리카에 파견됐다가 그곳에서 유럽인들이 자행하던 원주민 탄압을 강도 높게 비난하고 인디언 노예제의 철폐를 주장했다.

슨 대통령이 통치하던 기간에는 공장시스템이 시작되어 어린 여공이 생겨났습니다. 보통 열두 살에 공장에 들어온 소녀들은 스물다섯 살에 죽었죠. 이렇듯 저는 역사에서 누락된 부분을 의식하게 됐고, 바로 이 점을 고치려고 노력하게 됐던 겁니다.

⬢ 선생님은 본인의 가치관이나 불의에 대한 감정을 솔직하게 드러내시는 분입니다. 본인의 가치관이나 감정에 이토록 정직하다는 사실이 저술에 어떤 영향을 미치는지 궁금하네요. 작업이 수월해지나요?

◈ 예로부터 전해지는 명언 중에 어느 한 대상에 열정을 갖고 있으면 그것에 대해 제대로 쓰지 못한다는 말이 있습니다. 저라면 이것을 '예로부터 전해지는 어리석은 말'이라고 부르겠습니다. 가령 예술에서는 열정이 예술을 살린다는 게 받아들여지죠. 그런데 학문에서는 그렇지 않다고 말들 합니다. 그래서 예술과 학문 사이에 거짓된 경계선을 긋곤 합니다. 그러나 저는 정직해지려면 자신이 스스로의 학문적 작업이나 역사에 열정을 갖고 있음을 분명히 드러내야 할 필요가 있다고 믿습니다. 자신의 감정에 솔직해지는 것만큼 중요한 것은 없죠. 그렇지 않으면 우리는 제 자신이 아닌 다른 누군가가 될 테니까요.

또 한 가지, 어느 한 대상에 열정을 갖게 되면 자기가 쓰는 글이 강렬해져 글의 힘이 증폭됩니다. 어떻게 보면 이것은 전혀 딴 이야기를 하는 사람들이 작금의 이데올로기적 풍토를 지배하는 상황을 바로잡는 방법이기도 합니다. 왜냐하면 우리의 목소리는 소수이니 더욱 크게, 더욱 설득력 있게, 더욱 생생하게, 더욱 열정적으로 외쳐야 하기 때문입니다.

⬢ 선생님은 지금껏 역사와 교육의 중요성에 대해 많은 글들을 쓰셨고 강연해오셨습니다. "스펠먼대학교에서 내가 배운 것은 도덕이 서로 충돌하는 이 세계의 현실에 직면할 때 교육은 더욱 풍성해지고 생생해진다는 확신이다"라고 말씀하시기도

하셨고요.

◎ 제가 스펠먼대학교에서 얻은 경험은 교육과 행동주의의 상호작용을 잘 보여주는 사례입니다. 1960년 봄 제 제자들은 처음으로 강의실에서 나와 연좌집회와 시위에 참여하다가 연행됐습니다. 당시 흑인대학은 스펠먼대학교, 모어하우스대학교, 애틀랜타대학교 등이었는데 그곳의 제 동료들은 한결같이 이렇게 말하더군요. "옳지 못한 행동이야. 그 아이들은 스스로 교육을 망치고 있어." 애틀랜타의 유일한 유력 일간지 『애틀랜타 콘스티튜션』에 이렇게 써 보낸 사람도 있었습니다. "내 제자들이 저지른 일을 개탄한다. 그 아이들은 수업을 빼먹었고, 그로써 교육받을 기회를 놓치고 있다." 그런데 저는 이런 주장이 참으로 비루하고도 편협한 교육관이라고 생각했습니다. 책에서 배우고 있는 내용을 숙고하려면 이 세계, 이 현실에서 배울 수 있는 것과 비교해봐야 합니다. 학생들은 다시 학교로, 또는 감옥에서 돌아오겠죠. 이들이 다시 도서관을 찾을 때는 전에 없던 열정과 학문적 호기심을 지닌 채일 것입니다.

◎ 선생님은 이렇게 쓰신 바 있습니다. 보스턴대학교에 계실 때를 말씀하시는 것 같은데요, "나는 학생들이 내 강의실에서 나가기를 바랐다. 그저 더 많은 지식을 얻기 위해서가 아니라 침묵함으로써 얻게 될 안락함을 포기하고, 더 당당하게 말하고, 어디서든 불의에 맞서 움직일 준비를 하기 위해서 말이다." 그렇다면 역사의 중요성과 행동주의 간에는 어떤 연결 고리가 있습니까?

◎ 저는 역사를 배운다는 것이 "나는 세상물정을 모르는 바보가 아니오. 나를 속일 수는 없소"라고 선언하는 방법 중의 하나라고 생각합니다. 우리가 역사를 전혀 모른다면 권위를 지닌 누구든, 가령 대통령이 역사를 독점하게 될 겁니다. 대통령이 마이크를 통해 폭탄 투하를 지시하면 우리는 이곳저곳을 폭격해야 하고, 전혀 저항할 수 없게 되죠. 왜냐하면 역사를 모르니까, 권력자만을 믿을 뿐이니까, 나는 세상물정을

하워드 진 369

모르니까 말입니다. 역사가 제공해주는 충분한 자료를 통해 우리는 권력자가 위에서 떠드는 이야기에 이의를 제기할 수 있습니다. 권력층이 현실을 왜곡하는 주장을 펼치면 그걸 판단할 수도 있죠. 역사에 존재했던 유사한 주장을 살펴보고 결국 무슨 일이 벌어졌는지 이해할 수 있는 겁니다. 예컨대 부시 대통령은 민주주의를 위해 전쟁을 수행할 것이라고 말합니다. 그런데 역사를 돌이켜보면 우리는 이렇게 말할 수 있죠. "얼마나 많은 대통령들이 민주주의를 위한 전쟁이라고 주장했습니까? 그런데 실상 무엇을 위한 전쟁이었습니까?" 역사는 당면 문제를 명확하게 만들어주고, 현실세계의 표리부동함에 대처할 수 있도록 해줍니다.

◈ 선생님은 인간 본성을 신중하게 낙관한다고 말해도 될까요?

◈ 만사가 순조롭게 흘러갈 것이라고 보지 않는다는 점에서 저는 신중한 편입니다. 미래는 불확실합니다. 그러나 결국 우리가 지금 무엇을 하느냐에 따라서 미래가 결정되죠. 지금 비관한다면 앞으로도 그럴 겁니다. 지금 포기하면 좋은 일이 생길 리 없죠. 그러나 좋은 일이 생기리라고 생각하고 행동한다면 가능성이 열립니다. 확실성이 아니라 가능성이요. 그러니 낙관적인 태도는 유용하고도 실용적입니다.

그러나 그저 신념만으로 제가 낙관하는 건 아닙니다. 민중이 행동하고, 지속하고, 단결하고, 조직해서 변화를 이끌어낸 역사적 사례들이 분명히 존재합니다. 물론 충분히 변하지는 않았을지 모릅니다. 그러니 이런 사례를 보고는 미미한 변화였을 뿐이라고 말할 수도 있죠. 맞습니다. 그러나 어쨌든 변화가 생긴 건 사실입니다. 노동자들이 투쟁을 통해 8시간 노동을 쟁취한 건 사실입니다. 남부의 흑인들이 인종차별의 상징을 없앤 것도 사실이고요. 여성들이 양성 평등에 대한 이 나라의 의식을 바꾼 것도 사실이죠. 설령 이 모든 게 시작에 불과하더라도 역사의 경험은 다른 것도 변할 수 있다고 생각하는 게 타당함을 보여줍니다.

독서와 배움이 중요합니다. 존 듀이와 알프레드 화이트헤드로 거슬러 올라가는 이야기인데, 배움의 목적은 대부분의 사람들이 책을 읽고 배울 만한 여유도, 기회도, 숨 쉴 여력도, 신체적 건강도 없는 이 세상을 변화시키는 데 있습니다. 따라서 책을 읽고 배울 수 있는 사람들에게는 새로운 세계를 창조해야 할 의무가 있습니다. 사람들이 즐거움을 위해 배우려고 할 세계를 말입니다.

미래가 불확실한 운동에 참여하더라도, 설령 너무나 요원해 보이는 목표를 지향하더라도, 그 목표를 위해 노력하는 자체로 삶은 더욱 흥미로워지고 보람찰 겁니다. 그러니 미래에서 승리를 찾지 마십시오. 우리가 믿고 있는 바를 위해 다른 사람들과 함께 투쟁하는 것, 그 자체가 이미 승리입니다.